U0612140

0~3岁，

张云晓／主编

妈妈如何缔造孩子一生

权威读本

朝華出版社

图书在版编目（CIP）数据

0~3 岁, 妈妈如何缔造孩子一生：婴幼儿能力发展与
潜能开发/张云晓主编. –北京：朝华出版社，2009.11
ISBN 978-7-5054-2265-0

Ⅰ.0… Ⅱ.张… Ⅲ.①婴幼儿–家庭教育 ②婴幼儿–
智力开发 Ⅳ.G78 G610

中国版本图书馆 CIP 数据核字（2009）第 196109 号

0~3 岁, 妈妈如何缔造孩子一生——婴幼儿能力发展与潜能开发

作　　者　张云晓

选题策划　杨　彬　王　磊
责任编辑　王　磊
责任印制　张文东
封面设计　大象设计

出版发行　朝华出版社
社　　址　北京市车公庄西路 35 号　　　　邮政编码　　100048
订购电话　（010）68413840　68433213
传　　真　（010）88415258 （发行部）
联系版权　j-yn@163.com
网　　址　www.mgpublishers.com
印　　刷　三河市祥达印装厂
经　　销　全国新华书店
开　　本　787mm×1092mm　1/16　　　字　　数　　320 千字
印　　张　24.5
版　　次　2010 年 1 月第 1 版　2010 年 1 月第 1 次印刷
装　　别　平
书　　号　ISBN 978-7-5054-2265-0
定　　价　39.00 元

目 录
CONTENTS

0～3岁，妈妈如何缔造孩子一生

——婴幼儿能力发展与潜能开发

引　言

0~3岁,对宝宝的一生意味着什么?

在教育界,早期教育的年龄范围已形成一种共识,那就是0~8岁,即从出生到小学低年级,被称为童年早期。在这一连续发展的阶段中,又包含着若干特殊阶段:0~3岁（婴幼儿阶段）、3~6岁（幼儿阶段）、6~8岁(小学低年级)。

那么,0~3岁,也就是婴幼儿阶段,对宝宝的一生究竟意味着什么呢? 事实给出了我们这样的答案——

1995年,北京市妇联等单位与儿童教育专家联合推出"人生第一年——北京六婴成长跟踪指导行动"。该行动随机选取6个刚刚出生的"元旦儿",专家在婴儿出生的前3个月每周1次、以后每月两次上门跟踪指导,向父母普及适合婴幼儿发展特点的个性化的实用育儿知识和技能,家长也都严格按照要求去做。结果,这些出身工人、个体户等家庭的孩子到1岁时,平均智商在130以上。

为什么0~3岁的早期教育,会产生如此神奇的效果?

脑神经科学的最新研究为我们揭开了这个谜底。

最新研究发现,人脑是由数亿个脑细胞组成,其中最活跃的为1000亿个神经细胞,其突触发挥着极其重要的传递功能。新生儿在出生时，大脑神经元的总数已经接近成人，然而突触的数量则远低于成人。只有在出生后，在适宜的外部环境的大量刺激和良好的营养条件下，其突触数量才迅速增加。

也就是说，婴幼儿的大脑发育一是取决于遗传因素，二则是取决于婴幼儿自身丰富多彩的早期体验和经历。也就是说，婴幼儿大脑构造的基础是由父母的基因奠定的。然后，婴幼儿自身的经验使得大脑的神经细胞通过突触连接起来。这些突触连接为婴幼儿学习、社会交往和情感发展奠定了基础——是婴幼儿自身的经验开发了他的智商，塑造了他的能力，缔造了他的一生！

因此在出生的第一个3年，家长为孩子所提供的生活环境是异常重要的。例如，宝宝所能接触的游戏材料是丰富的还是贫乏的、照料者与宝宝之间的关系是温馨的还是冷漠的、家长的教养方式给宝宝的情绪体验是积极的还是消极的……这一切决定了婴幼儿所获得的发展机会和发展方向。

那么，家长具体应当怎样做呢？这，也恰恰是本书所要讲述的重点。

在一本脑科学的著作中这样描述道："出生不久，孩子的大脑呈现生物学上的充沛，产生的神经之间的联接可能比要用到的多几万亿个。然后大脑经历一个类似生物进化的过程，消火那些不常用或从来没有用过的节点即神经元突触。"

这也就是说，人生初期大脑神经细胞是处于高潜能发展状态的，随着年龄的增长，在后天的环境刺激和学习中，遵循着用进废退的原则使潜能显现化。例如，视觉、听觉、空间直觉以及语言发展方面，都有其发展的关键期，而且大部分的机会均在生命的早期。如果出生时缺乏视觉刺激，就会导致大脑细胞逐渐取消视觉功能或转用于其他功能，如3岁时尚未改变这种情况，将终身失明。语言也有类似的情况，一旦失去再难获得。

因此，年龄越小的孩子，发展的可变性、可塑性越大。

从以上脑科学的研究中我们不难看出，人类所有的能力，包括灵感、思维、想象、创造，都是在大脑神经网络里加工出来的。而这一神经网络又是在生命的头 3 年里交织而成的。所以，早期潜能的开发，本质上是大脑潜能的开发。

0~3 岁，是整个人生发展的重要时期。

0~3 岁，奠定人一生的发展基础。

为什么在0~3岁(婴幼儿期)，是妈妈缔造了孩子的一生？

很多人在小时候，都看过这样的影片——《小蜜蜂找妈妈》《小壁虎找妈妈》，还有很多小动物、小朋友的寻母记。几乎我们每个成人，也都有这样的童年记忆：睡醒之后，发现妈妈不在身边，要么声嘶力竭地呼喊、要么惊慌失措地寻找，但只要看到妈妈的身影、听到妈妈的声音，我们就会觉得安心、舒适。

为什么每个宝宝寻找的都是妈妈，而不是爸爸或其他人呢？

其实，对于这些年龄尚小的宝宝而言，寻找妈妈是一种天性使然。即使对那些刚刚出生不久的宝宝而言也是如此：是妈妈怀胎十月孕育了宝宝，也是妈妈用香甜可口的乳汁哺育着宝宝，更是妈妈在无微不至地照顾着宝宝……当妈妈在身边时，即使宝宝还看不清楚妈妈的面孔，但他们可以听到妈妈的声音、嗅到妈妈身上熟悉的味道、感受到妈妈熟悉的心跳和抱姿……对于他们而言，妈妈所给予这些熟悉的一切，便意味着安全、温暖和满足。

0~3 岁，宝宝的最主要需求是什么？

恰恰是——安全、温暖和满足。

谁能给予或满足宝宝这些需求？

唯有妈妈！

第一，妈妈是和宝宝相处时间最长的人。从孕育、哺乳，再到细心呵护和照看，在 0~3 岁阶段，宝宝每一种能力的出现、每一种潜能的开发，妈妈都是第一见证人和第一引导者。

第二,妈妈是最为细心、耐心的。0~3岁阶段,相比爸爸等其他照顾人来说,足够的细心和耐心,能够让妈妈更直观、更清晰地明确宝宝的变化和需求,并给予及时的帮助和满足。

第三,妈妈眼中的欣喜和鼓励,是宝宝能力发展最为重要的一种促进力。0~3岁,宝宝的能力发展是日新月异的,妈妈那种源自心底深处的欣喜,是他人所无法企及的。这种欣喜就是一种鼓励,是宝宝能力发展的最主要助力。

……

此外,研究表明,在婴幼儿时期,妈妈给予宝宝的不仅仅是安全感,还有各种能力的发展、潜能的开发,以及个性习惯的养成——总而言之,没人能取代妈妈之于宝宝的意义!

本书的主要内容是什么?妈妈们应当如何阅读本书?

养育宝宝,对任何一位妈妈来说都不难做到、做好;但如何教育宝宝、开发宝宝的智力、促进宝宝的能力发展、发掘宝宝的潜能,却并非每一位母亲都知道、都了解。而做到这一切,只有爱显然是不够的。妈妈需要的是智慧,做妈妈的智慧,做一个好妈妈的智慧。

这本书,传达的就是这种智慧!

本书的主要内容按年龄阶段,主要分3篇,共20个阶段(另有"综合篇",讲述妈妈教授宝宝学习的技巧,如识字、绘画等。):

0~1岁分为10个阶段讲述,1~2岁分为6个阶段讲述,2~3岁分为4个阶段讲述,向妈妈们揭示宝宝成长的秘密,辅助妈妈们在做好养育工作的同时,对宝宝的智力以及能力进行重点开发。如下——

第一阶段:新生儿期——特别喜欢睡觉的宝宝

第二阶段:1~2个月——宝宝露出笑容了

第三阶段:2~3个月——宝宝的脖子可以立起来啦

第四阶段:3~4个月——"微笑机器"宝宝

第五阶段:4~5个月——宝宝会用眼睛传达感情了

第六阶段:5~6个月——宝宝开始认生了

第七阶段:6~8个月——宝宝开始长牙了

第八阶段:8~9个月——宝宝开始认识五官了

第九阶段:9~10个月——宝宝站起来了

第十阶段:10~12个月——宝宝会叫"爸爸""妈妈"了

第十一阶段:1岁1~2个月——宝宝有自己的主意了

第十二阶段:1岁3~4个月——宝宝开始主动与外界进行交流了

第十三阶段:1岁5~6个月——宝宝开始注重人际关系了

第十四阶段:1岁7~8个月——宝宝越来越喜欢运动了

第十五阶段:1岁9~10个月——宝宝会数数、识字了

第十六阶段:1岁11~12个月——宝宝越来越喜欢帮妈妈做家务了

第十七阶段:两岁1~3个月——爱提问题的宝宝

第十八阶段:两岁4~6个月——喜欢复杂玩具的宝宝

第十九阶段:两岁7~9个月——无所不能的宝宝

第二十阶段:两岁10~12个月——一刻都不想闲着的宝宝

　　需要提醒家长的是,宝宝任何一种能力的发展都是连续的、不稳定的,并且每一个宝宝的情况也不尽相同,因此建议妈妈们在阅读此书的时候,不要只是针对年龄阶段看适合自己宝宝的那一阶段。

　　建议阅读本书的最佳方式是:

　　首先,进行全面阅读,对宝宝0~3岁的成长与发展有一个整体的把握;其次,针对性阅读,针对自己宝宝年龄阶段进行提前阅读。当然,如果实在是时间和精力有限,那么也应至少阅读适合自己宝宝的某阶段内容,以及前后各一阶段的内容。

　　此外,如果您是一位全职爸爸或宝宝的其他直接看护人,也特别推荐您仔细阅读此书。因为在实际的养育过程中,是您真正在担当着"妈妈"的职责。如何在养育过程中,正确而自然地发展宝宝的能力、开发宝宝的潜能是每一位看护者必须知道或掌握的一门科学。

关于本书的创作群体，以及感谢

在写作本书的过程中，我曾走访了几十位正在养育宝宝的母亲。她们无一不对宝宝倾注了所有的爱，哪怕是奉献一切也在所不惜。

就是在孕育孩子的过程中，很多妈妈也是经历了难以想象的劫难——有的妈妈在怀孕期间得了阑尾炎，曾忍受着不能使用药物的剧痛；有的妈妈在怀孕期间得了肾病，哪怕是单侧肾坏死，也强忍这份无法忍耐的疼痛，把宝宝保留下来；有的妈妈患有先天性心脏病，即便是冒着生命危险，也要把宝宝生下来……这样的故事，每天都在发生，每件都令人感动。

在此，向这些伟大的母亲致敬。

当然，也要感谢为这本书的写作献计献策的那些妈妈们，以及一些幼教专家们，没有你们的帮助和支持，这本书也很难如此之快地与读者见面。

方法源于生活，更启迪着生活，希望这本书能为广大家长提供最为切实有效的帮助。

特别提示：

关于3~6岁阶段孩子的能力发展以及潜能开发问题，请妈妈们继续阅读即将由朝华出版社出版的《3~6岁，幼儿园孩子的妈妈如何当》一书。

第 一 篇

0~1 岁——10 个阶段,养育聪慧宝贝

第一阶段：新生儿期(诞生～28天)
——特别喜欢睡觉的宝宝

概述

从出生到出生后28天的婴儿,叫新生儿。

人们习惯把新生儿形容为"像小猫幼崽一样软弱无助",妈妈们也常常会把刚出生的宝宝形容为"小猫幼崽"。但与刚刚出生的婴儿相比,小猫幼崽本领可要大得多:用不了多久,它们就会行走;再用不了多久,它们就会独立去找吃的……但如果我们让出生后不久的婴儿独自去觅食,他们根本就无法生存。

不仅如此,从温暖、湿润、安全的子宫,一下子过渡到嘈杂、干燥、充满着不确定因素的人世间,宝宝人生最初的一个月,更像是两种不同生存方式之间的一个过渡期,而不是一个快速发展的阶段。

另外,对于宝宝来说,出生的过程本身就是一个极为痛苦的经历,而且从脱离子宫的那一刻起,宝宝就要使用以前从未使用过的肺来呼吸,所以在这一阶段,宝宝的主要任务是寻求舒适。

第一阶段：新生儿的一般行为特点

刚刚升级成为妈妈的人,一定都有这样的深刻体会:宝宝太能睡了,除了睡和吃之外,他对这个世界的一切似乎都不太感兴趣。

事实的确如此,在出生后的第一阶段里,宝宝表现出来的最明显特征就是嗜睡。一般来讲,这一阶段的宝宝每天要睡20个小时,而且其中有3小时是沉睡不醒的。尤其是在出生后的头几天,在白天里,宝宝平均每小时只有2～3分钟是保持清醒状态的, 在夜晚清醒的时间则更短。

宝宝为何如此爱睡觉呢？这是由于宝宝对子宫外的环境还不适应，长时间的睡眠可以减轻他们的不舒适感，这是他们与外界环境磨合的一种方式。因此，新手妈妈们切记不要轻易打扰宝宝的睡眠。

除了嗜睡之外，在这一阶段，新生儿还会呈现出以下几种行为特点：

◉ 情绪化，易怒

每个人都有情绪，就拿我们成人来讲，遇到高兴的事情我们会情绪高涨，这时我们常常用笑脸和歌声来表达自己愉快的情绪；但遇到不高兴的事情，我们常常又会情绪低落，这时，我们往往又会用眼泪和叹息声来表达自己不愉快的情绪。

刚刚出生的婴儿也是如此，虽然他们还不会笑，但他们会哭，只要稍微不如意，他们就会用啼哭来表达自己的情绪。因此，在这一阶段，除了睡觉之外，宝宝还有一个明显的特征，那就是情绪化、易怒。

但宝宝为什么会如此情绪化，又这样容易发怒呢？

由于妈妈子宫里的环境与外部世界的环境有很大的不同，所以宝宝对外部环境的适应是一个很漫长的过程，并且在这个过程中，宝宝很容易就会感到不舒服。肚子饿了、尿布湿了、困倦了……这些都会使宝宝感到不舒服，进而引起他们内心的不安，所以，在这些时候，他们就会用啼哭向家长传达这样一个信号：我不舒服，快来帮助我！

接收到宝宝发出的信号，有经验的妈妈首先想到的就是：宝宝是不是饿了？一般来讲，如果你已经超过两个小时没有给宝宝喂奶了，那宝宝哭泣很有可能是因为他饿了，因为宝宝在3个小时之内就能把胃里的食物全部消化掉。

如果宝宝哭泣的原因不是由于饥饿，那接下来，妈妈们一般会检查宝宝的尿布。在这一阶段，虽然外表上宝宝看起来很呆板，但其实他们的触觉是很灵敏的，当尿布又湿又冷时，宝宝会感觉非常不舒服，所以他们会用哭闹的行为来提醒家长。

此外，困倦也是引起宝宝发怒的原因。这一阶段的宝宝与大一些的宝宝及成人不同，当大一些的宝宝及成人感到困倦时，只要有一个舒适的环境，他们很快就能睡着。但新生宝宝却不同，困倦感会引起他们内心的不安，从而促使他们睡不着。所以，当宝宝因为困倦而哭泣时，家长可以抚摸宝宝，或抱起他来回走动，这常常能够迅速地使宝宝感觉到安全，从而停止哭泣，进入睡眠状态。

在养育宝宝的过程中，有很多妈妈还持有这样的观点："当宝宝哭泣时，如果我们立刻回应他，这会把宝宝宠坏的。"

其实，妈妈们的这种担心是多余的。的确，长大一些的宝宝会通过哭闹行为来控制家长，以得到更多的关注，但在这一阶段，宝宝的主要任务是寻求舒适感，他们的情绪化和易怒都是由生理原因所引起的，况且在这一阶段宝宝的社会意识还未产生。所以，对于新生儿，妈妈的主要任务就是，用自己的爱及时地为宝宝缓解不舒适感，而不必担心自己会被宝宝所控制。（关于宝宝产生控制家长欲望的问题，我们将在后面的章节中进行详细的介绍。）

● 对家长的爱意不感兴趣

很多新手妈妈常常会失望地说："我给宝宝买了彩色的气球，我对他说很多表达爱意的话，为什么他好像对此一点也不感兴趣呢？"

是的，由于刚刚进入一个全新的环境，新生儿的注意力几乎都放在了自己身上，他们完全沉浸在自己的世界里，外部世界的任何事情一般都不会引起他们的注意。

当然，还有很多妈妈常常会充满幸福感地这样说："我家宝宝还没有满月，但他会冲我微笑了。"

但事实上，这仅仅是妈妈们的一种美好希望而已。在新生儿期，除了对外部世界不感兴趣之外，宝宝的行为还有一个不同寻常的特点，那就是本能反应。也就是说，在新生儿期，宝宝对家长偶尔的一瞥或微笑，都属于他们无意识的本能反应。

关于宝宝在新生儿期的本能行为，可以用这样一个例子来说明：如果我们把一个玩具拿给一个 6 个月大的婴儿，他很可能会认真地看着它，并用手去抓它，然后他还有可能把这个玩具拿在手里摆弄一番，并用嘴去啃它。

但遇到这种情况，新生儿的反应却完全不同。首先，他不会对眼前的这个玩具感兴趣；其次，即使家长想办法让宝宝的手张开，把玩具放在宝宝的手中，宝宝会紧紧地握住玩具，但他绝不会看玩具一眼。当然，一旦宝宝把手中的玩具扔掉，他将再也不会记得他曾经握过这个玩具。

在这里，新生宝宝紧紧握住玩具的行为，就属于他的一种本能反应。除此之外，在新生儿期，宝宝的本能反应还包括：寻找乳头、吮吸、频繁地扫视附近的物体等。

读到这里，很多妈妈也许会产生这样的疑问："如果我们反复对宝宝的这些本能行为进行训练，是不是这些本能行为就会转化为宝宝有意识的行为呢？"

教育学家皮亚杰对此曾做过认真的研究和分析，他认为，两岁左右的孩子已经具备了思考问题和解决问题的能力，但对于新生儿来说，他们却远远不具备这样的能力；虽然这种反复的训练不会快速地使宝宝那些本能的反应转化为有意识的行为，但它对潜能的开发还是有一定益处的。

例如，虽然一旦宝宝把妈妈放在他手中的玩具扔掉后，就再也不会记起它，但家长这种有意识的训练却使宝宝在很大程度上锻炼了抓握能力，至少不会使宝宝这种抓握本能在短时间内消失。

所以，即使这一阶段的宝宝对家长的爱意不感兴趣，妈妈仍然要不断地用抚摸、语言、微笑等向宝宝表达自己的爱意。

● **超敏感**

对于新生儿期的宝宝来说，外界的任何刺激或变化都会引起他们的惊吓或啼哭。尤其是处于静止状态时，他们对外界的刺激会更加敏感。例如,当宝宝睡觉时,开门的声音、外面汽车的鸣迪声、妈妈翻身时的触碰等,都能引起他们的惊恐、惊颤。

对此,很多妈妈常常持有这样的观点:为宝宝提供绝对安静的环境。于是,他们常常关闭宝宝房间的窗户;在宝宝睡觉时,把电话线拔掉、手机静音,并且不允许任何人说话或发出任何声音。

其实,这种做法是完全没有必要的。确切来讲,宝宝在妈妈肚子里时,就已经习惯了有某种声音伴随入眠,例如,妈妈的心跳声、妈妈肚子里的咕噜声以及妈妈的说话声等。但现在如果将宝宝置于一个绝对安静的环境里,宝宝很有可能就会因为少了背景声音而不能入眠。

当然,更重要的是,如果长时间将宝宝置于一个绝对安静的环境里,这对宝宝听力的发展将是非常不利的。刚刚出生的宝宝已经具备了一定的听力,但还不是很完善。宝宝听觉能力的提升,需要外界自然声音的不断刺激。例如,大自然的风声、窗外小鸟的叫声、爸爸妈妈说话的声音等,这些声音都能在很自然的状态中使宝宝的听力得到提高。

另外,绝对安静的环境对宝宝的成长还有一个非常不利的影响,那就是——增加宝宝的敏感性。新生儿时期的宝宝有很强的适应能力,如果他们适应了绝对安静的环境,那非常细小的声音就能引起他们的惊恐和啼哭。

所以,妈妈根本没有必要为新生期的宝宝创造绝对安静的环境,只需把音量调小一些即可。在这一过程中,宝宝听的能力会在很自然的状态中得到提高。

第一阶段:宝宝的能力发展 + 潜能开发方案

宝宝刚生下来就具备很多种潜能,例如,出生 8 个小时的宝宝就会模仿成人吐舌头,不出满月的宝宝就会用手抓握东西、用嘴吮吸、用眼睛扫视附近的物体等,4 个月大的宝宝颜色视觉就能接近成人水平……

这些都是人类与生俱来的本能,但在很多时候,正是由于家长忽视了对宝宝的这些潜能进行开发，所以它们才会很快消失。

妈妈们必须知道这样一个真理：任何一个新生儿期的宝宝都是天才。如果从3岁开始，家长才意识到要对宝宝进行潜能开发或教育，那宝宝就已经落后了很大一步。

◉ 视力发展及开发→看黑白相间的物体、追小球

刚刚出生的宝宝就具备了一定的视觉能力，这一点早就得到了国内外科学家的证实。宝宝的视觉能力最早表现为对光的敏感，例如，在很多时候，宝宝会把眼睛朝向发光处，但由于视觉能力有限，而不会追随光源而移动。

随着宝宝日龄的增加，家长会发现，宝宝对光的敏感度会日益增加：当眼前有光在闪烁时，宝宝会眯起眼睛；当光线突然加强时，宝宝会非常惊恐地闭上眼睛；即使宝宝正在睡觉状态，如果家长忽然把房间里的灯打开，宝宝也会有反应……在这一阶段，妈妈们应该注意，强光对宝宝的眼睛发育是有害的，而且还会使宝宝的内心感到不安，所以宝宝房间里的灯光不宜过强。

一般来讲，第一阶段的宝宝是不会轻易对外界事物产生兴趣的，但如果妈妈经常有意识地对宝宝的视觉能力进行开发，到第一阶段末期，宝宝就会对某个人（一般是养护人或妈妈）的脸或大概形象产生兴趣。

一位妈妈曾这样讲述：

宝宝快满月的时候，他的姑妈来看他。当姑妈试着抱宝宝时，宝宝不但没有啼哭，而且还在姑妈的怀中满足地吮吸自己的嘴唇。我感到非常奇怪，他为什么会对姑妈表现得如此亲近呢？

后来我想了想才明白，这是因为宝宝记住了我的大概样子和穿戴。宝宝姑妈的发型跟我差不多，而且她那天也穿了一件黑白相间的毛衣，跟我平时常穿的那件很相似。当姑妈抱他时，这小家伙肯定以为是我在抱他，所以表现得非常安静和满足。

这位妈妈的分析是正确的，如果妈妈有意识地对宝宝的视觉能力

进行开发,宝宝的视觉能力是与日俱增的。在满月之前,他们一般都会记住主要养护人的大概形象。

在这里,值得妈妈们注意的是:在这一阶段,宝宝会经历一个视觉的敏感期,他们对各种各样花花绿绿的玩具不感兴趣,但对那些黑白相间的物体却非常感兴趣。特别是到了第一阶段后期,如果黑暗之中突然出现一个亮点,宝宝的眼睛就会本能地随着这个亮点移动;另外,宝宝对任何黑白相间、对比度比较强烈的事物都会表现出一定的兴趣,而且这些事物对宝宝视力的发育会有很大的促进作用。例如,引导宝宝看白墙上的影子、成人黑白相间的衣服等,都会刺激宝宝视觉能力的发展。

所以,在上述事例中,宝宝之所以会对姑妈表现得如此亲近,除了他把姑妈误认为妈妈之外,还与姑妈那件黑白相间的毛衣有一定的关系。

除了引导宝宝看那些黑白相间的事物之外,妈妈还可以运用这个简单的小游戏来开发宝宝的视力:

随着宝宝清醒状态的增多,当你发现宝宝处于清醒、安静、心情还不错的状态时,你就可以拿一个纯色的小球,如纯红色、纯黑色、纯蓝色等,放在距离宝宝眼睛20厘米左右的正前方。因为这些纯色的小球与白色的背景之间能形成强烈的对比度,所以它们一般都能吸引到宝宝的注意力。当宝宝盯住小球看时,家长可以左右晃动,以促使宝宝追随着小球看。

如果这个游戏成功了,说明宝宝不但看到了小球,而且还能追随着小球移动视线了。当然,这个游戏适用于第一阶段末期的宝宝。考虑到宝宝的注意力集中能力有限,妈妈一定要把握游戏的时间,不宜与宝宝玩得太久。

● 听力发展及开发→让宝宝倾听妈妈的心跳,眼耳协同发展

刚刚出生的宝宝就具有听觉能力了。确切来讲,宝宝在母体时就已经能够感受声音了。例如,他们能够感受到声音的强弱、音调的高低，而且他们特别喜欢轻柔的音乐。

宝宝出生之后，相信妈妈们都会有这样的经历：宝宝哭泣时，如果你用轻柔的声音持续不断地呼唤宝宝，宝宝便会慢慢地把头转向呼唤声的一侧，而且还能暂时停止哭泣。

这说明了什么呢？

除了说明宝宝具有一定的听力之外，还说明了宝宝对熟悉的声音感兴趣。是的，由于在母体中时经常能够听到妈妈的声音，所以新生的宝宝在听到这个熟悉的声音时就会感到亲切。

另外，当新生的宝宝因为不明原因而哭泣时，很多经验丰富的妈妈常常会这样做：把宝宝抱起来，并让他贴近自己左侧胸部靠近心脏的地方，用不了多久，宝宝就会停止哭泣并安静下来。

为什么会这样呢？

我们都知道，当宝宝在妈妈母体中时，他们的听觉环境也是非常丰富的，是妈妈有节奏的心跳声、妈妈肚子里的咕噜声等伴随他们成长的。离开母体之后，由于这个全新的听觉环境对于宝宝来说是陌生的，这常常会使宝宝的内心产生不安的情绪。但当妈妈抱起宝宝，有意让他倾听自己的心跳声时，这个熟悉的声音在很大程度上能够抚慰宝宝不安的情绪，从而使他停止哭泣，渐渐安静下来。

与视觉能力相比，新生儿的听觉能力要发达得多，但即便如此，家长也要有意识地开发宝宝的听觉潜能。

开发第一阶段宝宝的听觉能力，我们建议妈妈们可以这样做：

在宝宝醒着的时候，在一个硬纸盒里装几粒黄豆，然后在距离宝宝耳朵20厘米处轻轻晃动。先在宝宝右耳边晃，当宝宝把头转向右边时，再把纸盒转移到宝宝的左耳边；重复同样的动作。

宝宝听觉能力的发展不仅需要丰富的自然听力环境，还需要妈妈有意识地去开发。一般来讲，那些现成的玩具，如摇铃、摇晃鼓等，对新生宝宝不太适用，因为它们的声音强度太大，常常会引起宝宝的惊恐。

而在硬纸盒里晃动黄豆粒，声音强度不是很大，很适合给新生儿听;而且纸盒里放很多颗黄豆粒,发出的声音要比摇铃等丰富得多。所以,妈妈们不妨现在就为新生宝宝制作一个这样的玩具吧!

随着新生儿日龄的增加,宝宝清醒的时间会越来越多,这时,细心的妈妈会发现:当有声音传来时,宝宝不仅会对这个声音做出反应,还会用眼睛去寻找发声的物体。这说明宝宝已经能把眼和耳的内部神经系统联系起来了。

只有让眼睛和耳朵做到很好的配合,宝宝的整体感知能力才能得到提高。为了锻炼宝宝眼睛和耳朵的配合能力,妈妈们不妨做这样一个试验:

让宝宝看着妈妈的脸,但倾听不熟悉的某个人的声音;或者让宝宝看着这个不熟悉的人,但让他倾听妈妈的声音。在这一过程中,你会发现,宝宝脸上的表情先是表现得非常迷茫,之后又表现得非常慌乱不安。

最后,再让宝宝看着妈妈的脸并倾听妈妈的声音,这时你会发现,宝宝表现得非常兴奋,甚至还会冲着妈妈手舞足蹈。

听音辨人,视人辨音,当宝宝对这一游戏越来越熟练时,这说明宝宝的眼睛和耳朵已经能够做到很好的配合了。在第一阶段末期,即宝宝接近满月时,家长就可以跟宝宝玩这个游戏了。

● 味觉与嗅觉发展及开发→引导宝宝把味嗅觉与具体的事物联系起来

刚刚出生的宝宝就已经具备了发达的味觉和嗅觉能力。为了检验新生儿的嗅觉和味觉能力,科学家长们曾做过以下两个试验:

关于味觉的试验:

分别让新生儿期的宝宝品尝甜、酸、苦、咸等各种味道,然后观察宝宝的表情和反应。当尝到甜的味道时,宝宝会表现出很愉快、满足的表情;但当尝到酸、苦、咸等味道时,宝宝会闭着眼、咧着嘴,表现出很痛苦的表情。

由这个试验,科学家们得出的结论是,新生儿期的宝宝不仅具有味觉,而且对味觉还有特殊的"偏好":喜欢甜的味道,不喜欢酸、苦、咸等味道。

关于嗅觉的试验:

在一些新生儿鼻子的两侧各放一块留有各位母亲乳汁的乳垫,一侧是婴儿自己母亲的乳垫,另一侧是他人母亲的奶垫,观察他们对此都会有什么反应。

结果,科学家们发现,出生后两天的婴儿不会特别注意自己妈妈的奶垫,但到了第6天时,大多数宝宝都对自己妈妈的奶垫产生了兴趣,因为他们会经常性地把头转向自己妈妈的奶垫。

由这个实验,科学家们得出的结论是:刚刚出生时,宝宝的嗅觉能力就已经很发达了,用不了多久他们就能记住妈妈的味道。

既然刚刚出生时宝宝的味觉和嗅觉就已经很发达了,是不是妈妈就没有必要再对宝宝的这两种能力进行训练了?

事实并不是这样的。虽然新生宝宝的味觉和嗅觉已经很发达了,但他们对味道的认知却是为零的。例如,宝宝喜欢闻花的香味,喜欢喝糖水,但他们并不能把香味、甜味与花、糖水联系起来。所以,在第一阶段以及此后很长的一段时间,妈妈对宝宝的教养重点就是,促使宝宝把自己的味觉和嗅觉与具体的事物建立联系。

例如,有经验的妈妈会这样对宝宝说:"宝宝是不是饿了?妈妈这就来给你喂奶,妈妈的奶水又香又甜……"久而久之,再闻到妈妈的体香时,宝宝就会对妈妈的奶水与自己的味嗅觉建立具体的联系。在这种状态下,寻乳行为就会由宝宝的本能转变为宝宝的一种真正能力了。

所以,在宝宝清醒的时候,特别是第一阶段末期,妈妈可以给宝宝提供更多的味觉和嗅觉体验的机会,并帮助他们把味嗅觉与具体的事物建立联系。例如,妈妈可以让宝宝添一添挖过苹果的小勺,并微笑着对宝宝说:"甜不甜? 你品尝到的是苹果的味道!"

在这个过程中,宝宝是否能听懂妈妈的语言并不重要,重要的是这样一种意识的建立,可以帮宝宝把他们的感觉与具体的事物建立联系。

当然,在开发宝宝味觉与嗅觉的过程中,妈妈还要特别注意这样两个问题:

1.通过嗅觉向宝宝提供安全感。

我们都知道,闻到妈妈的体味时,宝宝会产生很大的安全感。因此,宝宝睡觉时由妈妈陪着,这对他们身心的健康发展是有很大帮助的。

其实,这一结论早已得到了证明,专家们表示,在婴儿期,妈妈陪宝宝睡觉可以对宝宝产生良性刺激,有利于宝宝智力的发育和开发;但不停更换陪睡者的宝宝,心理常常处于紧张状态,睡眠时间和质量均会大幅度下降。所以,在宝宝嗜睡的第一阶段,妈妈要尽可能多地陪在宝宝身边。

2.在味觉敏感期,纠正宝宝的味觉"偏好"。

宝宝味觉的发展也是有敏感期的。在生活中,妈妈们也许常常会遇到这样的现象:宝宝特别痴迷于某种甜味奶或酸味奶,其它味道的都会拒绝。特别是两三岁的宝宝,他们常常会不吃饭,只喝他们偏好的那种奶,因此他们常常会营养不良,或到了长牙的年龄,牙齿刚刚长出就已经生了蛀虫。

为什么宝宝会对那些甜味奶或酸味奶如此痴迷呢?

这还要从宝宝味觉发展的敏感期说起。我们都知道,刚刚出生的宝宝对味觉就有特殊的偏好,他们喜欢甜味的食物,但如果在这一敏感期,妈妈总是纵容宝宝的这种味觉偏好,那这种味觉偏好就会成为孩子一生的习惯。这也是大多数孩子喜欢吃甜食的重要原因。

一般来讲,宝宝的味觉敏感期就存在于 0~3 个月这段时间。在这段时间里,宝宝品尝过糖水之后,往往就会拒绝白开水,但在这种情况下,家长绝不可向宝宝妥协,而是应该通过使用将糖水稀释的办法,让宝宝再次接受白开水。

● 触觉能力发展及开发→多抚摸、多亲吻，对宝宝进行抚触的关爱

一位儿科医生问一位妈妈："宝宝最大的感觉器官是什么？"

这位妈妈认真地想了半天，也没有得出正确答案。

最后医生对她说："宝宝最大的感觉器官就是触觉器官，他全身的皮肤都有灵敏的感触能力。"

是的，新生宝宝的触觉是非常敏感的，只要他们的小被褥有一点褶皱，他们就会感到非常不舒适。而且，和舒适的婴儿床相比，他们还更喜欢让妈妈抱着。为什么会这样呢？

其实，宝宝在胎儿时期时就有了触觉能力，当被妈妈子宫内软组织和羊水所包围时，他会感觉到非常温暖。出生之后，宝宝之所以会依恋妈妈的怀抱，是因为他们觉得被妈妈拥抱和依偎能使他产生类似于在子宫时的温暖。

那在第一阶段，宝宝全身最敏感的部位是哪里呢？

是宝宝的唇部和手部。我们都知道，宝宝是通过各种感知能力来认识世界的，但在第一阶段，由于他们的感知能力是很有限的，所以他们对自身之外的世界根本不感兴趣。但家长可以通过激发宝宝认知能力的方式，来激发宝宝的社会意识。

一位有经验的妈妈这样总结经验：

在很多时候，宝宝吃奶时都不用把眼睛睁开，只要我把奶头放在他的嘴唇上，他就会把奶头含在嘴里并吮吸，吃饱了，往往眼睛都不睁开又接着睡。

后来，当宝宝不是很饿时，我就会用乳头在他的嘴边晃来晃去，启发他主动找奶水。当然，在很多时候，我的这种行为会把宝宝激怒，从而引发他的啼哭，但一旦宝宝把奶头含在嘴里，他又会呈现出很满足的表情。

其实，宝宝的感知能力就是在类似的这些游戏中提高的，也正是在这一过程中，宝宝的社会意识也逐渐被激发出来了。家长除了启发

宝宝主动找奶水之外，还可以让宝宝用小手去探索世界。例如，家长可以让宝宝抓住自己的一根手指，然后轻轻地晃动手指，从而促使宝宝的胳膊也跟着晃动。另外，因为在生命的初期，宝宝是用嘴认识世界的，所以，当宝宝接近满月的时候，家长也可以帮助宝宝把手放在嘴边，让他们吮吸自己的手，以把手唤醒，从而把手的潜能释放出来。

除了感知自己是否舒适之外，宝宝的触觉还有一个非常重要的功能，那就是感觉到家长的关爱。是的，这些新生的宝宝恨不得妈妈时时都陪在他们身边，恨不得妈妈时时刻刻都抱着他们。在这个时候，妈妈们常常会幸福地称宝宝的这种行为为"黏人"行为。

其实，并不是宝宝"黏人"，而是他们正常心理需求的体现。即使是在吃饱喝足的状态之下，宝宝的内心也是非常容易产生不安情绪的，这些情况下，他们需要妈妈用关爱帮他们驱赶这些不安的情绪。而妈妈对宝宝的抚摸、亲吻等行为，就是向宝宝传达关爱的最有利方式之一。

幼儿心理专家经过研究也表明，对新生儿期的宝宝进行抚摸，可以缓解宝宝的不舒适感，增加宝宝的安全感和自信感，从而促使宝宝形成独立、不依赖的个性。

那么，妈妈应该如何对宝宝进行抚摸，才能使宝宝的身体更舒服、心理更满足呢？

一位专攻儿科和妇产科的医学专家这样总结经验：

在医学上，抚触是对早产儿进行治疗的一种方式。早产儿的身体是非常虚弱的，他们需要成人更多的帮助才能健康成长。在早期，抚触治疗还是试验阶段时，医生们也没有想到它会起到如此大的作用，因为当婴儿满月之后，那些接受抚触治疗的婴儿不论是在体重、觉醒时间、还是运动能力方面，表现得比那些没有接受抚触治疗的早产儿要强得多。后来，抚触就发展成了促使婴儿身心健康的一种教育方式。

一般来讲，家长对宝宝进行抚触不必拘泥于某种形式，基本上按着从头到脚的方式对宝宝进行抚摸就可以了。例如，当宝宝的身体和头发干了之后，在给宝宝喂奶时，妈妈可以一手搂着宝宝，一手抚摸宝宝的头部和胳膊等；另外，在两次喂奶之前，家长还可以把室内的温度调到24℃左右，把宝宝的衣服脱下来，对其进行从头到脚的抚摸。当然，如果在抚摸的过程中，宝宝没有表现出满足感，而是啼哭起来，妈妈就必须停止对宝宝的抚摸。

第一阶段：推荐的养育方式

宝宝出生之后，从舒适的母体中直接过渡到一个完全陌生的环境中，宝宝最主要、最本能的需求就是寻求舒适感。因此，在这一阶段，妈妈最主要的任务就是努力让宝宝感觉到舒适，或是努力帮宝宝缓解不适感。

● 学会安抚宝宝→抱起他来回走动、使用安抚奶嘴

曾有心理学家这样说过："婴儿的啼哭能够最大程度地把成人的怜悯之心激发出来。"是的，作为妈妈更是如此。看着无助的小宝宝，妈妈们常常会满脸幸福地这样说："我真想永远把这个'小可怜儿'抱在怀里。"

因此，当小宝宝因为某些不适而啼哭时，在排除了饥饿、尿布湿等情况之外，妈妈们最常用的安抚方式就是，把宝宝抱在怀里不停地颤动，或抱着宝宝来回走动。家长的这一安抚方式能够在很大程度上缓解宝宝的不适感，在这种情况下，宝宝往往很快就能恢复安静。

但很快，新的问题又产生了，很多妈妈常常会苦恼地这样说："我家宝宝只能'抱着睡'，不能放，一放就醒，我总不能天天抱着宝宝睡觉吧？"

是的，"宝宝只有让妈妈抱着才能很好地入睡"，这在很大程度上增加了成人的养育负担，而且，对于宝宝来说，这也是非常不好的一个习惯。所以，如果宝宝现在已经养成了这个坏习惯，家长就应该及时地帮助他改掉了。

一位经验丰富的妈妈这样分享自己的心得：

我家宝宝有这样一个坏毛病，只有让我抱着、颤着才能很好地入

睡,而且只要一放在床上,他就会皱着眉头发出哭声。我知道这样下去不是办法,便大胆地把他放下来。

刚开始离开我的怀抱,宝宝非常痛苦,他不停地哭、不停地扭动着身体,但我努力地说服自己没有把他抱起来,而是不断地抚摸他的身体,并轻轻地跟他说着话。慢慢地,宝宝安静下来,并且逐渐进入了睡眠状态。

这种情况持续了大约两周,我家宝宝终于不用我抱就能很好地睡觉了。

对于新生儿来说,睡觉不踏实、睡觉时动作很多等,都是很正常的表现。在这种情况下,妈妈可以轻轻地抚摸宝宝,但绝不可把宝宝抱起,或用力拍宝宝,因为这一拍一抱,反而会把宝宝弄醒了,更不利于宝宝进入深度睡眠状态。

因此,在运用"抱起宝宝来回走动"这一安抚方法时,妈妈还应该注意这样两点:一是不要让宝宝依恋上你的怀抱;二是,一旦宝宝依恋上了你的怀抱,你要敢于大胆地把他放下来。

在这一阶段,当宝宝啼哭时,除了把宝宝抱起来来回走动外,妈妈还可以利用安抚奶嘴来安抚宝宝。吮吸是哺乳动物早期的一种本能,对于 0 ~ 6 个月的宝宝来说,吮吸对于他们有着很强的吸引力,它能缓解宝宝的不适感,使他们不安的情绪安定下来。

读到这里,也许很多妈妈会问:"安抚奶嘴会不会对宝宝的发育产生不利的影响,或者使宝宝从此就依恋上它呀?"

其实妈妈们的这种担心是没有必要的,儿科医生表示,吮吸安抚奶嘴对宝宝牙齿以及口腔的发育是没有影响的。另外,宝宝也不会长时间迷恋安抚奶嘴,只有感觉身体某处不舒服时,或是内心不安时,他们才会要求吮吸安抚奶嘴,而且当宝宝快满 1 周岁时,由于他们急于去探索外面更加精彩的世界,往往会自动放弃安抚奶嘴。

总结来说,安抚第一阶段的宝宝,家长应该掌握以下两个原则:

一是要让宝宝感觉到关爱。儿童心理学家表示,在出生的头两年里,宝宝最主要的任务就是与某个或某几个成人建立亲密联系。如果宝宝的这一需求得不到满足,会在很大程度上影响宝宝的心理和身体健康。所以,妈妈要常常通过与宝宝进行身体接触向他们表达自己的关爱,如抚摸宝宝的身体等。

二是要学会分散宝宝的注意力。第一阶段的宝宝很容易就会被不适感所包围,而且我们又常常会找不到宝宝不适的原因,在这些情况下,妈妈应该用分散宝宝注意力的方法来安抚他们。一般情况下,抱起宝宝来回走动、让宝宝吮吸安抚奶嘴等,都能成功地使宝宝的注意力发生转移,从而使他们的不适感得到减缓。

● 学会照顾感受性强的宝宝

当宝宝出生几天后,细心的妈妈就会发现,这时的宝宝与之前也是有很大区别的。有些宝宝除了在饥饿、尿布湿的情况下,几乎很少再表现出负面情绪;而有些宝宝却不同,与前种类型的宝宝相比,他们非常易怒、情绪化很强,而且他们往往需要家长更多的关注和拥抱等,因此,很多妈妈常常把这种类型的宝宝称为"难伺候的宝宝"。

其实,宝宝的行为之所以会出现如此大的差异,是因为他们是属于不同气质类型的宝宝。在学术界中,专家们常常把这些"难伺候的宝宝"称做感受性强的宝宝。一般来讲,在生活中,感受性强的宝宝常常会表现出以下特点:

1.对妈妈"情有独钟"。

这种类型的宝宝只与妈妈亲近,例如,只允许妈妈抱,除了妈妈之外,即使是爸爸、奶奶、爷爷等,只要一接触他的身体,就会引起他们的大哭。不仅如此,当他们哭泣时,只有妈妈的安慰才能使他们恢复平静;随着年龄的增长,这种类型的宝宝会对妈妈越来越依恋,只要看不到妈妈,他们就会表现出不安的情绪。

2.表现出很大的"挑剔性"。

感受性强的宝宝很容易哭泣,而且他们哭起来总会没完没了。不

仅如此,他们从现在开始就会"挑剔"了。一位妈妈曾这样说:

> 我家宝宝就属于那种爱哭的宝宝,有时我使尽了所有招数都无法使他停止哭泣。后来我对多次失败的经验进行总结后才发现,宝宝对我抱他的方式很挑剔,每当我用右胳膊拖住他的头以及上半身,左胳膊搂住他的下半身时,他渐渐就会停止哭泣,但别的姿势却达不到这样的效果。

> 所以,每当宝宝哭泣时,我就会在心里对自己说:"这个难缠的小家伙又开始挑剔我了!"

读到这里,也许很多妈妈都会发出这样的感慨:"这种类型的宝宝太难缠了,我对他们简直就是无能为力!"

其实,并没有您想象的那样可怕,养育感受性强的宝宝也是有一定技巧可言的。与其他类型的宝宝相比,感受性强的宝宝的内心更容易焦躁不安,因此他们总是想快速地与他人建立牢固的关系,只是在很多时候,他们选择了家长读不懂的方式与家长进行沟通。例如,感受性强的宝宝常常会哭个不停,其实他们是在用哭声向家长传达这样一种思想:我与一般的宝宝是不同的,请换种方式与我交流。因此,在日常生活中,养育这种类型的宝宝,妈妈更应该关注宝宝的行为,只有仔细地摸索、品味,才能更多地读懂宝宝的语言。

特殊阶段:促进婴儿心理、能力发展的两个要点

从宝宝刚出生起,就有这样两个既简单又重要的问题困扰着家长。说它简单,是因为从古至今,不管对与错,一代又一代的家长都在用自己所熟知的那种方式养育着宝宝;说它重要,是因为在很多时候,家长的养育方式常常会对宝宝的心理发展,及其能力发展产生很大的影响。

家长们一定想知道这两个既简单又重要的问题是什么,其实它们就是:新生儿该不该包"蜡烛包"? 是使用尿布好,还是使用尿不湿好? 在本节中,我将详细讲解这两个问题。

● 婴儿该不该用"蜡烛包"？→遵循宝宝心理发展的需要

几乎所有妈妈对婴儿出生后的第一个照料行为就是，将新生儿赤裸的身体包裹起来——包"蜡烛包"（襁褓）。但也有很多学者对此提出了异议，认为为新生儿包"蜡烛包"的行为不科学。那么，新生儿到底要不要包"蜡烛包"呢？

事实上，究竟用不用捆"蜡烛包"，应遵循婴儿心理发展的需要，要以是否能够促进其成长为取舍标准。

对于一般的婴儿来说，在刚出生的1周或半个月内，包裹"蜡烛包"是必要的。原因有三：一是帮助婴儿适应母体外的温度差异，二是给予婴儿安全感，三是让婴儿获得最初的触觉刺激。

有养育孩子经验的妈妈都知道，刚刚出生的婴儿离开母体后一般都会表现得十分不适应，特别是一些女婴，在刚刚出生的第一天晚上更会不断地啼哭。事实上，这种啼哭的背后隐藏的是一种不安全感，他们仍然需要有一种身体上的依靠，从而体验到舒适和安全。这个时候，包"蜡烛包"就能很好地满足他们的这种心理需求。更重要的是，在"蜡烛包"中，婴儿在活动受限的过程中，能够获得最初的触觉刺激体验，而且他们能更加真实地感觉到自己的存在……这对宝宝的心理发育及能力发展都是十分有益的。

当然，包裹"蜡烛包"的时间长短是要受到控制的，当婴儿已经能够适应这个崭新的世界，并有更多环境能够对他产生刺激后，包"蜡烛包"的行为就应当停止了。例如，如果出生1周或两周之后，你的宝宝就已经适应了外部的环境，那你就应该放弃"蜡烛包"，让宝宝的身体去自由活动了。

● 尿布还是"尿不湿"？→尿布为主，"尿不湿"为辅

提到新生儿，很多妈妈都会很困惑：究竟给宝宝用尿布好呢，还是"尿不湿"更好呢？

事实上，这依然要看哪种养育方式更能促进宝宝的心理发育。

我们先来分析尿布。一般来讲,尿布对婴儿自控排泄能力的发展有着直接的影响:棉布做的尿布吸水性好,同时它能刺激婴儿的触觉,例如,尿布湿了变冷之后,婴儿会产生不舒服的感觉。这时,他们常常会通过特定的方式表达,在这种情况下,成人很快就会回应他们,例如,听到宝宝哭泣,成人很快就会给宝宝换上尿布,使他们重新回到舒适的状态。

其实,对于婴儿来说,这一互动的过程本身就是一种学习、一种经验的累积。当然,在这一过程中,湿尿布变冷后的刺激也会加速婴儿神经生理成熟,从而使婴儿提前学会自控大小便。

当然,与"尿不湿"相比,尿布还有很多弊端,例如,洗尿布大大增加了家长照顾宝宝的负担;如果宝宝的尿布长时间处于湿的状态,那宝宝的皮肤受到湿布的刺激很容易就会患上皮肤炎症。因此,吸水性、避免宝宝皮肤患上炎症、为家长减轻负担等,就成了"尿不湿"的最大优点。

但如果长时间为宝宝使用"尿不湿",这又会对宝宝的能力发展产生阻碍。例如,"尿不湿"虽然可以避免宝宝患上皮肤炎症,但与此同时,它也使宝宝丧失了通过皮肤感触而学习的机会;它虽然方便了家长(不必洗涤),但却在无意间阻碍了宝宝控制排泄能力的发展。

可以说,尿布和"尿不湿"各有利弊,因此妈妈们可以采用交替使用两种尿布的策略——以尿布为主,"尿不湿"为辅。一位家长这样分享经验:

在为宝宝使用尿布和"尿不湿"这个问题上,我一直遵循这样的原则,那就是——方便。

白天时,我精力旺盛,可以随时为宝宝换洗尿布,所以白天我一直给宝宝使用尿布;晚上怕宝宝因为尿布湿冷而哭闹,我就会给他用"尿不湿"。

当然,白天的时间也会有例外,只要宝宝在家,我就一直都会给他用尿布,但外出时,例如给宝宝去打针时,我会给它换上"尿不湿",这会帮助宝宝维持好心情,从而增加他的合作行为。

所以,针对不同的情况,为宝宝交替使用尿布和"尿不湿",既能方便家长,又有利于宝宝的身体健康,同时还能促进宝宝能力的发展。

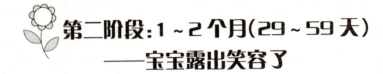

第二阶段：1～2个月（29～59天）
——宝宝露出笑容了

概述

随着宝宝日龄的增加,在第二阶段时,宝宝在出生时就具有的那些本能反射逐渐消失了,但他们开始表现出更为丰富的能力。

举个很简单的例子,有经验的妈妈都知道,到了第2个月末期,宝宝一逗就会笑了,而宝宝这种笑容与他们在满月之前的那种微笑有区别吗? 他们的这种微笑又说明了什么呢?

事实上,在这一阶段宝宝的微笑与以往有着本质性的区别,这种区别主要表现在以下几个方面:

区别之一,这说明宝宝的视力有了一定的发展。

区别之二,这说明他们对外部世界的关注开始了,与此同时,宝宝对外部世界的探索也将开始了。

当然,宝宝的微笑还隐藏了一个更为重要的涵义,那就是,宝宝的社会意识也已经初露端倪了。

第二阶段：宝宝的一般行为特点

在这一阶段,宝宝最明显的标志之一就是,他们开始露出真正的社会性微笑了。我们都知道,在第一阶段,处于很舒服的状态下,宝宝偶尔也会很满意地微笑,但宝宝这时的微笑只能算做是人类的本能反应,并不具有社会性。

但随着宝宝日龄的增长以及清醒时间的增多, 妈妈们又会发现,宝宝的微笑越来越频繁了:看到家长时他们会笑,看到熟悉的玩具时他们也会笑,甚至看到自己的手时他们都会笑……这时宝宝的微笑仍然不属于社会性行为的范畴,因为这时他们的微笑只是对熟悉事物的一种反应。

到了第二阶段中末期,随着宝宝对周围环境的熟知,以及其视力的发展,这时,家长们会发现,宝宝对家长或某个家庭成员的脸产生了浓厚的兴趣,在这种状态下,如果有人有意识地逗他们,他们就会张着小嘴冲着此人笑了。也就是从这时起,宝宝真正的社会性行为开始出现了。

除此之外,在这一阶段,宝宝还会表现出以下几种行为特点:

◉ 宝宝开始关注自己的小手

在第一阶段里,即使我们有意把宝宝的手放入他的视线之内,但他要么视而不见,要么仅仅是瞥上一眼,根本不会对小手产生任何兴趣……但在第二阶段时,随着宝宝视力的发展,当小手出现在他们视线里的时候,他们开始认真地对小手进行端详了。

一位细心的妈妈在日记中这样描述宝宝的行为:

在满月之前,宝宝的手一直呈紧握的状态,但现在宝宝偶尔能把手张开了。一天,在他高兴地挥动小手时,我把一只摇铃放在他面前,他的小手触碰到了铃铛,发出了悦耳的声音。听到这个声音,宝宝忽然安静了下来,他开始认真地观察摇铃和自己的小手。渐渐地,我发现,他的视线定格在自己手上,对着自己的手看了一会儿之后,他忽然又把整个拳头都塞入嘴中,然后使劲地吮吸。

在第二阶段里,宝宝对自己的小手表现出了特殊的关注,这说明他们开始探索外部世界了。在这一阶段里,宝宝也会经常挥动自己的小手,但他们并没有意识到小手就是他们身体的一部分。在第二阶段里,因为小手总是频频地出现在他们的视线里,所以宝宝就对它表现出了特殊的关注。

除了认真地观察自己的小手之外,宝宝还会把整个拳头塞进嘴里认真地吮吸。这时,很多妈妈常会表现出很大的担忧,担心宝宝小手上的细菌会影响健康。其实,妈妈们之所以会表现出这些担忧,是因为没有真正读懂宝宝的行为:宝宝把手放在嘴中吮吸,这是他们对外界事物的一种独特的探索方式。

从宝宝出生那一刻起,他们能够自由运用的唯一一个器官就是口,他们通过口来获取维持生命所必需的营养,同时也是通过口来探索世界的。随着宝宝日龄的增长,当他们能够自由地抓握物品时,妈妈们会发现,每当抓到一个新的物品,宝宝首先都会放入口中吮吸一下、啃一下,然后才会拿在手里来回把玩。宝宝的这些行为都很明显地证明了这一教育结论——宝宝是用口来探索外部世界的。

口是宝宝探索外部世界的重要器官,但仅仅利用口很多探索行为是不能完成的,它需要一个帮手,那就是手。在第二阶段,宝宝"吃手"就是在为接下来的探索行为做准备,他通过用口吮吸或啃咬手,把手唤醒,把手的能力释放出来。这样,宝宝就可以手口配合,继续去探索外面的世界了。

读到这里,也许有家长会这样说:"手上不知道有多少细菌,难道要置宝宝的身体健康于不顾吗?"

事实上,在养育宝宝的过程中,妈妈们一定要坚持这样一个原则:要选择最有利于宝宝发展的养育方式。就拿宝宝吃手这一行为来说,这是宝宝的一种心理需要,如果制止就不用再为宝宝的卫生问题而担忧,但却会在很大程度上影响宝宝的心理健康及对世界的探索速度。因此,妈妈在选择养育方式时,一定要分清孰轻孰重,选择最有利于宝宝整体能力发展的养育方式。

其实,关于宝宝的吃手行为,妈妈可以选择一个一举两得的方法,那就是把宝宝的小手擦干净后,让宝宝尽情地去吃。

● 宝宝的好奇心出现了

我们都知道,在第一阶段里,宝宝就像一个沉默者或清高者,除了吃奶之外,他们对外界事物一点都不感兴趣。但到了第二阶段,宝宝却发生了很大的变化,他就像一个探索者,开始对周围的环境产生了兴趣。

特别是在第二阶段中末期,宝宝对玩具产生了很大的兴趣:如果家长把一个洋娃娃放在他们面前,他们会认真地盯着洋娃娃的脸看;如果家长把一个漂亮的摇铃放在他们面前,他们会用手去击打这个摇铃……宝宝的这些行为都在表明,他们的好奇心出现了。

心理学家们对好奇心所下的定义是:个体对新异刺激的探究反应。并且,外部世界的所有事物对于第二阶段的宝宝来说都是新鲜的,这些事物给宝宝带来的刺激就是促使宝宝学习以及能力发展的原动力。

那么,妈妈应该如何进一步激发宝宝的好奇心呢?

其实,如果妈妈仔细观察,就会发现这一阶段的宝宝都是一个个名副其实的小观察家。随着视觉能力的进一步增强,宝宝的眼睛能够很容易地追随移动的物体了。在这一阶段,他们对人脸产生了很大的兴趣,有时还会冲着大人们微笑。

另外,在这一阶段,宝宝还特别喜欢看缓慢移动的物体,如果家长把一个铃铛的悬在他面前 15~25 厘米的范围内摇晃,宝宝的眼睛就会快速地跟随铃铛的摆动而转动。

所以,在这一时期,妈妈完全可以利用宝宝迅速发展的视力来激发宝宝探索外部世界的好奇心。一位妈妈这样总结经验:

当宝宝 1 个多月大时,她已经不再像以前那样爱睡觉了,于是,我就在她眼前 20 厘米左右处挂了很多小玩具。每当宝宝清醒时,我就会跟她玩这样的游戏:晃动左边的小玩具,她的头会灵敏地转向左边;晃动右边的小玩具,她的头又会灵敏地转回右边……这个游戏玩腻之后,我又引导她去触碰那些玩具,指着其中的一个玩具,我这样对她说:"宝宝,你看这个小熊多漂亮呀,你快把它够下来吧!"说着便帮助宝宝用手"击打"那个玩具,或用脚去"踢"玩具。

1~2个月的宝宝开始对颜色鲜艳的物体产生兴趣了,在这一时期,妈妈给他们购买的那些玩具开始发挥作用了。由于这一阶段的宝宝大部分时间仍然在躺着,家长可以在宝宝的视线范围内挂几个颜色鲜艳的玩具,来吸引他们的注意力。一般来讲,这一方法常常具有双重功效,既锻炼了宝宝的视力,又激发了宝宝的好奇心。

　　就像上述案例中妈妈的做法,引导宝宝去"击打"玩具,或是通过自己的触碰使铃铛发出声音,这都能在很大程度上把宝宝的好奇心激发并调动起来。

　　另外,在与宝宝玩这个游戏时,妈妈还应该注意,由于在这一阶段宝宝的视力还没有发育完善,他们的最佳注视距离是15~25厘米,所以家长为宝宝悬挂的玩具也必须在这个距离范围之内。当然,家长为宝宝悬挂的玩具最好每周换一次地方,以免宝宝的目光总聚焦在一处形成斜视。

● 宝宝开始自己总结经验了

　　如果让妈妈们讲述第一阶段的宝宝与第二阶段宝宝的不同,除了那些明显的成长特征之外,很多妈妈还会满脸幸福地说:"宝宝开始懂事了。"

　　用"懂事"来形容两个月大的宝宝,是不是有些夸张呢?

　　事实上,妈妈并没有对宝宝的能力进行夸大,他们真的懂事了。确切地说,他们是懂得总结经验了。

　　妈妈们可以这样回想一下:当第一阶段的宝宝因为某种不适而啼哭时,如果你走近他,他会不会停止哭泣?

　　答案是否定的。当新生儿啼哭时,只有把他们抱起来,或是让他们吮吸安抚奶嘴时,他们的哭声才会减弱或停止。但在这一点上,第二阶段的宝宝却已经表现出明显的不同了:当一名1个半月的宝宝啼哭时,如果他看到妈妈在朝他走来,他的哭声会减弱,甚至还会停止。

　　为什么会出现这种现象呢?

儿童心理学家表示，宝宝之所以会表现出这些行为，是因为他们学会自己总结经验了。到了第二阶段，宝宝已经能够把家长特定的长相、声音、气味等，与他们所获得的安慰联系起来。也就是说，在第二阶段，看到家长出现时，宝宝之所以会停止哭泣，是因为他们知道家长就要给予他们安慰了，他们在等待家长的安慰。这标志着宝宝能力的明确提高。所以，家长用"懂事"来形容这一阶段的宝宝一点都不夸张。

研究儿童心理健康的专家一致认为，宝宝这种自己总结经验的行为会对他日后的发展起到两点促进作用：

第一，如果在这一阶段宝宝就能很好地学会等待，这将非常有利于培养宝宝良好的情绪基础；

第二，这有利于宝宝与看护者建立特殊而重要的依恋关系，这种依恋关系对宝宝的心理健康将会起到极大的作用。

所以，在这一阶段，妈妈不妨试着让宝宝多些等待。对此，一位儿科医生给妈妈们提出了这样的建议：

当哭泣的宝宝看到你而停止哭泣时，你不要急于去给宝宝喂奶或急于去安慰他，而是要让宝宝多些等待。例如，当宝宝因为肚子饿而哭泣时，你可以一边慢慢解开衣服的扣子，一边对宝宝说："宝宝，你是不是饿了呀？你再等一会儿，妈妈这就喂奶给你吃！"

在这里，我们建议家长不立刻去回应宝宝的哭泣，是为了让宝宝学着等待。但这个建议是有一个特殊的前提的，那就是在看到家长到来时，宝宝的情绪会变得平静一些或会停止哭泣。

当然，如果妈妈足够细心的话，就可以发现，当自己正在准备给满月之前的宝宝喂奶时，他们的嘴巴常常会表现出快速的吮吸行为。人类行为学家表示，这是哺乳动物的本能反应。但如果家长有意识地教宝宝学着等待，这种本能的反应很有可能就会转化为宝宝的一种有意识的行为。例如，一个满两个月的宝宝因为肚子饿而啼哭，当他看到妈妈朝他走来时，他会停止哭泣，然后一直目不转睛地看着妈妈坐在他的身边、解开扣子……在这一过程中，宝宝也许还会因为兴奋而手舞足蹈,这说明等待行为已经转化为宝宝有意识的一种行为了。对于宝宝的能力发展来说,这是很大的一个进步。

第二阶段:宝宝的能力发展 + 潜能开发方案

说到这一时期宝宝与满月之前的区别,很多细心的妈妈常常会这样说:

"在满月之前,宝宝的眼睛是一片馄饨的,但现在,宝宝的眼睛越来越明亮了。"

"以前,听到不熟悉的声音后,宝宝会做出警惕状的反应,或屏住呼吸努力地聆听这种声音,但不会伴随看的动作,但在这一阶段,听到声音后,宝宝开始用眼睛追寻发声的物体了。"

……

其实,在妈妈们讲的这些小细节背后,所隐含的是宝宝能力的提升。在这一阶段,宝宝的听觉能力、视觉能力以及触觉能力等,都有了很大的发展。当然,宝宝能力提升的最明显标志就是,他们的各个器官之间开始试着相互协作了。例如,在这一阶段,宝宝的小手和眼睛开始相互"帮助"了,他们的手眼协调能力得到了进一步的发展。

◉ 手的潜能开发→手腕上系漂亮的小铃铛、帮宝宝把拳头送到嘴里

我们都知道,刚刚出生的小宝宝是用口来探索世界的:他们通过口来获取维持生命的营养、通过口来向家长传达自己不舒适的信号……但随着宝宝探索欲望以及好奇心的觉醒,仅仅使用口,很多探索活动都会受到限制。因此,大约在第二阶段末期,宝宝开始让自己的手也介入到探索活动中来了。

所以,在第二阶段初期,妈妈就应该有意识地帮助宝宝释放手的潜能了。一位妈妈是这样做的:

自从宝宝出了满月之后,每当挥动小手时,我就会故意把他的小手放在他的嘴边。刚开始,宝宝的嘴巴对自己的小手一点都不感兴趣,

常常会对小手不理不睬。但时间久了,也许是嘴巴意识到了小手的存在,他常常会把整个拳头都塞到嘴里,并不停地吮吸。

紧接着,奇迹就出现了,刚开始,宝宝的小手一直都处于握拳状态,但没过多久,宝宝的小手偶尔也能自己张开了,大约到了第2个月底的时候,宝宝开始用手击打周围的玩具了。

当宝宝懂得用手击打周围的玩具时,这说明他已经意识到了"手就是自己身体的一部分",宝宝的手被"唤醒"了。也正是从这时起,宝宝开始用手和口一起去探索外面的世界了。

对于第二阶段的宝宝来说,口是唤醒手的最有力工具。通过口对手的吮吸,宝宝可以感觉到手的存在,从而意识到手就是自己身体的一部分。当然,宝宝这种能力的具备必须有一个很重要的前提,那就是对自己的小手感兴趣。

那么,妈妈如何引导宝宝对自己的小手感兴趣呢?除了帮助宝宝把手放在嘴边之外,还有什么方法呢?其实,妈妈还可以这样做:

当宝宝出了满月之后,为他准备一些可爱的小礼物,例如,可以系在手腕上的小铃铛、颜色鲜艳的彩带、漂亮的小手镯等。然后分阶段把这些小礼物戴在宝宝的手腕上,每当宝宝挥动小手时,他就能够发现这些小礼物了。

例如,当妈妈把小铃铛系在宝宝手腕上的时,每当宝宝挥动胳膊听到小铃铛的声音,他的头肯定会不停地左右转动寻找声源。这时,妈妈把系小铃铛的小手放在宝宝眼前,并轻轻地晃动她的小胳膊,这时,宝宝肯定会注意到自己的小手和小铃铛。

这样的情况经历得多了,宝宝很快就会对自己的小手感兴趣的。

在第二阶段里,宝宝的视力也会进一步发展,他们不仅对明暗反差比较大的物品感兴趣,而且还开始关注那些颜色鲜艳的物品了。因此,在那些漂亮的小铃铛、颜色鲜艳的彩带以及小手镯的吸引下,宝宝的注意力很快就会转移到自己的小手上来。

当然,在宝宝成功地关注到自己的小手后,家长就应该把那些彩带、手镯等帮宝宝摘掉了，这更有利于宝宝专注地对手的功能进行探索。

◉ 手眼协调能力→用手绢跟宝宝"捉迷藏"

随着宝宝视力的发展，家长会发现，宝宝关注外部环境的时间越来越长了。但如何引导宝宝将对外部环境的关注用动作表达出来呢？也就是说，如何促使宝宝同时运用手和眼这两种器官呢？

看到这个问题，妈妈们首先想到的肯定是引导宝宝用手击打玩具的游戏。是的，这一游戏可以使宝宝的视觉和手的触觉同时都得到发展，但在很多时候，宝宝的反应不一定会如此理想，也许家长与宝宝玩过多次击打玩具的游戏之后，宝宝才会获得手眼协调能力的初步发展。

但有这样一种方法，常常会使宝宝的手眼协调能力得到迅速发展。在宝宝心情还不错的时候，家长可以试着与宝宝玩这个捉迷藏的游戏：

当宝宝仰卧时，家长可以将一块又轻又薄的手绢盖在他的脸上，或者只盖住他的一只眼睛。开始时，家长可以抓住宝宝的上臂来引导他试着用手移开脸上的手绢，当手绢从宝宝的脸上移开后，家长可以做一个可笑的动作逗宝宝开心。接着，家长可以减少帮助，让宝宝自己动手把手绢从脸上移开。

拿手绢把宝宝的眼睛盖住，由于手绢很薄，这一般不会引起宝宝内心的不安。眼睛被手绢遮住，宝宝眼前的明亮世界突然暗下来，这会把宝宝的好奇心极大地调动起来。这时，家长再引导宝宝用手移开眼前的手绢，使眼前重新恢复明亮，反复玩这个游戏，宝宝很快就会把眼前的明暗变化与手的动作联系起来。

在这一过程中，宝宝手臂的灵活性可以得到很好的锻炼，手的潜能会被很大程度地激发出来。当然，在这一过程中，宝宝的手眼协调能力会得到很自然的发展。

为了增加游戏的效果，这个游戏还能反过来玩。即：

家长先用手绢把自己的脸蒙住，然后凑到宝宝面前20厘米左右处对他说："宝宝,妈妈去哪了? 妈妈怎么不见了呢?"当宝宝的头左右转动着找妈妈时,家长再把手绢移开,然后故意一边逗宝宝说:"原来妈妈在这里呀!"一边把宝宝的手放在自己的脸上,让宝宝用手感受妈妈的脸。

在第二阶段,宝宝会对妈妈的脸产生深厚的兴趣,他们会不停地盯着妈妈的脸看,偶尔还会露出微笑。因此在这一阶段,妈妈用手绢把自己的脸遮起来让宝宝寻找, 一定能把宝宝的好奇心最大限度地激发出来。在这种情况下,再引导宝宝用小手去触碰自己的脸,很容易就会促使宝宝把自己的视觉与触觉联系起来,从而达到手眼协调工作的目的。

读到这里,也许有家长会十分担心地说:"我家宝宝已经两个多月了,但我从来没有有意识地对他进行过任何一种训练,这是不是说明我家宝宝已经落后了呀? "

妈妈们不必为此而担心。事实上,在养育宝宝的过程中,妈妈们还必须了解这样一个原则:你在任何时候对宝宝的能力进行开发都不算晚。例如,如果宝宝已经两个月大了,并且在此之前你没有对他进行过任何一种能力的训练也没有关系,只要从现在起开始训练宝宝的手眼协调能力,他的这一能力同样也能得到飞速发展。所以由此我们也可以这样说:养育宝宝要把握当下,妈妈的抱怨和担心对宝宝能力的获得是不会起任何作用的。

● 语言能力发展→引导宝宝发出更多的"口水声"

到了第二阶段,宝宝会笑了,但这时宝宝的笑仍然是无声的笑。随着宝宝清醒时间的增加,很多妈妈常常会产生这样的想法:如果宝宝会说话就好了,如何才能让宝宝发出一些声音呢? 哪怕仅仅是"咿呀"的声音也好呀!

其实,妈妈们是有些心急了,等宝宝到了 3 个月左右大时,他们才会咿咿呀呀地与家长交流,在此之前,宝宝只能用眼神与家长交流。

那是不是第二阶段的宝宝与第一阶段的宝宝一样，除了哭以外，就不会发出别的声音了呢？

答案是否定的。细心的妈妈会发现，在第二阶段，当宝宝吮吸自己的小拳头，或是感到非常舒适的时候，他们常常边吮吸边发出非常享受的声音。很多学者把宝宝发出的这一声音称为"用口水发出的声音"。

家长们可不要小看宝宝所发出的这些声音，与第一阶段那种生理性的嗯嗯声相比，宝宝的这一声音具有非常重大的意义：首先，宝宝已经能够意识到这一声音是由他自己发出的了；其次，宝宝能够享受到自己所制造的这种声音的乐趣；第三，在感觉满足又高兴的时候，宝宝还会再次制造这种声音。

所以，宝宝的这种"口水声"是他们发展语言能力的基础。这时候，妈妈们如果能够引导宝宝发出更多的"口水声"，宝宝的语言能力往往能够得到更快的发展。

一位职业为儿科医生的妈妈是这样做的：

每当宝宝吮吸自己的拳头发出很享受的声音时，我要么也学他的样子发出这样的声音，要么就会这样对他说："你的小手掌是不是很好吃呀？让我也吃一下好不好？"

当然，在宝宝情绪不太好时，我也会学着他以前的样子发出享受的"口水声"，在这种情况下，宝宝很快就会被我逗笑，接着他也会发出"口水声"。

妈妈有意识地对宝宝的声音进行回应，这对于宝宝来说是莫大的鼓励，所以在得到回应的状态下，宝宝往往会发出更多的"口水声"。事实上，"口水声"是第二阶段宝宝的一种特殊语言，所以，妈妈有意识地运用这种特殊的语言与宝宝进行沟通，不仅有利于宝宝语言能力的发展，而且对宝宝社会意识的出现和发展也会起到极大的推动作用。

第二阶段：推荐的养育方式

到了第二阶段，宝宝对外部环境逐渐适应了，虽然他们仍然需要家长的爱与安抚,但这时他们又产生了新的需要,那就是——对周围环境进行探索。

所以,在这一阶段,家长除了要延续对宝宝的爱与关心之外,又增添了一项非常重要的任务,那就是满足宝宝的探索欲望。

◉ 将游戏贯穿到养育宝宝的工作中来

提到与第二阶段的宝宝做游戏,很多妈妈常常会苦恼地说:"宝宝才这样小,手脚不灵活,而且还不能坐起来,我们根本就没有办法与他们做游戏。"

其实,这是妈妈误解了游戏的涵义,对于这一阶段的宝宝来说,游戏并不一定要跑跑跳跳,只要它能吸引宝宝的注意力,使宝宝的内心得到满足就可以了。

事实上,可供这一阶段宝宝玩的游戏有很多,只要妈妈换一种角度去思考,便能得到豁然开朗的结果。例如,妈妈们可以这样想:如果从培养宝宝的每一种能力出发来构思游戏,那宝宝的每一种能力都会对应很多个游戏。

就拿宝宝的视力发展来说,在第二阶段里,宝宝的视力发展常常会表现为这样几个特点:他们的视觉已经相当敏锐,能够很容易地追随移动的物体;对人脸产生了很大的兴趣;他们总是喜欢把头转向有亮光的窗户或灯光;喜欢看颜色鲜艳的物品,如漂亮的玩具、窗帘等。

作为妈妈,根据宝宝视力的这些特点,我们可以想出很多个游戏来跟他们玩。例如:

宝宝对人脸表现出很大的兴趣→家长可以认真地引导宝宝观察大头洋娃娃,或者给他一面镜子,让他们观察镜子里的自己;

宝宝喜欢亮光→在黑暗的状态下,家长可以用手电筒与宝宝玩找光的游戏;

宝宝喜欢颜色鲜艳的窗帘→家长可以抱着宝宝去接触窗帘,或让宝宝攥住窗帘的一角,与他玩拉开、关闭窗帘的游戏;

……

当然，妈妈还可以利用两种或几种能力相结合的方式，为宝宝构思游戏。例如，一位妈妈曾这样分享经验：

在第2个月的时候，我发现宝宝的听觉能力也有了很大的发展，当有很嘈杂、分贝很大的噪音出现，宝宝会很烦躁、紧皱着眉头，甚至还会哭闹；但当有轻柔、有节奏的音乐出现时，宝宝会变得异常安静，而且还会把头转向放音乐的方向。

于是，我常常会有意地为宝宝放一些简单而且节奏感很强的音乐，然后拉着宝宝的小手，轻轻地跟着节奏摇摆。每当我这样做时，宝宝都会张着小嘴冲我笑。

这一阶段，宝宝的听觉能力以及身体运动能力都已经有了很大的发展。一边让宝宝听音乐，一边跟着音乐的节奏轻轻晃动宝宝的小手或小脚，这对唤醒宝宝的手脚常常会起到很大的作用。

当然，除了相应的能力得到了发展之外，更重要的是，在这些游戏的过程中，宝宝探索外部世界的欲望得到了满足，这对宝宝良好情绪的获得，以及心理的健康发展都是有很大益处的。

● 为宝宝准备一面镜子

一位妈妈曾惊奇地这样说道："我家闺女才两个月大就知道美了，每当我拿一面镜子让她照时，她都会非常安静，有时还会冲着镜子里的自己笑呢！"

其实，在这一阶段，喜欢镜子并不仅仅只是女孩的特性，任何一个宝宝都会对镜子产生一定的兴趣，但这并不表示他们爱美，而是他们好奇心发展的一种表现。

在第二阶段里，随着宝宝视力的发展，他们对人脸产生了深厚的兴趣。但与其他人的脸相比，宝宝自己的脸对于他们有着特殊的吸引力，因为在镜子中他们自己的脸会随着自己的运动而发生变化。因此，如果家长在合适的位置上放一面镜子，这对宝宝将会产生很大的吸引力。

那么,什么是合适的位置呢?

一般来讲,把镜子放在距离宝宝眼睛 10 多厘米远的地方,宝宝看到镜子里自己的形象才是最清楚的。如果家长放置镜子的位置距离宝宝的眼睛超过了 15 厘米,那镜子的效果就会大大削弱,因为宝宝与镜子中影像的距离是他与镜子距离的两倍。换句话说就是,如果你把镜子放在距离宝宝的眼睛 15 厘米远的地方, 宝宝与镜中自己的距离就成了 30 厘米。而在这一阶段里,宝宝的最佳视力范围在 15 ~ 25 厘米之间,如果超出了这个范围,模糊的影像将对宝宝失去吸引力。

由于在这一阶段里, 宝宝颈部还没有能力支撑起自己的头部,所以妈妈只能在宝宝仰卧的时候拿着镜子让宝宝照。事实上,如果父母两人相互配合,养育宝宝的工作就会变得简单而有趣。

一位妈妈这样讲述自己与丈夫给宝宝换尿布的愉快经历:

我家宝宝是在冬天出生的,因此每次给他换尿布的时候,他都会痛苦地哭上半天。

但自从我跟老公相互配合给宝宝换尿布之后,宝宝哭闹的时间大大减少了,有时甚至都不再哭闹了。给宝宝换尿布时,我与老公是这样配合的:老公给宝宝换尿布,我拿一面小镜子给宝宝看,分散他的注意力,以缓解宝宝不舒服的感觉。

刚开始,宝宝只是警惕地看着镜子里的自己,后来,我一面让宝宝看镜子,一面对他说:"你看,镜子里的宝宝是谁呀?你看他的小脸蛋多胖了呀……"这时,宝宝往往就会仔细观察镜子中的自己。再后来,宝宝每次看到镜子里的自己时,都会很开心地笑。

看,一面镜子就可以使宝宝非常愉快地度过换尿布的时间。在这一阶段,由于宝宝的视力范围是很有限的,所以一面小镜子就能满足他们观察的欲望。此外,当宝宝的头颈能竖起来时,家长就可以经常把宝宝抱到一面大镜子面前,通过做各种动作和表情,让宝宝认识到,镜子里的宝宝就是他自己。

特殊阶段：按照宝宝的气质类型来培养宝宝

读到这里，妈妈们也许会很惊讶地问："难道婴儿也有气质吗？"

是的，气质是心理学的一个概念，它指的是宝宝出生后最早表现出来的较为明显而稳定的个性特征。例如，有些宝宝出生后就很安静、乖巧，只要家长及时地给他们喂奶并给他们提供一个舒适的环境，这些宝宝很少会啼哭；但有些宝宝却非常暴躁，除了需要食物和舒适的环境之外，他们常常还需要家长特殊的关注……这些都是与生俱来的不同气质，它们会长久地伴随着宝宝。

婴幼儿心理专家根据婴幼儿的情绪和行为表现等，归纳出婴幼儿的三种不同气质类型：容易适应型（容易型）、难以适应型（困难型）、缓慢适应型。

一般来讲，婴儿的气质特征，往往会影响养育者对他们的态度，与之相辅相成，养育者的养育态度又会促使婴儿形成某种心理及性格特征。所以，也正是在这种意义上我们说，家长对宝宝气质类型的了解，以及家长的养育态度和方式，在很大程度上决定着宝宝的心理健康以及性格的形成，对宝宝的成长具有非常重要的意义。

◉ 适应型（容易型）宝宝→用更多的关爱应对宝宝的不善表达

当很多妈妈都在抱怨自己的宝宝"难缠"时，一位妈妈却沾沾自喜地说："我的宝宝很好带，只要让她吃饱了，她就会不哭不闹。"

从这位妈妈的讲述中我们可以知道，她的宝宝属于适应型的宝宝。这种类型的宝宝常常会表现出两个明显的特点：一是他们的吃、喝、睡等生理活动很有规律，他们很容易适应新环境，也很容易接受新事物和不熟悉的人；二是他们的情绪一般都是积极愉悦的，到了两个月大时，每当家长与他们"游戏"时，他们都会做出积极的反馈。因此，与其他类型的宝宝相比，养育适应型的宝宝，家长要轻松得多。

在生活中，适应型的宝宝最常见，大约有40%的宝宝都属于这种类型。因为反应比较积极，到了第二个阶段末期时，适应型的宝宝几乎是人见人爱,因为不管是谁,只要有人逗他们,他们都会冲着此人微笑。

虽然适应型宝宝常常能令家长或他人愉悦,但从成长的角度来讲,适应型的宝宝身上也存在阻碍自身发展的因素。这种因素常常表现在以下两个方面:

一是,适应型宝宝的适应能力很强,他们很容易就能接受新鲜事物,因此他们发生意外伤害的可能性相对也会大一些。当然,这一特点在月龄比较大的孩子身上表现得比较明显。例如,两个已经学会爬行的宝宝,他们同时看到一大盆水,适应性不是很强的宝宝往往经过多次探索才敢接近水,但适应性很强的往往就会直接爬到盆里去玩水,所以,相比来讲,适应型的宝宝发生意外的情况会比较多。

二是,适应型的宝宝对身体上的疼痛或心理上的不舒服往往反映不强烈。也就是说,别的类型的宝宝手指擦破一点皮就会哇哇大哭,但适应型的宝宝却常常持有凑合的心理,即使手指脱臼,他们都很可能不会及时地告诉家长。当然,对于大一些的宝宝来说,即使心理受到了伤害,他们常常也不会及时地说出来,这对宝宝自尊的发展以及心理的健康将会产生非常不利的影响。

因此,从这两方面来分析,家长更应该给适应型的宝宝多一点的关注。

一位妈妈这样总结经验:

别的妈妈都说自己家的宝宝爱哭,但我家宝宝却没有那么爱哭。就拿尿布湿了这件事来说吧,别的妈妈给宝宝换下来的尿布还冒热气,这说明宝宝刚尿完就提醒妈妈尿布湿了。但我家宝宝却不同,每次他哭着提醒我换尿布时,他的尿布都冷了。我知道,我家宝宝是个不爱表达的宝宝,如果我对他的关注少了,这必定会影响他的心理健康。所以,每次不等他提醒我,我就会及时地检查他的尿布。

不仅如此,虽然平时宝宝很少哭闹,但我总会时不时地过来看看他、跟他"聊会儿天"、和他做做小游戏等,因为我知道这些都是宝宝成长的需要。

对于这些还处于生命初期的宝宝来说，不爱哭闹并不一定是好事，因为在生命的初始阶段，不管是生理上还是心理上，宝宝是很容易感觉不舒适的，哭闹是他们独特的表达方式。但如果他们不哭不闹，家长就不知道他们有什么需求。所以，面对不善表达的宝宝，即使他们不哭闹，妈妈也应该对他们多些关注。

● 难以适应型（困难型）→采用"接纳、不抱怨"的原则

生活中，很多妈妈常常会烦恼地这样抱怨："人家的宝宝哭闹一会儿就好了，为什么我家宝宝哭起来就会没头呢！更可恨的是，他还常常会在半夜哭，我真不知道他为什么会如此'个性'！"

其实，并不是宝宝"个性"，而是他们的气质类型促使他们表现出了这些特征。这种类型的宝宝属于难以适应型的，也就是说，这种类型的宝宝很难适应环境，在生活中，他们常常会表现出这样几个特点：

1.生理活动缺乏规律性。

相比适应型的宝宝，难以适应型宝宝的妈妈就要多费些心了，因为这种类型的宝宝生理活动常常会缺乏规律性。不仅如此，他们常常还会排斥新食物、新事物、新环境等，常常需要很长时间才能接受这些改变。

2.烦躁、易怒，很难接受家长的爱抚。

与大多数宝宝相比，难以适应型的宝宝常常会表现出很多的与众不同，例如，他们烦躁易怒、爱发脾气、哭闹起来就会没完没了……在很多时候，他们的行为也常常会令妈妈捉摸不透，例如，他们会半夜哭闹，换尿布或洗澡时表现得大惊小怪、躁动不安等。当然，这会给妈妈的养育工作带来很大的麻烦和负担，从而引发妈妈们的抱怨。

但必须提醒妈妈们的是，每个宝宝都有自己独特的气质，这种气质是与生俱来的，是没有好与坏之分的。所以，如果你的宝宝属于这种气质，与其不停地抱怨，还不如接受宝宝的这种气质，然后去寻找最适合宝宝这种气质的教育方式。

那么，作为家长，我们应该用什么样的态度和方式来养育难以适

应型的宝宝呢?

其实,对待难以适应型的宝宝,家长只要遵循一条重要原则,宝宝的怪异行为就能得到缓解,这条原则就是接纳、不抱怨。

事实上,在很多时候,宝宝的怪异行为是否得到缓解主要在于家长的态度,对于难以适应型的宝宝来说更是如此。如果在家长的眼中,宝宝的行为是正常的,家长能够拿出足够的耐心和宽容来让宝宝适应环境,那宝宝的怪异行为往往就能得到很大程度的缓解。反之,宝宝的行为只能是越来越怪异。

所以,对难以适应型宝宝的特点多了解一些,妈妈就更容易接纳他们的行为;妈妈接纳了他们的行为,就能拿出足够的耐心和宽容来对待他们的这些行为。因此,接纳宝宝的行为,是妈妈养育难以适应型宝宝的基础。

具体来说,妈妈们可以按以下的方式去养育难以适应型的宝宝:

宝宝的生理活动不规律,没有关系,他什么时候饿了你什么时候喂他,吃多吃少都随他;

宝宝常常在半夜啼哭,没有关系,在安抚工作起一定的作用之后,你可以让他吮吸安抚奶嘴;

宝宝排斥新环境、新事物,没有关系,慢慢来,一点点循序渐进地来,总有一天宝宝会适应的;

……

"半夜啼哭""排斥新环境"……在一般情况下,宝宝的这些怪异行为常常会使家妈妈们抓狂。但妈妈只有心平气和地面对宝宝的这些行为,才能够做到接纳宝宝;也只有妈妈真正接纳了宝宝的这些行为,养育工作才会变得简单起来。

◉ 缓慢适应型→给宝宝创造一个没有压力的成长环境

一位妈妈曾讲述了这样一件有意思的事情:

一天,我下班回来给宝宝买了一只玩具小鸭子。这只小鸭子一捏就会发出声音，我想她看到后一定会非常兴奋，但令我很失望的是，当我把玩具送到宝宝面前并教她如何玩时，她只是面无表情地看着，一点都没有表现出兴奋的迹象。

过了好一会儿，我都把买玩具这件事忘了，宝宝却自己咯咯笑起来。待我走到她旁边看看发生什么事情时，宝宝却一边捏小鸭子，一边发出了嘎嘎的声音。

我知道了，我的小宝贝现在才学会玩那个玩具，她可真是一只后知后觉的"慢鸭子"呀！

是的，与其他类型的宝宝相比，缓慢适应型宝宝的行为就是有些慢半拍、后知后觉。当然，这在稍大一些宝宝的身上表现得更为明显。除此之外，在日常生活中，缓慢适应型的宝宝还常常会表现如下特点：

1.情绪表现总是消极的、不愉快的，但他们不会像难以适应型宝宝那样大哭大闹，而是常常安静地退缩，情绪低落。

2.他们逃避新事物、新环境，对外界环境和事物的变化适应较慢。

由于这种气质类型的宝宝在生活中常常表现得胆小怕事、乖巧，所以，在他们还很小的时候，在家长印象中，他们属于那种沉默寡言、冷漠，但又好带的乖宝宝。

但随着月龄的增长，在家长的印象中，他们那种乖宝宝的形象会逐渐消失，因为他们对任何事情都会表现出很大的逃避性，并且月龄越大，宝宝那种"反应迟钝"的特性表现得越明显。

就像上述事例中的那种情况，宝宝一次、两次后知后觉的行为会被妈妈看做是可爱的表现，但次数多了，妈妈难免会产生厌烦心理。更重要的是，由于这种类型的宝宝对新鲜事物接受起来比较缓慢，所以他们在学习本领方面往往也要比其他的宝宝"慢三拍"。例如，在宝宝两个多月大时，也许其他宝宝很快就会被一些颜色鲜艳的小玩具所吸引，并学着用手去击打这些玩具。但缓慢适应型的宝宝却不同，也许他们要等到第3个月才会对玩具产生兴趣。

更令人担忧的是，一旦妈妈对缓慢适应型的宝宝表现出不耐烦的情绪,表现出催促他们的行为,在这种情况下,宝宝常常会表现出退缩行为。例如,如果宝宝总是不能成功地自己击打那些漂亮的玩具,那他们很有可能就会放弃这些玩具,而且为了避免家长再对他们施加压力,他们常常会装作对那些玩具一点也不感兴趣。长久如此,妈妈与缓慢适应型的宝宝就很快就会进入这样一个循环圈:妈妈对宝宝不耐烦、催促→宝宝放弃、退缩→妈妈更加不耐烦→宝宝更加退缩。

作为成人我们知道,宝宝这种退缩以及自欺欺人的行为,对他们的能力发展以及智力开发来说将造成极大的伤害。那么,我们应该如何做,才能避免宝宝产生放弃、退缩的行为呢?

那就是,妈妈应该努力为宝宝提供一个没有压力的环境。

对此,一位深有感触的妈妈是这样做的:

在深知缓慢适应型宝宝的特点之后,我就不再催促他,而是让他按照自己的速度和特点去接受新事物、新环境。

在宝宝出生后的第 2 个月末期,我给他买了一辆漂亮的婴儿车,但每次我把他放入婴儿车内,他都会大哭。我知道,他适应婴儿车这个新鲜事物需要一定的时间,因此每次带他出去玩时,我都会亲自抱着他,而不是强迫他躺在婴儿车里。

但婴儿车买了也不能浪费呀,因此在宝宝醒着的时候,我就抱着他接近婴儿车,并轻轻地对他说:"这是宝宝的小车,你看,它多漂亮呀,上面还有小玩具呢!"看我没有强迫他坐车的意思,宝宝慢慢地对婴儿车放松了警惕。时间长了,正像我预想的那样,当宝宝跟婴儿车熟悉之后,再把他放入小车里,他已经完全不排斥了。

在成人眼中,适当的压力是前进的动力,但对于缓慢适应型的宝宝来说却不是如此。存在压力的环境只能令他们退缩、放弃,因此上述家长的观念非常科学,即让缓慢适应型的宝宝按照自己的速度和特点去接受新事物、新环境。

其实,对于任何类型的宝宝来说都是如此,家长不应该看重他们的成长速度，而应该关注他们的成长质量。所以，在宝宝生命的初始阶段起，家长就为他们创造一个没有压力的环境是十分必要的。

当然，家长在根据宝宝的气质类型养育宝宝时，还需要注意这样一个问题：在生活中，很大一部分宝宝并不能简单地归为上述任何一种气质类型中去，他们往往具有两种或三种气质类型的混合特点，属于混合型气质。所以，家长应该根据他们表现出来的具体特点，来选择具体的养育方式。

第三阶段：2～3个月(60~89天)
——宝宝的脖子可以立起来啦

概述

很多妈妈常常这样形容第三阶段的宝宝："宝宝终于从'小呆瓜'转变成'小精灵'了。"

是的，到了这一阶段，宝宝已经完全摆脱了新生儿那种懵懂的状态，眼睛越来越灵活，活动能力越来越强，精神状态越来越好，而且白天睡觉的时间越来越少了。这时，他们开始需要妈妈用越来越多的时间与他们交流、陪他们玩游戏。因此，在妈妈们的印象中，这一阶段的宝宝越来越可爱了。

第三阶段：宝宝的一般行为特点

在这一阶段里，宝宝的成长有了明显的标志，他们的脖子可以立起来了。而且到了第3个月末期，当宝宝俯卧时，他们可以短暂地把头离开床面，并且还能慢慢地向左右转头呢！

当然，在这一阶段里，宝宝还要经历一个非常重要的变化，那就是他们的社会意识越来越明显了。

◉ 宝宝长"痒痒肉"了——宝宝社会意识发展的标志

作为成人，我们都玩过抓"痒痒肉"的游戏，当别人轻轻地接触我们身体的某些特殊部位如腋窝、肋骨旁、脚底板时，我们常常会因为奇痒难耐而哈哈大笑。

但令我们奇怪的是，当我们接触一个1个多月大的婴儿时，无论我们的动作如何轻，他们都不会发笑，甚至可以说是毫无反应。

为什么会出现这种现象呢？

妈妈们也许会说："这时宝宝还没有长'痒痒肉'呢呗！"

其实，事实并不是这样的。我们都知道，任何人都没有办法通过触摸使自己成功地发笑，但别人的触摸却有这种功效。为什么"痒痒肉"只对别人有效呢？

对此，心理学家给出的解释是，一个人会因为别人的触摸而感到痒痒，这与两个方面的因素有关：一是这个人能够感觉到自己正在被人触摸；二是这个人必须具备被他人逗笑的社会意识，换句话来说就是，在被别人触摸身体时，他必须知道这个人是友好的，而且他想逗自己笑。具备了这两个条件，"痒痒肉"的神奇功效才会产生。

由此我们就可以得知，1个月大的婴儿虽然能够感觉到他人的触摸，但他们还不具备被他人逗笑的社会意识，所以，在这种情况下，他人是没有办法把宝宝逗笑的。

实际上，当宝宝的"痒痒肉"越来越多地呈现出来时，这说明他们的社会意识也越来越明显了。在第三阶段里，除了因为"痒痒肉"而被他人逗笑之外，宝宝的社会意识发展还表现在这样一个重要方面——他们能够很好地与家长交流了。

例如，如果妈妈皱着眉头、拉着脸对宝宝讲话时，宝宝常常会伤心地哭泣；但如果妈妈温柔地、微笑着对他们讲话，宝宝又会高兴地手舞足蹈，有时甚至还会咿呀着与妈妈对话呢。

面对宝宝的成长，每位家长都会表现得异常欣喜，但也有家长会表现得很迷茫："人家的宝宝越来越懂事了，越来越可爱了，为什么我们家的宝宝却还是那样爱哭呢？"

其实，哭是宝宝的一种独特的表达方式。新生儿爱哭是因为他们的身体常常会感觉到不舒适，但在这一阶段，随着宝宝社会意识的出现，他们啼哭也许是因为他们有心事了。因此，在这一阶段里，家长千万不要以为宝宝什么也不懂，他们也在感受着人与人之间的关系。

有一对冤家夫妻，他们总是当着自己快满3个月的宝宝面争吵。

一天夜里,不知什么原因,宝宝啼哭起来,妻子立刻起来哄宝宝,但宝宝仍然一直哭。不一会儿,丈夫不耐烦地冲妻子喊道:"你是怎么搞得,让宝宝一直哭,你还让不让我睡觉!"

听丈夫这样说,妻子虽然尽量在压低声音,但仍然火气十足地说:"是我让宝宝哭的吗? 你有能力你自己来哄宝宝呀?"……

在夫妻俩的争吵声中,宝宝的哭声越来越大了。

在这一阶段里,别看宝宝小,事实上,随着宝宝听觉、视力、社会意识等方面能力的发展,他们对周围的人际关系是很在意的。如果爸爸妈妈之间总是弥漫着"火药味",宝宝的内心就常常会处于极度不安的状态,长久处于这种状态下,对宝宝的心理以及情感的发展都是非常不利的。一般来讲,宝宝在白天没得到发泄的不安情绪,在夜晚就会暴发出来。

所以,为了促使宝宝的社会意识更加健康地发展,家长一定要为宝宝提供幸福、和谐的成长环境。

一位妈妈这样总结经验:

自从宝宝出生后,我们夫妻俩就作了这样一个约定:就算有再着急的事情,也不要在宝宝面前争吵。

每当我们对某件事情的观点不统一时,我们几乎都会异口同声地说:"找个合适的地方聊聊。"其实,我们的意思是,离开宝宝的房间,找个安静的地方再继续谈论那个话题。但令我们自己也感到可笑的是,当我们再次讨论这个话题时,我们的意见很快就达成了一致。我知道,是我们对宝宝的爱化解了偏见、固执以及我们身上的很多其他缺点。

在日常生活中,每对夫妻都不可避免地会对一些事情产生不同的观点。在这些情况下,如果家长当着宝宝的面讨论这些鸡毛蒜皮的小事,很容易就会使宝宝感觉到不和谐,从而促使宝宝的内心产生不安的情绪;但如果我们也像上述案例中家长所约定的那样,不在宝宝面前争吵,找别的地方去继续讨论,也许会由于对宝宝的这种爱,使夫妻之间的矛盾得以轻易地化解。

是的，宝宝的社会意识出现了，我们就应该把他们当做"小大人"来看待。作为家长，我们不当着宝宝的面争吵，这既是对宝宝的一种爱，也是对宝宝的一种尊重，是对宝宝健康成长的一种尊重。

◉ 宝宝会翻身了

其实，在进入这个阶段之前，宝宝就曾无数次地用身体把小枕头向上拱，以尝试着翻身，但由于他们的身体灵活性是很有限的，所以他们的这些尝试每次都是以失败告终。但到了第三阶段中末期，宝宝终于能够成功地翻身了。

在这一阶段，宝宝翻身时主要是靠上身和上肢的力量，所以，他们往往仅把头和上身翻过去，而臀部以下还是呈仰卧的姿势，这时他们需要家长的帮助，才能把整个身体都翻过来。

很多妈妈常常会这样说："在宝宝出生后的第一年，他们几乎一天一个变化，他们的很多能力就像是在一夜之间忽然获得的一样。"

宝宝的能力真的在一夜之间就可以获得吗？

答案是否定的。宝宝任何一种能力的获得都需要长期的经验积累，都需要不停地自我摸索和锻炼。就拿翻身这一能力来说，在学会翻身之前，宝宝首先要掌握的能力就是控制自己的颈部，使头成功地立起来，这是掌握翻身能力的基础。

其实，为了使宝宝掌握抬头的能力，在宝宝1个多月的时候，很多妈妈就经常让宝宝做这样的练习：在宝宝床头放一面镜子，然后让宝宝俯卧在床上，引导宝宝抬头。

这种做法是非常科学的，一些美国学者对此进行专门的研究后发现，与那些经常有机会俯卧的宝宝相比，那些总是仰面躺着的宝宝实现头部控制的时间要晚得多。所以，如果宝宝对俯卧并不反对，妈妈每天都应让宝宝俯卧几次，这能够在很大程度上帮助宝宝练习抬头。但由于宝宝的体能是很有限的，每次训练两三分钟即可，时间太长的训练会使宝宝产生厌烦情绪。

当然,如果妈妈在宝宝的床头放一面镜子,那这种练习对于宝宝来说就更具吸引力了。由于镜子的存在,宝宝会更加频繁地抬头,这会使宝宝的颈部得到更加有效的锻炼。

其实对于这一阶段的宝宝而言,床头镜子的功效绝不仅限于此。当宝宝到了 3 个半月或更大一些的时候,他们会高兴地对着镜子里的自己笑,这会在一定程度上促进宝宝社会意识的发展;当宝宝到了 4 个多月大时,这面镜子还能帮助宝宝练习爬行……可以说,当宝宝在 1 个多月大时,家长在宝宝的床头镶一面镜子是非常有必要的,这能在潜移默化之中使宝宝的各种能力得到提高。

当宝宝俯卧时,如果他们能够将头抬起与地面呈直角,并且能保持这一姿势几秒钟,这说明宝宝已经具备了翻身的基本条件。这时家长就可以有意识地帮助宝宝练习翻身了。

关于翻身的练习,一位妈妈这样分享经验:

我家宝宝有侧睡的习惯,所以当我发现宝宝不停地拱枕头尝试翻身时,我就会帮他把翻身的前期工作都做好。例如,我会帮他把其中一只胳膊放在他的胸腹之间,把他的一只腿压在另一只腿的上面……在宝宝尝试翻身时,我还会推动他的肩膀,以助他一臂之力。

重复练习几次之后,宝宝不再需要我的推力,只需我把前期工作做好,自己就能成功地翻过去。

是的,因为有一定的侧卧基础,宝宝很轻易就能学会翻身。当然,这里的翻身仅仅是指从仰卧或侧卧的姿势翻到俯卧,宝宝从俯卧翻到仰卧或侧卧的本领,需要在以后的几个月里反复练习才能获得。

读到这里,也许有妈妈要问:"我家宝宝没有侧睡的习惯,我应该如何帮他练习翻身呢?"

在这种情况下,就需要宝宝喜欢的玩具出马了。当宝宝仰卧时,妈妈可以拿宝宝感兴趣并且能够发出声响的玩具,在宝宝身体的一侧逗引宝宝。然后帮宝宝做好翻身的准备,并且要助宝宝一臂之力。当然,与训练有侧卧经验的宝宝相比,这个过程要相对困难、复杂一些,但妈妈不要心急,你的耐心和鼓励是宝宝成功的推动力。

宝宝的任何能力,都需要经过多次的训练才能获得。因为这种训练对于宝宝来说太耗费体力,所以,家长最好每天只对宝宝进行 2～3 次训练,每次 2～3 分钟即可。

◉ 宝宝能够发出简单的声音了

一位妈妈曾满脸幸福地这样描述自己的宝宝:

他简直就是一名歌唱家,每当他吃饱喝足又非常高兴的时候,他就会一边吮吸自己的小手,一边咿呀着唱歌;或者一边舞动着小手和小脚,一边啊啊地对着我"练声"……看着宝宝这些可爱的样子,我常常会被一种莫名的幸福感所感动。

在第三阶段里,令妈妈们感到最兴奋的事情就是,宝宝能够发出真正的声音了,他们开始咿呀着自言自语,开始啊啊着与家长进行沟通……虽然在很多时候,家长并不明白宝宝真正想表达什么,但这没有关系,重要的是宝宝已经学会用语言表达自己了。

家长们可不要小看宝宝在这一阶段的简单发音,这代表着宝宝与他人的沟通由消极状态过渡到了积极的状态。我们都知道,婴儿出生后的第一声啼哭是最早的发音,这不仅是新生命的宣言,也是今后语言学习的基础;新生宝宝的哭可以说是他们最原始的表达方式,到了满月之后,宝宝就能用哭与成人进行交流了,但此时宝宝所发出的这些声音都是以消极的方式与外界进行沟通。

但到了第三阶段,当宝宝学会简单的发音之后,情况就大不相同了,宝宝开始用那些咿呀之声积极地与外界交流了。例如,如果宝宝对远处的一个玩具产生了兴趣,他们不再用哭去表达,而是用手指着那个玩具,或是在妈妈的怀中咿呀着向那个玩具挣扎。

所以,在这一阶段,如果家长有意识地引导宝宝多"说话",这对宝宝将来语言表达能力的发展将会起到极大的促进作用。

读到这里,很多妈妈也许会问:"那我们应该如何引导宝宝多'说话'呢?"

实际上,只有在宝宝情绪好时,他们才会发出这些积极的声音,而且宝宝的情绪越好,他们所发出的积极声音就会越多。因此,妈妈要想使宝宝多"说话",就要努力使宝宝保持良好的情绪状态。

怎么才能使宝宝保持良好的情绪状态呢?这就需要妈妈了解这一阶段宝宝的心理。从第二阶段末期开始,除了需要舒适的成长环境之外,宝宝又有了新的心理需要,那就是家长(尤其是妈妈)的关注,只要处于醒着的状态时,他们会希望家长一直都陪在他们身边,并陪他们玩要。因此在这一阶段,妈妈富有创意的小游戏是使宝宝产生好情绪的制胜法宝。

一位妈妈这样分享经验:

我家宝宝快满3个月了,在平时,除了有意与他"对话"之外,我还会找一些有意思的小游戏逗他开心。在所有的游戏之中,宝宝最喜欢这个游戏了:

在这个游戏中,我会假扮小动物,并学习它们的发音。例如,我故意扁着嘴,做出那些笨笨的姿态对宝宝说:"我是一只小鸭子,嘎嘎……"过一会儿,我又会拿手指当做胡须,扮演成一只可爱的小猫,然后对宝宝说:"我好饿呀,我想吃鱼,喵喵……"每当这时,宝宝都会被我逗得咯咯笑,然后嘴里会发出一些奇怪的声音,好像在努力学着我的样子,模仿那些动物的声音呢!

是的,当宝宝处于情绪良好的状态时,他们的学习能力是极强的。在这时,妈妈们如果常常用做怪脸的方法逗宝宝开心,用不了多长时间,就会惊奇地发现,宝宝也会学着自己的样子做怪脸了。

当然,宝宝语言能力的发展并不是孤立的,在很多时候,它与宝宝的视觉、听觉、触觉以及运动能力等,都是相互联系、互为因果的。因此,在这一阶段,家长帮助宝宝练习发音,最好是建立在训练宝宝的综合能力的基础之上。一位有经验的妈妈是这样做的:

当宝宝接近3个月大的时候,我开始全方位对他的能力进行训练了。例如,当我吃苹果时,我会拿着一个苹果对他说:"这是苹果,你看它又大又红,一定很甜,你想不想吃呀?"这时,宝宝高兴地挥动着小手咿呀着回应我。我咬了一口苹果,然后又对宝宝说:"真的好甜呀,还好香呢,你来闻闻!"我不知道宝宝听没听懂我的话,但当我把苹果凑到宝宝的鼻子旁边时,他的小嘴巴做出了吮吸状。我用勺子挖了一些细细的果肉送到他的嘴里,他有些紧张地吮吸着,但很快尝出了这是他喜欢的甜味,于是他的小嘴巴吮吸得更快了,并露出了高兴的表情。紧接着,他又咿呀着跟我"说话",这时我读懂了,他是想再吃一口苹果果肉。

宝宝的很多潜能就是在与家长这种积极的沟通中发挥出来的。事实上,在宝宝处于新生儿时期时,家长就应该有意识地与宝宝多沟通。家长们不要以为宝宝什么也不懂,即使在生命的初始阶段宝宝暂时读不懂你的语言,但他们也能从你的表情和动作中感受到你对他们的爱与欣赏,这些爱与欣赏常常是宝宝健康成长以及能力提升的动力。

所以,从现在开始,用你觉得最亲切的方式与宝宝进行沟通吧!

第三阶段:宝宝的能力发展＋潜能开发方案

2～3个月的宝宝已经完全摆脱了新生儿的特点,在这一阶段里,宝宝的很多能力都有了质的飞越。例如,宝宝可以根据物体的远近来调节眼睛的焦距了,宝宝对颜色的视觉能力已经达到成人水平了,宝宝能够发出简单的咿呀声了,宝宝开始回避那些不喜欢的味道了……

当然,在每天都在关注宝宝成长的家长眼中,提升最快的还是宝宝的运动能力,因为宝宝几乎每天都有新动作产生。

◉ 运动能力的发展→通过运动促使宝宝的心理和智力发展

随着宝宝月龄的增加,妈妈们会发现,那个曾经柔弱得不得了的小家伙,在这一阶段里,已经掌握了很多有难度的动作:他们开始有目的地用手去够东西;他们能成功地把大拇指送到嘴里吮吸;在家长的帮助下,他们能成功地翻身了……

每当看到宝宝运用这些新能力时,很多妈妈都会在心里默默地这样想:宝宝,你多加练习这些动作吧,在这些练习中,你的身体会越来越强壮。

是的,大多数妈妈都会把宝宝的运动能力与宝宝的身体发育联系起来,但却很少有妈妈把运动与宝宝的智力发展联系起来。但事实上,宝宝的运动能力与智力常常是相互促进而发展的。

在第 3 个月里,宝宝最明显的变化就是他们的手部运动:宝宝开始能够自主地抓握玩具了,有时,宝宝还能成功地把抓到的玩具送到口中……细心的家长还会发现,之前宝宝只能把整个拳头放在嘴里吮吸,但在这一阶段,宝宝能够单独把一个拇指放在嘴里吮吸了。

但宝宝的这些行为与他们的智力发展有关吗?

答案是肯定的。正是这些有意无意的手部运动使宝宝手部的触觉得到锻炼,从而使宝宝的手变得更加灵活。当然,从另一个角度来讲,正是因为宝宝的这些手部运动,尤其是吃手行为,使得宝宝的心理智能也得到了发展。

我们都知道,刚刚出生的小宝宝唯一能够灵活运用的就是他们的口。随着月龄的增加,在心理力量的推动下,宝宝注意到了自己的手,并且时常会把手送入口中。

当宝宝的这种心理需求得到满足后,一个令妈妈欣喜的结果出现了:宝宝的手被唤醒了,它变得越来越灵活了,它完全可以受宝宝的支配去探索外面的世界了。从此,宝宝在探索外面的世界时又多了一个有力的工具,那就是他们的手。

宝宝的智力与心理常常是相互促进而发展的, 而这二者与运动都有着千丝万缕的关系,所以,也正是在这种意义上我们说,家长有意识地锻炼宝宝的运动能力, 实际上也是在促使着宝宝的心理和智力的发展。

那么,在这一阶段,妈妈如何有意识地对宝宝的运动能力进行锻炼呢?

一般来讲,当宝宝 2 ~ 3 个月大时,家长可以有意识地对宝宝进行以下几种能力的训练:

1.竖头能力训练。

在此之前，妈妈们在抱宝宝时，都是让宝宝在自己的怀中平躺，但在这一阶段里，妈妈可以把宝宝立着抱起来，以锻炼宝宝的竖头能力。当然，在抱宝宝的过程中，一定要用手、胳膊分别支撑住宝宝的颈部、腰部、臀部，以免使宝宝的脊椎受到伤害。

当然，妈妈还可以面朝前抱着宝宝，让宝宝的头和背部贴着我们的胸部，我们一手在前面托住宝宝的胸部，另一只手在后面托住宝宝的臀部。这样，宝宝面朝前，可以使他很清楚地看到前方的物品，在这种状态下，不仅可以锻炼宝宝的竖头能力，而且还能使宝宝的视觉能力得到增强。当然，更重要的是，由于视觉的开阔，宝宝的好奇心也会被极大程度地激发出来，这对宝宝整体智能的提高也会起到极大的促进作用。

2.抬头能力训练。

一般情况下，这些还不能自主运动的小宝宝常常是呈仰卧状态的，但当宝宝出了满月之后，家长应该不时地让宝宝呈俯卧状态了。刚开始俯卧时，大多数宝宝对这一姿势都不习惯，但他们会本能地把头稍稍抬起，或扭到一旁，以保证口鼻能够自由地呼吸。

事实上，这也正是我们的目的所在，俯卧可以很好地训练宝宝的抬头能力。不仅如此，有专家指出，每天有机会俯卧的宝宝，在翻身以及其他运动能力方面，都要比那些没有机会俯卧的宝宝要强得多。

妈妈们不要以为抬头仅仅是宝宝的一种非常小的能力，就忽视对宝宝进行抬头训练。其实，抬头训练锻炼的不仅仅是宝宝的颈部，它对宝宝的背部肌肉、肺活量的锻炼，以及大脑的发育都有非常大的帮助。

3.手部能力训练。

在这一阶段，宝宝发展最明显的就要数他们运用手的能力了，这表现为宝宝初部对手有了感知。例如，在此之前，即使宝宝的手出现在自己的视线之内，他们常常也会对它视而不见，但现在，宝宝开始把小手放在面前认真地观察了；之前，即使宝宝对某个玩具很感兴趣，他们也不会主动去抓握,但现在,宝宝不仅去抓握自己感兴趣的玩具,而且还会把玩具送到嘴里……

这些都标志着宝宝手部能力的发展,但在这一过程中,又常常会有一些小状况发生。例如,宝宝的小手不仅会抓握玩具,还常常会抓握自己的皮肤,因此宝宝小脸上经常会红一道、紫一道地挂彩;宝宝的小手还不是很灵活,当他抓起玩具尝试着往嘴里放时,由于不够准确,玩具时常会打在脸上或其他部位……

在这些情况下,很多妈妈常常会以避免宝宝受伤为理由,而给宝宝带上厚厚的手套,或故意给宝宝穿上袖子长长的衣服,使他们没有办法抓握物品。

其实,这种做法是很不科学的。手与宝宝的智慧是紧密相连的,手部的运动对宝宝大脑的发育起着非常重要的促进作用。如果在宝宝手部运动的初期,妈妈就有意把宝宝的手束缚起来,这就等于把宝宝非常重要的一扇智慧大门关闭了。所以,妈妈的这种做法会极大程度地阻碍宝宝智力的发展。聪明的妈妈时常注意观察、看护宝宝,比如按时用婴儿指甲钳为宝宝剪指甲等,可以有效避免小状况发生。

另外,为了锻炼宝宝的抓握能力,妈妈还可以用一些能发出声响的玩具来引导宝宝抓握,当宝宝抓住玩具时,再引导他晃出声音。当然,由于这一阶段宝宝的抓握能力还是很有限的,所以,当玩具在宝宝的手中落下来时,只要宝宝还对这一游戏感兴趣,妈妈就要不厌其烦地帮他把玩具捡起来,重新送到他的手中。

在玩这个游戏的过程中,妈妈也应该特别注意,为了避免宝宝被玩具砸到,在玩这个游戏的时候,最好把宝宝立着抱起来。

● **感觉能力的发展→打下科学的生活习惯基础**

在这里,我们所说的感觉能力包括宝宝的视觉能力、听觉能力、触觉能力、嗅觉能力和味觉能力。

在这一阶段,宝宝的很多能力都达到了质的飞跃,例如,宝宝的眼睛可以按照物体的不同距离来调节焦距;宝宝对颜色的视觉也有了很大的发展,当到了第3个月末期时,他们对颜色的视觉与成人已经很接近了;除了口之外,宝宝开始借助于手的触觉来对物品进行探索;宝宝对味觉的偏好越来越明显地显现出来了……

对于宝宝这些能力的发展,妈妈们都会兴奋地说:"我一定要抓住时机对宝宝这些感觉的潜能进行开发!"

是的,妈妈们的这种想法很正确,但在这里,我想问这样一个问题:我们对宝宝进行潜能开发的目的是什么呢?

也许有妈妈会这样回答:"目的就是让宝宝快些掌握一些能力,快些成长。"

妈妈们还可以顺着这个思路继续思考:我们如此用心良苦地培养宝宝,难道就只是为了把他们养大吗?

答案当然是否定的,我们不仅仅要把宝宝养大,还要把他们培养成人;我们不仅仅要教会宝宝生活技巧,还要培养宝宝科学的生活习惯。

读到这里,妈妈们一定会产生这样的疑问:培养几个月大的婴儿生活习惯,这是不是在开玩笑?

这并非是玩笑,而是非常严肃的一个问题。我们都知道,任何高楼大厦都始于地基,不要以为孩子长大了自然会养成科学的生活习惯,孩子的很多习惯的形成与生命之始的这一阶段有很大的关系。

例如,很多孩子在幼儿园或小学时期就过早地戴上了眼镜,而有些孩子的视力一直都非常好,除去遗传因素不考虑,孩子的视力好坏还与哪些因素有关呢?

从医学方面来讲,宝宝视力的好坏与他们在生命初期得到的锻炼有很大的关系。我们都知道,当宝宝两个多月大的时候,他们的眼睛可以根据物体的不同距离来调节视焦距了,但如果在这一时期,妈妈还总是让宝宝在一个固定的位置躺着,那宝宝的视觉功能很可能就会因为得不到锻炼而退化,这也是造成宝宝日后戴眼镜的一个重要原因。

那么,在宝宝出生后的第 2～3 个月这一阶段,妈妈应该如何做,才能使宝宝的感觉潜能得到科学的开发呢?

其实,从宝宝成长的角度来讲,2～3 个月的宝宝对外部世界的探索开始由被动向主动转化了。当然,由于受身体灵活性及运动能力的束缚,他们往往需要家长的帮助才能很好地对外部世界进行探索,所以,在这一时期,妈妈及时地为宝宝提供帮助,在很大程度上就是对宝宝的潜能进行开发。

当然,对此,研究儿童成长的专家也给妈妈们提出了这样的建议:

视觉能力开发→经常把宝宝立起来抱,扩大宝宝的视觉范围;偶尔改变一下宝宝躺着的位置和方向,改变宝宝的视觉内容;有意识地让宝宝看远近不同的物体,使宝宝的眼睛调节焦距的能力得到锻炼。

听觉能力开发→这一时期的宝宝已经能初步区分音乐的节奏了,所以可以放一些轻柔但节奏变化快的音乐给他们听;宝宝能够从讲话者的语言中听出他们的语气和情绪了,所以家长千万不要在宝宝面前吵架。

触觉能力开发→这一时期,宝宝小手的触觉开始出现,家长要经常锻炼宝宝抓握东西的能力;用爱抚、亲吻、拥抱等身体接触的方式,使宝宝全身的触觉都得到发展。

嗅觉能力开发→让宝宝闻水果、蔬菜等不同气味的物品,开发宝宝的嗅觉潜能。

味觉能力开发→让宝宝品尝不同的味道,逐渐改变宝宝特殊的味觉偏好。很多宝宝对甜味情有独钟,但如果身体汲取太多的糖分,对宝宝的身体发育是非常不利的,这时家长可以通过逐渐减量的方式,让宝宝逐渐改变这一味觉偏好。

是的,养育宝宝是非常讲究技巧的一件事情。如果在宝宝生命的初期,家长就有意识地讲究技巧,这不仅有利于宝宝的潜能开发,而且为宝宝将来生活习惯的培养也打下了一定的基础。

第三阶段：推荐的养育方式

在第二阶段里，宝宝对外部世界的探索欲望得到了一定程度的满足。随着宝宝月龄的增加，他们的好奇心和探索欲望也在增长，所以，第三阶段的宝宝将需要妈妈越来越多的陪伴和游戏。

当然，更重要的是，随着宝宝社会意识的增长，宝宝自身的社会情绪也在增长，所以在第三阶段，宝宝又产生了新的心理需求：他们不仅需要他人的照顾和关注，而且还需要他人的尊重。因为妈妈是宝宝接触机会最多的人，所以宝宝需要妈妈的绝对尊重。

◉ 把宝宝当成"小大人"来对待

在照顾宝宝的过程中，你尊重他们了吗？

看到这个问题，大多数的妈妈肯定都会满脸疑惑地问："宝宝这样小，难道他们也需要尊重吗？"

是的，从第三个阶段开始，宝宝的社会意识越来越明显，他们开始对他人露出真正的社会意义的笑容，并且能够咿呀着与家长进行交流了。更重要的是，随着宝宝听力的发展，他们开始能够从他人说话的语气中判断他人的情绪了。

相信妈妈们对这样的教育场景都不陌生：当宝宝正在努力尝试着把一个看起来不太卫生的玩具送到嘴里时，妈妈如果故意装作很严肃、很生气的样子对他说："脏不脏？快放下！"或者直接把宝宝手中的玩具抢过来，并把它藏起来，宝宝一般都会有些迷茫而又有些不知所措地哭泣起来。

遇到这种情况，妈妈们都会把宝宝的哭泣理解为"不听话"，但实际上，宝宝之所以哭泣，是因为他的自尊心受到了伤害。是的，即使是两个多月大的宝宝也是有自尊心的。宝宝之所以会把那个看起来并不卫生的玩具送到嘴里，是因为他想通过嘴对玩具进行探索，这是宝宝的一种独特的探索方式。但妈妈却不分清红皂白地把宝宝的玩具抢走了，或者直接对宝宝进行一番"训斥"，这会使他感到迷茫、困惑，甚至还会因为探索行为被强制中止而感到痛苦。当然,更重要的是,在妈妈的语言和行为中,宝宝能够读出不满和讨厌,这些消极的情绪会使宝宝的自尊心受到很大的伤害。

妈妈们可以这样想象一下,对待成人,我们总能平等对待,假如遇到类似于"啃玩具"的事件,我们肯定会好言相劝,但对待月龄如此小的宝宝,我们为什么又会持完全相反的一种态度呢?

问题的本质是,我们把宝宝当成了我们自己的一部分,并没有把他们当成独立的个体,也就是说,在照顾宝宝的过程中,虽然我们非常地爱他,但我们根本没有尊重他的意识。

当自尊心受到伤害时,这又会对宝宝的成长产生哪些影响呢?

在生命的初始阶段,宝宝必须与他的某个主要照顾人(一般是妈妈)建立起亲密的依恋关系,这样宝宝的心理才能得到健康发展。但如果在宝宝成长的过程中,妈妈无意间所表现出来的那些粗鲁行为,如直接把宝宝手中的玩具抢过来等,这不仅不利于宝宝与妈妈之间亲密依恋关系的建立,而且还非常不利于宝宝的自尊心及社会意识的发展。

是的,当宝宝感觉自己受到伤害时,他们探索外部世界的积极性肯定会受到打击。我们可以这样想象一下,如果每次宝宝用嘴去探索外部世界的物品时,他都会受到家长的"训斥",那他探索外部世界的积极性会不会逐渐消失?

答案当然是肯定的,当宝宝探索外部世界的积极性逐渐减弱时,他的能力发展也将会受到极大程度的影响。当然,更重要的是,经常性的打击会使宝宝对自己失去信心,一个对自己持怀疑态度的宝宝、一个对外部世界持消极态度的宝宝,他的身体发展和心理发展都将会受到极大的影响。所以,不管是宝宝处于哪一个年龄段,妈妈对他的尊重都是必不可少的。

那么,面对只有几个月大的宝宝,我们应该如何尊重他呢?

一位成功的妈妈这样分享经验:

我知道,几个月大的宝宝也是有自尊的,因此,我一直都把他当做

"小大人"来对待。例如，当宝宝仰躺着时，他常常会把玩具往嘴里送，虽然我很担心玩具会忽然从他手中滑落砸在他的小脸上，但我绝不会直接把玩具从宝宝手里夺过来，而是轻轻地把他立着抱起来，然后平静地对他说："这样玩具就不会砸到你的小脸了。"当然，当我忙别的事情暂时离开宝宝身边时，我会在他身边放很多相对比较安全的小玩具，如一些较小的毛绒玩具、用一些漂亮的布做的小玩偶等。这样，即使这些玩具会从宝宝的手中滑落，也不会使他受到伤害。

另外，在平时的生活中，我也会把宝宝当成"小大人"一样来沟通。例如，在喂他吃奶时，我会一边抚摸他，一边对他讲话："宝宝，多吃点，你很快就能长大了，等你长大了，妈妈给你讲好听的故事……"在很多时候，宝宝就像能听懂我的话似的，吃着吃着，他就会忽然停下来，认真地瞅着我并对我微笑。

宝宝顺利地走过生命的前两个月之后，几乎已经完全摆脱了新生儿的懵懂状态。这时的宝宝看起来像个"小精灵"，因为他会越来越多地冲着家长微笑，并开始注重用"语言"与家长进行沟通了。在这个时候，家长不要以为宝宝不懂事，从你的语言和动作中，他能读出你对他是满意还是讨厌、是疼爱还是不耐烦……所以，家长只有把宝宝当成"小大人"来看待，他的自尊心才不会受到伤害，他的心理才能朝着健康的方向发展。

上述事例中的妈妈，不斥责宝宝、多多与宝宝进行沟通，这些都是尊重宝宝的表现。除此之外，妈妈还应该多陪伴宝宝、多与宝宝做游戏，及时地满足宝宝的需求也是尊重他们的一种表现。

特殊阶段：尊重宝宝发育的时间表，为宝宝的成长创设环境

作为妈妈，在宝宝0～3个月这个阶段里，每一天，我们都在为宝宝的成长及潜能开发不停地努力着。但我们不能否认这样一个事实：婴儿是带着先天的成熟表出生的。到什么时候，宝宝的体能、智能发展到什么阶段，都是事先安排好的，都是要遵循固定程序的。也就是说，婴

儿什么时候能翻身,什么时候能爬行,什么时候能有独立行为和开口说话,这些都是不以教养者的意志为转移的,是有其固有规律的。例如,宝宝只有在神经系统、肌肉以及关节发育成熟之后才能迈步行走;只有在脊髓、膀胱和肠子的神经发展联接完成后,才会控制排便,不再夜间尿床。

因此在养育孩子的过程中,我们必须做到尊重孩子与生俱来的成熟时间表,即尊重孩子成长的自然规律。

读到这里,也许有妈妈会问:"那我们对宝宝的潜能开发所做的那些努力都是白费的吗?难道我们只能是消极地等待宝宝的成长吗?"

答案当然是否定的。尊重宝宝发育的时间表,并不意味着消极地等待宝宝的成长。虽然宝宝的发育有一定的时间表,但他们的成熟速度是受环境影响的,因为婴儿的孱弱决定了他们对环境具有很大的依赖性。而环境是具有很大的人为性的,就拿宝宝视觉发展的环境来说,对于宝宝,生活在只有床、几件简单的家具之中,这是一种环境;但如果在这种单调的环境之中,又增加一些五颜六色的小玩具、几张颜色漂亮的壁画等,这又是截然不同的一种环境。在哪种环境中,宝宝的视力能够得到更好的发展,相信家长们可想而知。

提到宝宝的成长或潜能开发,还有很多妈妈常常会这样说:"我要在宝宝非常小的时候就教他识字、背诗,还要教他做数学题。"

其实,这些观念都是错误的,对宝宝进行潜能开发,重要的不是灌输知识,而是为宝宝提供或创造一种丰富的、适宜的环境,从而促使宝宝的大脑以及全身的各个器官成熟起来。

不仅仅是在婴儿时期,宝宝整个婴幼儿时期的发展都需要合适的成长环境。我们用以下几个例子来说明:

当宝宝开始学习爬行的时候,妈妈就一定要为宝宝提供爬行的空间,因为宝宝的爬行不只是为了身体的移动,爬行会带给他们很多积极的刺激,可以发展他们生存必需的平衡能力和感觉统合能力;

当宝宝的小手开始有目的地抓握大东西或拿捏小物品时,妈妈一定要为他们提供足够的大东西、小物品供他们把玩,因为宝宝把玩物体不只是满足手的运动需要和发展精细动作,更重要的是在把玩的过程中学习辨认和区分,体验物体之间的因果关系;

当宝宝开始发出咿呀的声音时,妈妈就应该为他们提供丰富的语言环境,用语言逗他们笑,对他们说话,妈妈所提供的这种环境不仅关系到宝宝开口说话的时间和质量,而且这其实也在帮助宝宝对社会关系进行体验;

……

读到这里,也许妈妈们都会问:"那我们应该如何为宝宝的成长创设环境呢?"

其实,对宝宝的成长产生影响的环境分为两种:一种是自然状态的环境,另一种是妈妈需要刻意创设的环境。

● 自然状态的环境→趋利避害,努力为宝宝选择积极的环境

一般来讲,自然状态的环境会对宝宝的成长产生两种影响,一种是积极影响,一种是消极影响。

所谓积极的影响,是指在宝宝成长的过程中,环境迎合了宝宝某方面发展的需要,从而给宝宝带来了自发练习的机会。例如,当宝宝处于爬行时期时,一个生活在安全而宽大空间里的宝宝,其获得爬行的机会,总要比生活在狭小空间里的宝宝要多得多。在这种自然状态的环境下,生活在宽大空间里的宝宝,在爬行动作方面所取得的进步,肯定比生活在狭小空间里的宝宝要多得多。

当然,宝宝成长的这种环境是不易改变的,在这种状态下,对于生活在狭小家庭空间里的宝宝来说,妈妈只得为宝宝提供更多的户外练习机会。一位妈妈是这样做的:

宝宝会爬了,因为家里可供宝宝爬行的空间实在是不多,所以,每当周末的时候,我们都会带宝宝去公园玩耍。在公园的树荫下,铺一条大毯子,让宝宝在上面尽情地爬。在很多时候,宝宝爬出了毯子,爬进了草坪里,只要我们觉得这不会对宝宝产生危害,我们都会允许宝宝

自由地去爬、自由地去探索。

家里空间不够大，就带宝宝去大自然中练习爬行，这是非常好的一个主意。当然，这位家长所提供的这个方法已经超出了自然状态环境的范围，属于刻意创设环境的范畴。由此我们还可以总结出这样一个好方法：当自然状态的环境不能给宝宝带来积极的影响时，或者阻碍了宝宝某种能力的发展时，妈妈就应通过创设环境的办法，为宝宝的能力发展提供足够多的练习机会。

除了为宝宝的成长提供积极的影响之外，自然状态的环境还能为宝宝的成长提供消极的影响。例如，一位研究儿童发展的专家曾这样说：

一个宝宝正处于学习语言的阶段，但他整天被一个少言寡语的保姆照料，在这种情况下，宝宝的语言听说机会就会大大减少，这很有可能就会成为宝宝语言发展的阻碍。

由此我们不难看出，自然状态的环境对宝宝成长的影响具有很大的偶然性和不确定性。例如，为宝宝请的保姆是否能言善道、是否细心、是否懂得宝宝的心理等，这些都具有很大的偶然性和不确定性。所以，在这种情况下，为了宝宝的成长，妈妈需要做的就是，努力减少那些消极的偶然性和不确定性。还是拿上述案例中的情况来说，为了宝宝语言能力的发展，妈妈就应换请一位能言善道的保姆，或者辞掉保姆，自己亲自照顾宝宝。

● 刻意创设的环境→为具体能力的发展创设环境；尊重宝宝的秩序感

所谓刻意创设的环境，是指为了宝宝的成长及能力的开发，妈妈刻意创造的一种环境。例如，为了发展宝宝的视力，家长在房间里摆起或挂起很多颜色鲜艳的小玩具，这就属于一种刻意创设的环境。

那么，具体来讲，妈妈应该为婴幼儿的成长创设什么样的环境呢？

首先，妈妈应该针对宝宝具体的能力，为其提供最合适的成长环境。例如，当宝宝到了 3 个月大时，妈妈要为宝宝提供大大小小的玩具供宝宝抓握，并允许宝宝把它们放入嘴中啃咬。对于宝宝的手部触觉能力和认识能力来讲，这就是最适合的环境。

又如，当宝宝开始注重人说话时的语气和情绪时，妈妈就要努力控制住自己的坏情绪，并尽量做到柔声细语地跟宝宝讲话。对于宝宝情绪的发展以及社会性的发展来讲，这就是最适宜的环境。

当然，妈妈为宝宝的成长刻意创设的环境，也要建立在尊重宝宝的发育时间表之上，否则就会对宝宝造成伤害。例如，宝宝刚刚出满月，家长就开始教他学习翻身，这种做法就是非常不科学的。在第1个月末，宝宝的颈椎、肌肉、身体运动等各方面，都还没达到学习翻身所需要具备的程度，在这种情况下，如果强行教宝宝学习翻身，是很容易使宝宝受到伤害的。所以，针对宝宝的各种能力发展为宝宝创设成长环境时，妈妈必须要掌握这样一个重要前提，那就是尊重宝宝的发育时间表。

其次，除了为具体能力的发展提供适宜的环境之外，妈妈还应该为宝宝提供一个有秩序的环境。伟大的儿童教育大师蒙台梭利认为，儿童对外部的环境存在一个秩序的敏感期，这个敏感期在他们出生后的第1个月里就可以感觉到，例如，当儿童看到物品置于恰当的位置时，他们会表现出满足的神情。

那么，对于这些月龄较小的宝宝来说，物品应该如何摆放，才算是放在恰当的位置上了呢？

对此，儿童心理学家们给出的解释是：儿童偏爱熟悉的环境和物品，当外部的环境呈有序状态时，例如，物品摆放位置固定、时间安排稳定、事件顺序确定，婴幼儿就会感觉到熟悉和安全。

一位妈妈举了这样一个简单的例子：

从宝宝出生之后，我几乎每天晚上都要为他洗澡。但最近几天，家里的热水器坏了，用热水很不方便，我怕热水太少宝宝会感冒，所以就不想再给他洗澡。

没想到热水器坏的第一天晚上，宝宝就开始不停地哭闹，并且不管我怎么哄都不管用。我知道，他是怪我不给他洗澡了，于是我现烧了一些热水简单地给他洗了个澡，就这样，宝宝的哭闹行为很快就停止了。

是的，在宝宝的心里，物品的摆放位置以及事件的发展顺序等都是固定的，一旦这个顺序被打乱，宝宝的内心就会被不安全感所包围，在这种情况下，宝宝就会用哭闹行为来表达自己内心的不安。就像上述家长所讲述的那种情况，宝宝每天晚上都要洗澡，但忽然有一天停止了这一行为，由于内心的秩序被打乱，宝宝的内心处于极度不安的状态，所以他才会表现出如此激烈的哭闹行为。

所以，妈妈对宝宝的照料一定要让他们摸到规律，例如，宝宝房间里的物品尽量不要改换摆放位置；既然每晚都要为宝宝洗澡，那就要一直把这个好习惯延续下去……

其实，对于这些正在成长的宝宝来说，妈妈对他们的这种有规律的照顾，不仅能够使宝宝的内心感觉到足够的安全感，而且还有利于宝宝自身秩序的建立，也就是说，这为宝宝将来养成整齐有序的好习惯打下了基础。

第四阶段:3~4个月(90~119天)
——"微笑机器"宝宝

概述

这一阶段的宝宝准备过"百日"了,一百天左右的宝宝是最招人喜欢的,他们常常会把脖子挺得直直的,并用眼睛不停地扫射周围的环境。如果有陌生人出现,他们会用惊异的神情面对陌生人,但当陌生人对他微笑时,他也将回报这些人一个欢快的笑。

在这个月里,当你竖立抱宝宝时,宝宝的腰已经能够挺起来了,当宝宝到一百天左右时,在有支撑物的情况下,他可以坐起来了,这又为宝宝探索外部世界提供了方便。在这一阶段,妈妈们还会发现宝宝这样有趣的一个变化:当你把两手放在宝宝的腋下,让宝宝两脚站在你的腿上时,宝宝就会一蹬一蹬地在你腿上跳跃呢!

第四阶段:宝宝的一般行为特点

在这一阶段,宝宝给人们留下的最深刻的印象就是爱笑,不管是家长还是陌生人,只要一逗宝宝,宝宝就会发出悦耳的笑声。

当然,如果此时妈妈能想出一些有创意的游戏来逗宝宝开心,那宝宝的笑脸和笑声就更加迷人了。例如,当宝宝在看妈妈时,只要妈妈用手蒙着脸,然后突然把手拿开并冲着宝宝微笑,宝宝就会发出一串串咯咯的笑声。

因此,很多教育学家常常把这一阶段的宝宝称为"微笑的机器"。

● **宝宝变成"微笑的机器"了**

一位妈妈这样描述自己的宝宝:

现在,宝宝认识的人越来越多了,除了我之外,他与奶奶接触得最多,因此,只要一听到奶奶的声音,即使没看到人,他也会咧开小嘴笑,而且有时还会不停地转头四处张望寻找。如果奶奶正好去拿东西在他旁边经过,被他看到了,他也会挥动着小手朝奶奶露出笑脸。但当陌生人在他旁边经过时,他却没有反应。

是的,在这一阶段,宝宝变得明显爱笑了。但在第四阶段里,宝宝的微笑有了更深层次的涵义。他之所以会频繁地对家人露出笑容,是因为宝宝认识这些人,他在用微笑或笑声向家人表达自己的好感,以赢得家人更多的疼爱。所以,在这一阶段中,宝宝的笑包含了很大程度的社会性因素。也就是说,在宝宝生命的第4个月里,他们的社会意识越来越明显了。

作为成人我们知道,当一个人露出笑容时,这说明这个人的情绪处于良好的状态,对于婴儿来说也是如此。儿童心理学家表示,在婴儿时期,宝宝的微笑或笑声能够使他们的大脑处于兴奋的状态,这在很大程度上有利于宝宝潜能的开发。因此,在这一阶段,如果妈妈常常能够把宝宝逗笑,这对宝宝的智力开发是大有帮助的。

那么,妈妈如何才能让这一阶段的宝宝更多地发出笑声呢?

婴幼儿教育学家们表示,家长的笑脸是宝宝笑声的催化剂。也就是说,如果妈妈也像这一阶段的宝宝一样,让自己成为一个"微笑的机器",那宝宝的笑声就会越来越多。

一位妈妈这样总结经验:

第4个月的宝宝是非常好"骗"的,只要你微笑着与他说话,他也会对你微笑;不管你所说的内容是什么,只要你始终在笑,并且偶尔表现出一些夸张的表情,宝宝就会被你逗得咯咯笑。

是的,在这一阶段里,宝宝对他人的笑脸情有独钟,不管是熟悉的人还是陌生的人对着他微笑,他都会用笑脸回报。上述案例中妈妈的做法也算是逗宝宝开心的一种方法,但我们所提倡的妈妈要像宝宝那样做"微笑机器",并不是一种假笑,而是要求妈妈对宝宝露出真诚的笑容。虽然这一阶段的宝宝非常喜欢他人的笑容，但宝宝对他人，尤其是妈妈语言或行为背后的情绪还是有所觉察的。如果宝宝感知到妈妈的情绪是不高兴的，但妈妈却要冲自己微笑，这常常会使宝宝迷茫、困惑，更不利于宝宝情绪及心理的健康发展。

当然，妈妈们也难免会受到不良情绪的困扰，这时候该怎么办呢？我建议您：感觉自己的不良情绪来临时，去洗把脸，把这些不良情绪都洗掉，然后再对宝宝露出真诚的笑容。

◉ 宝宝会看电视了

相信养育过宝宝的妈妈对这样的画面并不陌生：

4个月大的宝宝就已经是个小小"电视迷"了，他们常常会目不转睛地盯着电视画面，尤其是当电视里播放广告时，他们就会在家长的怀中向电视的方向挣扎。

这样小的宝宝为什么就如此喜欢看电视呢？

其实，宝宝的这一行为向家长们传达了两个重要信息：

一是宝宝的视力有了十足的发展。的确，这一阶段宝宝的视力已经相当不错了，他们不仅能够较清楚地看到近距离的物体，而且还具备了较强的远近焦距的调节能力，连远处的物体也能看到了。

二是他们喜欢看变化较快的画面。我们都知道，一般电视广告的特点是色彩鲜艳，而且画面变化较快，这正符合宝宝视觉的要求。所以，婴儿是电视广告很大的一个拥护群体。

在照顾宝宝的过程中，很多妈妈常常持有这样的观点："宝宝的视力发展还不完善，过早地让他接触对视觉有较强刺激的电视画面，会对他的视觉发展不利。"

是的，这些观点有一定的道理，电视画面变化较快，很容易就会使宝宝产生视觉疲劳，所以妈妈不应该让宝宝长时间地盯着电视画面看。但如果短时间内让宝宝注视电视屏幕，例如，看电视2～3分钟后就引导宝宝做点别的事情，这对宝宝视觉能力开发还是非常有帮助的。

一般来讲，当宝宝到了第 4 个月大时，他们的颜色视觉功能就已经接近成人了。在这一时期，宝宝会不停地盯着不同的颜色看，也正是在这个过程中，宝宝对颜色辨别的准确性得到了快速发展。

一般来讲，婴儿最喜欢红色，其次是黄色、绿色、橙色等。因为宝宝喜欢的这些颜色在电视画面中经常可以看到，这也是他们喜欢看电视的另一个原因。

值得注意的是，虽然这一时期宝宝的视力已经相当不错了，但他的视力还没有完全发展成熟，例如，他只能看到远处比较鲜艳或正在移动的物体，而对那些静止的或颜色不太鲜艳的物体却常常视而不见。所以，要通过妈妈有意识的训练，宝宝的视力才会逐渐向成熟发展。

那么，妈妈应该如何对这一阶段宝宝的视力进行开发呢？

一位妈妈是这样做的：

风和日丽时，我常常会带宝宝去大自然中玩耍。偶尔，我们会在树荫下铺一个毯子，让宝宝依附着我的肚子坐在我怀里，然后指着远处或近处对他说："那是树，树是绿色的；那是山，山是灰色的；那是花，花是红色的……"

偶尔，我还会抱着宝宝走到近处去观察花朵。例如，我指着面前的一朵红色的玫瑰花对他说："宝宝，你看，这朵花的花瓣是红色的，它的叶子是绿色的……"讲述完这些之后，我还会有意拿着宝宝的小手去让他感受花瓣与树叶的不同。

让宝宝远近景交替观察，是锻炼宝宝视力并保护宝宝视力的最好方法。这位妈妈的做法有两点可取之处：

一是带宝宝去大自然中活动，这是锻炼宝宝视力的最好办法。大自然的空间是最广阔的，可以看到的物体种类也是非常多的，而且在这种环境中，宝宝的眼睛可以自由地变换调节远近的焦距，因此对于宝宝来说，大自然的环境就是他们不可多得的视觉大餐。

二是这位家长懂得让宝宝的眼、手、脑进行配合的意义。我们都知道，在宝宝 3 个月大时，他们看到感兴趣的物品就会用手去抓或击打，这是宝宝手与眼的一种配合。眼睛看到一个物品，再用手对它进行探索，这其中运用到了大脑的因素，但在这个过程中，宝宝仅仅是遵从了大脑对手发出的命令，它对所探索的物品并没有真正的认识。在这种情况下，妈妈引导宝宝用手去感受这个物品，不仅能够锻炼宝宝的视觉能力，而且还可训练宝宝认知事物的能力。

所以，当你的宝宝过了百天之后，在天气好的情况下，妈妈不妨时常带宝宝去接触大自然，大自然给宝宝的成长带来的好处，要远远比你所想象的多得多。

● 宝宝看的记忆已经初露头角了

到 4 个月大时候，宝宝看的记忆力已经初露头角了。在这个时候，细心的妈妈会发现，宝宝不仅认识家人了，而且他还能记住玩具，尤其是看到自己特别喜欢的玩具时，宝宝会非常高兴。不仅如此，宝宝还能辨别出爸爸妈妈情绪的好坏，当爸爸妈妈情绪高涨时，他也会跟着高兴；但当爸爸妈妈情绪低落时，他也会提不起精神。

读到这里，也许有妈妈会说："既然记忆力在人类生命的初期就出现了，为什么人们对自己婴幼儿时期的记忆却一片空白呢？"

是的，任何人对自己婴幼儿时期的经历都没有记忆，而宝宝在 4 个月之后对家人以及玩具表现出来记忆又如何解释呢？

实际上，在婴儿期，宝宝所表现出来的那些记忆都是有很大局限性的。有时，宝宝的记忆是零碎的，例如，他可以记住家人的样子，可以记住自己喜欢的玩具，但他对自己不喜欢、不关注的事物却没有记忆。例如，颜色不鲜艳而又不能发出声音的小玩具、一个不善言笑见过几面的亲戚等，宝宝既不会对这些感兴趣，也不会对他们产生记忆。

同时，这一时期宝宝的记忆又是很短暂的。例如，奶奶正在与宝宝做游戏，奶奶忽然在宝宝面前消失，把自己藏起来，宝宝就会不停地转动他的脑袋和眼睛去寻找。但如果这时奶奶又去忙别的事情，很长时间没有在宝宝面前出现，那宝宝很快就会忘记与奶奶玩游戏这件事情。

那么，既然这一阶段宝宝的记忆如此零碎、如此短暂，那我们是不是就不用在意宝宝的这种记忆能力了呢？"

答案当然是否定的。虽然这一阶段宝宝的记忆还不成熟，也可以说这与他们将来真正意义上的记忆没有必然的联系，但它却是宝宝成长的基础：

假如宝宝不能记住家人的样子，那他又如何与家人建立亲密依恋关系呢？如果宝宝不能与任何一个成人建立亲密依恋关系，那他的心理和身体往往就不能得到健康成长。

假如宝宝不能记住自己喜欢的玩具或事物，那他的认知能力又如何发展呢？如果宝宝不能顺利地对自身的器官（如手、脚等）或外部世界的事物产生认知，那他对外部世界的探索又如何进行呢？

……

所以，在这种意义上我们说，家长对这一阶段宝宝这种不成熟的记忆进行关注、引导是非常有必要的。

那妈妈应该如何对这一阶段宝宝的记忆进行引导呢？

一位妈妈这样分享经验：

当我与宝宝躺在一起时，我常拿着他的小手摸我的脸，并且边摸边对宝宝说："这是妈妈的眼睛，它可以看到东西；这时妈妈的鼻子，鼻子是用来闻气味的；这是妈妈的嘴巴，嘴巴可以吃东西，还能亲宝宝的小脸蛋……"说着便在宝宝的小脸蛋上亲了一口，逗得宝宝咯咯地笑起来。

我一直都把这种方法当做是逗宝宝开心的一种方式，并不指望宝宝能记住什么。但有一次，宝宝在一本看图识物的小书里看到一张画着嘴巴的图片时，他停止了乱翻，抬起头来看着我笑。只可惜我的宝宝不会说话，否则他一定会这样对我说："我认识这张图片，这是嘴巴，妈妈经常用她的嘴巴亲我的小脸蛋！"

在妈妈教宝宝认识嘴巴这个事物的时候，也许宝宝并没有记住它的名字叫嘴巴，但他能从妈妈的动作中记住嘴巴的功能，嘴巴可以吃东西。当然，如果这时妈妈再把宝宝的小手放在自己嘴里吮吸几下，那通过触觉，宝宝对嘴巴的认识又加深了一步，因为他们对吮吸这个动作非常熟悉和敏感。

也就是说，妈妈这种反复的多感官的教育方法，使得宝宝对嘴巴这个事物留下了深刻的印象，所以，当他再看到嘴巴的图片时，他就会露出欣喜的笑容，并以此来告诉家长，他认识这个事物。

其实，在这一过程中，不仅宝宝认知事物的能力得到了提升，他与家长之间的亲密依恋关系在一定程度上也得到了提升。我们知道，在这一阶段，宝宝有两种心理需求，一是对家长爱与关注的需求；一是对外界事物探索的需求。而上述案例中妈妈的做法使宝宝的这两种心理需求都得到了满足。首先，妈妈与宝宝躺地一起，并与他亲密接触，这能够使宝宝在很大程度上感觉到妈妈的爱；其次，妈妈让宝宝用小手抚摸自己面部的器官，对于宝宝来说，通过视觉、触觉等多种感觉去认识事物，这是最好的一种探索方式。

第四阶段：宝宝的能力发展＋潜能开发方案

一百天左右的宝宝是最迷人的，他们不仅外表漂亮，而且越来越频繁地对他人露出笑容了。不仅如此，他们的各种能力也在不断提升：

听觉能力——宝宝能够区分男声和女声了；

触觉能力——宝宝开始有意识地用手去够自己喜欢的物体，并开始学着感受物体的性质、形状，开始了真正意义上的通过视觉、触觉认识事物的过程；

运动能力——宝宝能够用手腕把上身支撑起来，并且能够把头高高地竖起了；

……

与前一个阶段相比，这一阶段宝宝的能力并没有飞跃性的进步，但他们正在为以后能力的飞跃积蓄能量。

● 手部动作的发展→用玩具或较小的物品训练宝宝的手眼协调能力

在上一个阶段中,宝宝的手被唤醒了,开始出现了抓握的动作,并不断尝试着把抓握的物品往口里送。但由于宝宝对手的掌控还不是很灵活,所以物品在往口里送的过程中常常会滑落。

但在第四阶段里,宝宝的手部动作又有了重大发展,宝宝不仅可以准确无误地把手中的物品送到口中,而且他们还出现了随意抓握的动作,并且手眼协调能力及五指分化能力都得到了很大的发展。

一位妈妈这样描述宝宝的行为:

当宝宝进入第 4 个月之后, 她越来越喜欢观看和玩弄自己的小手了。有时他会把两只手握在一起、把两只手的手指互相交插在一起;有时她还会认真地观看指尖对指尖,看久了就把手攥成拳头放嘴里吃⋯⋯

当然,在这一时期宝宝最常见的动作还是,看到一个物品,把它从一只手换到另一只手,或者用两只手摆弄一番,然后把它放在嘴里吮吸或啃咬。

手部的运动能力对于宝宝来说意义非常重大,除了口之外,手是这一阶段宝宝探索外部世界最有利的工具。因此,在这一阶段,妈妈有意识地对宝宝的手部运动能力进行训练,这对宝宝探索外部世界能力的发展是大有帮助的。

在第三阶段里,宝宝的手就已经具有了自主抓握的能力,但那一阶段的宝宝还不能把手部的运动与眼睛很好地配合起来,所以常常会出现"被玩具砸伤"事件,因此,在这一阶段,家长要对宝宝的手眼协调能力进行着重训练了。

一位有经验的妈妈是这样对宝宝进行训练的:

她把一只颜色鲜艳的小摇晃鼓放在宝宝手中,然后抓住宝宝的小手在他面前晃动小鼓,接着再把小鼓从宝宝手中拿开,放到宝宝够得着的地方,引导宝宝自己去抓握小鼓。

这是训练宝宝手眼协调能力最常见的方法。除此之外妈妈还可以把玩具悬挂起来，在宝宝眼前晃动，激发宝宝用手去抓的欲望。当然，为了激发宝宝用手和眼共同工作的积极性，妈妈一定要增加宝宝成功的体验。即，如果宝宝试了很多次都不能成功地把玩具抓住，那妈妈就应该降低游戏的难度，使宝宝轻易地就能把玩具抓到。

手部精细运动的发展，对宝宝智力的发展具有很大的促进作用。所以，在这一时期，妈妈也可以有意识地对宝宝手部的精细动作进行训练。例如，一位妈妈是这样做的：

当宝宝俯卧时，在宝宝的正前方铺一条白毛巾，在白手巾上放一颗红色的豌豆，也可以是一颗颜色鲜艳的玻璃球，然后引导宝宝去抓握豌豆或玻璃球。

当然，家长还可以根据宝宝的具体能力增加游戏的难度。例如，看到宝宝快要抓住目标时，家长可以移动宝宝面前的毛巾，使宝宝继续用眼和手对目标进行"追击"。

用两个手指把细小的物体捏起，这属于精细动作，这一能力要等到1岁之后才能掌握。在宝宝4个月大时，他们不会用两个手指头捏起较小的物体，但他会满把手握。只要抓握的物体不是很小，像抓握豌豆、玻璃球等物体，对于宝宝来说难度不是很大。

也许有家长要问："让宝宝抓一些细小的物品与抓一些较大的玩具，这两者有区别吗？"

是的，让这一阶段的宝宝抓较大的玩具与抓较小的物品有很大的区别。虽然二者都能锻炼宝宝的抓握能力和手眼协调能力，但由于较小的物体目标较小，它需要宝宝的眼睛更细致地去调节焦距，所以它对宝宝的视觉是一种很好的锻炼。

另外，对于宝宝来说，抓握大的物品与小的物品感觉是不一样的，大的物品可以很轻易地就抓起来，但抓握小的物品更倾向于精细动作，所以，它需要宝宝集中精力地去看、去抓，这对宝宝的手眼协调能力也是一种更好的锻炼。

当然，在与宝宝玩这一游戏的过程中，妈妈还要特别注意，由于这一阶段的宝宝喜欢把抓到的物品放入嘴中。所以,当宝宝成功地把这些小物品抓到手里后,妈妈还要巧妙地把这些物品从宝宝手里"骗"出来。而且,为了防止宝宝误食,游戏一旦结束,妈妈就应该把这些小物品收好。

● 情感发展→拿出尽可能多的时间来和宝宝玩耍

我们都知道,一百天左右的宝宝就像一台"微笑的机器",只要他人对他们友善,他们就会露出迷人的微笑。但宝宝并不是任何时候都微笑的,如果感觉受到了冷落,宝宝也会用眼泪向妈妈示威的。

一位妈妈曾讲述了这样一件事情:

一天下午,我用婴儿车推着宝宝去散步,路上遇到了一位熟人,便聊了起来。大约聊了 10 分钟,宝宝开始哭闹起来。刚开始我并没在意,看到他哭便把手中的玩具递给了他,但没想到宝宝并不领情,他不但对玩具不理不睬,哭声还越来越大了。

看到这种情况,我立刻把宝宝抱在怀里,安抚了半天他才停止了哭泣。这时,那位熟人开玩笑地对宝宝说:"多大的事呀,至于这样委屈吗? 这孩子真是太敏感了! "

其实,案例中的宝宝并不是敏感,这是他情感发展的正常表现。当宝宝进入第 4 个月之后,由于他对玩具产生了很大的兴趣,所以在很多时候,家长常常把宝宝放在婴儿车内,给他一个玩具,就去忙自己的事情了。

然而,事实上,这一阶段的宝宝常常需要妈妈更多的关注。进入第4 个月后,宝宝已经完全适应了外部的环境,他最主要的需要已经转变成了心理需求。在这一阶段里,宝宝的探索欲望越来越强烈,因此他希望家长时刻都陪在他身边,及时满足他的探索欲望。细心的妈妈都会发现,这一阶段的宝宝最不喜欢孤单了,如果一个人玩得久了,宝宝就会用咿呀的呼叫声来吸引家长的注意。如果一直无人理睬,宝宝就会大发脾气,会用哭闹来表达自己的不满,往往是越哭越凶,这时,即使家长出现了，也不会在短时间内使宝宝停止哭泣。

当然，很多妈妈也会对此持反对意见："我家宝宝就没有这么敏感，给他一个玩具，往往不用我陪，他自己就能玩上很长一段时间。"

是的，在我们周围也存在很多这样的乖宝宝，但行为太过乖巧对于宝宝来说并不是好事。我们都知道，在宝宝出生后2~3个月的时候，宝宝就会自己总结经验了。当宝宝因为身体的某个部位不舒服而哭泣时，看到家长走来，他的哭泣会减弱或停止，这是因为他把家长的出现与之前自己所获得的舒适感联系起来，在这种情况下，他那种巧妙的经验总结使得他的不舒服感有所减轻了，所以他的哭声才会减弱或停止。

同样的道理，当宝宝的心理需求得不到满足时，他也会自己总结经验。妈妈长时间不来关注他，也许刚开始他会用哭声向妈妈表达自己内心的不安，但在多次得不到妈妈的回应之后，宝宝就会总结出这样的经验：哭闹除了会加重自己身体的疲劳之外，根本得不到其他任何好处。所以，在这种情况下，宝宝就变乖了，即使内心再不安，为了节省体力，他们也不会卖力地哭泣了。

妈妈们不要以为这是好事，每个人的情绪都是需要发泄的，如果宝宝内心的不安情绪不能通过正规的渠道发泄出来，它们往往就会以疾病的形式发泄出来。当然，更重要的是，如果宝宝的不安情绪长时间得不到发泄，这对他的心理成长以及性格的形成都是非常不利的。

所以，与同龄的宝宝相比，当自己的宝宝表现得过于乖时，妈妈就应该反省一下自己的教育方式：自己对宝宝的关注够多吗？宝宝的探索欲望得到满足了吗？

事实上，做一位合格的好妈妈真的很简单。一位妈妈曾这样总结自己的经验：

当宝宝进入第4个月之后，白天他几乎有一半时间是醒着的。当然，这也意味着我要抽出更多的时间来陪宝宝。也许大多数家长把此当成负担，但我一直都把陪宝宝玩耍看做是一种享受。

在家的时候，为了逗宝宝开心，也为了训练宝宝各种感觉器官的

能力,我总会跟宝宝一起玩各种各样的玩具;

偶尔,我还会放着音乐为宝宝朗读儿歌,或者让宝宝自己阅读一些图片书;

外面天气好的时候,我会用婴儿车推着宝宝去公园里玩,在教宝宝认识事物的同时,与宝宝一起感受大自然的美好;

……

就这样,宝宝各方面的能力越来越优秀了。更重要的是,在陪宝宝玩耍的过程中,我与宝宝之间的关系越来越亲密了。

是的,在养育宝宝的过程中,如果妈妈常常把养育工作当成一种负担,导致疲劳感、不良情绪等消极因素常常会困扰着自己。在这种状态下,妈妈是最容易忽视宝宝的心理需求的。但如果妈妈们也像案例中的那位家长一样,把养育宝宝的工作看做是一种享受,例如,为宝宝细小的一种能力提升而感到惊喜、与宝宝一起感受大自然的美好……那妈妈们常常感觉到的就是成就感、幸福感。在这种状态下,妈妈与宝宝之间也才能达到最有效的心灵沟通。

最后再次提醒妈妈们:当宝宝进入第 4 个月时,千万不要因为宝宝自己能玩玩具了,就忽视对他的关注。

● 运动技能发展→站起来蹦蹦跳跳;手脚戏玩具

在宝宝出生后的第 4 个月里,随着中枢神经系统、骨骼和肌肉的不断发育,宝宝的随意运动能力开始发展了。他们能够有意识地抓住眼前的物品、开始玩自己的小手、开始蹬踹脚下的物品等,并且他们会深深地迷恋每一个新掌握的运动技能。相信妈妈们对这样的场景并不陌生:

在俯卧状态中,当宝宝第一次用两手把身体支撑起来之后,他会为自己掌握这一新技能而欣喜,同时他还会不停地重复这一动作,累了就趴在床上歇会儿,休息够了再继续练习;

在仰卧状态中,你故意把手放在宝宝脚下,你会发现,宝宝会不停地重复踢踹的动作，并且他还能借助这个踢踹的运动使自己的身体不断向前移动；

……

为什么这一阶段的宝宝对运动如此情有独钟呢？

事实上，运动是这一阶段宝宝身体成长及智能发展的需要。通过运动，宝宝才会逐渐认识自己的身体；通过运动，宝宝的探索欲望才能得到满足；通过运动，宝宝的视觉、触觉等才能得到进一步的提升……

因此，家长为这一阶段的宝宝穿得太多或裹得太紧，都会影响宝宝运动技能的发展，进而还会影响宝宝对外部世界的探索速度。所以，即使在最冷的冬天，家长也应该为宝宝提供机会，让宝宝有足够的机会发展并练习那些运动技能。

此外，妈妈还可以通过一些小游戏来锻炼宝宝的运动技能。一位妈妈这样分享经验：

我家宝宝将近4个月了，别看她小，她的本事可不小呢！她不仅会用手抓东西，还能借助腿的蹬力使自己的身体到处移动呢！当然，她还特别喜欢与我玩这样一个游戏：我把双手放在她的腋下，让她站在我的腿上蹦来蹦去。她一边蹦，我一边这样对她说："蹦蹦跳跳，快快长高！"每当这时，宝宝都会开心地笑出声来。

由于发育还不完善，这一阶段宝宝的身体还非常柔弱，靠家长的帮助站起来蹦蹦跳跳这个游戏会稍有一些冒险。但宝宝们却非常喜欢这些带有冒险性的游戏。细心的家长都会发现，在做这个游戏的过程中，宝宝不会表现出一丝恐惧，相反，他们常常还会非常满足、非常愉快地大笑。虽然如此，为了避免使宝宝产生疲劳感，妈妈要控制好游戏的时间，一般来讲，当这个游戏进行了2～3分钟后，家长就应该用分散注意力的方法使游戏停止了。

除此之外，为了使宝宝对自己的运动有更加深刻的认识，妈妈还可以尝试着与宝宝玩这样的游戏——手脚戏玩具。

把颜色鲜艳的氢气球或一些能发出声响的小玩具系在宝宝的手

腕或脚腕上。每当宝宝活动手或脚时，都会带动玩具运动或发出声响，这会促使宝宝对自己的运动进行更加深入的探索。

这一阶段宝宝的好奇心已经很强烈了，他总会被一些新鲜的事物所吸引。自己运动时，玩具也会运动或发出声音，这很容易就会引起宝宝的好奇，在好奇心的驱使下，他会做出更多的动作。所以，这一游戏不仅能够更进一步地激发宝宝的运动潜能，还可以使宝宝乖巧地度过很长一段时间。

当然，在让宝宝玩这个游戏时，妈妈还应该注意两点：

一是在游戏的过程中，宝宝必须有成人陪伴，以避免绳子缠住宝宝的脖子或身体的其他器官。

二是游戏的时间不宜过长。虽然这一阶段的宝宝被称做"微笑的机器"，但他也是很容易产生负面情绪的。在玩这个游戏的过程中，如果他一直探索不出究竟，或者一直想抓玩具却抓不到，很容易就会发怒。所以，当游戏进行到 5 ~ 10 分钟左右时，妈妈就应该把宝宝手脚上的绳子解掉，并把玩具放在宝宝面前让他进行近距离的探索。

第四阶段：推荐的养育方式

在这一阶段，宝宝的身体运动越来越灵活了，而家长也总能想出越来越多的游戏来逗宝宝开心，来开发宝宝的潜能。但这时，有很多妈妈会这样说："别让宝宝只顾着玩，也该让他学习学习了，如学习阅读、学习认识事物等。"

事实上，独自玩玩具、与家长沟通、跟家长做游戏……这些都是宝宝学习的一种方式。对于学习一些具体的知识，妈妈们也不要过于心急。在这一阶段，由于宝宝对外界事物的探索欲望越来越强烈，妈妈们完全可以开始教他们进行最简单的学习了！

● 大声为宝宝读书吧

在养育宝宝的过程中，每位妈妈都想知道这样两个问题的精确答案：从什么时候开始为宝宝读书？从什么时候开始让宝宝自己阅读？

是的，读书是宝宝学习的一种方式，学会读书也是宝宝智力发展的一个重要标志，因此，在宝宝刚刚出生之后，甚至在宝宝出生之前，几乎所有的妈妈都会关注"给宝宝读书"这个问题。那妈妈到底应该从什么时候开始为宝宝读书呢？

关于这个问题的答案，教育专家们的意见也不统一。有些专家认为，当宝宝还在胎儿时期时，妈妈就应该为他读书；还有些专家认为，宝宝出生后的第1个月，妈妈就应该为他读书；还有一些专家提倡，当宝宝1岁之后，妈妈再为他朗读；当然，大部分的专家都认为，当宝宝进入第3个月时，妈妈为宝宝朗读最合适……

我们都知道，刚刚出生的宝宝对妈妈子宫外的环境并不适应，他往往需要1～2个月的时间来适应外部环境。在这个适应期里，宝宝只关注自己的身体以及自己所处的环境是否舒适，他们对自身之外的事物几乎都不感兴趣。因此，在这段时期，妈妈给宝宝读书所起的效果并不会太大。

但进入第3个月之后，宝宝已经完全摆脱了新生儿那种懵懂的状态，而且对外界环境开始出现了探索的迹象，例如，听到声音（尤其是熟悉的声音），他会左右转动着小脑袋去寻找声源；看到熟悉的玩具或面容，他偶尔会露出微笑……所以，在这一时期，妈妈的阅读对宝宝常常会起到积极的作用。

一位妈妈这样讲述：

我家宝宝特别爱哭，每当他因为不明原因而哭泣而我的安抚对他也不起作用时，为了不至于使自己心烦意乱，我开始放着音乐给宝宝朗读儿歌。

刚开始，宝宝对我的朗读声并不感兴趣，但当我朗读的声音越来越大、阅读的节奏感越来越强时，宝宝的哭声就会逐渐消失或停止。真没想到，朗读还有使宝宝情绪安定的功效。

为了检验这一功效，我对宝宝做了这样一个试验：当宝宝刚刚因为我的朗读声而安静下来时，我也停止了阅读，这时，宝宝开始左右转动着他的小脑袋寻找着什么。这时我故意藏起来不让宝宝看到，终于，宝宝好像受了什么特大委屈一样，哇的一声哭了起来。

从这之后，我知道宝宝喜欢听我朗读，所以，不管他是否哭闹，我每天都会给他读 20~30 分钟的书。

是的，这一时期宝宝开始对外界的刺激有所反应了，他们对听觉刺激的反应尤为明显。所以，在这一时期，妈妈一边放轻音乐，一边为宝宝朗读儿歌的做法是非常科学的，它不仅可以使宝宝的听觉能力得到锻炼，而且还能在极大程度上安定宝宝的情绪。

读到这里，很多妈妈也许会这样说："三四个月的宝宝能听懂家长朗读的内容吗？总体来说，朗读对宝宝所起的功效一定不会太大！"

事实上，这一阶段的宝宝是听不懂家长朗读的内容，但如果妈妈坚持给宝宝朗读，那听妈妈朗读很有可能就会成为宝宝的一种习惯、一种内在的秩序。

我们都知道，婴儿对外部环境的秩序是非常敏感的，一旦秩序被打乱，他们就会感觉到强烈的不安。同样的道理，如果妈妈每天晚上睡觉之前都给宝宝朗读一则故事或一段儿歌，而有一天妈妈忽略了这一行为，宝宝的内心也会感到强烈的不安。

听家长朗读转化成了宝宝内在的一种秩序，这会对宝宝将来对待学习、对待读书的态度产生很大的积极影响。

那么，妈妈如何做，才能使宝宝喜欢上朗读呢？

其实方法很简单，那就是找一个固定的时间为宝宝朗读。例如，在早晨起床之后、晚上睡觉之前等，如果妈妈能够坚持给宝宝朗读一段时间，那这种固定的行为就会转化为宝宝内在的一种秩序。在这种情况下，宝宝自然会喜欢上听妈妈朗读。

当然，这一方法最大的难度在于开始阶段。妈妈在刚开始为宝宝朗读时，宝宝也许不会有太大的反应，但妈妈不要灰心，更不能急于求成，只要你能继续坚持下去，宝宝终有一天会喜欢上你的朗读。

● 从现在开始，让宝宝学习阅读吧

也许妈妈们对此会非常迷茫："4 个月的宝宝连坐起来的能力都没有，他们又如何阅读呢？"

事实上，宝宝学习阅读与他能不能坐起来并没有必然的联系，关键是他对书本是否感兴趣。一位婴儿教育学家提出了这样一个观点：学习阅读，让宝宝从玩书开始。

是的，进入第 4 个月之后，宝宝对外部世界的探索欲望越来越强烈了，虽然他们对物体的颜色、是否能够发出声响等还有一定的偏好，但往往妈妈递给他们一个玩具，他们就会拿在手里对其进行探索了。因此，妈妈们在为宝宝挑选玩具时，一定不要忘记了图画书这个最好的玩具。

关于此，一位妈妈是这样做的：

我家宝宝很喜欢俯卧，因为这样他就可以不断地练习用手腕支撑起头部与上身的动作了。这个时候是宝宝注意力最集中的时刻，所以，每当这时，我都会在他面前放一本最简单的图画书（看图识物的那种），教他识物。

刚开始，宝宝对这本朴素的图画书并不感兴趣，但我并不在意，继续用我的方式教他识物。例如，教他认识鼻子这个事物时，我会指着图画对他说："这是鼻子！"然后再轻轻地按一下宝宝的小鼻子，用有些夸张的表情对他说："这是宝宝的鼻子！"当然，为了避免宝宝长期俯卧产生疲劳感，我会把他抱起来搂在怀里，然后指着我自己的鼻子对他说："这是妈妈的鼻子！"最后分别让宝宝用手去触摸我的和他自己的鼻子。

的确，由于这一阶段的宝宝已经具有了一些零碎的记忆能力，这时家长应该教宝宝认识一些简单的物品了。那家长应该如何教宝宝呢？图书是向宝宝传递信息最好的媒介。当然，由于这一阶段宝宝的认知能力是非常有限的，这个媒介所传达的信息必须是最简单的，所以，宝宝的阅读要先从最简单的看图识物的图画书开始。

上述案例中妈妈的做法是非常科学的,她懂得调动宝宝的各种感观去阅读。让宝宝看鼻子的图片,这是视觉;告诉宝宝这个事物是"鼻子",这是听觉;让宝宝用手去触摸"鼻子",这是触觉……宝宝的认知能力就是在各种感观的综合刺激下提高的。

当然,即使不教宝宝认识事物,妈妈也可以让宝宝把小图画书当玩具一样拿在手里把玩。例如,妈妈可以给宝宝示范,翻书其实是很有意思的一件事情……当宝宝学会翻图片书之后,也许有一天,宝宝会冲着图画书中的某一个图画微笑,妈妈不要因为宝宝的这一行为而感到惊奇。实质上,它很可能传达了这样两个信息:一是宝宝对图画上的那个物品感兴趣,或者他经常会看到这个物品,例如,眼睛、嘴巴、鼻子、耳朵等;二是宝宝认识这个物体,例如,也许妈妈多次教他认识奶瓶这个事物,但宝宝一直没有反应,但这次他看着奶瓶的图画笑起来了,这说明他已经认识了奶瓶这个事物。

4个月大的宝宝阅读能力仅限于此,他只会也只能阅读那些图片鲜艳的图画书。当然,在这一阶段,妈妈不要指望宝宝能认识图画书中的所有事物,重要的是,要培养宝宝对图书的好感和兴趣。

需要注意的是,这一阶段的宝宝注意力集中的时间是非常有限的,所以,妈妈不要让宝宝长时间阅读,以免宝宝产生厌烦感。一般讲,让宝宝阅读5分钟后,家长就应该分散他的注意力,引导他去做点别的事情了。

特殊阶段:宝宝是如何应对压力的?

每个人都有压力,处于生命初始阶段的宝宝也不例外。事实上,与成人相比,这些还不懂事的宝宝更容易感受到压力。例如,对外界环境的不适应、家长的不关注等,都会使宝宝产生很大的压力。更重要的是,我们成人常常会采用各种各样的方式来释放自己的压力,如向朋友倾诉、写日记等,但这些还不具备语言能力及照顾自己能力的宝宝,又如何来释放自己的压力呢?

事实上，宝宝们也在用自己的方式释放着压力，只是在很多时候，家长并没有意识到那是他们释放压力的一种方式。例如，有些宝宝经常会莫名其妙地长时间哭泣，家长们会把这些宝宝称为"任性的宝宝"；又如，有些宝宝经常会不停地吮吸手指，家长们会把这些宝宝称为"不讲卫生的宝宝"。实际上，家长们是误解了宝宝的行为，哭泣、吮吸手指，这些都是宝宝释放压力的一种方式。

读到这里，很多妈妈也许会庆幸地说："我家宝宝很乖，即使过了新生儿期，他大部分时间还是在睡觉，即使不睡觉，他也表现得很安静。这是不是说明他感受不到压力呢？"

答案是否定的。每个宝宝都会感受到压力，只是他们释放压力的方式不同。根据宝宝气质的不同，他们释放压力的方式是多种多样的，例如，一些宝宝释放压力的方式很激烈，他们会用长时间的哭闹来释放压力；还有一些宝宝释放压力的方式很平缓，遇到了压力，他们不哭也不闹，而是采用睡觉的方式来逃避。

那么，哪种方式更有利于宝宝释放压力呢？研究表明，是激烈的方式。也就是说，一个喜欢用哭闹的方式来释放压力的宝宝，也许他不会赢得他人更多的喜爱，但由于这种释放压力的方式能够使他的压力最大程度地释放出来，所以这对他的身心成长是非常有利的。由此我们也可以这样说：妈妈不要因为宝宝爱哭而感到烦恼，也不要因为宝宝表现得非常安静而感到庆幸，而应该从有利于宝宝身心健康成长的方面来看待他的行为。

面对宝宝多种多样释放压力的方式，如果妈妈不理解宝宝的这些行为，或者对宝宝的这些行为表现得太过敏感，往往会使宝宝这种释放压力的方式成为一种固定模式。下面我们举两个简单的例子来说明：

● 吐奶→用歌声帮宝宝化解压力

一位妈妈曾这样讲述：

我家宝宝最近添了一个坏毛病，吃完奶半个小时之后，他会把肚子里的奶吐出来一部分，然后再吮吸着吃进去。说实话，他的这种行为非常恶心。

当然，我最害怕的还不是这些，而是怕这种吐奶行为会影响宝宝的健康。我真替他担心！

其实，面对宝宝的吐奶行为，妈妈们不用太为宝宝担心，因为这是他们释放自己压力的一种表现。对于大多数婴儿来说，如果周围的环境不能令他们满意，或者令他们感到了不安，他们常常会用吐奶的方式来缓解自己的压力。

对于家长来说，这是自己不愿看到的一幕，但对宝宝自身来说，这确实是一种既愉快又非常享受的行为，因为这种行为是宝宝应对紧张感、挫折感的一种方式。

为了防止宝宝吐奶，很多家长常常采用不科学的方法来应对，而这常常会使宝宝感受到的压力越来越大。例如，为了预防宝宝吐奶，很多妈妈常常会疯狂地改换宝宝的配方奶、喂奶后把宝宝竖着抱起来、给宝宝照肠道 X 光等，这些不科学的行为会使宝宝对外部环境越来越不满意，从而使吐奶行为成为宝宝一种固定的应对压力的模式。

也就是说，在家长这种紧张态度及不科学做法的影响下，宝宝与家长会进入这样一个恶性循环圈：家长的不科学做法→宝宝感受到更多的压力→宝宝吐奶→家长不科学的应对方法。不仅如此，当吐奶变成宝宝固定的应对压力的模式之后，不管遇到何种压力，也不管这种压力是由于什么原因而引起的，宝宝都会用吐奶的方式来应对。

那么，我们应该怎样做，才能避免这种情况的产生呢？

一位妈妈这样总结经验：

每次喂食之前或喂食之后，为了缓解宝宝的压力，我会静静地坐在他面前轻轻地给他哼歌；有时，我还会一边哼歌，一边轻轻地抚摸宝宝。就这样，不到一周的时间，宝宝的吐奶行为就明显地减少了。

对于大多数宝宝来说，他们所感受的压力一般是来自于外界环境，或家长紧张的情绪。所以，在喂食之前或喂食之后，妈妈轻松的歌声能够使宝宝化解压力，从而使宝宝的吐奶行为减少。当然，如果妈妈能够坚持每天都为宝宝哼歌，那么听歌声化解压力也会成为宝宝的一种固定的解压模式。

● 吮吸手指→给宝宝自由，引导宝宝用吮吸手指的方式释放压力

在宝宝生命的前两年，无论是吮吸拳头，还是吮吸手指，这对宝宝来说都是非常正常的情况。

一位研究婴幼儿行为的专家曾做过这样一个试验：

当几个四五个月的宝宝睡醒后，家长走近他们，但不抱他们，也不跟他们说话，甚至也不理睬他们。这时，经过专家认真的观察发现，大多数的宝宝因为家长的冷漠而哭泣起来，也有不在少数的宝宝开始吮吸手指，当然，还有极少一部分对此没有明显的反应。

由这个试验，专家得出了这样一个结论：吮吸拳头或手指也是宝宝缓解压力的一种方式。

那家长应该如何对待宝宝吮吸手指的行为，对他们的成长才是最有利的呢？

一个儿科医生这样讲述：

每当我给那些不大的孩子检查身体时，他们都会表现得非常紧张，我知道，道理对于他们是不起作用的。为了缓解他们的紧张情绪，我想出了一个非常好的办法，那就是——允许他们吮吸手指。这一方法对于所有的孩子几乎都是适用的，当然也包括那些非常胆小和敏感的孩子。

一次，一位母亲来为1岁的女儿检查口腔，小女孩非常胆小，刚进我的诊室门口，她就哭个不停。我示意母亲把小女孩的手指放到她自己的嘴里，就这样吮吸了一会儿，小女孩停止了哭泣。

接着，我为她抱来的玩具熊检查身体，小女孩一边吮吸手指一边好奇地看着。像模像样地检查了一会儿，我用很惋惜的口气对她说："可惜这只小熊不会张嘴，你能不能教教它呢？"

小女孩高兴地张开了嘴巴，就这样，我对这个孩子的口腔检查顺利地完成了。

是的，即使对 1 岁左右的宝宝来说，吮吸手指也能很好地帮助他们释放压力。如果案例中的医生没有引导宝宝吮吸手指，那宝宝的紧张情绪也许长时间都不能得到缓解，那口腔检查的工作就会难上加难。所以，当宝宝因为某事而紧张或者害怕时，妈妈不妨通过引导宝宝吮吸手指的方式，让宝宝试着释放压力。

当然，在这一过程中，妈妈一定要转变自己的观点，努力做到这一点：不要过分关注宝宝吮吸手指的行为，更不要对宝宝的这种行为表现出紧张和焦虑。因为你的这种情绪常常会在无意识的情况下传递给宝宝，这更不利于宝宝压力的释放。

第五阶段：4~5个月（120~149天）
——宝宝会用眼睛传达感情了

概述

眼睛是心灵的窗户，观察一个人，仅仅从他的眼睛中，我们就可以观察出他是高兴还是悲伤，因为成人的眼睛是会传达感情的。从第5个月开始，宝宝也掌握了这一能力，他也会用眼睛传达感情了。

当看到妈妈向他走来时，他的眼睛会散发出兴奋的光芒；

当看到好玩的玩具而自己够不到时，他的眼睛会流露出焦急的神情；

当妈妈总是用老一套的方式来逗他时，他会用眼神表达自己的不耐烦；

……

也正是从这个月开始，宝宝的语言能力也有所发展了，他的发音越来越多了，例如"ba—ba""da—da"等声音，但还没有具体的指向，属于宝宝自己的语言。

总体来说，在这一阶段，不管是用眼神还是用语言，宝宝与妈妈之间的沟通都越来越顺畅了。

第五阶段：宝宝的一般行为特点

与前一个阶段相比，这个月宝宝的行为没有太多的变化，他仍然喜欢不停地练习自己不太熟悉的动作技能，仍然喜欢"站"在家长的腿上跳来跳去。但值得一提的是，在家长的帮助下，宝宝可以坐一会儿了，但很快他的头就会向前栽、上身向前倾斜。

另外,在这一阶段,宝宝开始接受辅食了,例如,捣碎的蛋黄、熬烂的米粥、少量的水果泥等,只要对宝宝的胃口,他们都会吮吸着吃得非常香。

● 同龄宝宝之间出现能力差距了

在这一阶段,当宝宝第一次坐起来时,他们会非常兴奋,同时也会非常紧张。尽管如此,宝宝还是喜欢坐着,因为这样他玩起游戏来非常方便。

也正是在这一阶段,宝宝之间的差距表现出来了。很多妈妈常常会很担心地这样抱怨:"同龄的宝宝都会坐起来了,也会翻身了,为什么我家的宝宝什么都不会呢?"当然,抱怨完之后,这些家长又会对宝宝进行一番疯狂训练。

其实,这种做法是非常不科学的。虽然宝宝的成长会遵循一定的规律,例如,民间流传的"三翻六坐九爬"的语法,但这些生长规律是针对大多数宝宝而言,并不一定对所有的宝宝都适用。而且,如果急于锻炼宝宝的坐、站、跳等运动潜能,还会对宝宝的骨骼发育及关节稳定造成很大的负面影响。更重要的是,妈妈焦急和不安的负面情绪会在无意识间传递给宝宝,使宝宝产生压力,这更不利于宝宝成长。

那么,妈妈应该如何面对宝宝与同龄宝宝之间的差距呢?

一位婴幼儿教育专家这样为妈妈们出主意:

面对宝宝的成长,尤其是当差距出现时,一定要学会用正确的心态对宝宝进行纵向综合比较。

所谓纵向比较,是指以宝宝自己的成长为参照物,只要这一阶段与前一段落相比,宝宝的能力在一点点增长,宝宝的能力发展就是正常的。

例如,当一个宝宝到了第4个月仍然不会翻身,但与第3个月相比,宝宝进步了很多,至少他能把自己从仰卧的位置翻到侧卧的位置。宝宝的能力在进步,这说明宝宝的能力发展就是正常的。

然而,在生活中,家长们却习惯对宝宝进行横向比较,即把宝宝与同龄的宝宝进行比较。实际上,这种比较是没有任何意义的,任何一个宝宝都不会按照统一的模式发展,他们的发育及能力的发展是有早晚之分的。在这一阶段宝宝的成长比较缓慢,但也许到了下一阶段,宝宝的成长又会飞速发展起来,所以,妈妈们根本没有必要刻意拿自己家的宝宝与别人家的宝宝进行比较,当然,更没有必要因为宝宝的能力暂时落后而焦急。

● 宝宝开始吃辅食了

一位家长这样描述自己 5 个月大的宝宝:

也就是从这个月开始,宝宝开始特别关注我吃东西。当我咀嚼食物时,宝宝会一直盯着我看,有时候小嘴还会流着口水,发出吧唧声,真是一个十足的"小馋猫"。

是的,进入第 5 个月后,大多数宝宝都会对大人吃饭感兴趣。看到大人吃东西,他们的小嘴之所以会发出吧唧声,主要原因并不是因为他们馋,而是因为他们在模仿成人。同时,这也是他们向妈妈发出的一个信号——应该试着给他们添加辅食了。

除了吧唧嘴之外,宝宝常常还会通过以下两点向妈妈传递增加辅食的信号:

一是宝宝吃奶已经基本形成了规律,例如,每次喂奶间隔时间大约为 4 小时,每天喂奶 5 次左右;

二是宝宝开始接受用小勺进食了,当你用小勺把糊状的食物放到宝宝嘴里,宝宝不再转头回避或把食物吐出来,而是能够顺利地把食物咽下去。

接收到宝宝所传达的任何一种信号,妈妈都可以试着给宝宝添加辅食了。

添加辅食,不仅是为了弥补妈妈母乳量的不足,或者补充宝宝营养成分的不足,更主要的目的是让宝宝的味觉不断适应各种食物的味道,增加进食的兴趣,避免以后偏食。

在生活中，一些年龄稍大的孩子常常会出现偏食的行为，让他们为自己的偏食给出一个理由，他们常常会这样说：

"芹菜的味道很怪，我不想吃！"

"我讨厌任何蔬菜，你看它们绿了巴叽，看了就没有食欲！"

……

是的，宝宝的偏食与他小时候的饮食习惯有很大的关系，如果在宝宝接受辅食之后，妈妈从来没有让宝宝品尝过芹菜的味道，长大之后，他自然会觉得芹菜的味道很怪；如果妈妈一直都没有试着让宝宝接受绿颜色的蔬菜，那宝宝长大之后就会对绿颜色的蔬菜产生很大的偏见。所以，从宝宝开始接受辅食开始，妈妈就应为他提供多样化的饮食，这可以有效地避免宝宝日后偏食。

当然，这种添加是一种缓慢的过程。在宝宝接受辅食的初始阶段，妈妈要一种一种地为宝宝添加辅食。添加一种辅食后，妈妈要观察几天，如果宝宝适应这种辅食，那在添加这种辅食的同时，再让宝宝尝试别的辅食。当然，如果宝宝不适应某种辅食，妈妈就应该暂时停止给宝宝喂这种辅食，过几天再试。

事实上，除上防止宝宝偏食之外，给 5 个月大的宝宝添加辅食，这对于他们来说还蕴含着更为深远的意义：添加辅食实际上是帮助宝宝进行食物品种转移的过程，使宝宝从以乳类为主食的乳儿，逐渐过渡到以多种食物为主食的儿童。另外，为宝宝添加辅食的过程，实际上也是培养宝宝独立性的过程。作为家长我们都知道，这里的食物添加期以宝宝完全断奶为终结，这是宝宝迈向独立的一个重要转折点。所以，宝宝开始学习吃糊状的食品，实际上是宝宝减少对母亲依赖的开始，也是宝宝精神断奶的开始。

第五阶段：宝宝的能力发展 + 潜能开发方案

与前一阶段相比，宝宝的很多能力没有实质性进展，但总体来讲，宝宝的各种能力都在进步。例如：

不用家长帮忙,宝宝就可以很熟练地由仰卧翻到俯卧了;

在家长的帮助下,宝宝可以坐一会儿了;

宝宝开始伸着小胳膊主动要求妈妈抱了;

……

当然,在这一阶段,最值得一提的还是宝宝语言能力的发展以及视觉能力的发展。

● 语言能力的发展→与宝宝谈论他正在关注的事物;通过鼓励引导宝宝发音

在生活中,很多妈妈都曾这样兴奋地向别人夸奖自己的宝宝:"我宝宝的语言悟性非常高,才5个月大,他就已经会叫'妈妈'了!"

是的,细心的妈妈都会发现,当宝宝进入第5个月后,他们自言自语的机会明显增多了。偶尔,他们还会发出"Ma-Ma""Ba-Ba"等声音,但在这里需要家长注意的是,这一阶段宝宝的发音是没有具体指向的,他们只是在练习自己刚刚掌握的连续音节。也就是说,即使这一阶段的宝宝发出了"Ma-Ma"这个连续音节,他也不知道这个声音与妈妈之间的联系。

但不可否认的是,在这一阶段,宝宝的发音练习越来越频繁了,也就是从这时起,妈妈应该加强对宝宝的语言训练了。

那么,我们应该从何下手加强对宝宝的语言训练呢?

其实,妈妈不用刻意从哪些方面入手,生活就是宝宝学习语言的最好课堂。是的,我们每个人的语言能力都是在生活的大课堂中有意或无意间学到的。所以,当宝宝进入第四五个月时,妈妈就应该开始有意识地增加与他们讲话的机会。

一位妈妈的成功经验是这样的:

从宝宝进入第5个月之后,我们就抓住一切机会与宝宝讲话,当然,讲话的内容无非是宝宝正在做或正在关注的事情。

例如,我下班回家后,宝宝正高兴地伸着手让我抱,我就会边抱宝宝边对他说:"妈妈回来了,你很高兴是吗?"

又如,宝宝饿了,并表现出强烈的吃奶欲望,这时,我就会趁机对他说:"妈妈来给你喂奶了。"当然,如果是用奶瓶喂宝宝吃奶,我就会拿着奶瓶对宝宝说:"这是奶瓶,奶瓶是用玻璃做的。"

总之,不管做什么,我都会有意识地通过与宝宝交谈的方式,使他认识更多的事物,从而学会说话。

是的,与宝宝谈论他正在做或者正在关注的事情,这是教宝宝学习语言的最好机会。例如,一个吃奶粉长大的宝宝,当他饥饿时,他最关注的事物就是奶瓶,因此,在这个时候,妈妈教宝宝认识并学习说奶瓶这个事物,比教宝宝学习说别的事物要有效果得多。

任何一位妈妈都懂得通过与宝宝讲话的方式,来教宝宝学习语言。但这一过程也是有技巧性可言的,那就是要不断地对宝宝进行鼓励。

一位妈妈这样分享经验:

一次,宝宝不经意地发出了"Ma-Ma"这个音节,我兴奋地在宝宝脸上不停地亲吻,并且对他说:"宝宝会叫妈妈了,妈妈真是太高兴了!"尽管我知道宝宝还没有真正把"Ma-Ma"这个音节与我联系起来,但我仍然努力地向宝宝强化"我是妈妈"这个概念。例如,"妈妈来喂你吃奶""妈妈来给你洗澡"等。在接下来的日子里,我不知道宝宝是不是懂得了我就是"妈妈",但他所发出的"Ma-Ma"的音节越来越多了。

每个人都需要他人的鼓励,尤其是自己最亲近的人的鼓励,这些几个月大的婴儿也是如此。当他们在无意识之间发出"Ma-Ma"这个音节时,妈妈不停地亲吻他们,这就是对他们莫大的鼓励。虽然这一时期的宝宝并不一定会把"Ma-Ma"这个音节与"妈妈"真正地联系起来,但在受到鼓励之后,他们会越来越多地发出"Ma-Ma"这个音节。当然,随着妈妈的不断强化,例如,不停地告诉他们,"妈妈在给你喂奶""妈妈在给你洗澡"等,宝宝最终会把"Ma-Ma"这个音节与"妈妈"真正地联系起来。

在引导宝宝讲话时,妈妈们还要特别注意一点,那就是要尊重宝宝能力的发育。即使你连续几个月的时间都在教宝宝练习说"妈妈"这个词语,但宝宝一直也没有学会。在这种情况下,你也不要表现出失望或焦虑的情绪。在宝宝的成长过程中,都存在一个"语言暴发期",也就是说,在这个"语言暴发期",宝宝很轻松地就能学会说很多话。但每个宝宝的"语言暴发期"出现的时间是不同的,一般来讲,宝宝成长的环境越宽松,宝宝的"语言暴发期"来得越早。所以,家长失望或焦虑的情绪只会使宝宝的"语言暴发期"延期出现,这更不利于宝宝语言能力的发展。

● **视觉能力的发展→利用视觉反射训练宝宝的综合能力**

进入第5个月之后,宝宝对远处和近处的目标都可以聚焦了,他们眼睛视焦距的调节能力已经和成人差不多了。不仅如此,这个阶段的宝宝还具备了辨别红、绿、蓝这三种纯正颜色的能力。

当然,值得宝宝骄傲的是,他们的视觉反射逐渐形成了。所谓视觉反射,是指宝宝看到某个物品,会表现出相应的行为。例如,当看到奶瓶时,宝宝会用手去够,并显出很高兴的样子,知道妈妈又要给他喂奶了。

这个时候,是妈妈利用宝宝建立起来的视觉反射,教宝宝认识物品的最好机会。例如,看到宝宝用手去够奶瓶,妈妈可以这样对宝宝说:"这是奶瓶,是用来给宝宝盛奶的。"也许一次两次,宝宝对"奶瓶"这个词语并没有反应,但次数多了,宝宝看到奶瓶时,不但会联想到吃奶,还会联想到它叫什么,这就是语言与视觉的联系。当然,长久如此,宝宝很快就能学会说"奶瓶"这个词。

那么,具体来讲,家长应该如何利用宝宝的视觉反射,开发其综合能力呢?

一位妈妈是这样做的:

5个月的宝宝最喜欢的玩具就是我们家的大镜子。两个月大时,他常常会惊奇地看着镜子中的自己;3个月大时,他会冲着镜子中的自己微笑;5个月大时,每当我们抱着他时,他都会向镜子的方向挣扎。

为了使宝宝认识自己，每当抱着宝宝照镜子时，我都故意在他的额头上点个红点，看着宝宝惊奇的样子，我会指着镜子里的形象对他说："这就是宝宝，你看，你额头上的红点多漂亮呀！"然后，再拿着宝宝的手去摸那个红点。当然，我还会利用镜子教宝宝认识自己的五官，例如，我会指着他的鼻子对他说："这是宝宝的鼻子。"指着嘴巴对他说："这是宝宝的嘴巴。"

因此，现在每当我问他："宝宝的鼻子在哪呀？"他都会笑着去摸自己的鼻子。

是的，在宝宝生命的前几年里，镜子对他都有着特殊的吸引力，因为镜子常常可以扮演玩具和学习工具两种功能。在宝宝两三个月大时，如果妈妈能够拿一面镜子让宝宝看，宝宝往往可以安静地看上好一会儿，这个阶段，镜子扮演的大多是玩具的功能。但宝宝到了四五个月大时，他经常会对着镜子里的自己微笑，经常会对着镜子故意做某个动作，这时候，镜子就变成了他很好的学习工具。

就像上述案例中所说的，妈妈利用镜子教宝宝认识自己以及自己的五官，这就是对镜子学习工具这一功能的很好利用。在宝宝照镜子时，在宝宝的额头点上一个红点，看到自己的形象与镜子里的形象一同发生变化，宝宝很快就能意识到，镜子里的那个宝宝就是自己。

另外，上例中家长通过镜子教宝宝认识自己的五官，实际上是通过两种刺激加深了宝宝的印象：一是触觉刺激，如，家长用手指接触宝宝的鼻子；一是视觉刺激，宝宝在镜子中看到自己的鼻子。长久如此，宝宝就会真正认识自己的五官，所以，听到"鼻子"这个词语，宝宝就会微笑着去摸自己的鼻子。

第五阶段：推荐的养育方式

妈妈们一般都知道，要想让宝宝顺利地感觉到自己的爱，自己首先应该做到的就是，要对宝宝无条件地付出爱。然而，生活中却存在很多这样的情况：很多家长口口声声地说着自己多么多么地爱自己的宝宝，但一旦宝宝表现出哭闹的行为，他们就会表现与平常截然不同的表情，例如，对宝宝的哭闹行为表现出不耐烦。妈妈们不要以为宝宝不懂事，宝宝能够明确地感觉出你对他的态度，你的这些做法将会促使宝宝感受不到你的爱。

一位研究儿童心理学的专家曾做过这样一个试验：

当宝宝们因为长时间独处而哭泣时，专家让家长们走近自己的宝宝，这时，大多数宝宝都停止了哭泣。但家长们并没有像宝宝所期待的那样去哄他们、抱他们，而是面无表情地看着他们。这时候，很多宝宝为了得到家长的回应，在不停地做着不同的努力，例如，他们有的咧着嘴咯咯地笑，有的在椅子里倾身向前，不停地向前扑……但家长们仍然对宝宝所做的这些努力视而不见。

大约1分钟过后，几乎所有的宝宝都放弃了努力，他们有的伤心地哭起来，有的在吮吸手指，有的甚至安静地躺下来准备睡觉……总之，他们会用自己的方式来逃避家长的冷漠对他们所造成的伤害。

最后，心理学家得出了这样一个结论：家长对宝宝表现出来的冷淡、冷漠、讨厌等负面情绪，会对宝宝造成毁灭性的影响。

是的，即使你对宝宝的成长付出了再多的心血，但你偶尔的几次不耐烦或负面情绪，往往就会使之前的努力功亏一篑。

所以，无论宝宝是乖巧还是哭闹，妈妈都要无条件地给予他们爱，这样才有利于宝宝感受到你的爱。

当然，除了要给予宝宝无条件的爱之外，当宝宝到了第5个月大时，妈妈们会发现，宝宝有了一个可喜的变化，那就是，当我们向宝宝走近时，宝宝会伸着小胳膊，摆出要让妈妈抱的姿势。但令大多数爸爸伤心的是，当爸爸向宝宝走近时，宝宝可不一定会表现出这样的反应。

为什么宝宝对爸爸和妈妈不一视同仁，要区别对待呢？

这是因为在宝宝心目中，爸爸和妈妈的形象是不同的，他们在宝宝的世界中所扮演的角色也是不同的。因此，爸爸妈妈要用自己独特的方式对待宝宝，宝宝才能深刻地感觉到你们的爱。

● **宝宝对妈妈爱的需求→与妈妈进行默契的交流**

一位成年男士曾这样说过："生活中遇到不如意的事情时，总是不想让父母知道，但即使我伪装得再逼真，每次还是会被细心的母亲发现。我知道，母亲是这个世界上最懂我、最关心我的人。"

是的，母爱是世界上最伟大、最细腻的爱，即使我们已经成人、到了中年甚至是老年，我们还是非常期待这种爱。对于这些仅仅几个月大的孩子来说也是如此，母爱对于他们有非同一般的意义，全世界的人都可以忽视他们，母亲却绝对不可以。

科学家做了这样一个试验：

5位妈妈以及他们各自的4个多月大的宝宝被请到装有摄像头的观察室里。宝宝被放在能够左右摇晃的小床上，妈妈在旁边陪着宝宝并逗他们开心。

科学家们通过对采集的图像进行反复观察发现，虽然这些宝宝还没有掌握语言，但他们与妈妈之间的沟通是非常默契的。例如，当宝宝刚要表现出自己的负面情绪时，妈妈会及时地去抚摸并通过语言去安慰宝宝，在妈妈的努力下，宝宝的情绪很快就会恢复平静。

更让人难以想象的是，妈妈的动作和语言与宝宝的反应是非常一致的。例如，当宝宝表现出某种表情时，妈妈会做出相应的反应；同样，当妈妈做出相应的动作和语言时，宝宝也会表现出妈妈所期待的那种反应。对此，科学家们打了这样一个比喻：这所有的录像，就像是母亲正温柔地、默契地与宝宝玩着发音或制造表情的游戏。

也许在很多妈妈看来，自己与宝宝之间的这种默契根本就不值得一提，因为这种默契一直都贯穿于自己与宝宝交流活动的始终。但在这里，我要恭喜这些妈妈，因为你与宝宝之间的这种默契能促使宝宝更加深刻地认识自己，因为在与你交流的过程中，宝宝能够深刻地感受到自己的行为对你所产生的影响，也正因如此，宝宝能够从这种默契中感受到你对他的爱。

那么,具体来讲,妈妈应该如何做,才能成功地与宝宝达成这种默契呢?

一位妈妈这样分享经验:

虽然宝宝才5个月大,但我们之间非常有默契。例如,当非常满足地吃饭后,宝宝会手舞足蹈一会儿,然后自动停下来等待。你要问他在等待什么,这就是我们母子俩之间的默契所在了,他在等待我抚摸他的肚子,抚摸一会儿后,宝宝就会安静地自己玩玩具,或者玩自言自语的游戏。

另外,每当我把宝宝抱起来时,宝宝都会噘着小嘴要和我亲亲,当然,如果我满足了宝宝的要求,宝宝就会非常高兴地咯咯直笑。

你要问我我与宝宝之间的默契是如何培养的,其实,也没有什么技术含量,就是每天宝宝吃饱后,都重复这一个动作,时间久了,宝宝自己就记住了。

是的,别看宝宝才几个月大,他也是具有一定模仿能力的。如果妈妈吃饱饭后都会习惯性地抚摸宝宝的肚子,宝宝很快就会记住并学会这个动作。并且每次吃完饭后,他都会期待妈妈的这一动作,并从这一动作中感受妈妈对自己的爱。时间久了,这种习惯性的固定动作就转化成了母子之间的默契。

所以,由此妈妈们也可以自己总结出培养与宝宝之间默契的方法,那就是重复对宝宝亲昵的动作,使其成为一种习惯,最后转化为自己与宝宝之间的默契。

当然,并不仅仅是亲昵的动作才能培养与宝宝之间的默契,妈妈关爱的眼神、疼爱的语言等,都可以变成与宝宝之间的默契。正是因为这些默契的存在,妈妈与宝宝之间的感情才会迅速升温。

● 宝宝对爸爸爱的需求→与爸爸疯狂地玩耍

5个月大的宝宝听到爸爸的声音后,脸上会露出非常期待的表情,但宝宝对爸爸的期待和对妈妈的期待是完全不同的。看到妈妈时,他们会期待妈妈温暖的怀抱、妈妈温柔的亲吻;但看到爸爸时,他们会期待由爸爸所带来的各种疯狂和刺激。

相信每一位成年人都不会忘记自己小时候与爸爸一起疯狂玩耍的场景：

我们喜欢爸爸把我们高高举起，甚至喜欢被他抛向高空再接住；

我们喜欢爸爸所带来的任何古灵精怪的玩具；

我们喜欢爸爸用胡子扎我们嫩嫩的小脸；

……

是的，每当回想起这些时，我们的内心就会充满幸福，一种被爸爸关心和疼爱的幸福。其实，几个月大的宝宝与我们的感觉是相同的，也许爸爸温柔的话语不能让他感动，但与爸爸疯狂地玩耍，却能使他深深地感受到爸爸对他的爱。所以，爸爸们也要参与到养育宝宝的过程中来，用自己独特的方式让宝宝感觉到爱。

然而，在现实生活中，很多爸爸常常要忙于工作，而忽视了对宝宝的关注。一个正处于青春期的孩子这样评价自己的爸爸："我不希望看到他，只要他一回家，我就吃不好、睡不好，总之全身都别扭。"

这个孩子为什么会这样评价自己的爸爸呢？

原来，从这个孩子小时候起，他的爸爸就经常出差，出差时间短则一个月，长则半年，因此，孩子对爸爸从小就有一种生疏感。试想一下，如果一个陌生人经常出现在你的家里，你的心里能不别扭吗？

当然，爸爸的忽视不仅会使孩子感受不到爸爸的爱，与爸爸之间的关系非常生疏，更重要的是，父爱的缺失往往是青春期的孩子走向叛逆、犯罪道路的一个重要原因。所以，为了孩子的健康成长，爸爸们都应该参与到养育宝宝的过程中来。

读到这里，很多新手爸爸可能会说："我也想参与到养育宝宝的过程中来，但我该从哪里下手呢？"当然，还会有爸爸这样问："我总不能像宝宝的妈妈一样，天天给他换尿布吧？"

实际上，给宝宝换尿布正是爸爸增进与宝宝感情的一种方式。有资料显示，那些经常为宝宝换尿布的爸爸与宝宝之间的感情，比那些一次也没有给宝宝换过尿布的爸爸与宝宝之间的感情要好得多。所以，要想使自己与宝宝之间的感情升温，爸爸们可以从最基本的换尿布做起。

当然，要想使宝宝彻底喜欢上自己，爸爸还应该用自己独特的方式来向宝宝表达爱。一位妈妈曾充满"醋意"地这样讲述：

我家宝宝快满5个月了，我觉得与我相比，宝宝更喜欢他爸爸。不论他正在干什么，吃奶、玩手指、玩玩具……只要爸爸一出现在他的视线之内，他就会高兴地手舞足蹈，伸着小胳膊要求爸爸抱。接着，他们父子两个就会进行一番疯闹，例如，爸爸会把他高高举起、爸爸会给他疯狂地挠痒痒、爸爸会变魔术似的给他变出一个新鲜玩具……总之，只要有他爸爸在，宝宝肯定会冷落我。

是的，当宝宝有了玩的意识之后，他会喜欢与爸爸在一起，因为爸爸总能给他带来新鲜感和刺激。在感受这些新鲜感和刺激的同时，宝宝也在感受着爸爸对他浓浓的爱意。就像上述案例中妈妈所讲述的，如果爸爸总能变着花样地使宝宝开心，宝宝再次见到爸爸时，他自然会期待与爸爸"疯闹"。在这种情况下，宝宝"冷落"妈妈是很正常的。

当然，在用自己独特的方式向宝宝传达爱的同时，爸爸们还应该注意，在与宝宝"疯闹"时，要特别注意安全。四五个月大的宝宝身体还是非常柔软的，最好等宝宝的月龄再大一些，爸爸再与宝宝做那些更富刺激性的游戏，例如把宝宝高高举起、让宝宝骑在自己的脖子上等。

第六阶段:5~6个月(150~179天)
——宝宝开始认生了

概述

在这一阶段里,宝宝的很多能力都有了很大的提高。这时,宝宝能够更好地控制自己的身体了,例如,他能够轻松地完成从侧卧到俯卧的翻身;他已经能够很好地控制头部的运动……

另外,他的视觉能力、听觉能力差不多都已经接近成人水平了。例如,他的双手能够在视觉的引导下熟练地够东西;他还能熟练地寻找声音来源,并根据声源的变化不断扭动自己的身体……

除了能力的提升之外,这一阶段的宝宝还会呈现出一个非常重要的变化——他开始出现故意性啼哭了。也就是说,宝宝开始有目的地向家长提出要求了,例如,他会用手指着自己喜欢的玩具哼哼或啼哭,以此示意家长把玩具给他递过来;他会拒绝喝白开水,并用哭闹示意家长喂他喝甜甜的糖水……当然,一旦他熟练掌握哭闹的技巧之后,他就开始有目的地用哭闹来控制家长的行为了。

因此,在这一阶段,除了关注宝宝的身体成长、能力提升之外,家长们又有了一个新的任务,那就是要特别关注宝宝的心理成长。

第六阶段:宝宝的一般行为特点

进入第6个月的宝宝对外界事物越来越感兴趣了,他已经厌烦了总是躺着,他喜欢坐起来,因为这样他的视野会更宽阔。当然,更重要的是,坐起来时,他就可以对自己喜欢的玩具进行自由探索了。

除了更喜欢玩之外,在接下来的这一个阶段里,宝宝还将发生很多本质性的变化。例如，在以前，宝宝的主要需求都是生理性的，只要吃得饱、睡得着、有得玩，他一般就不会哭闹。但到了这一阶段，宝宝有了自己的主意了，如果一个人躺烦了，他就会发出吭哧、吭哧的声音来吸引家长的注意力；但如果家长不理他，他就会大声哭喊；当然，如果这时家长再不理他，他就该使劲地把身子往前拱，开始用打挺抗议家长了。

不仅有了自己的主意，这一阶段的宝宝对身边的人也开始挑剔了：看到爸爸妈妈，他会高兴得手舞足蹈；但看到陌生人，尤其是陌生男人，他会一直往妈妈怀里钻，甚至还会哭闹。也正是从这一阶段起，宝宝开始认生了。

另外，家长们还会发现，宝宝的害怕情绪出现了：他不愿意自己待在漆黑的房间里；听到小狗汪汪叫，他会害怕地啼哭……当然，宝宝的这种害怕情绪常常会在半夜时表现出来，这也是最令妈妈们烦恼的，宝宝经常会在半夜里莫名其妙地长时间哭泣。

那么，宝宝以上的这些变化到底意味着什么，妈妈要如何对待宝宝的这些行为呢？

● 宝宝的认生行为→不要强迫宝宝接受陌生人

一位妈妈曾这样描述自己的宝宝：

在进入第6个月之前，宝宝对所有的人几乎都是友善的，她会冲所有的人微笑，甚至愿意让所有的人抱她。但自从进入第6个月之后，宝宝开始变得挑剔起来，如果有他不认识的人靠近她或者试图把她抱起来，她就会焦急地哭泣。

是的，从进入第五六个月开始，宝宝开始变得复杂了，他不再像之前那样容易满足。他开始选择自己喜欢的玩具，开始拒绝喝白开水……更重要的是，他开始对周围的人进行选择了。就像上面所提到的，看到爸爸妈妈，他会不由自主地咯咯笑，并且还会兴奋地挥动小手和小胳膊。但看到陌生人，尤其是陌生男人时，他会把脸藏到妈妈的怀里，有时甚至还会哭泣。

看到宝宝这种认生的表现,很多妈妈都会自嘲地说:"这孩子真是越大越没出息,现在越来越认生了。"

其实,在这一阶段,宝宝认生不仅不代表没出息,这还是他成长的必然表现。我们都知道,0~3个月的宝宝不认生,但在这一阶段,他们往往也没有真正地认识自己的父母。但进入第五六个月之后,宝宝之所以对陌生人表现得如此敏感和害怕,是因为他已经能够真正地辨认出自己生命中的重要人物——爸爸、妈妈了。

在照顾宝宝的过程中,细心的妈妈会发现,在宝宝4个月大时,他对陌生人的警惕就已经表露出来,并且尽量避免与陌生人近距离接触。例如,他对父母越来越依恋,即使奶奶、爷爷想抱他,也能引起他的焦虑。与此同时,妈妈们还会发现,宝宝对外界的事物也开始变得敏感,外部环境的任何变化都会引起他的不安。当然,妈妈们也不必对宝宝的这一变化表现得太过担忧,宝宝之所以会呈现出这些变化,这说明他们的认知能力在飞速发展。

研究婴幼儿行为的专家在对5个月婴儿的行为进行研究时,发现了这样一种奇怪的现象:

当一个5个多月大的婴儿远距离面对陌生人时,他可能会表现出害怕,也可能会面无表情地盯着陌生人看,当然,如果陌生人表现得非常友好,在极少的情况下,他也有可能对着陌生人微笑。

但当陌生人接近宝宝,并试图抱起他时,他常常就会哇的一声哭起来。

为什么会出现这种情况呢?

很多妈妈给出的解释是:善变是婴儿的本性,在前一秒钟他的脸还晴空万里,但到了下一秒钟就开始乌云密布了,这都是很正常的事情。

其实,家长们仅仅是看到了问题的表面,5个月大的宝宝并不十分反感与陌生人的远距离接触,但当陌生人对他进行近距离接触时,他就会变得非常敏感。这表明对于这一阶段的宝宝来说,他已经意识到了远距离接触与近距离接触的差别。当宝宝对这种差别以及差别重要性的认识达到一个新的高度时，他对陌生人的害怕情绪就出现了。

那么，妈妈应该如何对待这一阶段宝宝的认生行为呢？

在这一阶段，宝宝认生行为的产生是他认知能力发展的表现，所以，妈妈没有必要太过在意宝宝的这种行为。但在宝宝表现出认生行为时，妈妈要特别注意以下几点：

1.不要强迫宝宝接受陌生人。

2.当亲戚、朋友想要近距离接触宝宝时，如果遭到宝宝的拒绝，妈妈要学会委婉地拒绝亲戚和朋友。

3.当宝宝拒绝与陌生人近距离接触时，妈妈可以引导宝宝远距离接受陌生人。例如，家长可以这样对宝宝说："这是王阿姨，来，宝宝跟王阿姨打个招呼。"家长可以拿着宝宝的小手挥一挥，算是与陌生人打招呼。

4.在这一阶段，并不是所有的宝宝都会认生，也有很多宝宝依然会对着陌生人笑，并且很快就会和陌生人玩起来。在这一阶段，认生、不认生都属于正常情况。

● 宝宝的害怕情绪→及时并彻底地把宝宝的害怕情绪化解掉

一位妈妈曾这样讲述：

最近一段时间，我家6个月大的宝宝经常会半夜莫名其妙地啼哭，而且，不管我们怎样安抚他，他都会歇斯底里地哭上很长时间。

在哭之前，宝宝经常会出现这样一个前兆——全身抖一下，就像是做了恶梦或受了什么惊吓一样。在白天里，他从没表现出什么异常，就是到了晚上，哭起来没完没了的，真不知道他这是怎么了！

其实，这一阶段宝宝的啼哭并不是莫名其妙的，而是有深层原因的。一般来讲，除去疾病的因素，促使这一阶段宝宝啼哭的主要原因就是恶梦。细心的家长都会发现，进入第6个月之后，宝宝开始出现害怕情绪了，听到奇怪的声音、看到吓人的电视画面、看到爸爸妈妈吵架摔东西，甚至是听到小狗连续的叫声，宝宝都会产生害怕情绪，并用大声哭闹来表达自己的这种情绪。

遇到这种情况，在家长的安抚下，也许宝宝很快就会恢复平静。但由于这些害怕的情绪对宝宝产生了很大的刺激，所以到了晚上，这些不愉快的经历或不好的情绪就会在宝宝的梦里重现。梦到白天发生的这些"可怕"的场景，宝宝就会忽然尖叫或大声哭喊起来，并且这种害怕情绪不会很快得到平息。长久如此，这不仅会影响全家人的正常休息，而且对宝宝心理的正常成长也会产生非常不利的影响。

那么，妈妈们应该如何避免这种情况的产生呢？

在生活中，宝宝因为害怕而哭泣时，妈妈最常见的做法就是安抚，使宝宝停止哭泣。也许宝宝害怕的注意力暂时被转移了，但这并不代表宝宝害怕的情绪消失了。在这些情况下，宝宝害怕的情绪往往还会在梦中表现出来。因此，在宝宝受到惊吓之后，家长不仅仅要通过安抚使宝宝停止哭泣，还要想办法促使宝宝的害怕情绪消失。

一位妈妈这样分享自己的经验：

一天下午，我正在楼下教宝宝认识花朵的颜色，突然，邻居家的小狗从旁边窜出来，冲着我和宝宝一阵狂叫。宝宝吓得大声哭了起来，并把脸藏到我的怀里。

我赶紧抱紧宝宝，并不断抚摸他的头，以使他平静下来。没过很长时间，宝宝恢复了平静，并再次对草丛里的小花产生了兴趣。但我没有继续教他辨认花的颜色，而是指着还在不远处的小狗对他说："宝宝，你看，小狗在那里。"

看到小狗，宝宝又把头埋进我的怀里，并向与小狗相反的方向挣扎。这时，我没有满足宝宝的这一要求，而是示意宝宝的爸爸把小狗赶走。在爸爸赶小狗走的过程中，我一直对宝宝说："宝宝，你看，爸爸把小狗赶走了。"看着爸爸追着小狗到处跑，宝宝脸上的表情很迷茫，但很快，他的脸上出现笑容了。我知道，他终于意识到了，其实小狗并不可怕。

是的，对于这些刚刚产生害怕情绪的宝宝来说，在生活中遭遇到"可怕"的事情是在所难免的。就像上述案例中的情况，小狗的忽然出现以及小狗的叫声就能使宝宝受到惊吓。因此，当宝宝遇到这些忽然出现而又不可避免地惊吓时，妈妈最主要的任务不是安抚宝宝的哭泣行为，而是减少或消除宝宝的害怕情绪。

就如上述案例中妈妈的做法那样，有意让宝宝看爸爸追赶小狗的画面，看到爸爸不费任何力气就能把小狗追得到处跑，宝宝很快就会意识到：原来小狗并没有想象中那么可怕。因此，宝宝对小狗的恐惧感会逐渐减少直到消失。

在这种情况下，即使宝宝晚上还会梦到小狗狂叫着朝自己走来，宝宝也不会表现得特别害怕，因为接下来他有可能还会梦到爸爸追赶小狗的那个画面。也正是在这种害怕情绪产生又被消除的过程中，宝宝的胆子逐渐变大，他不再那样容易受到惊吓了。

除了这种不可避免的惊吓之外，其实，在宝宝成长的过程中，很多惊吓是可以避免的，例如，因为爸爸妈妈吵架摔东西而产生的惊吓、因为电视上恐怖的画面而产生的惊吓……所以，为了减少宝宝受惊吓的刺激，在照顾宝宝的过程中，妈妈们一定要对生活中的细节多加注意。

● 宝宝有自己的主意了→防止宝宝控制家长欲望的产生

在前面两个阶段里，宝宝一直被称做"微笑的机器"，也就是说，只要宝宝的身体没有不舒服，他会一直呈现出微笑的状态。但进入第6个月之后，细心的家长会发现，宝宝的微笑在逐渐减少，更重要的是，他哭泣的次数越来越多了，而且多是有目的的哭泣。

一位妈妈曾这样说过：

进入第6个月之后，我发现宝宝越来越需要我陪伴了，只要我有半个小时没出现在他的面前，宝宝就会用哭闹向我发出信号。我知道，这时哭闹已经成了宝宝获得我的关注和陪伴的一种手段。

是的，也就是从这一阶段起，宝宝不再因为身体不舒适而哭闹，他的哭闹有了特殊的目的。起初,他会因寻求家长的陪伴而哭泣,接下来,他会用哭泣要求爸爸妈妈一直抱着他、他会用哼哼声要求家长带他去接近那些他感兴趣的事物……总之,从这一阶段起,这个"小东西"又掌握了一项满足自己需求的技能,那就是有目的性的啼哭,也被称为过度的需求性啼哭。

面对这种情况,很多妈妈也许会非常担忧地问:"在这个时候,如果一味地满足宝宝的需求,是不是会把他宠坏呀?"

妈妈们的这种担忧是必要的,是的,在这个时候,如果宝宝一啼哭,家长就满足宝宝的任何需求,那宝宝将来真的会有可能变成一个被宠坏的孩子。那这些被宠坏的孩子到底会有哪些坏的表现呢?婴幼儿行为研究学家指出,一个被宠坏的孩子在成长的过程中一般都会呈现出以下几个特点:

1.在第 7 个月末期时,如果得不到他预想的抚慰,宝宝就会习惯性地哭闹,并逐渐形成一种习惯;

2.到了 8~9 个月大时,被宠坏的孩子经常会在半夜啼哭,并会拼命抵抗家长给他换尿布;

3.到了 13~14 个月大时,宝宝就会总结出这样一个经验:故意啼哭能够有效地控制大人,并得到自己想要的任何物品;

4.当宝宝到了两岁左右时,他会变得非常自私,他会经常性地啼哭或抱怨;

……

每一位妈妈都不希望自己的宝宝"被宠坏",但妈妈到底应该如何做,才能避免宝宝被宠坏呢?

很多家长常常持有这样一种观点:"当宝宝有目的性的哭泣行为刚刚出现时,我们就不要满足他的需求,让他一直哭,哭够了,他以后就不会再故意哭闹了。"

这些观点是不可取的。用啼哭来控制家长的行为,进而达到自己的目的,这是宝宝的一种非常不好的行为。但从宝宝的能力发展角度来讲，它还是宝宝的一种特殊能力，并且宝宝这种新能力的出现标志着宝宝的智力在迅速发展。当然，更重要的是，如果妈妈经常对宝宝的这种啼哭不理不睬，这对宝宝的心理发展是非常不利的。

我们都知道，一般的婴儿在6~7个月大时，都会出现有目的性的啼哭现象。但儿童心理学家通过观察发现，那些在幼托机构里长大的宝宝却不会出现这种行为。为什么会这样呢？

儿童心理学家经过深入的研究发现，在第5个月末期或进入第6个月之后，幼托机构里的宝宝也会用啼哭来寻求成人的陪伴和关注，但他们的这种啼哭一般都不会得到回应。很快，这些宝宝就会总结出这样一个结论：啼哭只会造成自己的声音嘶哑和身体疲劳，除此之外别无他获，所以他们很快就放弃了有目的性的啼哭。

宝宝不再有目的性地啼哭了，这不是好事吗？事实并非如此。

因为与一般的婴儿相比，虽然这些在幼托机构里长大的宝宝不会有目的性地啼哭，但他们对成人、对外部环境，甚至对自己都没有建立起基本的信任，成人的不回应使他们对外部环境中的一切，以及对自己都已经失望了。他们不会像一般的婴儿那样去主动探索外部世界，而是被动地接受外部环境中的一切。妈妈们可以想象一下，这样的宝宝长大后会变成什么样子？冷漠、封闭、消极……相信这些都是大家所不愿意看到的。所以，对宝宝有目的性的啼哭不作回应的做法是不可取的。

当然，上述妈妈们的观点中有一点还是非常可取的，那就是在宝宝有目的性的啼哭刚刚出现时，家长就应该采取措施应对了。是的，家长越早关注宝宝有目的性啼哭的出现，宝宝变成被宠坏的孩子的可能性就越小。

那具体来讲，妈妈应该如何做呢？

一位儿童心理学家这样建议：

在第5个月末期，或进入第6个月，宝宝开始需要家长越来越多的陪伴和关注，为了避免宝宝有目的性啼哭的出现，从第5个月末期开始,家长就应该增加对宝宝的关注。

仅仅是关注宝宝还是不够的,家长还应该了解这一阶段宝宝的兴趣所在,只有让宝宝的大多数时间都在做自己感兴趣的事情,他才不会想起运用有目的性的啼哭。

一般来讲,这一阶段,宝宝会对以下几件事情感兴趣:

1.打量不同的人,新鲜的事物或陌生的环境;

2.与家长一起玩耍;

3.啃咬一切能放进嘴里的东西;

4.锻炼自己的运动技能,如翻身、坐着玩玩具、啃自己的小脚丫等;

5.看到新鲜的事物,要分别用眼睛、嘴巴和手去探索一番,以满足自己的好奇心。

如果宝宝大部分时间都在做这些使他感兴趣的事情,那他一般都会保持良好的情绪,不会出现有目的性的啼哭。

是的,如果从第5个月末期开始,妈妈总会主动陪在宝宝身边,总能主动陪宝宝一起玩耍,那宝宝出现有目的性啼哭的机会就会少之又少。所以,从这一阶段开始,妈妈就应该有意识地引导宝宝做那些他所感兴趣的事情了。这既可以防止宝宝有目的性啼哭的出现,又能在不经意间使宝宝的各种能力得到提高。

第六阶段:宝宝的能力发展 + 潜能开发方案

在这一阶段里,宝宝白天的睡眠时间越来越少了,这表明宝宝有更多的时间去探索事物、获取信息了。当然,这也标志着宝宝的大脑进入了生理成熟期。

在这个月里,宝宝能够坐起来,而且能够自由转头了,这使得他的视野大为开阔,与此同时,宝宝的视觉灵敏度几乎已经接近成人水平了。

另外,这一阶段宝宝的手眼协调能力也已经大为增强,他已经完全变成了积极的学习者和对新事物的探索者。

因此，在这一时期，妈妈提升宝宝能力的最主要手段就是，满足宝宝的好奇心和探索欲望，引导并帮助宝宝对周围的环境进行探索，以此来认识世界。

● **认知能力的发展→引导宝宝手、眼、嘴协同配合对事物进行探索**

一位妈妈这样形容自己的宝宝：

自从进入第6个月之后，我家小妮子忽然对自己的小脚丫产生了很大的兴趣。坐着的时候，她会把自己的身体弯得像个虾米似的，把头扎到脚丫上，用嘴去啃；躺着的时候，她会用手把脚丫抱在面前，并且会抱着脚丫往嘴里送；即使在我给她喂奶的时候，她也不会忘记要把脚丫抱在胸前……

看着她那虾米似的可爱样儿，我真不知道脚丫对她为什么会有这么大的吸引力。

是的，在前一阶段里，小手是宝宝的最爱，他会不停地吮吸自己的手指，甚至还会把手攥成拳头，整个塞进嘴里。但进入第6个月之后，宝宝对小手的兴趣还没有减弱，他又开始爱上了自己的小脚丫。他会不时地把脚丫放在眼前打量，用手去抓小脚丫，并把它们放进嘴里吮吸。为什么小脚丫会对宝宝有如此大的吸引力呢？

我们知道，这一阶段的宝宝是个名副其实的"小探索家"，外部世界的一切事物对于他来说都是新鲜的，都是充满乐趣的。但在对外部环境进行探索的同时，宝宝最方便进行探索的事物就是自己的身体。随着对身体的控制能力越来越强，宝宝能够将自己的小腿和小脚丫高高举起了，当小脚丫出现在自己的视线之内时，他对小脚丫的探索也就开始了。

在这一阶段里，几乎所有的宝宝都会用眼睛认真地打量自己的小脚丫、用手掰着小脚丫往嘴里放。这说明宝宝开始用一种成熟的方式对事物进行探索，那就是用手、眼、脚协同去探索事物。这种成熟探索方式的出现，将会大大促进宝宝认知能力的提高。换种说法就是，如果在这一阶段,妈妈有意识地引导宝宝用这种成熟的方式对事物进行探索,那宝宝的认知能力就会快速提高。

一位有经验的妈妈是这样做的:

每次给宝宝买回新的玩具后,我都会把它洗干净后再给宝宝玩,因为我知道,她肯定会把玩具送到嘴里去探索一番。

一次,我给她买了一个粉红色的小奶瓶,很可爱,宝宝把它当成一个小玩具了。首先,她先仔细打量了一番这个小奶瓶;接下来,她用两只手把奶瓶抱在自己面前,先是吮吸了一会儿奶嘴,接着又对奶瓶身进行一番啃咬;最后,她又认真地打量着奶瓶。这时,我对宝宝说:"这是妈妈给宝宝买的新奶瓶,它的颜色是粉色的,你看它多漂亮呀!它是用来给宝宝喂奶的,来,吸吸它的奶嘴,看看舒服不舒服。它是用塑料做的,来,用手认真地摸一摸!"

每当用这个奶瓶给宝宝喂奶时,我都会重复地给宝宝介绍一番这个奶瓶。没想到,没用多长时间,我的辛苦就得到了回报:每当宝宝肚子饿时,她都会向奶瓶的方向挣扎。当我问她:"奶瓶呢?"她就会转动着她的小脑袋寻找奶瓶,找到了之后还会冲着奶瓶微笑。

这位家长引导宝宝认知事物的做法是非常科学的。当发现一个新鲜事物时,宝宝用眼睛打量、用手触摸、用嘴啃咬……这些都是他们对事物的探索方式,但从对事物具体认知的角度来讲,如果没有成人的积极引导,宝宝对事物的认知过程将是非常漫长的。

例如,当宝宝用手、眼、嘴协同配合的方式对积木进行探索时,当他多次把积木放在嘴里,发现积木很硬,而且还没有一点味道,也许他很快就会放弃继续对积木的探索。但如果在宝宝啃咬积木的同时,妈妈这样对他说:"这是积木,是宝宝的玩具,你看,把那些积木这样垒起来,可以越垒越高,是不是很漂亮呀!"家长边说边垒积木示范给宝宝看。每当宝宝对积木产生兴趣时,妈妈都这样为宝宝介绍,并给他做示范,相信用不了多久,宝宝就会明白:积木不是用来吃的,是用来玩的,而且可以垒成不同的形状。

● 声音记忆的产生→与宝宝玩"寻音找人"的游戏；引导宝宝由音识物

一位妈妈有些苦恼地这样讲述：

自从进入第6个月之后，宝宝吃奶时非常不专心。只要外面有一点风吹草动，他就会停止吃奶，竖着耳朵专心地听。

有时，在他吃奶时，如果爸爸忽然走进房间并且跟我说话，他也会停止吃奶，冲着爸爸微笑，有时甚至还会咿呀着冲爸爸打招呼，并且眼睛还会随着爸爸的移动而移动。

是的，大多数的家长都会发现，从这一阶段开始，宝宝在吃奶时常常会因为外界的声响而停止。妈妈们常常会因此而抱怨宝宝不好好吃奶，但实际上，妈妈们不但不应该抱怨，相反还应该庆幸，因为这不仅表明宝宝的听觉越来越敏感了，而且还表明宝宝对外部世界的反应能力在逐渐增强。

其实，到了第6个月，宝宝的听觉不仅越来越敏感，而且他开始对声音有记忆力了。他能够分辨出爸爸妈妈和陌生人的声音，听到爸爸妈妈的声音，他会不停地转动小脑袋寻找，直到看到爸爸妈妈为止。

有科学家做了这样一个试验：

当6个多月大的宝宝半夜醒来哭闹时，如果妈妈及时与宝宝说话，或为宝宝哼摇篮曲，即使宝宝看不到妈妈，也没有用身体接触到妈妈，宝宝的哭声也会逐渐减弱或停止。但如果此时出现陌生人的声音，宝宝的哭声不但不会减弱，而且会哭得越来越厉害。

由这个试验，科学家得出了这样一个结论：6个月左右大的宝宝已经具有声音记忆能力了；另外，宝宝熟悉的声音，如爸爸妈妈的声音，能在很大程度上使宝宝的情绪得到安抚。

因此，在这一阶段，家长可以跟宝宝玩"寻音找人"的游戏。例如，当爸爸抱着宝宝玩耍时，妈妈故意躺在爸爸背后叫宝宝的名字。听到妈妈熟悉的声音，宝宝肯定会到处寻找，这时，妈妈可以继续跟宝宝捉迷藏。如，妈妈叫着宝宝的名字藏到床的侧面，引导宝宝寻音找人。当然,玩大约 2～3 分钟之后,妈妈应故意让宝宝找到自己,然后对宝宝说:"宝宝,你真棒,这么快就把妈妈找到了。"此时,宝宝肯定会产生非常大的愉悦感和满足感。

其实,利用宝宝的声音记忆能力,妈妈不仅可以跟宝宝玩"寻音找人"的游戏,而且还能使宝宝快速地认识事物。

一位妈妈的经验是这样的:

一次,我们全家人正在看电视,宝宝在床上玩玩具。忽然,宝宝抬起他的小脑袋并四处转动,像是在寻找着什么。正当全家人都在猜测宝宝在找什么的时候,电视里传来一阵小狗的叫声,宝宝那种寻找的动作越来越明显了,而且脸上还表现出了惊异的表情。

原来,电视里传出了小狗的叫声,却没有出现小狗的画面,宝宝正在这奇怪地寻找呢,小狗到底在哪里呢?

一般来讲,小狗连续的大声狂叫会促使宝宝产生恐惧感,但小狗偶尔的一两次叫声,却常常能把宝宝的好奇心调动起来。在宝宝对这种奇怪的声音好奇时,如果妈妈这样对宝宝说:"这是小狗在叫,你看,这只小狗多可爱呀。"以后遇到这种情况多反复几次,宝宝就能记住小狗的声音,并认识小狗。就像上述案例中的情况一样,听到小狗的叫声,宝宝会主动寻找小狗在哪里。

听声音去认识事物,进而去寻找事物,对于宝宝来说,是非常重要的一种能力。这种能力的产生,表明宝宝的能力以及智力都在提升。

另外,多听音乐对婴儿期的宝宝是非常有益的,尤其是在这个听觉敏感期,播放音乐时,宝宝会随着音乐的旋律摇晃身体,还能和着音乐的节拍晃动。所以,妈妈经常放音乐给宝宝听,不仅可以极大程度地提升宝宝的听觉能力,而且对宝宝的智力发展也有很大的促进作用。

第六阶段:推荐的养育方式

每位家长都希望自己的宝宝能够成为一个智力超凡的人,但什么是智力呢?

一般来讲，智力就是人们解决问题的能力。那这些还处于婴儿期的宝宝是否有智力呢？

对此，婴幼儿教育专家指出，在第5个月之前，宝宝还不具备解决问题的能力，也就是说，在此之前的宝宝是没有智力的。但从第5个月中期或进入第6个月起，宝宝的智力开始萌芽了，这主要表现在宝宝手部动作的发展，以及对手的运用。例如，如果喜欢眼前的某个玩具，或对眼前的某个玩具感兴趣，宝宝就会主动用手去够这些玩具。

读到这里，也许有家长会说："如果对手的运用代表着智力的出现，那我认为宝宝在满月之前，或两三个月大时就已经有智力了，因为那时我们把玩具放在宝宝的手边，他不但会抓握，而且有时还会把玩具拿起来呢！"

是的，在两三个月大的时候，宝宝就已经会抓握妈妈的手指或玩具了，但那时他的抓握动作仅仅是反射式的行为，是无意识的。但进入第6个月之后宝宝的抓握行为就完全不同了，在用手抓某个物品之前，宝宝首先要对这个物品产生兴趣，否则他会对这个物品视而不见。接着，在抓到这件物品之后，宝宝还会用眼、手、嘴对其探索一番：例如，把其从一个手里递到另一只手里，并仔细打量；把其放在嘴里啃咬……这所有的一切都是有意识、有目的的行为。所以，正是伴随着这些有意识、有目的行为的产生，宝宝的智力行为产生了。

既然在这一时期宝宝的智力已经萌芽了，那家长们应该如何对宝宝的智力进行开发呢？

其实，与宝宝玩耍、做游戏就是开发宝宝智力的最好方法。我们都知道，玩是婴儿的天性，也是婴儿必不可少的活动项目。家长经常与宝宝一起玩耍，不仅可以使宝宝保持愉快的心情，而且还能使宝宝的能力在潜移默化中得到提高。当然，更重要的是，家长与宝宝玩耍的过程，实际上就是对宝宝的智力进行开发的过程。

进入第6个月，随着宝宝对外部世界的探索欲望越来越强烈，他所需要的家长的陪伴和关注越来越多了。因此,家长完全可以利用这一机会,通过与宝宝做各种各样的游戏,来开发宝宝的智力。

◉ 捉迷藏的游戏→激活宝宝的大脑思维

一位妈妈讲述了这样一件事情:

我家宝宝跟我最亲了,每次看到我下班回来,他都会咯咯地笑,有时还会手舞足蹈呢!但对于我来说,每天离开家去上班是一个难关,宝宝由奶奶抱着,看到我要出门,他会努力在奶奶的怀中向我这挣扎,而且还会拼命地大哭。看到他对我如此依恋,我的心真的很酸。

相信大多数上班族妈妈都会经历这个难关。在这种情况下,妈妈们常常会这样给宝宝讲道理:"妈妈去上班,很快就回来了,宝宝不要哭了。"但妈妈的这些道理对宝宝却丝毫不起作用。

是的,刚刚几个月大的宝宝是听不懂道理的,不仅如此,他甚至还分辨不清什么是消失、什么是暂时离开。就像上述案例中的情况,宝宝之所以会用哭闹阻止妈妈去上班,是因为他认为妈妈出门之后就消失了,就再也不会回来了。

所以,妈妈经常与这一阶段的宝宝玩迷藏的游戏,可以帮助宝宝分清消失与暂时离开的区别。

一位妈妈的经验是这样的:

每当宝宝情绪好时,我就会跟他玩捉迷藏的游戏:我用手或手绢把自己的脸蒙住,然后对宝宝说:"宝宝,妈妈呢?妈妈去哪了?"宝宝先是左顾右盼地晃动着小脑袋找我,然后又会盯着我的手或手绢认真地看,这时,我会把手或手绢拿开,给宝宝一个灿烂的笑脸。因为重新找到了我,宝宝会一边笑,一边手舞足蹈。

后来,这样的游戏玩得多了,每当我再用手绢把自己的脸"藏"起来时,宝宝就会用他的小手去够我的手绢。我知道,这时,宝宝已经掌握了这个游戏的"秘诀"。

在宝宝 2~3 个月大的时候,我们也曾推荐过妈妈用手绢跟宝宝玩捉迷藏的游戏。虽然游戏的内容相同，但在不同的时间段里，这个游戏的目的却是不同的。当宝宝2~3个月大的时候，妈妈用手绢与他玩捉迷藏的主要目的是锻炼宝宝的视力、逗宝宝开心。但当宝宝进入第6个月之后，妈妈再次与宝宝玩这个游戏的主要目的，是帮助宝宝分清楚消失与暂时离开的区别。

在刚开始时，当妈妈用手绢把自己的脸遮住之后，宝宝真的会以为妈妈消失了。但这样的游戏玩的次数多了，宝宝就会意识到，虽然妈妈的脸被手绢遮住了，但妈妈并没有消失，就在手绢后面，把手绢拿开，妈妈就会重新出现了。

当然，在很多时候，妈妈还应变着花样地与宝宝玩这个游戏，例如，在宝宝的左边消失，但一会儿后却在宝宝的后面冒出来。这些不同的捉迷藏方式，会使宝宝更为深刻地意识到，妈妈的脸不会消失，它总会出现在自己面前的。

当宝宝主动用手掀开蒙在妈妈脸上的手绢时，这表明宝宝在一定程度上能够分清消失与暂时离开之间的区别了。不仅如此，它还体现了宝宝大脑思维活动的进步：在用手把家长面前的手绢掀开之前，宝宝首先应该判断家长是否在手绢后面，然后再付出行动，这一过程必须是手、眼、脑合作共同完成的。所以，由此我们也可以这样说：是这些游戏把宝宝的大脑思维激活了。

除了用手绢与宝宝玩捉迷藏的游戏之外，妈妈还可以把宝宝喜欢的玩具藏起来，让宝宝寻找，这也能在很大程度上帮助宝宝区分消失与暂时离开。由于这一阶段宝宝的思维能力还是很有限的，所以，在刚开始藏玩具时，妈妈可以故意让宝宝看着。例如，当宝宝坐着时，家长把他面前的玩具藏到他旁边的枕头底下，然后故意问宝宝："宝宝，玩具呢？我怎么找不到玩具了呢？"当宝宝也表现出迷茫的神情时，妈妈再把玩具从枕头底下拿出来，并装作惊奇地说："原来它在这里呀！"这样的游戏多重复几次，当玩具消失时，宝宝很快就会意识到到枕头下面去找。

对于成人来讲，这些游戏非常简单，而且非常幼稚，但正是这些简单的游戏却可以把宝宝的大脑思维激活。所以，妈妈应每天抽出一定的时间来，多与宝宝玩几次这些简单的游戏，这对宝宝的成长是非常有利的。

◉ 抓玩具的游戏→培养宝宝探索世界的勇气

为了锻炼宝宝的手部运动能力和视觉能力，在宝宝 2~3 个月大的时候，妈妈就开始引导宝宝玩抓握或击打玩具的游戏了。而在这一阶段，妈妈仍然要与宝宝玩抓玩具、够玩具的游戏，但游戏的方式改变了，并不是把玩具吊起来让宝宝够，而是找一些非常小的玩具让宝宝抓。

进入第 6 个月之后，宝宝已经能够准确地抓东西了，但宝宝抓东西的方式仍然是大把抓，不能分开拇指和四指，更不会用拇指和食指捏东西。宝宝的手部运动能力还处于开端期，因此妈妈要对宝宝抓东西的能力多加训练，尤其是要有意让他去抓一些小的东西。因为这个游戏永远都充满着挑战性，所以宝宝对这个游戏的热情会不断高涨。

对此，很多家长也许会提出反对意见："一开始我家宝宝也喜欢玩这样的游戏，但为什么他玩了几次就失去兴趣了呢？"

其实，不管妈妈与宝宝玩什么游戏，要想使宝宝的兴趣一直持续下去，这个游戏必须具备两个条件：一是这个游戏要有一定的挑战性，二是这个游戏能让宝宝体验到成就感。

一位妈妈这样讲述：

我经常会与宝宝玩抓奶嘴的游戏。我让宝宝坐在我的腿上，我们一起坐在桌子前，然后在桌子上放几个颜色鲜艳的玩具奶嘴让宝宝抓。每当宝宝倾着身子，小手快要够到奶嘴时，我都会再把奶嘴放远一点，当宝宝的小手接近时，再放远一点……最后，当宝宝因为够不到奶嘴而急得哇哇叫时，我就会轻轻地点着他的小鼻子对他说："你个小笨笨呀，你怎么就够不到呢！快点长大吧，长大后你就能够到了！"但玩了几次之后，宝宝很快就对这个游戏失去了兴趣。我很纳闷，难道宝宝天生就具备这种没长性的特点吗？

其实，并不是宝宝天生就没长性，而是妈妈的做法促使宝宝表现出了没长性的特点。宝宝之所以会对抓奶嘴这个游戏失去兴趣，就是因为妈妈一直都没有让宝宝体验过成就感。试想一下，即使是我们成人，如果一件事屡做屡不成功，我们还有继续做下去的勇气吗？更何况现在面对失败的是这些刚刚几个月大的婴儿呢！

在养育宝宝的过程中，很多家长所做的努力，包括与宝宝做游戏，其目的都是为了提升宝宝的智力或能力。而实际上，宝宝最为需要的是兴趣、乐趣和高涨的情绪，他所有能力以及技能的获得都是以此为前提的。这也就是说，如果妈妈注重的是宝宝的快乐，那妈妈为宝宝的成长所付出的努力往往就能达到事半功倍的效果；反之，如果仅仅是注重宝宝能力的提升，那妈妈的努力往往只会得到事倍功半的效果。

除了不给宝宝机会让他体验成功的成就感之外，家长的另一种做法也常常会使宝宝对游戏使去信心。例如，当宝宝伸手去够玩具时，由于动作不协调，他怎么也够不到，这时，妈妈立刻就把玩具拿到宝宝面前并对他说："你这个小笨猪，妈妈来帮你。"

在大多数家长的眼中，自己这样做是为了帮助宝宝，但实际上，如果每个游戏都要在妈妈的帮助下才能完成，宝宝也会产生很大的挫败感，这不仅会使宝宝的自尊心受到伤害，而且还会在极大程度上打击宝宝继续探索外部世界的积极性。

那么，妈妈到底应该如何与宝宝做游戏，才既能使宝宝快乐，又能增强宝宝探索世界的勇气呢？

一位聪明的妈妈是这样做的：

每次与宝宝玩抓玩具的游戏时，我都不会把玩具放得离宝宝太近。离宝宝太近，对于宝宝没有挑战性，这不会激起宝宝继续玩的兴趣。我也不会把玩具放得离宝宝太远，离宝宝太远，宝宝尽了最大努力仍然够不到，这只会打击宝宝的积极性。

当然，在很多时候，我会高估宝宝的能力，把玩具放得太远了，在这些时候,我不会明目张胆地去帮助宝宝,而是不动声色地悄悄把玩具推到宝宝能抓得到的地方。而且这个地方不会离宝宝太近,而是需要他稍加努力才能抓到。在这种情况下,宝宝抓到玩具后会非常兴奋。

是的,如果玩具离宝宝太近,宝宝会因为这个游戏没有挑战性而对此失去兴趣;但如果玩具离宝宝太远,宝宝又会因为体验不到成就感而放弃这个游戏。所以,玩具放置的最佳位置就是,不远不近,但需宝宝努力一番后才能够到。

事实上,不仅仅是抓玩具的游戏,妈妈与宝宝玩任何游戏时都要注意把握尺度:既要引导宝宝去努力,又要让宝宝的努力得到回报。在这种"探索→努力→获得成就感→继续探索→继续努力"的循环过程中,宝宝不仅能获得快乐、得到能力提升,他对外部世界进行探索的欲望也会越来越强烈。

第七阶段：6～8个月（180～239天）
→宝宝开始长牙了

概述

进入第7个月，宝宝的活动能力越来越强了，他不仅可以稳固地坐着、在床上打滚，更可以笨拙地向前或向后移动自己的身体了……这一能力的提升，为宝宝自主地去探索外部世界提供了很大的帮助。但对于妈妈来说，这意味着看护宝宝的工作量将大大增加了。

当然，除了看护宝宝不要磕着、碰着之外，在这一阶段，妈妈还要特别注意宝宝的心理成长状况。具体来讲，需要特别注意两点：

一是要尽量满足宝宝的探索欲望。在这一阶段，宝宝的精力表现得特别充沛，他好像一个个小探索家，注意力常常会被一些新鲜的事物所吸引，例如，从他面前经过的小动物、客厅里的某个饰物等。在这些时候，妈妈绝不能因为怕麻烦或怕宝宝会损坏物品等，而忽视宝宝的探索欲望，或阻止宝宝去探索。

二是家长要有意识地帮助宝宝驱赶挫败感。对于这个阶段的宝宝来说，受自身行为以及表达能力的限制，宝宝在对外部世界进行探索时，是很容易产生挫败感的。所以，家长要经常创造机会，让宝宝体验成功，这样，宝宝才能感受到自身力量的强大，他的心理以及身体才能健康成长。

第七阶段：宝宝的一般行为特点

从这一阶段起，大多数宝宝开始长牙了，这预示着宝宝的咀嚼能力将要出现了。但由于长牙所产生的疼痛感，宝宝越来越喜欢咬妈妈的乳头，所以，从这一阶段开始，在用母乳给宝宝喂奶时，妈妈们常常要面临被宝宝咬的危险。当然，在这一阶段，家长可以试着让宝宝吃磨牙饼干，或试着用磨牙棒，这或许能够帮助宝宝减轻长牙所带来的不适感。

除了长牙这一明显的生理性标志之外，在这一阶段，宝宝还会表现出以下几种明显的行为：

◉ 宝宝能用独特的方式与周围的人进行交流了

虽然这一阶段的宝宝还不能用语言与爸爸妈妈进行交流，但他已经能够用各种独特的方式与周围的人进行交流了。例如，宝宝偶尔会发出"Ba-Ba""Ma-Ma"等音节，有时也会发出谁也听不懂的一些声音。当然，更重要的是，宝宝能够配合表情来与周围的人进行交流了。例如，他高兴时就会眉开眼笑地自言自语、不高兴时就哼哼唧唧地把五官都皱在一起……这些独特的语言和表情，妈妈们一般都能读懂。

特别是进入第 8 个月之后，宝宝已经能够明确地听懂家长的语言。这个时候，在妈妈的训练下，宝宝会掌握很多特定的动作。例如，宝宝会用握手的方式向他人表示友好，会用左右挥手的方式与他人再见，会用把两只手握在一起上下晃动的方式来表达对他人的感激……不仅会做这些动作，宝宝对这些动作还有自己的理解呢。

一位妈妈这样讲述：

一次，宝宝不舒服，我请楼下门诊的一位大夫来给他打针。宝宝很不高兴，但打过针后哭了几声就不再哭了。这时，我把宝宝当成一个"小大人"似的对他说："宝宝，阿姨给你打完针后，你的病很快就会好了，还不赶快谢谢阿姨？"然而，宝宝并没有把两只手握在一起上下摇动表示感谢，而是伸出一只手左右摆动和大夫再见。

看到这种情况，我轻轻地把宝宝的两只小手合在一起，上下晃动着对他说："宝宝，你搞错了，这样才表示谢谢。"然后，当我把宝宝的小手放下时，他仍然伸出一只手来摇动着与大夫再见。这时我才明白，并不是宝宝把表示谢谢与表示再见的动作弄混淆了，而是他在用再见的动作向那位大夫下"逐客令"呢！

是的，在很多时候，宝宝的能力远远超出了我们的想象。就像上述案例中的情况，妈妈以为宝宝把表示谢谢和表示再见的动作弄混淆了，但实际上则不然。宝宝在日常生活中总结出来的经验是，每次挥手与某人再见时，那个人很快就会离开，因为宝宝不喜欢给他打针的那位阿姨，所以，他正在用再见的动作对这位客人下"逐客令"呢！

事实上，宝宝很多动作的掌握，都是生活经验的累积。所以，在这一时期，妈妈不妨多向宝宝传授一些动作语言。

一位妈妈是这样做的：

从宝宝进入第7个月开始，我们就开始通过游戏的方式让宝宝掌握动作语言。刚开始我们向宝宝传授的就是最简单的"点头yes，摇头no"。例如，我和宝宝的爸爸站在一起，我指着爸爸问宝宝："他是妈妈吗？"宝宝的爸爸摇摇头，并说："不。"接着，我又问："他是爸爸吗？"爸爸点点头，并说："是。"

这个游戏玩得次数多了，一次，我在喂宝宝吃米粉时，他竟然不停地向我摇头，我知道，这时宝宝已经明白了点头与摇头所代表的含义了。

在一般情况下，对于任何一个宝宝来说，他第一个认识的就是爸爸妈妈，会说的第一个词往往也就是"爸爸"或"妈妈"，因此，爸爸妈妈们利用宝宝对自己的认识和依恋来开发宝宝的智能是最好的办法。更何况，这一时期的宝宝对爸爸妈妈已经非常熟悉了，用"是"或"不"配合点头或摇头，宝宝很快就会明白点头和摇头的含义。

当然，在这个游戏的过程中，家长们还应该注意这样一点，不要说"是的，我是爸爸"或"我是爸爸，不是妈妈"这样复杂的句子。因为一个7~8个月大的宝宝，理解起一句话来会很难，但单个字对于他来说会容易得多。

除了"点头yes，摇头no"之外，妈妈们还可以利用生活中的具体场景来教宝宝一些实用性的动作，例如，收到别人的礼物之后，教宝宝用两只手合在一起并不停晃动的方式,来表达感激之情;与他人分别时,教宝宝用挥动小手的方式与别人说再见……通过每次运用这些动作的经验,宝宝很快就会明白其中的含义,进而能够尽快用这些动作与他人进行交流。

其实,教宝宝学习动作,不仅可以增强他的沟通能力,而且对他认知能力的提高也有很大帮助。例如,这一阶段的宝宝很喜欢听节奏感强的儿歌,在给宝宝唱儿歌时,妈妈可以一边唱,一边比画着做动作。例如,当妈妈为宝宝唱"小白兔,白又白,两只耳朵竖起来,又蹦又跳真可爱"这段儿歌时,妈妈可以拿一只白色的玩具兔放在宝宝面前,接着把它的耳朵竖起来,然后再做出又蹦又跳的动作。这样的游戏重复得多了,宝宝不但会认识小白兔,而且还会熟悉小白兔的耳朵在哪里,知道什么是蹦、什么是跳。通过这首儿歌,以及家长所教的那些动作,宝宝的认知能力会有很大程度的提高。

● 宝宝的情感越来越强烈了

除了喜欢与家长交流之外,这一阶段宝宝的情感也表现出很大的变化。我们知道,在宝宝刚刚出生时,他只关注自己是否舒适,对家长所表现出来的喜爱之情常常无动于衷。但这一阶段的宝宝却完全不同了,他开始依恋家长,如果看不到妈妈,他常常会表现得非常不安;当然,如果妈妈在他的小脸蛋上亲吻一下,他会向妈妈表现出更灿烂的笑容,甚至会手舞足蹈,这说明宝宝懂得对家长的喜爱之情进行回报了。

在生活中,上班族妈妈常常会遇到这样的场景:

宝宝一整天没有看到妈妈了,当妈妈下班后出现在宝宝面前时,宝宝会满心欢喜地冲着妈妈咯咯笑,甚至还会挥着小手做出类似于鼓掌的动作。这时,妈妈一定会被宝宝的表现所感染,放下包包便迫不及待地抱起宝宝。

多么温馨的画面呀! 在这一画面中,母子之间的情感互动如此真诚、热烈地表现出来了。妈妈们千万不要小看这种情感互动,它不仅有利于宝宝的情感发展，对宝宝的身体、心理的健康发展更是起着极其重要的作用。因此，家长（尤其是妈妈）不妨偶尔与宝宝小别一下吧。

也许有很多家长会这样问："我是一位全职妈妈，几乎每时每刻都在宝宝身边，这样是不是就不利于宝宝的情感发展呀？"

并不是说全职妈妈每时每刻的陪伴就不利于宝宝的情感发展，而是说，如果全职妈妈能够创造机会，让宝宝感受与妈妈短暂分离后又重逢的喜悦，这将更有利于宝宝的情感发展。

对此，一位全职妈妈的经验是这样的：

为了使养育宝宝的工作不至于那么劳累，我请了一名小保姆来与我一起照顾宝宝。但尽管如此，外出买菜、购物等仍然由我自己来做。因为我不想每时每刻都待在宝宝身边，而是尽量创造机会与宝宝进行短暂的分离。

一次，我去超市购物，因为要买的东西很多，所以这次购物花费了将近3个小时。我想宝宝在家里肯定想我了，等我回到家后，果然，宝宝在不高兴地哭闹。看到了我，宝宝的哭声越来越大了，但当我把宝宝抱起来时，他的哭声逐渐减弱了；当我通过挠痒痒逗他开心时，虽然脸上还挂着泪水，但他仍然咯咯地笑了起来。

是的，7～8个月大的宝宝感情已经很丰富了，如果长时间看不到妈妈，他会不安，而且会以哭闹的行为把这种不安表达出来。在这个时候，如果妈妈及时出现在他面前，他会觉得更加委屈，进而哭声会越来越大，但当妈妈把他抱起并逗他开心时，他会感受到与妈妈短暂分离后又重逢的喜悦，这种经历会促使他的情感朝着更丰富、更细腻的方向发展。

其实，不管是妈妈还是爸爸，你的情感以及行为也会在很大程度上影响宝宝的情感发展。例如，如果你总是挑剔家人的不是，总是与家人发生冲突，在这种环境中成长起来的孩子很容易就会变得冷漠、孤僻、没有同情心；但如果你对每一位家人都是那样充满爱意、充满热情，那宝宝往往就会成长为一个热情、活泼而又充满爱心的孩子。

那么,具体来讲,我们应该如何做,才更有利于宝宝的情感发展呢?

一位幸福的妈妈是这样做的:

因为我下班比较早,所以回到家后,我就抱着宝宝在客厅里等待丈夫回家,一边等,一边对宝宝说:"爸爸很快就要回家了,我们很快就能见到爸爸了。"就这样,每天我都会抱着宝宝与他一起迎接爸爸的到来,我觉得那一时刻,我们是世上最幸福的一家人。

妈妈抱着宝宝等待爸爸下班回家,这又是一个令人感动的温馨画面。在这一时刻,妈妈对爸爸的爱呈然于画面之上,而且在这一过程中,妈妈的内心是快乐的。相信在与妈妈的近距离接触中,宝宝也能感受到妈妈的爱与快乐,并且受妈妈这种情感的影响,宝宝也会变成一个充满爱意而又善良的人。

妈妈抱着宝宝等爸爸回家,在见到爸爸的那一刻,宝宝往往会感受到三种情感的互动,即宝宝与妈妈之间、宝宝与爸爸之间以及爸爸与妈妈之间的情感互动。在这充满着浓浓爱意的情感氛围中,宝宝的情感以及心理会得到更加健康的发展。

● 宝宝具有直观思维能力了

作为成人,我们有着缜密的思维能力,看到一件事情,我们常常会分析它的前因、后果,甚至还会由这件事情联想到其他的事情,我们称这种思维能力为理性思维能力,也称逻辑思维能力。

对于 1 岁之前的宝宝来说,他还不具备这种能力,但当他们到了 7~8 个月大的时候,他的直观思维能力已经初露头角了。

何谓直观思维能力?

对于月龄尚小的宝宝来说, 直观思维能力是指, 看到某个事物,他能够联想到与这个事物相关的一些事情。例如,看到奶瓶,宝宝很快就会联想到吃奶;看到妈妈端着碗走过来,宝宝就知道妈妈是来给他喂饭的;听到小狗的叫声,他会转动着小脑袋到处寻找小狗……有经验的家长都知道, 这是教宝宝认识物品名称并与物品的功能联系起来的最好时机。

一位妈妈这样分享自己的经验：

当宝宝进入第8个月之后，我开始教宝宝认识他接触到的一些简单物品。例如，每次进房间之前，我都会教宝宝认识门，我会这样对宝宝说："宝宝，这是门，开开门之后，我们才能走进房间。"晚上开灯之后，我会教宝宝认识灯，我会这样对宝宝说："宝宝，这是灯，晚上天黑了，灯能把房间里照亮。"……

这样的"课"上得多了，我常常也会出一些简单的问题来考宝宝。例如，我会问宝宝："门在哪里呀？""灯在这里呀？"这时候，宝宝就会用眼睛瞅瞅门或瞅瞅屋顶，然后冲着我笑。虽然宝宝还不会说话，但他用眼神回答了我的问题。

宝宝的认知能力就是在与妈妈的这种交流中一点点提升的。

也许有些妈妈认为，孩子还太小，可以等他掌握了语言再教他认识这些事物。但其实，这样的想法是错误的。

宝宝成长的每一个阶段都是有特定任务的，例如，在7~8个月这一阶段，由于直观思维能力的发展，宝宝的主要任务就是认知周围的事物，而且这一阶段宝宝对周围事物的认知，也是在为他将来学习语言打下基础。但如果在这一阶段，宝宝错过了对周围事物认知的机会，那他在语言学习上也将遇到很大的障碍。所以，当宝宝处于7~8个月大这一阶段时，引导他认知周围的事物是非常有必要的。

可以说，在这一阶段，如果妈妈有意识地去培养宝宝的认知能力，那宝宝的认知能力将能达到一个质的飞跃。

第七阶段：宝宝的能力发展＋潜能开发方案

在这一阶段，宝宝能力提升最明显的标志就是，他能稳固地坐着，自由自在地玩摆在他面前的玩具了。当然，高兴时，或受某件新鲜物品的吸引，宝宝还可以在床上来来回回打滚，或用肚子匍匐爬行了。这表明宝宝的运动能力及手眼协调能力都得到了很大程度的提高。

除此之外,宝宝各器官的记忆力也已经明显地表现出来了。例如,见到陌生人,他会不高兴地把脸埋到家长的怀里,但见到爸爸妈妈时,他会表现出非常兴奋的情绪;还没看到爸爸妈妈的脸,但听到爸爸妈妈的声音,他的脸上会表现出非常期待的表情;拿到熟悉的食物,他会立刻把它放进嘴里吮吸……

随着各种能力的发展,宝宝的探索欲望也越来越强烈,但当探索欲望被阻止或没能得到满足时,这一阶段的宝宝又很容易产生挫败感。那家长应该如何做,才能既使宝宝的各种能力得到提升,又不会使宝宝产生挫败感呢?

◉ 记忆能力的发展→教宝宝认识越来越多的事物

有过养育婴儿经验的妈妈都知道,当宝宝进入第 4 个月之后,他常常会对着妈妈的脸以及熟悉的玩具微笑,这说明他已经有了初步的看的记忆;当宝宝进入第 6 个月之后,听到家长的说话声,他就会高兴地手舞足蹈,这说明他已经具备了初步的听的记忆……但进入 7~8 个月这一阶段,宝宝的这些记忆力将得到很大程度的提高。

一位妈妈这样讲述自己的宝宝:

在百天左右时,我家宝宝傻得可爱,不管是看到家人还是陌生人,他都会咧着嘴微笑。而且任何人想抱他,他都会慷慨地接受。

但现在我家 7 个月大的宝宝却完全不同了,见到陌生人,他会不高兴地把脸埋到我的怀里,而且一旦陌生人抱他,他就会哇哇大哭,因此,凡是不熟悉的人,谁也不能轻易把他从我怀里抱走,真是越大越没出息了。

当然,现在的宝宝也有喜人之处,每当他在床上躺着或坐着自己玩耍时,听到我们的说话声,他都会兴奋地朝我们的方向挣扎,嘴里还会发出模糊不清的"Ba-Ba""Ma-Ma"等音节。

这位妈妈形象地讲述了前些阶段的宝宝与 7~8 个月大这一阶段宝宝的区别。在百天左右时,宝宝之所以会对所有人微笑,之所以会慷慨地让任何人抱,是因为他看的记忆还未形成或者是刚刚萌芽,所以在他眼中，除了主要照顾者，如妈妈之外，所有人都是相同的，所以他会对每一个人微笑。

但当宝宝进入7~8个月之后，情况就大不相同了，这一阶段宝宝的视力和听力都已经接近成人了。当然，更重要的还是，在这一阶段里，宝宝看的记忆以及听的记忆都得到了很大程度的发展。也就是说，在这一阶段里，宝宝能够熟悉地分清自己家人与陌生人，例如，能够区分他们的相貌、身材、声音等。因此，妈妈千万不要抱怨宝宝的认生行为，他之所以会在陌生人面前表现出恐惧和害羞，是因为他的记忆力在发展，这是宝宝成长的表现。

其实，细心的妈妈还会发现，在这一阶段里，宝宝不仅对看与听有了记忆，他对味觉、嗅觉等也有了记忆。一位妈妈这样讲述：

每当宝宝放屁的时候，我都会开玩笑说："臭宝宝，你真臭，臭死了！"边说，边用手不停地扇面前的空气。我不知道宝宝有没有明白我的意思，但他被我的动作和神情逗笑了。一段时间后，我就惊奇地发现，宝宝每当放屁或大便时，竟然开始模仿起我的表情，皱起了眉头，并挥动小手煽动空气。那滑稽的表情和动作，真是太好笑了。

是的，闻到臭味之后，这个8个月大的宝宝之所以会皱眉头，并用手扇面前的空气，是因为他对气味有了记忆。也许这一阶段的宝宝还不懂得皱眉头以及用手扇面前空气的含义，但因为每次闻到臭味之后，妈妈都会表现出这种表情和动作，所以，当再次遇到这种熟悉的气味时，宝宝自然也会重复同样的表情和动作。由此我们不难发现，即使是婴儿阶段的宝宝，他的模仿能力也是极强的。

与之前相比，宝宝的记忆能力有了很大的提高，那么，这对宝宝的成长来说有什么意义呢？

事实上，宝宝日益提高的记忆力，正是他认知能力提高的基础。妈妈们可以利用宝宝的这种记忆力来教他们认识更多的事物，甚至还可以引导宝宝进行阅读。

一位妈妈是这样做的：

一次，我递给宝宝一颗红红的草莓，宝宝立刻把它塞到嘴里吮吸。草莓汁多少有些酸味，所以宝宝边吸边皱着眉头咧嘴。此后，我又多次给他吃了草莓，吃得多了，他的表情也就渐渐没那么反应激烈了。

一段时间之后，我用图画书教宝宝认识事物，没想到看到草莓的图片宝宝非常高兴，甚至还想把那张图片塞进嘴里去呢！看来宝宝是真的认识草莓了。

是的，当宝宝对某一事物有了味觉或嗅觉的记忆之后，妈妈再教他认识这一事物就会容易得多。对于这些月龄较小的宝宝来说，接受每一个新鲜的味道都需要一个过程。就拿上述案例中的情况来说，第一次品尝到草莓酸酸甜甜的味道，宝宝呈现出非常痛苦的表情，但渐渐地接受了草莓的味道之后，再吃起草莓来，宝宝的表情要缓和得多。当然，更重要的是，在这一过程中，因为妈妈经常有意识地教宝宝去认识草莓，所以宝宝很快就认识了草莓这一事物。

所以，在这一时期，妈妈一定要抓住宝宝这些难得的记忆能力，教宝宝认识更多的事物。例如：

如果宝宝已经熟悉了小猫的叫声，当他因为听到小猫的叫声而转动着小脑袋寻找小猫时，妈妈就可以这样教他认识小猫："这是小猫在叫，我们来一起找找，小猫在哪里呀！"

当他对某种食物，例如苹果的味道已经非常熟悉时，妈妈就可以这样教他认识苹果："这就是你最爱吃的苹果，来，宝宝，让我们再吃一口苹果。"

……

不管是视觉、味觉、听觉，还是嗅觉，宝宝这些感觉器官的记忆与其认知能力都是有非常紧密的联系的，这些感觉器官的记忆力是宝宝认知事物的基础。因为，在宝宝感觉器官快速发展的第7~8个月，妈妈一定要有意识地教宝宝认知事物，以使其认识能力飞速发展。

● **手部能力的发展→抓握小块积木;撕纸;传递物品**

在这一阶段,除了口之外,手是宝宝最有力的探索外部世界的工具。在进入这一阶段之前,宝宝已经具有了用手抓握东西的能力,但在这一阶段里,宝宝的手部抓握能力将朝着精细化的方向发展,而且宝宝已经懂得用两只手协同合作来抓握物品了。

那么,宝宝手部抓握能力的发展历程是怎样的呢?

一位研究婴幼儿行为的专家这样讲述:

一般来讲,宝宝手部抓握物体的动作首先是整手大把抓,而后是拇指与其他四指对捏,最后是拇指与食指对捏。

在这一阶段,宝宝手部能力发展的最主要任务是,掌握用拇指与其他四指对捏抓物品的能力, 以及两只手协同合作抓握物品的能力。关于如何培养宝宝的这种能力,我们可参照一下一位有经验的妈妈的做法:

自从宝宝进入第 7 个月之后, 我就买了一些小块的积木让他玩。不管他是趴着还是坐着, 我都会把那些五颜六色的积木撒在他身边,这样,宝宝随时都可以抓起那些积木来玩。当然,在这一过程中,宝宝的抓握能力也能得到很大程度的提高。另外,让宝宝自己拿着书本"读书",也可以提高宝宝的抓握能力。

这位妈妈的做法是非常科学的,小块积木、书本,类似这样的物品用大把抓的方式,一般是不容易抓起的。所以,在这些颜色鲜艳的小积木和图画书的吸引下,宝宝常常会自动改变自己的抓握方式。当然,如果妈妈总是有意识地让宝宝去抓握这些小物品,这不仅能够改变宝宝的抓握方式,而且还能锻炼宝宝指尖细小肌肉的协调动作,从而促进其神经系统的发育。

当然, 很多妈妈也许会非常苦恼地说:"我家宝宝的小手非常笨拙,他根本就抓不起那些小一些的物品,这该怎么办呢? "

其实,确切来说,在这一阶段,大多数宝宝的小手都会显得非常笨拙,在这种情况下,妈妈就更应该有意识地锻炼宝宝小手的灵活性。

一般来讲,在这一阶段,大多数的宝宝都喜欢撕纸,妈妈千万不要把宝宝的这一行为看做是破坏行为,这正是锻炼宝宝手部灵活性的好机会。妈妈可以找一些稍软一些的白纸让宝宝撕,这不仅可以锻炼宝宝手指的灵活性,而且还能使宝宝抓捏物品的能力得到锻炼,因为要想把那些撕碎的纸片再抓起来,这对于宝宝来说并非易事。

当然,在这一过程中,妈妈还要特别注意两点:一是不要把带字的纸,或报纸、画报等拿给宝宝撕,因为这样会使宝宝养成撕书的坏习惯,另外,一旦宝宝把撕下来的纸放进嘴里,那些油墨或墨迹会影响宝宝的身体健康;二是在这一过程中,妈妈要一直陪同宝宝,当宝宝把撕碎的纸片放进嘴里时,要及时把它们抠出来,以免噎着宝宝。

在这一阶段,除了要锻炼宝宝抓握物品的能力之外,妈妈还要有意识地锻炼宝宝两只手协同合作的能力。针对这一能力,妈妈们可以用做游戏的方式对宝宝做这样一个试验:

递给宝宝一块红色的积木,当宝宝握住后,再递给宝宝一块绿色的积木,看看宝宝用什么样的方式去接绿色的积木。

一般来讲,宝宝接绿色积木的方式有三种:

一是把红色积木扔掉,再接绿色积木;

二是一只手拿着红色积木,另一只手去接绿色积木;

三是把红色积木传到另一只手里,用腾出来的这只手接绿色积木。

其实,宝宝这三种接积木的方式,表示出了他不同的对手的运用能力:

如果宝宝把红色积木扔掉,再用同一只手去掉绿色积木,这表示宝宝还没有学会两只手配合使用。

如果宝宝把红色积木传到另一只手里,再用腾出来的这只手接绿色积木,这表示宝宝已经懂得两只手配合使用了。

如果宝宝用另一只手去接绿色积木,表示他已经懂得两只手是可以分开使用的。

后两种情况说明宝宝的学习能力很强,但当宝宝多次用同一只手接积木时,家长就应该有意识地锻炼宝宝的两手协作能力了。在这种情况下,妈妈可以拉着宝宝的另一只手对他说:"宝宝,你也可以用这只手来接积木呀!"当然,妈妈也可以一边拉着宝宝的手,一边对他说:"宝宝,你也可以把这只手里的玩具传递到这只手里来,这样你同样可以用这只手接玩具呀!"

这个游戏对于宝宝手部的锻炼是非常有意义的,如果妈妈经常与宝宝玩这种递接积木的游戏,用不了多久,宝宝就懂得把两只手同时配合使用了。

一般来讲,进入第8个月中期或末期时,大多数宝宝都会用拇指和四指对捏抓起物品,能够把物品从一只手传递到另一只手,但在很多时候,他们常常还会不由自主地让玩具从手里掉下来。在这种情况下,妈妈要给予宝宝足够的帮助。

另外,宝宝还会努力把两只手往一块儿够,好像在做鼓掌欢迎的样子,但总是不能把两只手很好地合在一起。这时,妈妈可以帮助宝宝做好拍巴掌的动作,这对锻炼宝宝整双手的灵活性有很大的帮助。

特殊阶段:教宝宝练习爬行

一位忧心忡忡的妈妈曾这样讲述:

眼看周围的宝宝都会爬了,但我家宝宝都将近8个月大了,仍然不能靠自己的力量移动身体。我发现在最近一个月内,他的能力不但没有提升,反而出现了倒退的迹象。就拿练习爬行这件事情来说吧,之前,在玩具的逗引下,他还能以肚子为支点在床上转圈;但现在我每天教他练习爬时,他要么无动于衷趴在床上不肯动,要么就把身体支起来前后晃动……总之,就是不会向前爬。我真的很着急,我甚至在怀疑这孩子的身体是不是有问题!

其实,这位妈妈根本没有必要着急,任何一个宝宝在成长过程中的能力发展都是不均衡的:在某一阶段发展得快一些、在某一阶段发展得慢一些,甚至能力出现倒退,这些都是很正常的现象。

每一个宝宝的能力发展历程是不可能与另外一个宝宝完全相同的。例如，大多数的宝宝在第 8 个月就已经学会爬行了，但有的宝宝到了第 9 个月，甚至是第 10 个月才学会爬行，这也是正常现象。所以，妈妈们根本没有必要太过在意宝宝爬行能力获得的时间，只要一如既往地教宝宝练习爬行就可以。在多次经验的积累下，总有一天宝宝会非常轻易地获得这一能力。

那么，妈妈应该如何教宝宝练习爬行呢？

确切来讲，在教宝宝练习爬行之前，妈妈首先应该了解，爬行对于宝宝来讲意味着什么。我们都知道，随着月龄的增加，宝宝的好奇心也是在逐渐增长的，他已经不再满足对眼前这一小块地方的事物进行探索，他希望进入更加广阔的空间。但这时候的宝宝既不会站立，又不会行走，所以他只能通过爬行来努力实现这一梦想。

爬行是宝宝出生之后首先掌握的移动手段，这一手段对于宝宝来说意义是非常重大的。首先，爬行是一项非常好的全身运动，在爬行的过程中，宝宝身体的各个部位都要参与，这使得宝宝全身的肌肉都能得到锻炼，从而为以后的行走做好准备。

其次，宝宝在爬行时，肢体相互协调运动、身体平衡稳固、姿势不断变换，这都可以促进小脑平衡功能发展，同时，在这一过程中，宝宝手、眼、脚的协调运动也促进了大脑的发育。

另外，爬行这一能力的获得，在很大程度上满足了宝宝的好奇心，满足了宝宝的探索欲望，使宝宝的情绪时常处于兴奋状态，这也会在很大程度上促进宝宝的心理快速成长。

既然爬行对于宝宝的成长来说有这么多的益处，那妈妈应如何引导宝宝爬行呢？

教宝宝爬行，就要从宝宝感兴趣的事情出发。一位妈妈如是说：

在宝宝 8 个月的某一天，他突然对我家那只小狗产生了很大兴趣，当小狗出现在他的视线之内时，他非常认真地盯着它，就像从来没有见过小狗一样。当小狗要离开时，他非常着急地哇哇叫着，但却没有办法阻止小狗。一连几天都出现这样的情况,但后来宝宝变得越来越主动了,看到小狗时,他会滚动自己的身体,以使自己接近小狗;但当滚动也没有办法接近目标时,他开始努力用胳膊和腿支撑着身体向前移动。

看到宝宝这样喜欢小狗,我便给他买了一只会走动的玩具小狗。每当他向着这只玩具小狗努力前进时,我偶尔会推动一下他的小脚丫助他一臂之力。就这样,在这只玩具小狗的吸引下,宝宝学会了爬行。

是的,在宝宝刚刚学习爬行的那一阶段,那些他所感兴趣的事物就是他爬行的动力。所以,在教宝宝爬行时,妈妈可以找那些宝宝喜欢吃的东西、喜欢玩的玩具放在他面前,引导他爬行。当然,在这一过程中,妈妈要时常让宝宝体验到成功,这样他才会有继续玩下去的勇气。所以,看到宝宝已经在尽最大努力移动身体时,妈妈不妨推动一下他的小脚丫,助他一臂之力,这样,在兴趣和成就感的驱使下,宝宝很快就会学会爬行。

当然,在学会爬行的第1个月里,宝宝的爬行动作和姿势常常会非常奇怪。就像上述案例中所说的这种情况,为了接近自己的兴趣目标,宝宝常常会先滚动一段距离然后再爬行。当然,还有些宝宝只会向后爬,不会向前爬,遇到这些情况,妈妈千万不要大惊小怪。宝宝适应一种新动作是需要一定时间的,当他发现向前爬行比滚动能够更快速地接近兴趣目标时,他很自然就会放弃滚动这种手段。

此外,当宝宝的月龄再大一些时,妈妈还可以利用更高级的游戏引导宝宝爬行。例如,当宝宝懂得的事情越来越多时,妈妈就可以陪他玩这样几个游戏:

游戏1:在地板上铺一个大毯子,妈妈在毯子上弓着腰,然后对宝宝说:"宝宝,妈妈的身下是一条隧道,穿过这条隧道,你就能拿到一个非常好玩的玩具。"在这种新奇游戏的引导下,宝宝肯定会非常愉悦、非常快速地穿过"隧道"。

游戏2:妈妈在家里空地上铺一条毯子,与宝宝玩"斗牛"的游戏。宝宝是牛,妈妈是斗牛士,妈妈拿着一块颜色鲜艳的布对宝宝说:"可爱的小牛,你快来撞我呀!"在这种情况下,宝宝就会爬行着向那块布撞去。

在这些游戏中,宝宝不仅可以得到快乐,他的爬行能力也会得到快速的提高。当然,也许有家长会说:"当宝宝会玩这些游戏的时候,他多半都已经会走了,那时再锻炼他的爬行能力还有必要吗?"

事实上,这是非常有必要的。爬行这种动作对宝宝的成长是非常有利的,它不仅可以使宝宝全身的肌肉得到锻炼,而且还能促进宝宝的骨骼生长。除此之外,爬行这个动作还能快速地消耗宝宝体内的能量,从而有助于宝宝吃得多、睡得香,促进宝宝的身体快速生长发育。

当然,最重要的还是,在爬行游戏的过程中,宝宝所扮演的都是探索者的身份,或者是一个穿越隧道的探索者,或者是一个向斗牛士挑战的小牛……这会大大扩大宝宝的认知范围及认知兴趣,为宝宝继续探索世界创造条件。

第八阶段:8～9个月(240～269天)——宝宝开始认识五官了

概述

8~9个月的宝宝越来越像个"大小孩"了,他越来越喜欢用语言与家长交流,如果遇到差不多大的小朋友,他会表现得非常高兴,偶尔还会表现出一定的交流欲望呢。

在这一阶段,宝宝最明显的特征是,自己的主意越来越强烈,不高兴时就会哼哼唧唧,甚至还经常用哭闹行为来吸引家长的注意力。所以,在这一阶段,妈妈对宝宝的教育观念和教育方式应该有所改变了。在此之前,我们一直提倡无论宝宝有何种需求,妈妈都应该无条件地满足他,但从这个月起,妈妈就应该向宝宝灌输最初步的规则意识了。

例如,晚上当宝宝哭闹着不肯睡觉时,妈妈就应该表现出严肃的表情,并用语言向宝宝传达这样的信息:"妈妈不喜欢你这种行为,你的行为令妈妈生气了!"这样,宝宝逐渐就能分清楚,哪些行为是家长喜欢的、哪些行为是家长不喜欢的……为宝宝将来是非观念的形成打下基础。

第八阶段:宝宝的一般行为特点

与之前相比,8个月之后的宝宝显得更加活跃,只要醒着,他几乎一刻都不停息地运动。他常常挥动着小胳膊用自己的语言咿咿呀呀地与家长"说话";在床上的时候,他会乐此不疲地练习翻身和爬行;在婴儿车上时,他偶尔会站起来,甚至还想自己爬出车外……这些都是宝宝能力快速增长的表现。

除此之外,在这一阶段,宝宝还会表现出以下几点明显的特征:

● **宝宝像个小小外交家→引导宝宝用正确的方式与他人交流**

进入第9个月之后，宝宝越来越喜欢与他人交流了：家长或家里的其他人与他说话时，他会积极地回应；即使是陌生人主动与他交流，大多数宝宝也不会反感。不仅喜欢与成人交流，这一阶段的宝宝开始关注同龄的小朋友了，看到与自己差不多大的小朋友时，他会高兴得小脚丫乱蹬……总之，这一阶段的宝宝开始像个小小外交家了。

看到宝宝的能力在日益提高，妈妈们都会非常兴奋，但与此同时，令妈妈们烦恼的事情也接踵而至了。一位烦恼的妈妈曾这样讲述：

我家长宝宝非常活泼，喜欢与人交流，但在很多时候，他却表现得非常暴力。一次，外婆来看他。看到非常疼爱自己的外婆来了，宝宝非常高兴，但当外婆把他抱起的时候，他却使劲抓外婆的脸、揪外婆的头发。当外婆表现出非常痛苦的表情时，他先是高兴地咯咯笑，而后又认真地观察外婆的表情。我真不知道这孩子到底想干什么。

是的，在这一阶段，宝宝的暴力问题是令所有家长都头痛的问题。在这些情况下，很多新手妈妈都会表现得非常担心："小小年龄就如此暴力，这要是长大后还得了！"于是，每当宝宝再表现出这些暴力行为时，妈妈们要么严厉地指责宝宝，要么就打宝宝的小手。

然而，这种做法正确吗？

答案当然是否定的，妈妈们不仅用了错误的方式来对待宝宝，而且还误解了宝宝的行为。实际上，这一阶段宝宝的打人行为并不是暴力的表现，而是他喜欢某个人的表现。细心的妈妈都会发现，宝宝特别喜欢抓与自己非常亲近的人，如爸爸妈妈、经常照顾宝宝的奶奶姥姥等，而且他们一般不会打抓与自己不熟悉的人或陌生人。

是的，当家长或亲人与宝宝又搂又亲时，宝宝也会对他们表现出自己的喜爱之情。只是宝宝还不懂得用何种方式来表达自己心中的这种美好感情，于是他就选择了最简单的击打的动作来表达自己的感情。所以，在这种情况下，家长指责宝宝，或者打宝宝手的行为是不正确的，这不仅会使宝宝的自尊受到伤害，而且还会阻碍宝宝情感的正常表达。

那么，针对宝宝的打人行为，妈妈应该如何做，才能既保证宝宝的健康成长，又能使他放弃这种打人行为呢？

一位妈妈这样分享自己的经验：

当宝宝抓打我的脸，或揪我的头发时，我从来不会指责宝宝，或是打他的手。但我会表现出不高兴，目的就是让他明白，他的这种行为令我生气了。

当然，过一会儿之后，我会这样对宝宝说："宝宝，你喜欢妈妈可以亲妈妈一下，但不可以打妈妈。"说完，我在宝宝的小脸蛋上亲了一下，然后又让他学着我的做法亲了我一下。

经过多次的训练，宝宝已经从一个暴力的小土匪变成了一个礼貌的小绅士，因为宝宝已经完全掌握了用亲吻他人的方式来表达自己的喜爱之情。

是的，宝宝的任何一种能力都能在家长的引导和训练中获得。但在这里，值得一提的是，在现实生活中，还存在很多这样的家长：他们并不了解宝宝的打人行为就是情感的一种表达方式，他们不但不制止宝宝的打人行为，而且还对宝宝的这种行为进行表扬。例如，当宝宝在抓打亲人时，很多亲人，尤其是奶奶或姥姥，常常会满脸微笑地对宝宝说："宝宝真棒，宝宝长力气了！"

其实，这种做法是非常不正确的。我们都知道，抓打他人实际上是宝宝的一种错误的情感表达方式，如果这种错误的表达方式得到纵容和鼓励，那宝宝就会一直把这种错误的表达方式延续下去。等到宝宝进入幼儿园之后，他还在采用这种错误的表达方式，那他迟早会变成人人都讨厌的坏孩子。所以，在这一阶段，当宝宝错误的表达方式刚刚出现时，妈妈就应该把它们扼杀在萌芽状态之中，并教会宝宝使用正确的情感表达方式。

需要提及的是，这一阶段的宝宝在与同龄小朋友接触时，也常常会有打的动作出现。事实上,这也是宝宝的独特交流方式,他很可能是在表达自己的喜爱之情。因此,遇到这种情况,妈妈先别急于指责或惩罚宝宝,而是应该及时地教宝宝正确的情感表达方式。例如,妈妈可以这样对宝宝说:"宝宝,喜欢这个小朋友,你可以跟他拉拉手呀!"经过多次的引导和训练,宝宝会越来越像个小外交家,以后再见到喜欢的小朋友,他常常会主动用拉手的方式向对方打招呼。

● 宝宝越来越有自己的主意了→向宝宝灌输最初始的规则意识

一位妈妈曾这样描述自己的宝宝:

宝宝越来越大了,但他也越来越淘气了。有一次,全家人都在吃饭,但他却向冰箱的方向挣扎,我知道,他是想喝冷饮。但吃饭时怎么可以喝冷饮呢?我绝对不会纵容他的这种坏习惯。见我对他的要求不闻不问,宝宝越来越着急了,我喂他饭,他要么就闭着嘴不肯吃,要么就把送到他嘴里的饭向外喷。不仅如此,他还睁着眼看着我干嚎,即摆出哭闹的姿势和声势,但却不见一滴眼泪流下来。

看着这个淘气的小家伙,我真的是又爱又恨。

进入第9个月之后,宝宝越来越有自己的主意了,用家长的话说就是:"这孩子的心眼是越来越多。"宝宝的"心眼"主要表现在他的喜好上,这一阶段宝宝的喜好越来越明显了:他喜欢与妈妈睡在一起,不喜欢自己睡或与奶奶睡;他有了自己特别喜欢的玩具,如果他人强行把他喜欢的玩具拿走,他会放声大哭以示抗议……

当然,宝宝的这种行为妈妈能够理解,但令妈妈最头痛的还要数宝宝的故意哭闹行为。就像上面案例中讲述的,为了达到目的,宝宝会睁着小眼睛冲你干嚎,在这种情况下,妈妈又应如何对待他呢?

其实,在这种情况下,妈妈常常会面临两种选择:一是满足宝宝的这些无理要求;二是对宝宝的这些无理要求视而不见。但两种选择的结果都不能令家长满意:如果满足宝宝的无理要求,这虽然可以促使宝宝的淘气行为停止,但对于宝宝来说,却是一种纵容,这往往会促使宝宝以后的淘气行为越来越多;如果不满足宝宝的无理要求,宝宝就会一直哭闹个没完，这种没完没了的哭闹声常常会使妈妈烦躁不安。

那么，妈妈到底如何做，才能既使宝宝放弃哭闹行为，又不至于使宝宝这种淘气行为得到纵容呢？

其实，从这一阶段起，妈妈就应该向宝宝传达一定的规则意识了，即让宝宝了解，他的哪种行为是允许的、哪种行为会令妈妈生气。我们都知道，在宝宝3~4个月大时，他就能感觉出家长的情绪了，当家长因为一些家庭琐事而表现出一些负面情绪时，宝宝也会感受到很多的压力，这在某种程度上会阻碍宝宝身心的健康成长。因此，在那一阶段，我们不提倡家长带着负面情绪去照顾宝宝。但在这一阶段，家长却应有意识地引导宝宝去感受家长的情绪了。

例如，当宝宝熟练掌握某种能力时，妈妈可以对宝宝又搂又亲，也可以用"你太棒了""妈妈爱你"等语言鼓励宝宝，以使宝宝感受到家长正面、积极的情绪。当宝宝表现出淘气行为时，妈妈也应该让宝宝知道自己的态度：妈妈很生气，不喜欢你的行为。这样，宝宝以后的淘气行为就会有所收敛。

一位妈妈是这样做的：

当宝宝因为无理要求没有得到满足而哭闹或干嚎时，我不指责她，也不安慰她，而是明确表现出不高兴，我要让她明白，她的行为令我很不满意。

但一旦她表现出合作行为，我又会对她表现出一定的热情，例如，用语言鼓励她、在她的小脸蛋上亲一口等。我要用这种行为让她明白，我刚才不高兴并不是针对她这个人，而是针对她的行为。

举个简单的例子，晚上已经很晚了，宝宝仍然不肯睡觉，我强行把她抱到被窝里，但她会用哭闹行为来抗议。我不理会宝宝的这种行为，而且表现出很生气的样子，宝宝会边哭边观察我的表情，看我真的无动于衷时，她的哭声开始减弱，并且开始摆弄自己的衣服，做出要脱下来的姿势。这时，我就会在她的小脸上亲一口，然后对她说："这样才是乖宝宝呀,来,让妈妈给你脱衣服,我们一起睡觉吧!"

有过几次这样的经验之后,每天晚上睡觉之前,宝宝总会表现得很乖,这样,我与宝宝之间的那场关于睡觉的"斗争"也就避免了。

作为成人,我们在做事情之前首先会分析这件事情是对还是错,但对于9个月大的宝宝来说,他还没有产生是非观念,他做任何事情都会从自我的需求出发。在这个时候,妈妈向宝宝灌输是非观念确实还为时过早,但妈妈必须让宝宝意识到,他的行为会对他人造成影响,会使自己不高兴。妈妈这种明确的态度会在一定程度上使宝宝的淘气行为有所收敛。

家长不要以为宝宝还不懂事,这一阶段宝宝的认知能力和理解能力已经有了很大的发展,他已经能听懂很多语言了。例如,"吃饭了""出去玩了""爸爸妈妈去上班了""妈妈生宝宝的气了"等。当然,宝宝对这些语言的理解要依靠当时的情境,例如,早晨妈妈洗漱打扮一番,拿着包外出,宝宝就会明白,妈妈要去上班了。所以,当宝宝在无理取闹时,妈妈的面部表情严肃,并且对宝宝不理不睬,依靠这样的情境,宝宝就会明白,妈妈生宝宝的气了。

在妈妈这些明确态度的影响下,宝宝逐渐就会对是与非有个大概的理解。

第八阶段:宝宝的能力发展 + 潜能开发方案

在这一阶段,宝宝的各种能力都有了很大的发展,例如,宝宝开始认识自己的五官了,如果你问宝宝:"宝宝的鼻子在哪里呀?"宝宝就会熟练地用手指去指自己的鼻子。当然,如果妈妈继续有意识地对宝宝进行训练,他还会认识家长的五官以及图画中的五官。

另外,这一阶段的宝宝开始对物品的性质有了初步的了解,例如,他已经懂得皮球可以在地上滚来滚去、奶瓶是用来盛奶的、玩具小鸭子可以被捏响等,这说明宝宝的认知能力已经实现了一个质的飞跃。

当然，在这一阶段，最值得一提的是宝宝运动能力的发展，如果家长有意识地对宝宝进行训练，这一阶段的宝宝不仅能大幅度地自由转身，而且还能快速地爬行了。

● 认知能力的发展→重点训练宝宝认识自己的五官

在养育宝宝的过程中，妈妈们都会有这样的体会：如果爸爸很少陪在宝宝身边，那宝宝常常会不让爸爸抱，不仅如此，宝宝甚至还会拒绝所有的男性接近自己。为什么会出现这种现象呢？

其实，宝宝的这一有趣的行为向我们传达了这样一个重要的信息——宝宝开始对性别有初步认识了。

能够意识到周围人性别的不同，这说明宝宝的认知能力在提升。其实，除此之外，在这一阶段，宝宝认知能力的发展还表现在很多方面，例如，他能够认出爸爸妈妈经常穿的衣服，能够认出照片中的爸爸妈妈，能够分辨出物体的颜色……

另外，宝宝开始对物品的性质有了初步的认识，例如，通过对平时游戏活动的总结，宝宝会逐渐认识到，皮球会到处滚动、橡皮小鸭子能被捏响、小勺可以用来舀饭……对物品的性质和功能有了初步的认知，表明宝宝的认知能力有了质的飞跃。

那么，在这一阶段，妈妈应该如何做，才能使宝宝的这一能力得到继续提升呢？

其实，在这一阶段，除了教宝宝认识外部世界这些常见的事物之外，妈妈应该重点训练宝宝认识自己的五官了。一位有经验的妈妈如是说：

进入第9个月，宝宝仍然喜欢让我把双手放在他的腋下，带动他蹦蹦跳跳。每当宝宝有跳的欲望时，我都会把他抱到镜子前让他跳。这时，他跳着跳着就会停下来，认真地观察镜子中的自己。我知道，这是宝宝学习欲望最强烈的时刻，于是，我就趁机指着宝宝的鼻子说："宝宝，这是你的小鼻子，鼻子是用来呼吸空气的。牛奶好香、宝宝的便便好臭，都是用鼻子闻到的气味。"我一边说，一边给宝宝做动作。看着镜子里的自己和我,宝宝经常会被我的表演逗得咯咯笑。"

有时,看到宝宝在照镜子,我也会指着他的眼睛对他说:"这是宝宝的眼睛,眼睛是用来看东西的,看,那边有一个小玩具;看,这是妈妈……这些所有的事物都是通过眼睛看到的。"

……

训练的次数多了,每当我问他:"宝宝的鼻子在哪里?""宝宝的嘴巴在哪里?"他都能用手指正确地指出。

进入第 9 个月这一阶段,宝宝的认知能力在快速发展,妈妈要抓住这一机会教宝宝认识自己的五官、认识自己的身体,更重要的是,教他真正地认识自己,这是宝宝自我意识发展的前提。

就像上述妈妈所分享的那样,在这一阶段,镜子仍然是宝宝认知能力提高的好帮手。在镜子面前教宝宝认识自己的五官和身体,宝宝可以一边看着镜子中自己身体的具体部位,用手摸着这一部位,一边听妈妈讲述,这会在很大程度上增强宝宝的记忆效果。

上述案例中妈妈的做法还有一点非常值得家长们学习,那就是一边为宝宝讲述,一边做一些好玩的动作。例如,在给宝宝讲述鼻子的功能时,在说到宝宝的便便很臭时,妈妈皱着眉头用手扇面前空气的动作,不仅会把宝宝逗笑,增强宝宝的学习兴趣,还会给宝宝留下非常深刻的印象。这样,宝宝以后遇到这种情境时,会觉得特别熟悉,甚至还会联想到妈妈的动作、鼻子的功能等,这会在很大程度上使宝宝的认知能力得到提升。

● 运动能力的发展→爬行、扭转身体、各种体位的转换能力是训练的重点

提到宝宝的运动能力,很多妈妈常常会苦恼地说:"同龄的宝宝在上个月就会爬了,但我家宝宝到了这个月仍然不会爬,宝宝的身体是不是有问题呀?"

其实,进入第 9 个月,宝宝还不会爬行仍然属于正常情况。家长判

断宝宝的身体是不是有问题，主要把握这样一条标准就可以：宝宝有没有向前的欲望。一般来讲，到了这一阶段，每个宝宝都有向前爬的动机，但由于四肢不能很好地协调运动，所以不会爬行的宝宝常常会表现出以下行为：

不会用四肢向前爬，但会用肚子匍匐向前；

不会爬，但会向前拱，即像虫子一样，先把腿向前收，然后屁股向前翘，接着上身再向前拱，就这样向前进；

不会向前爬，但会向后爬；

……

如果在日常生活中，宝宝经常会表现出这些行为，这说明宝宝的身体没有问题，并且很快会学会爬行。

除了爬行之外，在这个月里，妈妈还应该有意识地对宝宝以下几种运动能力进行训练：

1.扭转身体的能力。

这一阶段的宝宝已经能够独立坐得很稳了，并且在坐着时已经能够自由转动身体了。这时，妈妈可以有意识地对宝宝的身体扭转能力进行训练了。

一位妈妈这样分享经验：

当宝宝坐着时，我会从她身后喊她的名字，这时，宝宝会寻声扭转过她的头和上身。当宝宝发现我后，我会冲宝宝做个鬼脸，然后改换位置再喊宝宝的名字，这时，宝宝的上身又会向相应的位置扭转。就这样转来转去，宝宝的身体越来越灵活了。

喊宝宝的名字，使宝宝的身体向不同的方向扭动，这不仅能够锻炼宝宝的脊椎运动能力，而且还能使宝宝的反应能力得到锻炼。

当然，在与宝宝玩这个游戏时，妈妈还应该特别注意，在不同位置喊宝宝的名字时，位置的变换速度不宜太快，否则宝宝会因为分辨不清方向而产生厌烦心理，或者宝宝会因为身体扭动得太快，而使脊椎和腰受到伤害。

2.各种体位的转换能力。

这一阶段的宝宝可以坐得很稳,但对各种体位之间的转换却常常不能熟练地把握。例如,从坐位变成站位、从坐位变成俯卧位、从俯卧位变成坐位等,这对于宝宝来说都有非常大的难度。但妈妈有意识地锻炼却会使宝宝对这些能力的掌握越来越熟练。

针对宝宝从坐位到站位的转换,一位妈妈是这样做的:

每当宝宝坐在地板上玩烦了时,我就会用一个结实的小圆环把他拉起来。我让宝宝使劲抓住这个小圆环的一端,我抓住另一端向上拉圆环,宝宝很快就会抓着圆环站起来。

借助圆环这种外部力量,不仅锻炼了宝宝的体位变换能力,而且还使宝宝手的握力得到了锻炼。

很多妈妈也许还会有疑问:"为什么不直接抓住宝宝的手或胳膊把宝宝拉起来,而是要借助外物的力量呢？"

其实,圆环可以避免训练导致宝宝关节脱臼。妈妈直接用手拉住宝宝的手或胳膊进行训练,如果用力过大,宝宝稚嫩的肘关节和肩关节很容易就会脱位。但妈妈借助圆环的力量,就可以很好地避免这种情况发生了。如果妈妈用力过大,宝宝握住圆环的手很快就会松开。当然,妈妈最好在一个软垫上对宝宝进行这种训练。

其他体位的转换也是如此,但在对宝宝进行训练时,妈妈们要注意的是,一定要以宝宝的安全为重。

3.快速爬行的能力。

如果宝宝在第 8 个月就已经学会了简单的爬行,那在这个月里,妈妈就应该有意识地训练宝宝的爬行速度了。

一位有经验的妈妈这样讲述:

当宝宝掌握了简单的爬行技巧之后,在对宝宝进行爬行训练时,我开始有意识地给宝宝寻找一个大大的爬行场地。例如,星期天,我会带宝宝去公园,在草地上铺一条大大的毯子,然后让宝宝在毯子上爬。

一般情况下都是这样,宝宝一边爬,我一边在前面鼓励他:"宝宝快些爬,宝宝快些爬!"当宝宝开始加速时,我就向他伸出大拇指夸奖他:"宝宝,你爬得真快,真棒!"当宝宝爬行的速度开始放慢时,我会这样对他说:"宝宝是不是累了,怎么爬得这样慢了? 要是累了就休息一会儿吧。"

而且在这种宽阔的场地中,即使宝宝偶尔爬到了毯子之外我也不会太在意。就这样,宝宝的爬行速度越来越快了。

是的,宽大的场地有利于增加宝宝的爬行兴趣,也有利于宝宝爬行速度的提高。除此之外,上述妈妈的做法还有一个很大的可取之处,那就是用表情、动作以及语言来鼓励宝宝爬行。妈妈搞怪的表情、亲昵的动作、鼓励的语言等,都能在极大程度上激发宝宝的爬行欲望及爬行速度。另外,在这种爬行训练中,通过妈妈的语言,宝宝逐渐就会理解快、慢的含义,从而更能根据妈妈所做出的指令来控制自己的爬行速度。

● 宝宝的能力倒退现象→理智面对;耐心等待

进入这一阶段,很多妈妈常常会这样抱怨:

这孩子怎么越大越没出息了呢! 上个月的时候,每当我把他的时候,他都能顺利地把小便排在便盆中,但这个月却不行了,越把越不尿,把他放下,他马上又会尿床。这到底是怎么回事呢?

在前面我们也已经讲过,宝宝能力倒退并不是没出息的表现,而是家长对宝宝行为的误解,因此,仅仅凭表面现象就判断宝宝的能力在倒退的观点是不正确的。

就拿上述案例中的情况来说,一般来讲,宝宝月龄越小,就越愿意与家长合作。在这个时候,妈妈给他把尿时,他一般不会反抗,因此,这时把尿的成功率会很高。但随着月龄的增长,宝宝自己的主意越来越强烈,在很多时候他常常不愿意与家长合作,在这些情况下,妈妈训练宝宝把便排到便盆里的计划才常常会失败,但这并不意味着宝宝的能力在倒退。

提到宝宝的排便问题,很多妈妈还常常会这样说:"为了避免宝宝把便排在床上,我几乎每两个小时就给他把一次尿。"

其实,妈妈们的这种做法是错误的。频繁地给宝宝把尿,如果正赶上宝宝体内没有尿,可就要等上很长时间,这时,很多宝宝就会不满意,进而用打挺、哭闹等行为来向家长抗议。但有的宝宝很乖巧,家长一把他就尿,即使体内仅仅有一点尿,他也会排出来。

毫无疑问,所有的妈妈都喜欢那些乖巧的宝宝,但这种勤把尿的做法对于宝宝来说却并不是好事。体内有一点尿就排出来,这会促使宝宝的膀胱变得越来越小,这将越来越不利于宝宝控制大小便。

此外,在宝宝能力发展的过程中,很多妈妈还发出了这样的困惑:"我家宝宝上个月还能扶着栏杆站一会儿,但这个月却不行了,一站起来就摔倒,这不是能力倒退是什么?

同样,这仍然不是能力倒退现象,也是家长对宝宝行为的误解。我们都知道,在第 8 个月中,宝宝刚刚学会简单的爬行。当然,在宝宝爬行的过程中遇到障碍物时,例如沙发、床等,借助这些障碍物的力量,宝宝有站起来的欲望,因此他会抽出更多的时间来练习站立。但到了第 9 个月,宝宝已经不满足扶着栏杆站着了,他有了向前迈步的欲望,但这个月的宝宝还不具备自己向前迈步的能力。于是,当宝宝站起来向前迈步时,他的身体向前,但腿却不会向前迈,这样重心倾斜,宝宝自然会摔倒。因此,在这个月里,宝宝的频繁摔倒行为也并不是能力的倒退,而是新能力在增长的表现。

我们都知道,家长的态度会对宝宝的心理和身体成长产生很大的影响。如果妈妈总是怀疑宝宝的能力在倒退,那势必真的会引起宝宝能力的倒退。所以,面对宝宝的任何一种表现,妈妈都要保持冷静的态度,并且拿出足够的耐心去观察、分析,这样才能得到正确的结论。

特殊阶段:宝宝对细小物品关注的敏感期

一位妈妈曾讲述了这样一件事情:

进入第 9 个月之后,宝宝对非常微小的物品表现出了深厚的兴趣。

一天，宝宝坐在地板上玩耍，我在隔壁的屋子里整理东西，忽然觉得宝宝有很长时间没发出声音了，于是我便在门口偷偷地观察宝宝在做什么。只见他皱着眉头，向前探着身子，好像在认真观察某个物品。我走近一看才知道，宝宝在认真地观察一块面包屑。

我心想，面包屑有什么可看的，于是便想把它扔到垃圾筒里，但我刚把面包屑捡起，就惹得宝宝哇哇大叫。没有办法，我只得把面包屑放到他跟前，没想到他却用手指把它捏起，然后拿到眼前认真地观察一番，随后竟然把它放在嘴里认真地吮吸起来。这个小家伙也太不讲卫生了吧！

是的，在这一阶段，宝宝的注意力变得很奇特，他常常对大物品不感兴趣，但对非常微小的物品却表现出浓厚的兴趣。就像上述案例中的情况，在宝宝面前也许放着很多玩具，但宝宝却对它们视而不见，而把注意力放在一块小小的面包屑上。也有家长这样形容这一阶段的宝宝："他就好像生活在微观世界里。"

的确是这样的，在这一阶段，宝宝对这些非常微小的物品倾注了很大的注意：例如，看到床单上有一个线头，宝宝会努力把它捏起来，甚至还会把它放进嘴里；看到妈妈衣服上有一滴油渍，他会非常认真地观察，甚至还会用手去触摸；看到地上有一个小虫，他会聚精会神地观察它爬行，甚至还会目送它到很远的地方……为什么这一阶段的宝宝会对这些微小的事物倾注如此大的注意力呢？

这除了表明宝宝的视觉能力已经接近成人之外，伟大的儿童教育学家蒙台梭利还认为，这是宝宝生命中的一个特殊时期——关注细小物品的敏感期。那么，这一阶段的宝宝为什么要经历这一敏感期呢？

其实，这是孩子心理心智发展的需要。我们都知道，从孩子刚刚出生开始，他就仰望着我们。对于我们来讲，他是非常弱小的。他也希望自己高大、强大起来，但随着年龄的增长，他知道，自己的这种弱小是无法改变的。于是，他会把关注点转移到跟自己同样弱小、细小的事物上面。细心的妈妈都会发现，对这些微小事物进行探索常常会使宝宝的情绪处于兴奋状态。例如,当宝宝成功地把床单上的头发丝捏起时,他会非常高兴地深呼一口气,就好像之前一直在屏住呼吸一样。

读到这里,也许有妈妈会这样问:"这个关注细小事物的敏感期对宝宝的成长有什么好处吗?或者说,利用这个敏感期可以发展宝宝的哪些能力呢?"

对于这些还不满 1 周岁的宝宝来说,利用宝宝关注细小事物的敏感期,妈妈可以培养宝宝以下两种能力。

● 发展宝宝手部的精细动作

我们都知道,手部的精细动作可以锻炼宝宝指尖细小肌肉的发展,同时还能促进整个手部神经系统的发展。但在进入这个阶段之前,宝宝的手部动作仅限于整把手抓、拇指与其他四指对捏抓东西,他们还不会,或者还不能熟练地使用拇指与食指对捏抓东西。但关注细小事物的敏感却为宝宝这一能力的发展提供了很大的帮助。

宝宝不仅关注那些细小事物,而且还要对它们进行探索。在这一阶段,宝宝对外界事物进行探索的主要工具就是手与口,因此,妈妈可以有意把一些面包屑、小块果肉等微小事物放在宝宝面前,引导宝宝用自己的方式对其进行探索。

一位妈妈的经验是这样的:

让宝宝在地板上自由玩耍时,我常常会在她旁边放一些非常微小的食物。例如,在她旁边放一个盘子,盘子里放两块非常小的面包屑。宝宝很快就会注意到这两块面包屑,因为她已经掌握了一定的爬的能力,所以她很容易就能接近面包屑,并试图把它们抓起来。

但这对于宝宝来说并非易事,因为用整把手抓、拇指与其他四指对捏的方式都不能把那样小的面包屑捏起来。这时,宝宝不得不尝试她并不拿手的拇指与食指对捏的动作。练习的次数多了,宝宝很快就能把面包屑捏起来了。

当然,除了在宝宝面前放面包屑之外,我还会把草莓、橙子等水果的果肉切成小片,引导宝宝去捏。无论这个游戏做多少次,宝宝每次都充满着热情，因为她已经得到经验了：如果把这些微小的物品捏起，她就可以品尝到美味了。

当然，在与宝宝玩这个游戏的过程中，妈妈们还要特别注意两点：一是放在宝宝面前的微小物品一定要是松软的食物，如面包屑、松软的果肉等，因为宝宝捏到物品之后，一般都会放进嘴里进行一番探索，这些松软的食物既能使宝宝感受到味觉的享受，又不会对宝宝造成伤害；二是每次放在宝宝面前的食物不宜过多，如果过多，宝宝就不易注意到他们，这将不利于游戏的继续进行。

● 培养宝宝注意力集中的能力

看到宝宝关注或探索细小事物，很多妈妈常常会阻止宝宝的这种行为。当然，她们还为自己的做法找到了"正当"的理由："把那些地上的面包屑、床上的线头等放进嘴里，这多不卫生呀，这会影响宝宝的身体健康的。"

从表面来看，这些妈妈的观点是有一定道理的，但细细追究便会发现，妈妈们的这种观点是不科学的。对细小物品的关注，是宝宝心理发展的需求，如果家长强行制止宝宝的这种行为，这对宝宝的心理发展是非常不利的。

当然，从小的方面来说，如果妈妈总是制止宝宝的这种行为，那将会错过培养宝宝注意力集中能力的一个绝好机会。

我们都知道，这一阶段宝宝的注意力是很容易被转移的，如果有新鲜事物出现，宝宝很快就会忘记之前自己正在做什么。这一问题在很多年龄大一些的孩子身上表现得也非常明显：上课注意力不集中、做事情三心二意……事实上，如果妈妈在孩子小的时候，就有意识地对宝宝的注意力集中能力进行训练，孩子这些注意力不集中的情况常常是可以避免的。

相信每一位妈妈对宝宝以下这种行为都不陌生：

为了观察某个微小事物，宝宝常常皱着眉头，身子向前倾着，如果这个微小事物会移动，他也会慢慢地随着这个事物的移动而移动。

为了捏起某个细小事物,宝宝常常会表现出很大的耐心,一次不成功两次、两次不成功三次……直到成功地把这个事物捏起,宝宝才会深呼一口气,就好像之前他一直屏住呼吸一样。

　　……

　　作为成人、作为妈妈,从宝宝的这些行为中你能读出什么?

　　在这种情况下,谁也不能说宝宝不能长时间地集中注意力,谁也不能说宝宝的注意力容易分散!

　　是的,在探索自己感兴趣的事物时,宝宝的注意力集中能力是非常强的。所以,当宝宝对某个细小事物进行探索时,妈妈给宝宝自由、不打扰宝宝,这其实就是在培养宝宝的注意力集中能力。

　　妈妈们也没有必要对宝宝的卫生情况太过担忧,只要把宝宝的小手洗干净,或者阻止那些不卫生的事物进入宝宝的视线,宝宝的卫生情况和身体健康就能得到保证。当然,这不仅需要妈妈对这一阶段的宝宝要多些关注,还需要对宝宝周围的环境也多些关注。

第九阶段：9～10个月（270～299天）
——宝宝站起来了

概述

　　进入第 10 个月，随着运动能力的增强，宝宝的探索欲望也越来越强烈，他不再满足于坐在床上或婴儿车上，他需要家长给他提供更多的机会让他去自由探索。不仅如此，宝宝开始厌烦家长那些老一套的游戏了，他喜欢新鲜的玩具和游戏。因此，从这一阶段开始，妈妈们又多了一项新任务，那就是为宝宝提供新鲜的游戏或玩法，满足宝宝求新的特性。

第九阶段：宝宝的一般行为特点

　　在这一阶段里，宝宝行为的最明显特征就是，宝宝能够轻松地站起来，并且能够扶物行走了。除此之外，宝宝也越来越调皮了，如果家长总是用老一套的游戏逗他玩，他要么对家长不理不睬，要么就用哭闹行为来向家长表示抗议。当然，如果家长不能用新鲜的游戏来吸引宝宝的注意力，那宝宝就会用自己的行动去探索，例如，他会爬到茶几旁，对茶几上的所有物品都进行一番探索；他还有可能爬着去探索电源开关……所以，在这一阶段，除了要为宝宝提供新鲜的游戏之外，家长还要特别注意宝宝的安全。

● 宝宝会抓物行走了

　　与前面几个月比起来，这个月宝宝活动能力的变化最明显，在很多时候，他能够抓着栏杆站起来，还能扶着栏杆横着走几步呢。当然，如果妈妈再把这个月的宝宝放在婴儿床里，他不但不会老老实实地坐着或躺着,还会时常站起来,用两只手攥着栏杆使劲摇晃,让床发出咯吱咯吱的响声。看到这种情况,很多妈妈常常会幸福地说:"这小家伙要造反呢!"

宝宝越来越喜欢站起来,妈妈们一定心里在想:是不是应该教宝宝走路了?

一般来讲,在第10个月,还不宜教宝宝走路,也不宜让宝宝长时间站着。因为宝宝的腿部骨骼还没有发育完善,如果让宝宝长时间站着或走路,很容易造成宝宝腿部骨骼的变形。一般来讲,这一阶段的宝宝每天可以站2~3次,一次5~10分钟就可以了。

读到这里,许多新手家长常常会非常苦恼地说:"这一阶段的宝宝非常喜欢站,不让站他还会哭闹呢,这该怎么办呢?"

是的,尝试新动作是宝宝的最爱,这是他的天性,但如果家长觉得宝宝站着的时间已经够多了,就应该试着用其他游戏来转移宝宝的注意力。一位有经验的妈妈是这样做的:

进入第10个月,宝宝的胆子越来越大了,他喜欢扶着茶几站起来,并扶着茶几走几步去够自己喜欢的物品。但每天我仅仅允许宝宝这样玩两次,两次之后,我就会把他想够的那个玩具拿到地板的毯子上,引导宝宝爬着来够。

当然,在很多时候,我的这种做法会惹得宝宝不高兴,但我会想办法哄他高兴。例如,当宝宝露出不高兴的神情时,我会趴在地上向玩具爬去,一边慢慢爬一边对宝宝说:"宝宝,快来呀,我们去抢玩具。"这时,宝宝不高兴的情绪一般都会一扫而光,接着,我会帮他趴在毯子上,和他一起玩抢玩具的游戏。

在这一阶段,行走仍然不是对宝宝训练的重点,妈妈还应该引导宝宝经常爬行。我们知道,爬行对于宝宝全新肌肉的发育,以及运动协调能力的发展是非常有益的,而且它还能促进宝宝大脑的发育。有资料显示,还没有学会爬就已经学会走的宝宝,长大后运动调协能力会非常差。所以,当你觉得宝宝站立的时间已经够多时,可以想办法把宝宝的注意力转移到爬行上。

上述案例中妈妈的做法很值得学习，不让宝宝去练习新掌握的动作，每个宝宝都会产生负面情绪，但这时，更新鲜的游戏能够很快就把宝宝的负面情绪转移掉。因为这一阶段的宝宝对爬行这一动作掌握得已经非常熟练，所以他非常喜欢比爬行速度这一游戏，因此，用这一游戏来吸引宝宝的注意力，宝宝的负面情绪很容易就能被转移掉。

进入第10个月，大多数宝宝都表现出了明显的站立与行走的欲望，但针对宝宝这些能力以及这些能力的锻炼，很多妈妈常常还会存在以下几种困惑：

1.宝宝用脚尖站着是不是病？

一位妈妈曾这样讲述：每当让宝宝站在我的腿上练习蹦跳时，他都用脚尖站着，他的小脚丫抠得我的腿非常痛。我真的很担心，宝宝怎么会用脚尖站着呢？这是不是某种病的表现呢？

其实，妈妈们的这种担心是多余的，其实这是宝宝危险意识增强的表现。在第9个月里，宝宝就已经具有了朦胧的危险意识，坐在床上时，他会有意向床下看，并有了探索床的高度的欲望，但那时他的危险意识还不成熟，因此常常会出现从床上摔下来的事情。但到了这一阶段，宝宝的危险意识明显增强了，站在妈妈腿上时，宝宝会感觉到妈妈的腿非常不平，还软软的，很不稳当，所以宝宝会故意用脚尖抠着，以防止自己摔倒。

所以，我们可以这样说：宝宝用脚尖站着，与生病根本没有关系，这是他自我保护的一种表现。

2.到底该不该用学步车？

随着宝宝能力及探索欲望的增强，在这个月里，大多数宝宝不用家长陪也能自己玩一会儿了，所以越来越多的妈妈开始把宝宝放在学步车里。但在教育界，关于反对用学步车的呼声也越来越强烈。那么，到底该不该让宝宝使用学步车呢？

一位妈妈是这样做的：

宝宝 7 个月大时，我就让宝宝坐在学步车里自由运动。有了学步车，宝宝就可以自由地探索他所喜欢的事物了。而且学步车还是妈妈们的好帮手，有了学步车，妈妈们不用时时刻刻都抱着宝宝了。

当然，更重要的是，学步车有利于克服胆怯心理，能够使宝宝更加快速地学会行走。

这位妈妈的讲述有一定的道理，学步车在很大程度上满足了宝宝的探索欲望，而且在很大程度上解放了家长，有了学步车，家长不用时时刻刻都抱着宝宝，或者弯腰扶着宝宝练习走路了。但这位妈妈的观点还有很大的局限性，学步车对于宝宝行走的帮助并没有她讲述的那样大，有资料显示，经常使用学步车的婴儿学会走路的时间，要明显晚于不使用学步车的婴儿。不仅如此，如果妈妈过早地让宝宝使用学步车，这将非常不利于宝宝身心的健康发展，而且还会使宝宝受伤的几率明显增加。

我们都知道，7~8 个月是宝宝练习滚和爬的最佳时机，坐在学步车里，宝宝练习的机会就被大大剥夺了。不仅如此，如果习惯了坐学步车，那宝宝就会对滚和爬不感兴趣，甚至还会对妈妈的训练产生反感，这对宝宝运动能力以及身体协调能力的发展将会起到非常大的阻碍作用。

另外，在传统学步的过程中，大多数宝宝都是在摔跤和爬行中学会走路的，妈妈们千万不要小看这两个动作，这对宝宝身体协调能力的发展是非常有益的。而且，在挫折中学会动作，宝宝会产生很强的自豪感，这对增强宝宝的信心也是非常有帮助的。

学步车除了令宝宝丧失了很多学习的机会之外，它还会对宝宝的成长带来很大的不利之处。例如，它不利于宝宝骨骼的生长发育，小宝宝的骨骼中含胶质多、钙质少，骨骼柔软，很易变形。学步车的速度很快，它常常会使宝宝不由自主地蹬地前进，时间一久，很容易就会使宝宝成为罗圈腿。

读到这里，妈妈们也许会产生这样的想法：学步车好危险呀，以后再也不让宝宝使用学步车了！但事实上，全盘否定学步车也是不正确的，正确的方法是：在正确的时间使用。

一位有经验的婴幼儿教育学家这样讲述自己的观点：

家长们并不能因为学步车存在一定的缺点，就否定它优点的存在。我们可以这样说，学步车是专门为那些月龄稍大的宝宝所设计的。家长可以等宝宝进入第9~10个月之后，再让宝宝使用学步车，因为这一阶段的宝宝大多都已经掌握了滚与爬的能力，这也不会使宝宝丧失太多的学习和练习机会。

当然，即使宝宝自己在学步车里玩得很高兴，家长也不能趁机去做别的事情，因为这些在学步车里的宝宝，比躺在床上的宝宝更需要家长的关注。

由此我们可以看出，不是不要使用学步车，而是不要过早地使用学步车，而这个适宜的时间就是：9~10个月之后。

当然，在宝宝使用学步车时，妈妈还要特别注意两点：一是为了防止宝宝腿部变形，不要让宝宝长时间地待在学步车里；二是为了防止意外情况的发生，只要宝宝坐在学步车里，妈妈就要时刻陪在宝宝身边。

● 宝宝喜欢新鲜的游戏和玩法

一位妈妈这样讲述自己的宝宝：

上个月的时候，宝宝还非常喜欢玩抓玩具的游戏，但到了这个月，宝宝开始渐渐对这个游戏失去了兴趣。每当我再与他玩这个游戏的时候，他会视而不见，有时还会生气地把玩具扔得更远……真不知道他到底为了什么而生气！

是的，进入第10个月之后，宝宝越来越活跃了，但他也越来越爱生气了。宝宝到底会为了什么而生气呢？就拿上述案例中的情况来说，其实宝宝生气的情绪很好理解，随着宝宝运动能力的增加，宝宝越来越喜欢去探索，越来越喜欢新鲜的事物。如果妈妈经常与宝宝玩同一个游戏,这不仅不会引起宝宝的兴趣,而且还会使宝宝变得很烦躁,在这种情况下,宝宝产生负面情绪是很正常的。

在生活中,妈妈们都会发现这样的现象:当宝宝还不会坐时,他却非常喜欢在家长的帮助下坐起来;当宝宝还不会走时,他却喜欢让家长架着胳膊蹒跚地到处走;当宝宝会走后,他又想快速地跑……

由生活中这些常见的现象我们也不难看出,求新是每个宝宝的心理要求,也是他的主要特点,所以,妈妈只有根据宝宝的这一特点,不断教给宝宝新的能力,宝宝的心理才能得到满足。

一位有经验的妈妈是这样做的:

当宝宝进入第 10 个月之后,这小家伙的运动能力越来越强了,我每天变着花样跟他做游戏。就拿这一周来说,早晨,我冲宝宝做了个鬼脸,把五官都凑在一起,这个丑样把宝宝逗得咯咯笑。一上午的时间,我与宝宝玩了两三次做鬼脸的游戏,到了中午吃饭时,宝宝竟然对着全家人做了一个鬼脸。这个游戏玩了两天之后,我们又换成了这样一个游戏:带宝宝观察阳台上的各种花朵。又过了两天,宝宝又喜欢上了家里的钢琴,我们又玩起了弹钢琴的游戏。

就这样,游戏在不断变换中,宝宝每天都玩得很开心。而且在玩的过程中,宝宝各方面的能力都在提升。

对于这一阶段的宝宝来说,不断变换的游戏会让宝宝对外部世界时刻都充满着新鲜感。这种新鲜感是宝宝好奇心产生的原动力,是宝宝对外部世界进行探索的原动力。所以,由此我们也可以这样说,宝宝玩得越开心,他学习起来就会越起劲。

第九阶段:宝宝的能力发展 + 潜能开发方案

自从学会坐之后,宝宝的各种能力发展都特别快,尤其是进入第10个月之后,宝宝已经变成名副其实的大小孩了。

看的能力:宝宝开始有目的地观察物品的形状和结构了,通过视觉,宝宝会认识越来越多的物品。更重要的是,宝宝具有了察颜观色的能力,他能够根据家长的表情来判断家长的情绪了。

听的能力:在一些具体的语境中,宝宝已经能够听懂家长的语言了。当然,在这一阶段,宝宝已经不再满足于听到了什么,他还能对听到的声音进行记忆、思考、分析……在这一阶段,宝宝也越来越多地用听觉去认识世界了。

运动能力:家长可以适量地对宝宝进行行动的训练,但爬行能力、各种体位的转换能力训练依然是家长对这一阶段宝宝进行训练的重点。

其中以下几方面是宝宝能力发展的重点:

● 看的能力发展→宝宝会察言观色了

在这一阶段,宝宝的视觉能力以及认知能力都在飞速发展,眼睛已经成了他认识事物、观察事物以及指导运动不可缺少的器官。

因为各种能力都在飞速发展,这一阶段的宝宝已经能够熟练地把各种器官联系起来使用了。例如,宝宝能够用眼睛和手配合完成一些高难度的动作,如把玩具扔到箱子里、把手指插到玩具的小孔里、用手拧玩具上的螺丝等。总之,不管看到什么,他总想拿在手里探索一番。

在之前的阶段里,宝宝早已能够认出照片中的爸爸妈妈了。在这一阶段里,宝宝不仅能够认出照片中的家人,还能在图画中认出熟悉的物品了。例如,看到图画中的奶瓶,宝宝会兴奋地喊叫,接着他就会寻找现实中的奶瓶。而且这一阶段的宝宝很喜欢看图画中的人和动物,所以,在这一时期,妈妈可以利用婴幼儿画册教宝宝认识更多的事物了。

当然,在这一阶段,代表宝宝看的能力提升的最明显标志是,宝宝的察言观色能力越来越强了。

一位妈妈曾这样讲述:

一天,家里来了客人,当客人把宝宝抱起时,也许是由于害怕,也许是由于兴奋,总之他用小手使劲地抓打客人的脸,客人没说什么,但我却严厉地对他说:"不许打阿姨!"宝宝小手的动作很快停了下来,并且情绪也低落了很多。看到这种情况,客人马上笑着哄宝宝,我也笑着来安慰他,没想到这小家伙很快又高兴起来,又开始挥动着小手打人。宝宝还不到 10 个月大,他也太能察言观色了吧!

是的,这一阶段的宝宝已经能够很好地观察他人的情绪了,尤其是对家长和看护人的表情和情绪,有了非常准确的把握。如果家长冲着他微笑,他知道这是家长在认可自己的行为,在赞赏自己,自己以后还可以再继续重复这种行为;但当家长面带怒色时,宝宝就会知道家长不高兴了,在这种情况下,他常常就会无所适从。

就像上述案例中的情况,当妈妈表现出严肃的表情时,宝宝很快就停止了手部的动作,并且情绪开始低落下来;但当客人和妈妈都对他微笑时,宝宝就会觉得家长在鼓励他的行为,所以又开始挥动起小手打起人来。

因此,在这一阶段,利用宝宝这种察言观色能力的发展,妈妈应该向宝宝传达初步的是非观念了。

还是拿宝宝打人这件事情来说,当宝宝挥动着小手打家长时,如果家长用严肃的表情应对宝宝,并对宝宝说:"打人是不对的,不可以打人。"那宝宝自己就会总结出这样的经验:妈妈不高兴了,打人是不对的。当然,这件事情还会给宝宝留下深刻的印象,以后再遇到这种情况,宝宝就不会再打人了。

但当宝宝挥动着小手打家长时,如果家长不仅不批评宝宝,还对着宝宝微笑,那宝宝就会认为打人是对的,家长在赞赏他的这种行为,以后还会随便打人。所以,在这一阶段,妈妈一定要用自己的态度向宝宝传达正确的是非观念。否则,在妈妈的纵容下,宝宝很容易就会变成一个喜欢惹是生非的孩子。

一位儿童心理学家如是说——

在养育宝宝的过程中,很多家长常常会采用前后矛盾的养育态度,这对宝宝的成长是非常不利的。例如,当宝宝挥动着小手打家长的脸时,很多家长常常会满脸笑容地夸奖宝宝"长出息了";但当宝宝挥动着小手打客人,家长常常却用严肃的行为对待宝宝。这时候,宝宝就会非常迷茫：以前打爸爸妈妈的脸时，爸爸妈妈都非常高兴，但为什么现在爸爸妈妈却生气了呢？在这种情况下，宝宝常常不会马上放弃打人行为，如果这时候家长对宝宝的行为进行强行制止，宝宝往往会伤心地哭泣。

当然，如果客人和家长都对宝宝的打人行为一笑了之，那宝宝就会收到这样的信息：打人是对的。这就为宝宝以后爱打人埋下了祸根，这样的宝宝长大后很可能就会变成喜欢惹是生非的孩子。

由此可见，不管是在家里，还是在外人面前，妈妈对待宝宝的态度都要统一，否则很容易就会引起宝宝的迷茫，使宝宝无所适从。

● 运动能力的发展→用游戏对宝宝的整体运动能力进行训练

从上一个阶段起，宝宝的运动能力就大为增强了，但训练宝宝的运动能力仍然是这一阶段的重点。在第9个月，宝宝已经能够自己站起来，或扶着物体自己站起来了，进入第10个月之后，妈妈就应该有意识地对宝宝进行增加难度的运动训练了。

对于这些运动能力还不是很协调的宝宝来说，姿势的变换是有一定难度的。例如，宝宝可以很熟练地扶着物体坐起来，但对于宝宝来说，从站到坐、从站到蹲的姿势却没有这么简单，因此，在这一阶段，妈妈可以着重对宝宝进行从站到坐、从站到蹲的训练。

一位妈妈的经验是这样的：

每当宝宝站累了想休息一会儿，他常常啪嗒一下就坐在地上，小屁股被摔得红红的，痛得直咧嘴。当然，在很多时候，宝宝还会痛得哭起来呢。因此，在训练宝宝从站到坐这一姿势的转换时，我们一直在床上练习，这样宝宝的小屁股才不会被摔痛。

是的，从站立到坐下的动作的转换，需要宝宝手和身体的稳定协调配合，因为宝宝的这一能力发展并不完善，所以小屁股常常会被摔痛。但这并没有关系，妈妈只要给宝宝提供一个安全、舒服的环境进行练习就可以了。

当然，在练习这个动作的时候，如果妈妈助宝宝一臂之力，宝宝的小屁股就不会挨摔了。例如,当宝宝站着时,妈妈把玩具放在宝宝脚下,引导宝宝坐下来玩游戏。当宝宝试着坐下去的时候,家长稍稍扶一下宝宝的腋下,把持一下宝宝身体的稳定,这样宝宝很容易就会完成从站位到坐位的转换。多训练几次,当宝宝把握住其中的技巧之后,靠自己的力量,宝宝就能熟练地掌握这一动作了。

与从站到坐这一动作相比,从站到蹲这一动作要难得多,因为这个动作需要宝宝全身的协调性,而且对宝宝的平衡感以及四肢的力量还有很强的要求。对于这个动作,家长不要对这一阶段的宝宝要求太高,很多宝宝快到1周岁时才学会这个动作。

有经验的家长都知道,任何一种枯燥的练习都会使宝宝感到不耐烦,但如果家长把这些练习融入游戏之中,宝宝既不会对这些训练感到厌烦,又能使宝宝在很大程度上体验到成就感。

一位有经验的妈妈是这样做的:

这段时间,我常常与宝宝玩这样一个游戏:当宝宝站在沙发旁边玩时,我会把一小箱玩具放在宝宝脚下,然后对宝宝说:"宝宝,你能把那个会叫的小鸭子拿给妈妈吗?"宝宝先是扶着沙发认真地看箱子里的玩具,当他发现那只黄色的小鸭子时,就会扶着沙发慢慢地由站位变成坐位,最后拿起小鸭子递给我。这时,我在宝宝的小脸蛋上亲了一下,然后认真地对他说:"谢谢宝宝。"宝宝的小脸上立刻露出兴奋的表情。

后来有一次我在宝宝身旁经过,宝宝看到我,立刻把他正在玩的玩具小鸭子递给我。我激动地接过宝宝手中的玩具,然后抱起宝宝亲了又亲,并对他说:"宝宝真棒,知道妈妈喜欢这只玩具小鸭子是吗?"

将近10个月大的宝宝已经能够听懂家长的一些语言了,也认识一些物品的名称。对于他来说,捡东西是一个非常有趣的游戏,因为在这个游戏中,他们常常会体验到很大的成就感。就拿上述案例中的情况来说,当宝宝成功地把玩具递给妈妈之后,看到妈妈兴奋的表情,宝宝能感受到巨大的成功。此外,捡东西这个游戏不仅能训练宝宝的运动能力,还能使宝宝的手眼协调能力、思维能力以及与家长交往的能力等,都得到一定程度的训练。

当然,在很多时候,宝宝还能给家长带来惊喜呢。就拿上述案例中的情况来说,在游戏的过程中,宝宝记住了哪个玩具是妈妈最喜欢的,并用自己的行动把玩具递给了妈妈。这说明宝宝对事物有了记忆力,也有了思维能力,开始主动给家长带来欢乐了。这非常值得妈妈高兴和感动,因为对于宝宝来说,这是了不起的进步。

除了对宝宝进行动作转换的训练之外,引导宝宝向前迈步也是这个月训练的重点。这一阶段的宝宝大都可以扶着床沿、沙发、木箱等横着走几步,但却不敢离开物体向前迈步,这时,妈妈可以有意识地引导宝宝向前迈步。例如,妈妈可以让宝宝先倚靠在某个物体上,然后蹲在宝宝面前,把手伸向宝宝,做出要抱宝宝的姿势,然后对他说:"来,宝宝,让妈妈抱抱。"这时,宝宝很可能会试着将身体离开依靠物,两只小手伸向妈妈,要向前迈步。即使宝宝没有向前迈步,仅仅是将上身向前倾斜时,妈妈也应该及时抱住宝宝,并鼓励宝宝:"宝宝真棒,真勇敢。"

经过不断的练习,宝宝很快就会向前走了。当然,更重要的是,在这种训练过程中,宝宝会学会与家长配合,这样,宝宝的人际交往能力也会逐渐提高。

当宝宝有了一定的行走能力之后,妈妈还可以利用游戏的方式使宝宝对行走这一动作的把握越来越成熟。例如,一位妈妈这样分享经验:

每天睡觉之前,我都会对宝宝这样说:"宝宝,一会儿我们就要睡觉了,我们让玩具也去睡觉吧。"这时,我递给宝宝一只小毛绒玩具熊,并在离他有一点距离的地方放了一个箱子,然后对宝宝说:"宝宝,把小熊投到箱子里,让它去睡觉吧!"当然,在很多时候,宝宝常常听不懂我的话,但当我给宝宝做个示范之后,宝宝很快就明白了我的意思,把手里的玩具向箱子里投去。

这个游戏也非常好,它不仅可以使宝宝的运动能力得到训练,而且还能使宝宝手部精细动作以及手眼协调能力得到很好的锻炼。当然,更重要的是,如果妈妈坚持与宝宝玩这个游戏,这会促使宝宝养成这样一个好习惯——晚上睡觉之前把玩具收拾好。

读到这里，肯定有妈妈会心存疑惑：宝宝才这样小，有必要现在就培养他的好习惯吗？"

答案是肯定的，不仅有必要，而且是非常有必要。有过养育宝宝经验的妈妈都知道，在宝宝两岁左右，他会经历一个反抗期，在这个反抗期，无论家长提什么要求，宝宝都会拒绝。无论是对于家长还是宝宝来说，反抗期都将是一个不愉快甚至有些痛苦的阶段。但如果在此之前，妈妈能够让宝宝懂得一些是非观念，或培养宝宝一两种好习惯，例如，不到处扔玩具、睡前把玩具归位等，这对宝宝顺利地度过这一反抗期将起到很大的促进作用。

特殊阶段：第 10 个月，宝宝咀嚼、吞咽能力发展的关键期

当宝宝到了第 10 个月，很多妈妈也许心里开始犯嘀咕了：周围的宝宝都能坐在餐桌上跟大人一起吃饭了，为什么我家这个笨家伙还不肯接受固体食物呢？

是的，在这个月里，在吃固体食物方面，宝宝们之间存在很大的差异：有的宝宝可以吃一些固体食物了，如磨牙饼干、面包片等；有的宝宝可以吃捣碎的固体食物了；有的宝宝甚至连捣碎的固体食物都不能吃。

作为家长我们知道，让宝宝吃固体食物有很多好处，这不仅可以使宝宝体内的营养更丰富，而且还能加快宝宝乳牙的萌出。如果到了第 10 个月，宝宝仍然不肯接受固体食物，家长们就应该认真地对待这一问题了。因为从宝宝出生后第 10 个月到 1 岁这一阶段，是宝宝练习咀嚼和吞咽的关键期，如果错过了这一关键期，宝宝也许永远都学不好咀嚼和吞咽。

读到这里，肯定有妈妈会非常着急地问："如果现在宝宝仍然不会咀嚼和吞咽，我们应该如何对宝宝的这一能力进行补救呢？"

妈妈们不必太过着急，以下两种方法不仅可以使宝宝接受固体食物，而且还能有效地预防宝宝产生偏食行为。

● 从宝宝喜欢的口味出发，引导宝宝接受固体食物

在这一阶段，宝宝的自我意识已经得到了一定的发展，有了自己特殊的好恶。例如，有些宝宝对甜味的食物比较感兴趣、有些宝宝比较偏爱咸味的食物……妈妈可以先从宝宝的好恶出发，去引导宝宝接受固体食物。

一位经验丰富的妈妈这样分享经验：

我家宝宝从很小的时候就对甜味的食物情有独钟，当喝过较甜的奶粉之后，她就开始拒绝喝原味的奶粉。因此，在引导她吃固体食物时，我先从她的爱好出发来"贿赂"她。

首先，我"贿赂"宝宝的第一个工具就是甜面包片。因为面包片很软，即使宝宝咀嚼得不是很烂，也不会使宝宝噎着或使宝宝受到其他方面的伤害。

宝宝掌握了一定的咀嚼和吞咽能力之后，我开始对她减少甜味食品的供应量，并开始让她尝试着品尝炒菜、馄饨、饺子等非甜味食品。

这一阶段宝宝的味觉早已发展得很完善了，妈妈从宝宝喜欢的口味、容易接受的口味出发，喂宝宝一些细碎的固体食物，宝宝一般是不会拒绝的。当然，当宝宝具备了一定的咀嚼和吞咽能力之后，妈妈就应该开始让宝宝尝试并接受其他口味的食物，以免宝宝日后产生偏食现象。

● 让宝宝品尝不同的食物，以免宝宝日后偏食

一位妈妈经常对周围人这样抱怨："我家宝宝什么都肯吃，就是不肯吃青菜，为什么他才这样小就学会偏食了呢？"

是的，在我们周围，不爱吃青菜的宝宝特别多，即使年龄再大一些，到了幼儿期或儿童期，不爱吃青菜的孩子也不在少数。在这些时候，妈妈们常常会产生这样的疑惑：为什么这些孩子会偏食呢？

其实，对于婴儿期的宝宝来说，他不爱吃青菜并不属于偏食，这只能表明他的自我意识越来越强烈，开始有目的地选择食物了。当然，如

果任凭宝宝这种有目的性的选择继续发展下去,宝宝这种初始的好恶行为就会演变成偏食现象。

那么,为什么这一时期的宝宝不喜欢吃青菜不属于偏食行为呢?

这还要从宝宝不喜欢吃青菜的原因说起。宝宝不喜欢吃青菜,主要责任在于家长:首先,在宝宝小的时候,家长没让宝宝品尝过蔬菜的味道,当宝宝的自我意识越来越强烈时,他自然会拒绝任何一种陌生的蔬菜味道;其次,家长总是让宝宝吃那些没滋没味的蔬菜泥,宝宝很快就会吃腻,对某一食物产生厌烦感之后,这种食物无论以任何一种形式出现,宝宝都会拒绝;第三,也许宝宝并不是真正地拒绝蔬菜,而是拒绝蔬菜的某一种形式,例如,宝宝可能不喜欢吃煮熟的蔬菜,但他可能会喜欢烹饪入味的炒菜。

由宝宝不爱吃蔬菜的这些原因,我们也可以总结出预防宝宝偏食的方法——在宝宝月龄较小的时候,让他品尝不同的食物是非常重要的,这是避免宝宝日后偏食的基础。

关于此,一位妈妈是这样做的:

在宝宝 4~5 个月的时候,我开始喂他一些原味的蔬菜泥,后来,我开始试着在蔬菜泥里稍微加一些盐,让宝宝吃得有滋味一些。当然,为了避免宝宝吃腻蔬菜,我喂他吃蔬菜的次数并不频繁,而且几乎每次都会变换蔬菜的种类。

当宝宝到了 9~10 个月,自我意识越来越强烈时,他开始拒绝吃蔬菜泥了。没有关系,我仍然有办法让宝宝喜欢上吃蔬菜。每次吃饭时,我们全家人都会表现出胃口大开的样子,比如我会指着一盘鱼香肉丝对大家说:"胡萝卜的味道真好,而且还非常有营养,我喜欢吃。"说着就夹了一口胡萝卜放在嘴里,并表现出很享受的样子。接着,宝宝的爸爸指着一盘炒青菜说:"这青菜的颜色绿绿的,真漂亮,一定也非常可口。"说完便狼吞虎咽地吃起青菜来。看到我们吃得这样香,宝宝的口水不停地往外流。这时,不用我们催促,宝宝就会主动要求吃胡萝卜和青菜。

是的，虽然在 1 岁之前宝宝的自我意识有了一定的发展，但他的饮食偏好在很大程度上会受到家长的影响。很多家庭都存在这种情况，家长是素食主义者，孩子就不喜欢吃肉；家长不喜欢吃青菜，孩子看到青菜就觉得讨厌……所以，要想使宝宝不偏食，妈妈就必须给宝宝做出好的榜样。

值得强调的是，在这一阶段，即使宝宝已经明显表现出不喜欢吃蔬菜的行为，妈妈也不要把宝宝的这种行为定义为偏食。现在对宝宝下这个定义还为时过早，因为聪明的妈妈总会有办法让宝宝接受蔬菜。

如果宝宝对蔬菜有偏见，妈妈们可以这样做：

> 如果宝宝不喜欢吃煮的蔬菜，那家长就把蔬菜烹得香香的给他吃；如果宝宝仍然不肯吃炒菜，那家长就给蔬菜变个模样，做成蔬菜饺子、丸子等给宝宝吃。

这一阶段的宝宝还是比较好"骗"的，如果妈妈总能把蔬菜变换着不同的花样来做，宝宝往往就能在不知不觉中接受蔬菜。当然，如果妈妈能够把蔬菜做得既新奇又美观，例如，把胡萝卜和青菜切成不同的形状等，这些喜欢新鲜感的宝宝就更容易接受了。

第十阶段:10～12个月(300～365天)
——宝宝会叫"爸爸、妈妈"了

概述

在进入1岁之前的这两个月里,宝宝已经能够发出一些具有实际意义的单词了,更重要的是,他能够用身体语言等与家长进行很好的交流了。在这一阶段,妈妈最主要的任务就是多用语言与宝宝交流,为宝宝掌握更成熟的语言打下基础。

另外,在这一阶段,大多数宝宝开始张着小胳膊蹒跚着向前迈步了,因此,行走能力训练也是这一阶段的重点。但在教宝宝行走的过程中,妈妈一定要相信宝宝的能力,不要总是拉着宝宝的手向前走,或者宝宝一摔倒,就把他扶起来。

第十阶段:宝宝的一般行为特点

在这一阶段里,宝宝的表现越来越讨人喜欢了,他能够一眼就在人群中认出爸爸妈妈。不仅如此,如果爷爷奶奶、姥姥姥爷等经常来看宝宝,宝宝对这些亲人也会非常亲近。看到他们进门,宝宝会高兴地拍手欢迎,还会一边张着小胳膊,一边对来人说:"抱抱、抱抱……"当爷爷奶奶把宝宝抱在怀里,宝宝仍然还会做跳来跳去的动作,年纪大一点的老人都要抱不住宝宝了。

宝宝不但能够认出亲人,而且还能分辨出生人和熟人了。如果有邻居经常来家里做客,宝宝一眼就能认出他们,而且还会对他们微笑;如果是从来没有见过的生人来家里,宝宝会瞪着大眼睛看着他们,还会拒绝让他们抱。

除此之外,在这一阶段,宝宝还会表现出以下几种行为特征:

● 宝宝会叫"爸爸""妈妈"了

提到宝宝的说话训练，很多家长常常会持有这样一个观点：宝宝学会说话的时间越早，说明宝宝越聪明、宝宝的智力越高。

但实际上，宝宝学会说话的时间早与晚，与其智力发展的关系并不大。在1岁之前的两个月，大多数的宝宝都会叫"爸爸""妈妈"了，有些学会说话比较早的宝宝还会说一些简单的单词了，例如，"吃吃""打打""拉拉""汪汪"等。

与智力的关系不大，那宝宝学会说话的时间与什么有关呢？

其实，在这一阶段，宝宝是不是有开口说话的欲望，与家长同宝宝说话的频率有关。如果家长平时是个沉默寡言的人，并且不经常与宝宝说话，那宝宝学会说话的时间就会比较晚；但如果家长经常有意识地与宝宝说话，那宝宝学会说话的时间就会比较早。

说到宝宝说话，很多妈妈常常会这样说："宝宝常常会自己嘟囔一些莫名其妙的词，听也听不懂，不知道他在说些什么！"

这是宝宝独特的语言，也是宝宝学习语言必经的阶段。虽然有时宝宝的语言家长听不懂，但家长也不能对此置之不理。宝宝的这些语言都是有具体含义的，妈妈要努力去领会宝宝的语言，积极地与宝宝交流，并借此机会教宝宝正确的语言。

一位妈妈是这样做的：

一天，宝宝一边玩汽车游戏，一边嘟囔着自言自语。看着宝宝玩得那么开心的样子，我不忍打扰他，等到他不再嘟囔之后，我指着他手里的汽车对他说："宝宝，这是汽车，你是不是也想坐汽车呀？"看宝宝没有反应，我继续跟他说："汽车，来，跟妈妈一起说，汽车……"宝宝仍然没有反应。尽管如此，我仍然特别喜欢把宝宝的自言自语与他正在关注的事物联系在一起。

终于，我的努力在不久之后有了一定的成效，当宝宝想玩那个玩具小汽车时，他开始明确地向我提要求："妈妈，车车，车车……"

虽然宝宝那些自言自语家长听不懂，但一般来讲，宝宝的这些语言与他正在关注的事物是紧密相关的，妈妈可以根据具体的语境猜测宝宝的语言所要表达的含义。当然，如果妈妈实在听不懂宝宝的语言，也可以给他讲述他正在关注的事物。例如，当宝宝对着某个玩具自言自语时，妈妈可以给宝宝介绍一下这个玩具；当宝宝对着电视自言自语时，妈妈可以给宝宝介绍一下电视的剧情……在具体的语境下，这一阶段的宝宝是能听懂家长的语言的，所以，宝宝很快就会懂得如何用正确的语言与家长交流。

看到这里，也许有些妈妈会突发奇想地说："经常让宝宝看电视，这样他不就能接触更多的语言了吗？"

事实上，妈妈们的这种建议是非常不可取的。看电视时，宝宝接触到的语言是盲目且没有具体语境的，这对提高宝宝的语言能力没有太大的帮助的。而且在面对电视的时候，宝宝的主要注意力都被不断变换的电视画面所吸引了，他一般不会太关注听到了什么。

当然，即使宝宝掌握了一定的语言能力，经常让宝宝看电视的做法也是不科学的。频繁变换的电视画面会促使宝宝的视力下降，当然，更重要的是，很多电视节目会禁锢宝宝的思维，使宝宝过于关注电视节目的情节，这不但更不利于宝宝语言能力的发展，而且对宝宝思考能力的提高也会起到一定的阻碍作用。

所以，对于家长来说，促使宝宝语言能力发展是没有捷径可言的，但只要家长掌握一个大家都熟知的技巧，宝宝的语言能力就能得到提高。这个大家都熟知的技巧就是，不断地与宝宝谈论他正在关注的事物。

● 宝宝的自我意识越来越明显

在这一阶段里，宝宝已经表现出明显的个性了。例如，不高兴时，他会拒绝家长的一切要求，拒绝让别人动自己喜欢的玩具，拒绝吃自己不喜欢的饭菜……这些行为都在说明，宝宝越来越深刻地认识到自己是一个单独的个体，他的自我意识越来越强烈了。

那么，宝宝的自我意识从何而来呢？

其实，从某种角度上来讲，宝宝的自我意识是从照镜子的过程中获得的。相信妈妈们对这样的场景并不陌生：在 4~5 个月大的时候，宝宝会冲着镜子中的自己微笑；到了 6~7 个月大时，宝宝开始与镜子中自己的形象做游戏，例如，对着镜子里的形象做出拍打、招手、亲吻的动作。虽然宝宝每次都与镜子里的形象玩得很开心，但在这些时候，宝宝并不知道镜子里的形象就是自己。

到了 1 岁左右，再照镜子时，宝宝就会发现，镜子里宝宝的动作与自己的动作总是一样的，他朦朦胧胧地感觉到，镜子里的形象可能就是自己，但他还不能确定。大约要到 1 岁之后，宝宝才真正认识到，镜子里的形象就是自己。

当宝宝真正认识到镜子里的形象就是自己时，这说明宝宝的自我意识已经有了很大的发展。那除了给宝宝带来鲜明的个性之外，自我意识的发展还会促使宝宝产生哪些改变呢？

相信妈妈们都有过这样的经历：家里来了小客人，于是便想拿宝宝的玩具去招待这位小客人，但宝宝却抓住玩具不肯放手。把玩具从宝宝的手中强行夺出，宝宝却用大哭大闹来表示抗议。

很多妈妈常常说宝宝有些自私，其实，并不是宝宝自私，这是宝宝自我意识发展的正常表现，自我意识的发展促使宝宝的私有观念产生了。也就是说，从这时开始，宝宝已经更加明显地意识到自己是个单独的个体，开始有意识地保护自己的私有财产了，这是宝宝成长的表现。所以，当宝宝抱着自己心爱的玩具不让客人动时，妈妈不应该感到尴尬，而应该为宝宝的成长而感到欣喜。

那把玩具从宝宝手中强行夺出的做法是不是可取呢？

家长的这种做法是非常不可取的。在这一阶段，宝宝还没有与他人分享的观念，如果家长把玩具从宝宝手中强行夺出，这就等于向宝宝传达了这样的信息：你的私有财产随时可以被他人侵犯。在这种信息的影响下，宝宝的心理常常会处于极度不安全的状态下，这不仅会影响宝宝自我意识的正常发展，而且还会对宝宝心理的发展产生很大的不利影响。

关于此，一位聪明的妈妈是这样做的：

家里来了小客人，我不急于找玩具、零食等来招待客人，而是隆重地给宝宝和这位小客人互相介绍，让两个小家伙拉拉手、摸摸脸，"交流"一下。然后我再用语言和动作询问宝宝是否愿意把玩具给小客人玩一会儿。如果宝宝愿意，那就皆大欢喜；但如果宝宝不愿意，我也不会强求他，而是这样引导他："那个小宝宝的手中也有一个玩具，你们换着玩怎么样？"

尊重宝宝的私有观念是宝宝自我意识发展的基础，因此，在把宝宝的玩具送给小客人玩时，妈妈首先要征求宝宝的意见。如果宝宝不同意，千万不要强求，也不要试图给宝宝讲道理教宝宝分享，要知道，这一年龄段的宝宝是听不进任何道理的。

上述案例中妈妈的做法非常科学，在前几个月里，看到与自己差不多大的婴儿，宝宝仅仅是看看、笑笑，并且很快就会对对方失去兴趣。但这一阶段的宝宝却不同，他有了强烈地与同龄小伙伴交往的欲望，如果一个房间里有大人也有孩子，宝宝会主动走向孩子，并与他交流。所以案例中妈妈的做法是非常可取的，通过让宝宝与小客人亲密地"交流"，如果宝宝很喜欢这位小客人，他很有可能就会把玩具分享给这位小客人。

当然，如果宝宝仍然不肯分享他的玩具，上述案例中家长教宝宝与小客人交换玩具的做法，也是非常值得借鉴的。有研究表明，婴幼儿自我意识的发展常常会经历这样三个阶段：第一个阶段，拒绝他人动自己喜欢的物品；第二个阶段，有目的地与他人进行物品的交换；第三个阶段，主动与他人分享物品。所以，当宝宝懂得主动与他人进行物品的交换时，这说明宝宝的自我意识又向前发展了一大步。

第十阶段：宝宝的能力发展 + 潜能开发方案

在这一阶段，宝宝的能力有了非常大的发展。

听的能力发展：听是宝宝学习语言的基础，虽然这一阶段的宝宝只会说几个简单的单词,但他却能听懂他人很多话的意思了。例如,当家长说一些复杂的长句时,虽然宝宝听不懂这些语言,但他能从家长的口形、表情以及动作中猜测出家长所要表达的大概意思。

说的能力发展:除了会说一些简单的单词之外,宝宝还经常会嘀嘀咕咕地说一些莫名其妙的话,这是宝宝在用独特的语言表达自己的要求。所以,妈妈要努力领会宝宝所要表达的意思,并趁此机会教宝宝正确的表达方式。

交往能力发展:前几个阶段的宝宝只喜欢与家长或熟悉的家人交往,但在这一阶段里,宝宝有了强烈的与同龄小伙伴接触的欲望。例如,如果房间里有几个大人和几个小孩,宝宝会主动走或者爬过去与小孩交流。所以,为了促使宝宝将来更合群,妈妈要多创造机会让他与同龄的小伙伴接触。

……

除此之外,在这一阶段,以下几个方面是宝宝能力开发的重点:

● 运动能力发展→教宝宝走路,家长要做到"三不"

在这一阶段,宝宝运动能力的提升主要表现在以下两个方面:

首先,宝宝爬的能力有了很大的提高:这一阶段的宝宝已经不再喜欢在平地上爬了,他喜欢向有一定高度的地方去探索,例如,从床上往家具上爬、从椅子上往桌子上爬等。当然,在这一过程中,宝宝总会不可避免地挨摔,但令妈妈们感到惊奇的是,宝宝从高处摔下来,如果不是摔得很痛,宝宝不但不会哭,而且还会非常高兴,因为在这一阶段的宝宝眼中,爬高是非常具有吸引力和刺激性的好玩的游戏。

其次,宝宝行走的能力也有了很大的进步:不用扶任何东西,宝宝就可以徒手走一段距离了,当然,如果有家长领着,宝宝走的距离还会更长。

那么,妈妈应该如何做,才能有利于宝宝行走能力的提高呢?

其实,在教宝宝走路的过程中,如果妈妈能够做到"三不",宝宝不仅能够很快掌握走路技巧,而且还会对自己的能力充满信心。所谓"三不"是指：不要总是牵着宝宝的手走路；不要干预宝宝的自由活动；宝宝摔倒了，不要立刻去扶。下面我们分别来介绍这"三不"。

1.不要总牵着宝宝的手走路。

在前一个月里，宝宝只会扶物横着行走，但进入这个阶段之后，由于平衡能力有所提高，他具有了强烈的向前走的欲望。在这些欲望的驱使下，宝宝常常张着两只小胳膊蹒跚着向前迈步，但在这种情况下，妈妈们却常常以怕宝宝摔倒为理由而牵着宝宝的手走路。

其实，妈妈们的这种做法是非常不利于宝宝行走能力的提高的。对于宝宝来说，自己向前迈步既是他的一种探险行为，又是他锻炼自己行走能力的最基本方式。妈妈们不要听到"探索"两个字就觉得宝宝会发生危险，小家伙们也懂得一定的自我保护措施。例如，我们都会发现，这些小宝宝在走路时经常会张着两只胳膊，其实他这是在为自己的身体掌握平衡，是一种预防自己摔倒的措施。又如，有的宝宝觉得自己快要摔倒时，就会快速地扶周围的物体，例如沙发、床等，这也是宝宝保护自己的一种方式。

在这一阶段，我们之所以会建议家长不要总是领着宝宝走路，最主要的原因还是从宝宝独立性的培养方面来考虑。在婴幼儿教育界，很多专家都持有这样一种观点：要把宝宝尝试迈步的第一次机会留给宝宝，因为这是锻炼宝宝独立性的最好时机。

事实就是这样的，如果妈妈总是不敢放开宝宝让他独自去迈步，那宝宝以后的任何事情都要依赖家长，例如，总是消极地等待家长来喂饭、穿衣服等。但如果妈妈能够放开手，让宝宝独立向前迈步，那宝宝将来不管做任何事情，都敢独自去探索。

2.不要干预宝宝的自由活动。

每个婴儿都喜欢冒险，具有强烈行走欲望的宝宝更是如此。例如，宝宝会扶着沙发慢慢地接近电视机，当宝宝正高兴地对电视机上的人物又打又亲时，家长却大声勒令宝宝："快回来，不要到电视机那里去！"这时，宝宝常常会被吓得不知所措。

由于运动能力的提升，宝宝对外部世界的探索也上升了一个层次，他开始主动去接近自己感兴趣的事物，开始对事物进行更深入的探索。但家长对宝宝活动的干预，却在很大程度上影响了宝宝的探索欲望。例如，看到家长严肃或生气的表情，宝宝很有可能就会放弃自己的探索行为。在这一过程中，宝宝的好奇心会逐渐减弱。

所以，只要不会影响宝宝的安全，妈妈就应该尊重宝宝的冒险天性，不要干预宝宝的自由活动。

3.宝宝摔倒了，不要立刻去扶。

在大多数东方国家和西方国家里，家长对待宝宝摔倒的态度是截然不同的：在西方国家里，看到宝宝摔倒，家长一般不会去扶宝宝，而是等待宝宝自己爬起来；在大多数东方国家里，尤其是我们中国，一个宝宝刚刚摔倒，常常有三四个家长冲过去扶他，且在这种情况下，大多数宝宝都好像受了多大委屈一样大哭起来。

一位儿童心理学家讲述了这样一件有趣的事情：一个刚刚学会走路的宝宝跌倒了，他回头看看父母，发现父母并没有看他，而是正在与邻居高谈阔论。宝宝正想自己爬起来，但爬到一半，妈妈突然紧张地跑过来，并且边跑边安慰宝宝："宝贝，摔痛了吗？都怪妈妈……"看到这种情况，宝宝顺势又趴在了地上，并且就像受了天大的委屈似的哭了起来。

由这个事例，心理学家得出的结论是：宝宝的恐惧感和脆弱都是被家长们这种紧张的声势激发出来的。

是的，如果妈妈没有发现宝宝摔倒，也许宝宝对自己的摔倒行为并不在意，爬起来又会继续去探索自己感兴趣的事情。但妈妈紧张地去扶宝宝，这不仅会增强宝宝的恐惧感和脆弱感，使宝宝感到非常委屈，而且还会使宝宝对家长过度依赖。如果以后再出现摔倒情况，宝宝不但不会主动爬起来，还会一直趴在地上哭，等待妈妈来扶。

当然，即使宝宝因为摔倒而受了点小伤，妈妈上前扶宝宝时也什么都不用说，在这种情况下，家长会传给宝宝这样一个无声的信息：练习走路摔倒是再正常不过的事了。但如果妈妈给宝宝过多的解释,这时,家长向宝宝传达的信息就是:宝宝总是让人担心,还没有学会走路,真无能。所以,在这种情况下,家长无声的关注是对宝宝最大的鼓励。

由以上的三点分析,我们也可以总结出家长在教宝宝走路时,应该掌握的"三不"精髓,那就是,家长要给宝宝理性的爱与自由,大胆放开手,让宝宝独自去行走。

● 看的能力与认知能力发展→选择适合的图画书,让宝宝爱上阅读

从进入第 11 个月开始,宝宝看的能力在逐渐增强,他开始喜欢上看图画书了。在这一时期,如果妈妈用正确的方法引导宝宝去阅读,这对宝宝阅读兴趣的提高将会起到极大的促进作用。

那么,这一阶段的宝宝喜欢看什么样的图画书呢?

一位婴幼儿行为研究学者这样讲述:

1 岁左右的宝宝对那些纯文字的书本是不感兴趣的,他只喜欢图画书,而且特别喜欢色彩鲜艳的、对称的、曲线形的图画。当然,他对人脸或小动物的图画也特别感兴趣。

这位学者的讲述为妈妈们给宝宝选择图画书提供了依据。事实上,一本充满吸引力的图画书,是宝宝产生阅读兴趣的基础。那妈妈们应该如何为宝宝选择图画书呢?

一般来讲,妈妈在给这一阶段的宝宝选择图画书时,一定要把握住以下三点:

1.真实。图画书中的图画一定要像实物一样逼真,而且图画最好是人物、小动物或生活中最常见的物品等。当然,还要特别注意,千万不要给宝宝买卡通或漫画版的图画书,这一阶段的宝宝对这些类型的图画书根本不感兴趣。

2.鲜艳。在这一阶段,只有颜色鲜艳的图画才能吸引宝宝的注意力,才会引起宝宝的阅读兴趣。

3.简洁。为宝宝选择的图画书中的图画一定要简洁、清晰，不要选择有很多背景、看起来很乱的图画书，这样的图画宝宝不但不喜欢，而且还会引起宝宝的视觉疲劳。

是的，一本图画真实、鲜艳、简洁的图画书很容易就能吸引宝宝的注意力。但利用图画书教宝宝认识事物的过程中，妈妈们常常还会碰到很多问题。例如，很多妈妈常常会这样抱怨："我家宝宝刚开始对图画书充满了很大的热情，只要我一有时间，他就缠着我让我教他认识事物，但好景不长，大约三四天之后，即使我主动要求教他认识事物，他对图画书也提不起一点兴趣来了。"

在很多家长看来，宝宝仅仅是把图画书当成了一种玩具，喜新厌旧的小家伙很快就会厌倦这种玩具。但事实并非如此，如果妈妈的方法得当，宝宝根本不会厌倦图画书，而且在阅读的过程中，还会产生极大的成就感。一般情况下，宝宝对图画书的厌倦情况，完全是由于家长引导宝宝阅读的方法不当而引起的。

在生活中，我们常常会看到这样的画面：宝宝喜欢读图画书，妈妈就一直不停地教宝宝阅读："这是擦脸用的毛巾。""这是刷牙用的牙刷。""这是牙膏。"……只要宝宝对此不反感，妈妈就一直教宝宝阅读。事后，妈妈还颇有成就感地向家人炫耀："今天宝宝读了半个小时的书呢！"

实际上，宝宝的阅读兴趣就是在这种阅读的过程中丧失的。我们都知道，这一阶段宝宝的注意力是非常有限的，长时间的阅读不仅会使宝宝产生疲劳感，而且还会使宝宝产生极大的厌烦感。刚开始也许由于新鲜，宝宝的阅读热情非常高涨，但时间一久，宝宝的厌烦情绪就会在所难免地表现出来。

当然，更重要的是，在这种机械的阅读中，宝宝根本体验不到成就感，这是宝宝厌烦图画书的一个最重要原因。

对于小宝宝来说，不管是学习还是游戏过程中，体验到成就感才是他最大的乐趣。对于引导宝宝阅读来说也是如此，只有在阅读之中体会到成就感,宝宝对阅读的热情才会一直持续下去。

那么,妈妈应该如何让宝宝在阅读中体验到成就感呢?

一位妈妈这样总结经验:

教宝宝阅读时,我每次最多只教他 3 种物品,如果宝宝还想继续往下读,我就会这样转移他的注意力:"宝宝,刚才妈妈教你的毛巾和牙刷都认识了吗? 我们去卫生间找一找好不好?"抱着宝宝来到卫生间,我会故意对宝宝说:"妈妈想用毛巾擦把脸,宝宝快帮妈妈找找毛巾好不好?"当宝宝成功地认出毛巾之后,我会非常高兴地在宝宝的小脸上亲一下,然后伸出大拇指对他说:"宝宝,你真棒,这么快就认识毛巾了呀!"高兴过后,宝宝又会非常高兴地瞪着小眼睛去找牙刷。

每次只教宝宝认识少量的几种物品,这会促使宝宝的阅读兴趣一直延续下去;引导宝宝到生活中去寻找刚刚认识的物品,这不仅可以巩固宝宝刚刚学习的知识,而且还能使宝宝体验到阅读的成就感。多次使用这两种方法引导宝宝去阅读,不仅可以成功地教宝宝认识更多的事物,而且还会促使宝宝的阅读兴趣越来越高涨。

所以,在教这些小宝宝阅读时,妈妈们不妨借鉴一下案例中家长的做法。当然,在教宝宝阅读的过程中,还要特别注意这样一点,要引导宝宝进行重复阅读。例如,在进行新的阅读之前,妈妈可以引导宝宝先复习一下昨天学过的知识。通过这种不断的重复,宝宝才能真正认识某个物品。

● 注意力的发展→让宝宝在"工作"中提高注意力

当宝宝月龄还小时,他的注意力也会被面前晃来晃去的玩具所吸引,但那时宝宝的注意力都是非意识注意,即宝宝并没有想主动去观察某个事物。但当宝宝进入第 12 个月之后,情况就大不相同了,他开始有意识地集中注意力了。例如:

当宝宝把装有半瓶水的奶瓶拿在手里玩时,他会不停地晃动奶瓶,并会认真地研究奶瓶里的水为什么会动来动去;

他会蹲在地上认真地观察小蚂蚁搬家；

他会把妈妈的首饰盒拿在手里翻来覆去研究半天，看它是如何打开又如何关上的；

……

注意力是宝宝认识世界的第一道大门，是感知、记忆、学习以及思维活动不可缺少的先决条件。在这一阶段，宝宝开始有意识地集中注意力了，这说明宝宝的学习能力将要经历一次质的飞跃。

那么，妈妈应该如何对宝宝的注意力进行培养呢？

事实上，在宝宝未满1岁这一阶段，家长只需做到这样一点——不要打扰宝宝的"工作"，就等于对宝宝的注意力进行培养了。

伟大的教育学家、儿童心理学家蒙台梭利认为，在好奇心的驱使下，每个宝宝都会去"工作"。例如，宝宝认真地研究奶瓶、妈妈的首饰盒，以及观察小蚂蚁搬家的行为，都是宝宝"工作"的一种表现。

然而，在教育宝宝的过程中，家长却常常会打断宝宝的"工作"，例如，当宝宝正在投入地"工作"时，家长却不停地在催促宝宝："好了，宝宝，一会儿再玩，我们去吃饭，饭菜都凉了！"如果宝宝不理睬家长，家长的催促就会变本加厉。

一般来讲，这一阶段的宝宝如果找到感兴趣的事物，他常常可以自己"工作"上十几或二十几分钟。然而，家长这种频繁打扰宝宝工作的做法，却会使得宝宝注意力集中的时间越来越短。

那么，家长应该如何做，才能做到不会有意无意地打扰宝宝工作呢？

一位儿童心理学家如是说：

除了"工作"时，宝宝注意力集中的时间是很短暂的，所以家长要利用宝宝"工作"的机会，来培养宝宝注意力集中的能力。例如：

在公园中，当宝宝正在专心地欣赏一只花朵中的小蜜蜂时，家长不要催促宝宝离开或去别的地方玩，而是让宝宝的这种"工作"自然结束；

到了该吃饭的时间，如果发现宝宝正在非常投入地研究某件物品，家长可以先把饭菜放在锅里，等宝宝"工作"结束后再开饭；

......

在这一时期,家长的宽容和爱是宝宝注意力培养的坚实基础。

是的,随着宝宝自我意识的发展,小家伙会越来越不按常理出牌,例如,到了吃饭的时间,他却专心地玩起玩具来;到了该回家的时间,宝宝却对花丛中某只小虫子产生了兴趣……在这些情况下,妈妈一定要耐心地等待宝宝"工作"结束,因为这是宝宝注意力集中能力发展的基础。

特殊阶段:防止宝宝坏习惯形成的关键期

随着自我意识的发展,宝宝的个性越来越明显了,他开始有了自己的主见,在很多时候常常会按照自己的意愿去做事。正是在这一时期,宝宝很有可能就会养成很多不良的习惯,例如,为了达到目的用哭闹行为来要挟家长、打人、依恋某一个物品、边玩边吃饭等。

宝宝出现了不好的行为并不代表他具有了不良习惯,但如果家长对宝宝的这些不好的行为置之不理,那宝宝的这些不好行为就会转化为不良习惯。以下我们将介绍这一阶段宝宝最易形成的坏习惯,以及防止宝宝形成这些坏习惯的具体措施。

● 控制家长→用新鲜的事物转移宝宝的注意力

到了1岁左右,由于自我意识的发展,每个宝宝都会产生一定的权力欲望。例如,宝宝常常会自己选择想吃的食物,如不吃固体食物,只吃奶。又如,宝宝高兴时,他会让别的小朋友动他的玩具,但当宝宝不高兴时,他会拒绝所有人动他的玩具……当然,令大多数妈妈都特别头痛的是,宝宝总是试图用哭闹行为来控制家长,进而达到自己的目的。

一位妈妈曾苦恼地这样讲述:

最近一段时间,宝宝总是不好好吃饭,因此我总是有意识地控制宝宝吃零食。这不,又到吃饭时间了,看着满桌的饭菜,宝宝噘着小嘴,用小手指着冰箱不停地说:"奶、奶……"我知道宝宝又想喝酸奶了,就对他说:"乖宝宝,冰箱里没有酸奶了,我们来吃妈妈做的饭好不好?你看,妈妈做了宝宝最爱吃的荷兰豆!"

但宝宝就像没有听到我的话一样,仍然指着冰箱说:"奶、奶……"没有办法,我只得打开冰箱让他看。看到真的没有酸奶了,宝宝仍然不肯死心,他指着大门哇哇哭。我知道,他是想让我抱他到楼下超市去买,这个要求也太过分了。我没有理他,只顾低头吃自己的饭,但宝宝的哭声越来越大。看着他声泪俱下的样子,我的心软了,只得抱着他到楼下去买。

在宝宝1岁左右,大多数妈妈都要面对这个问题:为了达到目的,宝宝不停地哭泣,有时甚至都把嗓子哭哑了。但在这个时候,妈妈如何对待宝宝,却决定了宝宝是否会养成要挟家长的坏习惯。

很多家长(尤其是妈妈)常常会这样说:"宝宝的哭声就是我的软肋,听到宝宝的哭声,我的心就会软,这时我常常就会无条件地满足他的要求。"从表面来看,家长的这种行为是爱孩子的表现,但实际上却极大地助长了宝宝要挟家长坏习惯的形成。就像上述案例中妈妈的行为,面对宝宝的要求过分心软,那以后宝宝就会用越来越激烈的哭闹行为来要挟家长。

但如果在宝宝刚刚出现用哭闹来要挟家长的行为时,家长就能做到坚定立场不妥协,那宝宝很可能很快就会放弃哭闹行为,这样的情况经历久了,宝宝自然就再也不会用哭闹行为来要挟家长。

那么,如果宝宝已经养成了用哭闹行为要挟家长的坏习惯,妈妈又应该如何对待宝宝呢?

其实,即使宝宝已经养成了这一坏习惯,妈妈们也不用太着急。1岁左右宝宝的坏习惯是不容易定型的,如果有意识地去引导,宝宝是可以逐渐改掉这一坏习惯的。

一位儿童心理学家建议家长们这样做:

当宝宝用哭闹行为来要挟家长时,家长千万不要立刻回应他,而是等他的哭声逐渐减弱时,再想办法去转移他的注意力。例如,宝宝因为家长禁止他吃零食而哭泣,当他的哭声逐渐减弱时,家长发现宝宝正在瞅着他手中的一个剩有半瓶水的矿泉水瓶,这时家长就可以这样对他说:"宝宝,你看,这个瓶子里的水能够晃来晃去,好好玩呀,你也来玩一玩吧!"在这种情况下,也许宝宝的注意力就会被这个瓶子所吸引,进而忘记自己刚才有目的性的哭闹行为。

在这一阶段里,宝宝的注意力是很容易被转移的,在养育宝宝的过程中,妈妈们都会发现这样一种情况:当宝宝有目的性地哭泣时,他的哭声并不是一直都特别响亮的,而是呈现出时强时弱、断断续续的状态。为什么会出现这种现象呢?

实际上,这一现象形象地说明了宝宝注意力的变化:当宝宝的哭声逐渐减弱时,这说明宝宝"走神"了,他想起了别的事情,或者被周围的某个物品吸引了注意力;当宝宝的哭声又突然变得响亮起来时,这说明宝宝又想起了自己正在因为什么而哭泣。所以,妈妈完全可以利用宝宝"走神"的机会,使宝宝从哭闹的行为中摆脱出来。

例如上述事例中的情况,当宝宝盯着家长手中的矿泉水瓶干嚎时,家长顺势把瓶子拿给宝宝玩,注意力完全被这个新鲜的事物所吸引,宝宝很快就会忘记刚才为什么事情而哭闹。在不知不觉中,宝宝的哭闹行为就消失了。

当然,即使宝宝不会被任何事物所吸引,当宝宝的哭声逐渐减弱时,妈妈同样也可以找到好的办法来吸引他的注意力。例如,引导宝宝一起回想与宝宝玩得特别高兴的一个游戏场景,如妈妈可以这样对宝宝说:"还记得昨天晚上吗?你从我身下爬过,当时你就像一只快乐、可爱的小猪一样……"在这种情况,宝宝往往也会不由自主地跟着家长一起回忆,这样,妈妈就会把宝宝带入一个快乐的氛围之中。这时,宝宝很快就会忘记刚才所发生的不愉快的事情。

● 不良的饮食习惯→了解宝宝的心理需求;制止但不能批评

随着宝宝运动能力的增强,妈妈再给宝宝喂饭就不再是易事了,于是在养育宝宝的过程中,妈妈们常常会经历这样的场景:宝宝在前面爬,或扶着物体在前面走,家长端着饭碗在后面追。不仅如此,在吃饭的过程中，宝宝还会表现出很多不好的习惯，例如，把送到嘴边的饭菜打掉、故意把嘴里的饭菜吐出来或吹泡泡等。

对于宝宝来说，这是非常不好的饮食习惯，而且还会在很大程度上影响宝宝的饮食量。例如，一个边吃边玩的孩子也许刚吃两口就被新鲜的事物所吸引，从而拒绝再吃饭。长久如此，宝宝很容易就会出现营养不良现象。因此，为了保证宝宝的身体健康，妈妈也要帮宝宝改掉这些不良的饮食习惯。

1.用手抓饭菜。

用手抓饭菜这种现象在1岁左右宝宝的身上表现得最为明显，很多妈妈把宝宝的这种行为定义为不规矩或不雅的坏习惯，甚至有些妈妈还会因此而对宝宝使用小暴力，例如，当宝宝用手抓饭菜时，会出其不意打宝宝的小手一下，她们认为，有了疼痛的经验之后，宝宝就不会再用手抓饭菜了。

其实，这些观点和做法是错误的，宝宝用手抓饭菜的行为并不能算做是他的坏习惯。对于成人来说，吃饭是为了填饱肚子，为了享受美味，但对于1岁左右的宝宝来说却绝非如此。对于这些探索欲望正强烈的宝宝来说，周围世界的任何事物都是充满新鲜感的，吃饭的过程也不例外。宝宝用手抓饭，实际上也是他对外部世界进行探索的一种表现，因此家长绝不能阻止宝宝的这种探索行为。

而且，从长远角度来讲，在1岁左右这一阶段，如果家长允许宝宝用手抓饭菜，这还有利于宝宝日后形成良好的饮食习惯。婴幼儿行为研究学家发现，在理想状态下，宝宝是不会拒绝任何食物的，但现在很多宝宝之所以会表现出严重的偏食现象，这与他与食物亲密接触的次数有关。在生活中，妈妈们会发现，1岁左右的宝宝不仅喜欢用手抓食物，还喜欢用手捏食物，其实，这是宝宝认识食物的一种方式。在与食物的这种亲密接触过程中，宝宝会逐渐了解各种食物的形状、特性以及味道。当宝宝熟悉并了解某些食物之后，他就不会再拒绝这些食物了。

另外,对于宝宝来说,用手抓食物的过程也是一种非常愉悦的经历。它不仅可以使宝宝内心的探索欲望得到满足,而且还能增加宝宝的食欲。所以,只要家长把宝宝的手洗干净,就可以允许宝宝自由地去探索食物。

当然,在这种情况下,妈妈也不必对宝宝所制造的满地、满桌子、满身的狼藉太过发愁,宝宝对食物的这一探索期很快就会过去。当宝宝到了 1 岁半左右,他开始有意识地使用工具,开始更频繁地模仿成人,这时候,妈妈就可以教宝宝使用勺子、筷子等餐具了。

2.用手打掉饭菜、把送到嘴里的饭菜吐出来。

在喂宝宝吃饭的过程中,很多妈妈都会有这样的经历:把饭送到宝宝嘴边,宝宝却毫不留情地把它们打翻;饭菜刚送到宝宝嘴里,宝宝却把它们吐出来,有时甚至还会故意吹泡泡……其实,宝宝的这些行为向家长们传达了一个很重要的信息,那就是"我吃饱了"或"我不想吃了"。在这种情况下,妈妈就应该识相地把饭菜拿走,如果再继续喂,肯定会激起宝宝对食物的反感, 这更不利于宝宝良好饮食习惯的形成。

大多数家长都能读懂宝宝这些怪异行为所传达出来的拒绝信息,但为了使宝宝改掉这种坏行为,或者说为了阻止宝宝的这种坏行为演变成坏习惯,妈妈也要向宝宝传达这样一个信息:你的这种行为是不对的,我对你的这种行为生气了。

一位妈妈是这样做的:

当宝宝故意打翻饭菜或故意把送到嘴里的饭菜吐出来时,我不会批评他,但我会绷着脸对他说:"这种行为是不对的,妈妈生气了!"

这位妈妈的做法是科学的, 这一阶段的宝宝还没有形成是非观念,所以家长不能用批评或惩罚的方式对待他。但这一阶段的宝宝已经能够熟练地察言观色了,面对宝宝这种不好的行为,妈妈一定要用自己的面部表情让宝宝明白,他的行为使家长生气了。这样才能使宝宝对自己的行为进行反思,从而逐渐减少这种坏行为。但如果妈妈面对宝宝这种坏行为一言不发,甚至当宝宝表现出这种坏行为时还对他们微笑,那宝宝的这种坏行为只能是越来越猖狂,从而演变成坏习惯。

3.边玩边吃。

在吃饭的过程中,宝宝还有一种坏习惯令妈妈们头痛,那就是边玩边吃。例如,宝宝一边摆弄玩具一边玩小汽车,刚吃两口,宝宝就爬着去追小汽车,家长只得拿着饭碗在后面追。

我们都知道,这种边玩边吃的行为是一种非常不好的饮食习惯,而且还会影响宝宝的胃口,使宝宝营养不良。当然,当宝宝出现这种边玩边吃的行为时,妈妈也要在制止但不批评的前提下,引导宝宝改掉这种坏习惯。

具体来讲,妈妈可以借鉴以下几种做法:

当宝宝正在投入地玩玩具时,妈妈不要打扰宝宝,可以晚一些再让他吃饭;

吃饭时,尽量让宝宝坐在餐桌前与大人一起吃,这可以在很大程度上把宝宝的注意力局限在饭菜上;

尽量不要追着宝宝喂饭,否则宝宝会把吃饭当成与家长捉迷藏的游戏;

……

是的,喂宝宝吃饭就要给宝宝营造吃饭的环境,如果妈妈允许宝宝边玩玩具边吃饭,或者总是追着宝宝喂饭,那宝宝的注意力就不会完全放在吃饭上,而是会把吃饭当成一种游戏,这非常不利于宝宝良好饮食习惯的形成。

但如果妈妈每次都让宝宝坐在餐桌前与大人一起吃饭,这就等于给宝宝营造了一个良好的吃饭环境,也许宝宝偶尔也会抓饭菜来把玩,但这没有关系,因为宝宝也会时不时地把抓在手里的饭菜放进嘴里,这会大大提高宝宝吃东西的欲望。

第二篇

1~2 岁——6 个阶段, 培养高能力宝宝

第十一阶段：1 岁 1~2 个月（13~14 个月）
——宝宝有自己的主意了

概述

进入第 13 个月，宝宝就摆脱了婴儿期，进入了幼儿期。

幼儿与婴儿的最大区别就是，幼儿不再让妈妈那样手忙脚乱了。小婴儿吃喝拉撒等琐碎的事情很多，而且那时妈妈的教育经验有限，因此常常会出现手忙脚乱的情况。但到了 1 岁之后，宝宝不仅能够用简单的语言表达自己的某些意愿和要求，而且还能借助身体语言与家长交流了，所以，在接下来的养育过程中，妈妈们会有些轻松的感觉。

虽然宝宝的生活问题减少了，但随着自我意识的发展，宝宝的很多坏习惯也开始初露头角了。例如，宝宝越来越多地用哭闹行为要挟家长、经常把玩具扔得到处都是……对于妈妈们来说，这是比过去更严峻的一种考验。

第十一阶段：宝宝的一般行为特点

进入幼儿期之后，宝宝越来越像个大小孩了：

首先，从外观上来看，大多数宝宝已经摆脱了小时候的那种"婴儿肥"。

其次，宝宝的很多表现也越来越像大小孩了，例如：宝宝自己的主意越来越明显了，如果不喜欢某件物品，就会直接把它扔掉；不喜欢吃某些食物，妈妈不再那样轻易地骗宝宝把这些食物吃掉了……而且，在很多情况下，宝宝还会与家长作对，家长越是不让他动某个物品，他越去动。其实，这些情况都在说明，宝宝逐渐有了自己的思想和意愿，他的自我意识越来越强烈了，在这些时候，妈妈只有尊重宝宝，宝宝才会与家长合作。

当然，尊重的前提是了解，妈妈只有了解这一阶段的宝宝，才能真正地做到尊重他。

在进入幼儿期的前两个月里，大多数宝宝都会表现出以下几个特点：

◉ 宝宝的精细动作飞速发展

相对于婴儿而言，刚进入幼儿期的宝宝最明显的变化就是，精细动作正在经历飞速的发展。在日常生活中，细心的妈妈会发现，宝宝越来越关注那些细小的事物，并且喜欢把它们抓捏起来，例如角落里的一枚硬币、床上的一个线球、妈妈衣服上的一颗小扣子等。不管是否能够成功地把这些微小的物品抓起，每一次宝宝都会对这项活动充满极大的兴趣。这些现象都在表现，宝宝的精细动作正在经历或将要经历一个飞速发展的阶段。

我们都知道，精细动作的发展有利于宝宝更加深入地探索物品的大小、形状以及特性，这不仅可以大大提高宝宝的认知能力，而且还有利于宝宝空间感的建立。那么，作为妈妈，我们应该如何有意识地促进宝宝精细动作的发展呢？

1.给宝宝创造宽松的环境，让宝宝自由去探索。

一位明智的妈妈讲述了这样一件事情：

最近，我家不满 13 个月的宝宝总是爱摆弄家里的电话、手机或电视遥控器，他也学着我们的样子用一个手指去按这些物品上的按键。有一次，只见宝宝奇怪地一会儿瞅瞅电视，一会儿瞅瞅手里的遥控器，一会儿又瞅瞅我们。我和他爸一看，太惊奇了，宝宝竟然自己把电视打开了。

看着我们惊奇的表情，宝宝坏坏地笑了起来。他那种坏坏的表情就好像在对我们说："是我把电视机打开的，吓了你们一跳吧！"

一个还不满 13 个月大的宝宝竟然能用遥控器把电视机打开，这有些让人难以置信,但它却真实地发生了。也许有的妈妈会问:"这一阶段的宝宝为什么如此喜欢按按钮呢?"

这一阶段的宝宝可是个小观察家,从这时起,他开始留意家长的动作,并且开始模仿家长的动作。就像按遥控器的按钮打开电视这个动作,也许宝宝仅仅是好奇,或者仅仅是在模仿家长的动作才按遥控器的按钮,但没想到自己的这一动作却把电视机打开了。在这种情况下,宝宝就开始总结按按钮与打开电视之间的关系,当把这一关系研究明白之后,宝宝就真正地学会用遥控器开关电视机了。当然,在这种频繁按按钮的过程中,宝宝的精细动作也得到了一定的发展。

然而,在现实生活中,我们看到的却常常是这种情况:

宝宝拿起话筒刚要"打电话",妈妈马上把宝宝手中的话筒夺过来,并有些不耐烦地说:"乖宝宝,不要给妈妈捣乱!"

当宝宝正在"研究"爸爸的手机,爸爸却把手机从宝宝手中夺过来,并非常不高兴地对宝宝说:"别瞎按,别把爸爸的手机按坏了!"

……

在生活中,正是由于家长的过度干预,使宝宝丧失了很多发展精细动作的机会。当然,家长的这种做法对宝宝的影响还不仅限于此,当宝宝到了 5~6 岁左右,很多家长就开始这样埋怨:"为什么有些孩子的动手能力非常强,而我家孩子做任何事都等着别人去帮助他呢?"其实原因就在于此,家长对宝宝行为的过度干预使宝宝自己动手的能力大大减弱了。

所以,促进宝宝精细动作的发展,妈妈可以不用采取任何措施,但一定要给宝宝创造一个宽松的环境,允许宝宝在自由的探索中去发展精细动作。

2.有意识地与宝宝玩抓小物品的游戏。

在这一阶段,在妈妈的示范下,宝宝可以把地上的小珠子捏起并把它放入敞口的小盒子里了。但在做这一连串动作的时候,宝宝常常会显得非常可爱和笨拙。首先,他要捏很多次才会把小珠子捏起;其次，在把小珠子放入盒子里之前，宝宝还会把小手放在盒子上歇一会儿。

宝宝这些可爱而笨拙的动作说明他的精细动作发展还不是很完善，因此，妈妈可以有意识地利用一些小游戏来发展宝宝的精细动作。例如，多与宝宝玩这种把小珠子放入小盒子的游戏，不论是从地上捏起小珠子，还是把珠子放入盒子中，宝宝的动作都会一次比一次熟练。

当然，当宝宝熟悉掌握了这些动作之后，妈妈还可以有意识地与宝宝玩一些增加难度的小游戏。例如，可以与宝宝玩这个"小猪吃饭"的游戏：

妈妈在沙发上撒一些1角、5角、1元的硬币，然后拿一个小猪储蓄罐放在宝宝面前，对宝宝说："小猪饿了，我们来喂它吃饭吧！"并给宝宝做出示范，拿起一枚硬币并放到储蓄罐里。

刚开始玩这个游戏的时候，宝宝肯定会采用他原来的"老办法"：一下抓起两三枚硬币，然后把它们往储蓄罐里放。然而储蓄罐的小口是非常小的，所以宝宝往往一枚硬币也放不进去。这时，妈妈可以一边给宝宝做出示范，一边这样对宝宝说："宝宝，你看，用这两个手指头捏住一枚硬币，就可以成功地把它放入储蓄罐了。"这时，宝宝肯定会认真地学习妈妈的动作。

在这一阶段，虽然宝宝的精细动作有所发展了，但宝宝还常常习惯性地使用大把抓的动作，因此，利用这种难度增加的小游戏，宝宝的精细动作可以得到很好的锻炼。因为储蓄罐的口很小，所以宝宝只有用两只手指捏起硬币才能成功地把硬币放进去；另外，也正是因为储蓄罐的口很小，这才增加了对宝宝精细动作锻炼的力度。所以，多次与宝宝玩这个小游戏，宝宝的精细动作一定会有质的飞跃。

当然，在与宝宝玩这个游戏的过程中，妈妈还要特别注意：第一，由于这个游戏对于这一阶段的宝宝来说有一定的难度，所以妈妈一定拿出足够的耐心来帮助宝宝体验成功；第二，由于这一阶段宝宝的注意力是非常有限的，为了防止宝宝对类似的游戏失去兴趣，妈妈与宝宝游戏的时间不宜过长，对于大多数宝宝来讲，5～8分钟最为适宜。

● 宝宝是越来越淘气了吗？

随着月龄的增加，很多妈妈常常这样评价宝宝："这小东西越来越淘气了，你越不让他去动的物品，他偏偏去动；你越告诉他某个物品危险，他越是偷偷摸摸地去接近这个物体……"

是的，当宝宝到了1岁之后，妈妈们都会这样表示，原来那个乖宝宝不见了，现在这个宝宝变得越来越像小捣乱鬼了。其实，妈妈们是误解了宝宝，并不是宝宝越来越淘气了，而是随着他活动能力的增强，妈妈对他的安全越来越担心了。

过了1岁之后，虽然有些宝宝还不能独自行走，但他们中的大多数已经能够扶着别的物体熟练地到处移动了。随着这种运动能力的增强，在很多情况下，宝宝的好奇心也得到了极大的满足。例如，如果宝宝突然对茶几上的烟灰缸很感兴趣，那他就会扶着茶几去接近烟灰缸，然后把烟灰缸拿在手里认真地把玩。

但也正是因此，妈妈们越来越为宝宝的安全担心，因为这一阶段宝宝真正的危险意识与安全意识还未形成，他很有可能把水果刀拿在手里把玩，也有可能去抓露在外面的电线头……因此，在养育这一阶段宝宝的过程中，我们常常会看到这样的情况：

看到宝宝将刀拿在手中玩，妈妈马上惊叫着对宝宝喊道："快放下，那个刀子会把你割伤的！"然而，宝宝瞅了瞅妈妈，仍然把水果刀拿在手里玩来玩去。

看到宝宝对电视的电源插座产生了兴趣，妈妈马上对宝宝说道："不要接近它，它很危险，会电到你的！"但当妈妈离开房间再回来后，发现宝宝正在"研究"电源插座。

……

在宝宝1岁之前，如果妈妈表情严肃地与宝宝讲话，宝宝很快就会明白妈妈不喜欢自己的行为，在这种情况下，宝宝一般都会放弃自己那种不好的行为。但为什么1岁之后的宝宝却越来越不乖了呢？

其实，并不是宝宝越来越不乖了，而是这一阶段的宝宝开始建立了独立的思想和意愿。如果妈妈不尊重宝宝，或者妈妈的要求违背了宝宝的意愿，那宝宝就会拒绝服从。例如，如果宝宝觉得水果刀很好玩，即使妈妈对他强调过很多次"不许玩水果刀"，他也只会把妈妈的话当成耳旁风。

那么，妈妈应该如何对待宝宝的这些淘气行为呢？

其实，要想减少宝宝的淘气行为，妈妈首先应该了解宝宝这些淘气行为产生的原因，以及这些淘气行为的特点。以下我分别针对这两点，给妈妈们提供一些切实可行的建议：

1.制止宝宝不要去做某事，就等于提醒他去做某事。

在养育宝宝的过程中，妈妈们都会发现，越是不让宝宝去做的事情，宝宝就越去做。是的，这是1岁之后宝宝的最明显特征，面对危险的事情，在宝宝没有去做之前，如果妈妈用语言制止宝宝去做，就等于提醒宝宝去做这件事情。

一位妈妈这样讲述自己的宝宝：

一天，西瓜刚切了一半，就有人按门铃，在去开门之前，我看了看放在餐桌上的水果刀，很认真地对宝宝说："宝宝乖，别动这个水果刀，妈妈一会儿就回来。"

是送快递的在按门铃，我的快递还没有签收完，就听到宝宝哇的一声哭了起来。我赶紧跑进厨房，只见宝宝伸着自己正在流血的食指在伤心地哭着，而水果刀就放在他身旁。

看宝宝哭得这样伤心，我赶紧给他包扎伤口，但在心疼他的同时，我心里是又气又恨：为什么你就是不听我的话呢！

对于1岁的宝宝来说，妈妈禁止他去做某事，其实就是向他传达了这样一个信息：这件事情很有趣。就拿案例中的情况来说，妈妈禁止宝宝去动水果刀，其实就是在告诉宝宝：水果刀很好玩。对于这一阶段的宝宝来说，妈妈是否允许他去做某件事情并不重要，他也不会完全领会，但他真正感兴趣的是这件事情本身。也许宝宝本来没有想动那个水果刀，但妈妈向他传达的信息却激起了他的好奇心，所以，在好奇心的驱使下，宝宝一定会去动水果刀。

因此，如果不想让宝宝动某个物品，妈妈可以把物品拿走，或直接把物品放到宝宝够不到的地方，但一定不要试图通过语言来制止宝宝的行为，这会使宝宝接近这个危险事物的欲望越来越强烈。

2.给宝宝创造一个充满安全性的环境。

1岁之后，大多数宝宝都会呈现出这样一个特点：好奇心极强，什么都想摸，什么都想动，如果妈妈总是对宝宝说"不能动这个""不能碰那个"，这不但会增加宝宝接触这些物品的可能性，而且在很大程度上还会遏制宝宝的好奇心和探索欲望。因此，在这个时候，妈妈给宝宝创造一个充满安全性而又有一定玩耍空间的环境特别重要。

那么，应该如何给宝宝创造这样的环境呢？

一位婴幼儿行为发展学家给家长们提出了这样的建议：

一、用玩具代替名贵物品或危险品。例如，不要在茶几上摆放玻璃杯或盛有热水的茶壶等；不要在酒柜里摆放一些名贵的酒，可以有意摆放一些有意思的小玩具……

二、危险品用完后要及时放到宝宝够不到的地方。例如，即使家长去开门这一小段时间，也要把水果刀、剪刀等放到宝宝够不到的地方。当然，家长也不能忽视宝宝玩耍的需要，家长不允许宝宝玩水果刀，但一定要允许宝宝把水果当成玩具来玩。

这位婴幼儿行为发展学家考虑得非常周全，在他所描述的这种环境里，没有危险品，这就大大减少了妈妈对宝宝说"不"的频率，从而促使宝宝的自我意识健康快速地发展；提供一定的安全玩耍空间，这会促使宝宝的探索欲望和好奇心飞速健康发展。

3.用行动阻止宝宝触碰危险物品。

在生活中，一些不能让宝宝触碰的危险品，总会不可避免地出现在宝宝所能触及的地方，例如，地上的接线板、床头上的小台灯等。当宝宝去探索这些物品的时候，妈妈应该如何阻止宝宝呢？

在这些情况下，大多数的妈妈都习惯对宝宝大喊大叫，例如，当宝宝接近接线板时，妈妈很可能就会厉声呵斥宝宝："别动，会电到你的！"但在这种情况下，宝宝就像没听到妈妈说话一样，继续自己的探索行为。为什么会这样呢？

这还要从1岁左右宝宝的特点讲起。这一年龄段的宝宝对家长的语言理解得还不是很深刻，他并不在意家长说了什么，而是非常在意家长的态度和行动。因此，家长的语言并不会起到长期的作用，即使宝宝没有对家长的命令充耳不闻，例如，在妈妈的大声喊叫下，宝宝停止了对接线板的探索，但当妈妈不注意时，宝宝还会继续对接线板进行探索。

因此，当宝宝接近危险物品时，妈妈最科学的做法就是一边把宝宝抱走，一边严肃地对他说："这样做是不对的！"在这种情况下，妈妈明确的态度和行为就会给宝宝留下深刻的印象。这不仅可以在很大程度上阻止宝宝再次接近类似的危险物品，而且对宝宝是非观念的建立也会起到一定的促进作用。

第十一阶段：宝宝的能力发展＋潜能开发方案

与婴儿期的最后两个月相比，进入幼儿期的前两个月里，宝宝的很多能力都得到了大幅度的提升。例如：

宝宝的手脚变得越来越灵活了，之前，宝宝只会用双手抱着奶瓶喝水，但现在，宝宝可以用单手抓住小杯子喝水了；

之前，宝宝在大多数情况都会扶着物体移动自己的身体，但现在，宝宝的平衡能力大为增强了，他不仅比以前站得稳了、走的时间长了，而且弯腰捡东西再站起来时也不会再摔倒了；

……

当然，最值得一提的是宝宝语言能力的发展，令妈妈们惊喜的是,在这一阶段,不仅宝宝的词汇量在飞速发展,而且大多数的宝宝会使用自己的名字了。例如,之前,当宝宝口渴时,他会这样对妈妈说:"妈妈,喝水。""妈妈,渴。"但现在,宝宝会这样对妈妈说:"宝宝喝水。""宝宝渴。"把自己与具体的事物联系起来,这不仅说明了宝宝的语言能力在飞速发展,而且还表明宝宝的自我意识也在快速发展。

● 语言能力的发展→用简洁清晰的语言对宝宝讲话;用鼓励对待宝宝的"语言错误"

大多数宝宝语言能力的发展都是按照两种模式发展的:一是逐渐式,也就是说,宝宝是逐渐学会说话的,刚开始是一个字一个字地往外蹦,然后学会说两个字的单词,再后来学会运用由几个字词组成的句子;二是跳跃式,也就是说,宝宝学会说话的过程是呈跳跃性或暴发性的,也许起初宝宝一个字也不会说,但一旦宝宝开口,就能说出简单的整个句子。

不管宝宝的语言按哪种模式发展,妈妈都应该意识到,同龄宝宝之间的语言能力是存在差距性的。到了1岁之后,学会说话早的宝宝可能已经会说某些简单的句子了,但有些宝宝可能还不会说话,甚至一个字都不会说,在这种情况下,妈妈常常会特别着急,认为宝宝的智力发展有问题。

其实,这一阶段只要宝宝能够发出咿呀声,并且能够听懂妈妈所说的大部分话,这就属于正常情况。在这种情况下,妈妈最应该做的事情不应该是着急,而是应当用正确的办法教宝宝学习说话。

事实上,1~3岁是宝宝语言能力发展的关键期。不管宝宝语言能力发展如何,也不管宝宝的语言能力是按哪种模式发展的,在1岁之后,妈妈们都应该用更科学的方式来提高宝宝的语言能力。一般来讲,在这一阶段,如果妈妈能够熟练掌握以下两种方法,宝宝的语言能力就能快速发展。

1.用简洁清晰的语言对宝宝讲话。

让宝宝学会说话最科学的方法就是，让宝宝生活在一个丰富的语言环境中。事实就是如此，如果一个宝宝的周围都是一些能言善道的成人，那这个宝宝学会说话的时间就会很早；如果一个宝宝的周围都是一些沉默寡言的人，那这个宝宝学会说话的时间就会很晚。曾有教育学家也举过这样一个例子：宝宝听上一千遍"妈妈"这个词，他很自然就会发出妈妈这个音了。因此，妈妈是不是经常与宝宝讲话，在很大程度上决定着宝宝学会说话的时间。

当然，当宝宝到了1岁之后，妈妈不仅要注意自己与宝宝讲话的频率，还要注意与宝宝讲话的"质量"——争取用最简洁最清晰的语言表达自己的意思。

例如，妈妈要多与宝宝进行有意义的交流，除了纯语言之外，还可以借助面部表情、身体语言等与宝宝进行交流。当然，在与宝宝交流时，妈妈的语言要力求简明扼要，使用最准确、最清晰的语句。以下有两个案例：

案例1：

宝宝不肯好好吃早饭，当妈妈把粥送到宝宝嘴里时，宝宝不是咽下去，而是用粥吹泡泡。这时，妈妈这样对宝宝说："宝宝，你现在不好好吃饭，那我们就不能准时出发，如果不能准时出发，我们就不能早早地去动物园玩了！"

案例2：

同样的情况，宝宝不好好吃饭，而是用粥吹泡泡，妈妈这样对宝宝说："宝宝快点吃，我们去动物园看大老虎！"

从这两个案例的对比中，作为成人，我们也能深刻地感觉出宝宝更喜欢妈妈的哪种语言。就拿案例1中妈妈的语言来说，对于1岁之后的宝宝来说，这样的话实在是太冗长和复杂了：首先，这一阶段的宝宝还没有建立起明确的时间观念，他不能理解现在与将来的关系；其次，宝宝还不能理解因果关系，妈妈对这一阶段的宝宝解释太多是没有太大作用的。因此,案例 1 中妈妈的语言一般不会促使宝宝表现出合作行为,而且还会使宝宝费解。

相对于案例 1 来说,案例 2 中妈妈的语言要简洁清晰得多,它没有复杂的时间观念,也没有因果关系,但它却向宝宝传达了这样一个很清晰的信息:妈妈要带宝宝去动物园看大老虎。在这种情况下,宝宝不仅可以快速、准确地把握妈妈所传达的信息,而且在这种充满诱惑性的信息影响下,宝宝往往会主动与妈妈合作。

所以,妈妈简洁清晰的语言不仅可以促进宝宝语言能力的发展,还能在很大程度上促使宝宝与自己合作。

2.不要马上纠正宝宝的错误。

在学会说话的某一个阶段,大多数宝宝都会经历一个"语言沉默期"。例如,一位妈妈曾这样向他人抱怨:"我家宝宝刚过 1 岁就会说很多语言了,但最近一段时间,他却变成了一个小沉默者,无论我们如何引导他,都不能使他张开金口说话,真不知道他这是怎么了!"

宝宝本来已经学会说话了,但为何又忽然变得沉默起来呢?

实际上,这与家长教宝宝学习说话的方式有很大的关系。当宝宝具有一定的语言能力之后,家长们常常就会提高对宝宝的要求,每当宝宝出现发音错误或语法错误时,都会毫不留情地给宝宝指出并纠正。

刚开始时,宝宝一般都不会在意家长的纠错行为,并且还会积极地去改正自己的错误。但如果家长总是频繁地指出宝宝的错误,这很容易就会促使宝宝丧失开口讲话的勇气。所以,一旦宝宝丧失了讲话的勇气,无论家长如何引导,宝宝都不会轻易开口讲话。

那么,妈妈应该如何对待宝宝在讲话时出现的错误呢?

其实,对于宝宝来说,在 1 岁之后的这两个月里,重要的并不是他学会了说什么,而是他说话时自信心的培养。对于这一阶段的宝宝来说,出现发音或语法错误是在所难免的,因此,妈妈不要总是试图纠正宝宝的错误，而要对宝宝所说的话采用肯定的态度。

针对这一点，一位妈妈这样分享经验——奖励宝宝的错误。

当宝宝1岁零1个月大的时候，他经常会巧妙地把会说的字、词、句连在一起，来表达自己的意思。在很多时候，宝宝的创意错误会令全家人捧腹大笑。

一天，我们带宝宝去海边看船，当看到一只运沙子的小船，后面拖着两条水管噗噗地往外喷水时，那小家伙非常兴奋地大喊道："大船拉尿了！"

宝宝的这一句话把周围人都逗得笑了起来，我也笑着在他的小脸蛋上亲了又亲，并且对他说："宝宝，你真是太有创意了！"

每次遇到这种情况，不管宝宝的语言存在多大的语法错误，我都不会过早地去纠正他，而是用行动鼓励宝宝去说更多的话。

宝宝一旦学会说话，他掌握语言的速度是非常快的，几乎每天都会有新词从他嘴里说出来，他几乎每天都能花样翻新地表达自己的意思。因此，在这一阶段，宝宝所犯的语言错误常常会令周围人捧腹大笑。但在这些时候，妈妈千万不要让宝宝听出嘲笑的意味，而且应该像上述案例中妈妈的做法一样，用自己的行动鼓励宝宝去说更多的话。

当然，也许有妈妈会这样说："如果宝宝的这些语言错误转变成习惯怎么办？"

其实，妈妈们的这种担心完全是多余的，每个宝宝都会经历一个乱用词语和句子的阶段，但这一阶段很快就会过去，因为周围的语言环境会告诉他如何正确地使用词语或句子。所以，在宝宝经历那个乱用语言阶段，如果妈妈总是马上去纠正宝宝的错误，那宝宝很容易就会对自己失去信心，从而变成一个沉默者；但如果在这一时期，妈妈能够享受宝宝的语言错误所带来的乐趣，并鼓励宝宝说更多的话，这不仅对宝宝建立语言自信心有很大的帮助，而且还会使宝宝对语言的学习充满乐趣。

● 独立性的发展→现在的亲密是为了将来愉快的分离

当宝宝过了 1 岁之后, 很多妈妈都会这样想:宝宝长大了, 应该锻炼他的独立性了! 还有很多妈妈会这样说:"我家宝宝太黏人了, 如果现在不趁机锻炼他的独立性, 那以后他上幼儿园会很难! "

这些妈妈的观点是否正确呢? 在 1 岁之后的前几个月里, 妈妈应不应该锻炼宝宝的独立性呢?

其实, 这种想法是不科学的。刚刚进入幼儿期的宝宝都是一个个矛盾体, 他既希望独立, 又具有极强的依赖性, 尤其是对妈妈以及看护人的依赖甚至比他在婴儿期还要强烈。

相信有养育 1 岁宝宝经验的妈妈对下面的场景都不会陌生:

当妈妈陪在宝宝身边时, 宝宝一般都能自己一个人津津有味地吃东西, 或全神贯注地玩耍。但他会时常停下来, 看妈妈是否还陪在自己身边。在这些时候, 即使妈妈离他很远, 只要他能够看到妈妈的身影, 他也能安下心来。但一旦妈妈从他视线中消失, 宝宝立刻就会不安起来, 他会停下手头所有感兴趣的动作, 去寻找妈妈。如果通过努力仍然没有发现妈妈的身影, 宝宝就会嚎啕大哭。在接下来的日子里, 宝宝常常寸步都不肯离开妈妈身边。

是的, 对妈妈以及看护人的依赖性越来越强, 是这一阶段宝宝的一个很大的特点。那么, 为什么宝宝对妈妈越来越依赖呢?

这还要从宝宝能力的提升说起。随着宝宝运动能力的提高, 这一阶段的宝宝大都能离开妈妈去探索自己感兴趣的事物。而在此之前, 宝宝大多数时间都是在妈妈的怀抱之中。正是由于与妈妈的这种分离, 宝宝生怕失去妈妈, 或者生怕妈妈不要他了, 所以对妈妈的依赖性才会越来越强。

因此, 妈妈那些试图锻炼这一阶段宝宝独立性的想法和做法是不科学的。那具体来讲, 这些做法会对宝宝产生哪些危害呢?

一位妈妈非常后悔自己曾做过这样一件错误的事情:

家里没有奶粉了，宝宝又刚刚睡着，所以我决定去趟超市，因为平时宝宝一觉能睡两三个小时，暂时醒不了。

但我刚到了超市一会儿，邻居就打电话过来焦急地说："孩子哭得特别厉害，已经很长时间了，我敲门没有人开，快回来看看吧！"当我急匆匆地赶回家时，宝宝正坐在床上闭着眼哇哇地哭，哭得满身都是汗，我哄了半天，宝宝才停止了哭闹，但仍然不断地抽气，一副十分委屈的样子。

就从这件事之后，宝宝睡觉的时间明显缩短了，常常不到 1 小时就醒一次，而且有时睡着了还会在梦里大喊大叫。我真后悔那天把宝宝一个人留在家里。

平时宝宝一觉能睡两三个小时，但为什么偏偏妈妈外出时，宝宝会很快醒来呢？有儿童心理学家表示，这是婴幼儿自我保护的一种本能。

当宝宝过了 1 岁之后，大多数妈妈都会抱有这样的侥幸心理：宝宝一觉可以睡很长时间，把宝宝锁在家里我就可以外出做其他事情了，如果中间宝宝醒来，这正好可以锻炼一下宝宝的胆量以及独立的能力。

其实，妈妈们所持的这种想法是不科学的。这种做法不仅会引起宝宝的恐惧，还会使宝宝更加胆小，从而对妈妈更加依赖，因为他害怕妈妈再次离他而去。当然，严重时，这还会对宝宝的心理造成极大的冲击，就像上述案例中的情况，宝宝总会在睡梦中大喊大叫，并且睡眠时间明显缩短，这说明那次恐怖的经历已经在宝宝的心里打下了深深的烙印。

所以，即使宝宝进入了幼儿期，妈妈也不要急于对宝宝进行独立性的锻炼。宝宝对妈妈的依恋性很强，那就由他去，妈妈允许宝宝现在与自己亲密依恋，是为了使宝宝将来更愉快地与自己分离。

实际上，如果我们能从宝宝的角度来思考，便能理解他对妈妈越来越依恋的心情了。这一阶段的宝宝要经历很多事情：学习走路，从身体上与妈妈真正分离；断奶，从心理上与家长分离……这些分离感常常会使宝宝感觉到强烈的不安全感,在这种不安全感的影响下,宝宝对妈妈的依恋才会越来越强烈。

所以,在这一阶段,妈妈也只有满足宝宝对自己的依恋,才会促使宝宝的不安全感逐渐消失,才更有利于将来宝宝独立性的发展。

● 空间感的发展→给宝宝自由;陪宝宝玩一些具有空间感的小游戏

宝宝从什么时候开始产生空间感的呢?

一般来讲,大多数宝宝的空间感会在1岁左右时产生。相信大多数妈妈都有过这样的经历:你把玩具放在宝宝手里,宝宝兴奋地把玩具扔掉;你帮宝宝捡起来,宝宝还会扔;你再捡,宝宝还会扔……这时,你肯定在想:这小家伙怎么这样淘气呢?

其实,不是宝宝淘气,而是他进入了空间发展的敏感期。是的,随着宝宝运动能力的增强以及他三维视觉能力的成熟,宝宝会逐渐发现很多物体都是分离的,所以他会通过一些家长不能理解的行为来探索空间的存在。例如上面我们所提到的,宝宝不停地把东西扔到地上,这就是他探索空间存在的一种方式。

除了不停地扔东西之外,这些1岁多的宝宝还喜欢爬高,并喜欢把高处的物品扔下来,这些都是宝宝探索空间的一种方式。

然而,在生活中,很多妈妈常常把宝宝的这些行为看做是捣乱行为,有时甚至还会严厉地批评宝宝。但实际上,妈妈的批评对宝宝行为的约束作用却不是很大。物体与物体之间是分离的,这是宝宝刚刚才发现的重大"秘密",他自然要好好地去探索探索。

在我们周围,很多妈妈都抱着这样的目标来教育孩子:把孩子培养成一个听话、循规蹈矩的乖宝宝。她们并不了解孩子的成长存在空间的敏感期,她们只是不允许孩子出现捣乱、破坏行为。因此,每当宝宝爬高或把高处的物品往下扔时,她们就会极力约束宝宝的这些行为。

那么,妈妈的这种做法会对宝宝产生什么影响呢?

最有发言权的幼儿园老师为我们作出了详细的说明:

在幼儿园里,有很多孩子非常乖,让他们画画,他们就按着书上的图例循规蹈矩地画;让他们摆积木,他们就会按着我给他们摆出来的模型认真地摆……但当没有具体的任务时,他们却不知道要做什么。更重要的是,他们好像对所有的事情都不感兴趣,每当我让小朋友们自由发言或自由表演节目时,这些孩子从来都没有参与过。

是的,如果妈妈对宝宝的行为不了解,那妈妈约束的就不仅仅是宝宝的行为,还有可能是宝宝的想象力、创造力以及更多的智力潜能。我们都知道,幼儿园时期的孩子是最具好奇心和探索心理的,但家长的约束却令上述案例中的孩子只会循规蹈矩。作为妈妈,我们可以试想一下:这些没有丝毫好奇心和探索欲望的孩子,将如何在将来这个需要创新和创意的社会中立足呢?

所以,为了宝宝的心理和能力的健康发展,每位妈妈都应该主动去了解宝宝的行为,并且不能轻易约束宝宝的行为。

那么,具体来讲,妈妈应该如何做,才能协助宝宝既安全又顺利地度过空间敏感期呢?

1.为宝宝创造一个安全、自由的环境。

在空间敏感期里,宝宝们喜欢爬高、扔东西,在妈妈看来,这些都是非常危险的行为:宝宝爬高,怕宝宝从高处摔下来;宝宝喜欢把桌子上的东西扔下来,怕桌子上的危险品(如装满水的杯子)使宝宝受伤……但爬高、扔东西等这些行为是每个宝宝在空间敏感期的必然表现,所以妈妈对此绝不应简单地制止或约束,而应努力为宝宝营造一个安全、自由的环境。

那么,对于宝宝来说,什么样的环境才是既安全又充满自由的呢?

一位儿童心理学家曾这样表述:

对于1岁多的宝宝来说,铺满软床垫的空房间是最安全的,但这种乏味的环境不仅不利于宝宝好奇心和探索欲望的发展,而且宝宝的自由也等于受到了极大程度的限制。因此,对宝宝的成长最有利的环境就是,在现有丰富的物质环境中,不约束宝宝的行为,而且为宝宝提供一定的安全措施。例如:

怕茶几上的热水会把宝宝烫伤,那家长可以提前把它放到宝宝拿不到的地方,然后在茶几上放一些不怕摔的玩具;

怕扔得满地都是的玩具把宝宝绊倒,那家长就及时把玩具收拾好;

怕宝宝爬到家具上会摔下来,那家长就暗暗关注宝宝的一举一动,暗暗保护宝宝;

……

是的,只有在丰富的环境中,宝宝才能尽情体验空间的存在,也只有在这样的环境中,宝宝才能自由成长。所以,妈妈千万不要总是把宝宝放在一个非常局限的空间里。

另外,在保护宝宝的过程中,妈妈们还要特别注意这样一点:千万不要让宝宝发现你的紧张情绪。当宝宝试图从椅子上往桌子上爬时,大多数的妈妈都会流露出非常紧张而又害怕的情绪,生怕宝宝会摔着。其实,也许妈妈们都不知道,你的这种紧张、害怕的情绪会传染给宝宝的,这会在极大程度上影响宝宝的探索欲望。所以,作为妈妈,最为明智的做法就是:在暗中关注宝宝的每一个动作,在暗中保护宝宝的安全。

2.陪宝宝玩一些具有空间感的小游戏。

很多妈妈习惯性地把宝宝扔东西的行为理解为捣乱行为,但如果换一个角度来看,自己与宝宝之间这种你扔我捡的互动还可以转变成一种小游戏。一位妈妈曾这样描述自己与宝宝之间的这种互动:

每当宝宝把我送到他手里的玩具扔到地上之后,我就会略带夸张地笑着对他说:"你真是太厉害了,又把玩具扔这么远!"说着,我会用自己的额头拱拱宝宝的小额头。每当这时,宝宝都会被我逗得咯咯笑,当我把玩具再次递到他手中时,他会更加兴奋地摔出去。

在空间感刚刚形成时,大多数宝宝都会通过扔东西这一行为来体验物与物之间分离的乐趣。在这种情况下，如果妈妈能够把这种你扔我捡的互动当做游戏来陪宝宝玩，不仅有利于宝宝体验探索空间的乐趣，而且还有利于宝宝自我意识的发展。也许大多数妈妈并不了解，虽然这一阶段的宝宝大多数时间都是快乐的，但在宝宝眼中无所不能的成人面前，宝宝时常会被一种无能感所包围。但在宝宝与妈妈玩那种你扔我捡的游戏的过程中，宝宝不仅可以支配物品，而且还可以通过物品支配妈妈的行动。所以，这常常会使宝宝在很大程度上感觉自己力量的强大，从而促进宝宝自我意识的发展。

也许有妈妈会问："如果家长纵容宝宝这种扔东西的行为，这会不会使乱扔东西成为宝宝的一种坏习惯呀？"

答案是否定的。这一阶段的宝宝是为了体验物与物分离的乐趣才会不断扔东西的，这仅仅是宝宝空间感发展的最初始阶段。随着时间的推移以及宝宝认知能力的提升，宝宝还会对更高层次的空间感进行探索。例如，当宝宝发现一个物品中还可以包含另一个物品时，宝宝就会狂热地喜欢上那些带小孔的玩具，喜欢把自己藏在一个封闭的空间里。到那时，宝宝很快就会对那些扔东西的游戏提不起兴趣。

所以，随着宝宝空间感的增强，妈妈还可以找一些带小孔的物品给宝宝玩，例如带吸管的酸奶瓶。当宝宝把吸管抽出来之后，再引导宝宝把吸管插入酸奶瓶的小孔里。这些简单的小玩具不仅可以使宝宝很好地体验到空间的乐趣，还能使宝宝手部的精细动作得到很好的锻炼。

当然，随着行走能力的增强，宝宝最喜欢玩的空间游戏就是捉迷藏，他会故意把自己藏在床下或大衣柜里，等待妈妈来找。在这种情况下，妈妈不要马上就把宝宝找到，而是要给宝宝多一点的时间，让他尽情体验空间带给他的乐趣。当然，找到宝宝之后，如果能够表现出非常惊讶的样子对宝宝说："原来你在这里呀，我找了好半天呢！"这更能增加宝宝的成就感以及继续玩这个游戏的兴趣。

特殊阶段：1岁之后，宝宝负面情绪的多发期

在1岁之前，也许大多数的宝宝只会用哭闹行为来表达自己的负面情绪，但到了1岁之后，随着自我意识的发展，宝宝要脾气的花样却越来越多了：如果家长不按他的意愿行事，他可能会急得嗷嗷叫，或不停地跺小脚丫表示抗议，或者干脆坐在地上，有时甚至还会躺在地上呢……面对宝宝这些要脾气的花招，妈妈应该怎么办呢？

在生活中，我们常常会看到这样的教育场景：看到宝宝不高兴或者要发脾气，家长马上拿好吃的好玩的来哄宝宝，目的就是为了不让宝宝发脾气。其实，这种视宝宝的负面情绪如洪水猛兽的做法是不科学的，宝宝的任何一种情绪都需要表达，包括负面情绪。如果家长总是阻止宝宝发脾气，就会给宝宝留下这样一种错误的印象：表达坏脾气是不被允许的。如果负面情绪总是得不到正常的发泄，这不仅会影响宝宝的心理健康，而且有时还会影响他的身体健康。所以，允许宝宝表达负面情绪，也是宝宝健康成长的基础。

那么，具体来讲，妈妈应该如何应对宝宝的负面情绪呢？

● 不纵容、不动怒、不置之不理

宝宝要脾气，妈妈应对的方式有很多种，例如，面对宝宝的哭闹，有些妈妈总会无奈地向宝宝屈服；只要宝宝一要脾气，有些妈妈所发的脾气比宝宝更大，这样宝宝以后就轻易不会随便要脾气了；不管宝宝是哭闹还是打滚，有些妈妈都会对宝宝置之不理，有时她们还会这样解释自己的"高招"："哭累了，他就不哭了。"

其实，妈妈们的这些应对方式都是不科学的，它们不仅使宝宝难以改掉要脾气的坏行为，而且还会对宝宝性格的形成产生极大的消极影响。

1.妈妈迁就、纵容宝宝要脾气→宝宝越来越任性、自私。

有很大一部分妈妈对宝宝的哭闹行为很敏感，只要宝宝一掉眼

泪,或者一耍闹,马上就会向宝宝屈服……

虽然这些做法使得宝宝与家长"你好,我好,大家都好",但却使宝宝总结出这样一条经验:只要我哭闹,什么事都可以如愿以偿。作为成人我们可想而知,在这种经验的影响下,宝宝将来会变得多么任性和自私!

所以,面对宝宝故意耍闹的行为,妈妈既不能迁就,更不能纵容。

2.妈妈对宝宝的坏脾气动怒→伤害宝宝的心灵,使宝宝的性格越来越孤僻。

既然不能迁就,也不能纵容,那对宝宝那些耍闹行为严厉对待总不会有错吧?

答案是否定的,严厉训斥或动武的行为都是不可取的。虽然妈妈这种粗暴的行为对宝宝的耍闹行为非常奏效,常常会使宝宝的耍闹行为立刻停止,或者使宝宝在很长一段时间内不敢再表现出耍闹行为,但这种做法的后遗症却非常严重,会使宝宝的心灵受到很大的伤害。

更严重的是,如果妈妈因为宝宝的耍脾气行为而对宝宝动武,那宝宝很容易就会产生被羞辱感,在这种情况下,宝宝的无理要求就会越来越多。这样,宝宝和妈妈就会进入这样一个循环圈:宝宝提出无理要求→妈妈对宝宝动武→宝宝的无理要求越来越多→宝宝遭遇妈妈越来越多的武力。在这种恶性的循环圈里,宝宝很容易就会对所有人都失去信任,性格会变得越来越孤僻,这会在极大程度上影响宝宝与他人交往的能力。

3.妈妈对宝宝的坏脾气置之不理→宝宝产生被抛弃的感觉。

妈妈们对宝宝坏脾气置之不理,这种做法也是不科学的,如果妈妈总是因为宝宝耍脾气而对宝宝置之不理,这常常会使宝宝产生强烈的被抛弃感。一个时常被被抛弃感包围的孩子是很容易自暴自弃的,不仅如此,这种被抛弃感还会促使宝宝对家长产生不信任感,从而不愿意与家长交流。

对于刚进入幼儿期的宝宝来说,与家长交流是他学习以及认识世界的最主要方式。如果宝宝失去了与家长交流的欲望,这就等于他认识世界的一扇最重要的大门被关闭了，所以，妈妈千万不要用置之不理的态度来对待宝宝。

当然，除了上述的几种方式之外，用谎言哄骗正在要闹中的宝宝也是不科学的。例如，当宝宝因为得不到小汽车而躺在地上打滚时，有的妈妈这样哄骗宝宝："如果你现在跟妈妈回家，妈妈明天带你去动物园看大象。""如果你现在起来，妈妈明天就会给你买一辆更好玩的小汽车。"……而妈妈们却很少履行自己的诺言。其实这种行为比满足宝宝的要求更糟糕，因为它会促使宝宝失去对家长应有的尊重，而且还会在某种程度上助长宝宝的要闹行为。

所以，在应对宝宝的坏脾气之前，妈妈首先应该心知肚明，哪些方式是绝对不可取的。

● 引导宝宝用正确的方式表达负面情绪

说到宝宝负面情绪的表达方式，大多数妈妈都会对这种情况望而生畏，那就是宝宝在大庭广众之下哭闹，甚至还会躺在地上打滚。

针对这一点，一位妈妈早早给宝宝打好了预防针：

虽然童童仅仅是个 1 岁零两个月的小男孩，但他非常懂事，即使家长没有满足他的意愿，他也不会在大庭广众之下对家长要脾气。

当别人向童童家长询问教育"秘诀"时，童童妈妈都会非常自豪地说："我提前给宝宝打'预防针'了！"其实，童童妈所谓的"预防针"就是教童童用正确的方式表达坏情绪。例如，她告诉宝宝：

不高兴时可以直接跟爸爸妈妈说，但不可以坐在地上要赖或打滚；

当爸爸妈妈没有满足你的要求时，你可以哭，但不可以长时间地哭；

在逛商场时，爸爸妈妈没能满足你的要求，你可以不高兴，但不可以在大庭广众之下要脾气；

……

是的，不高兴、哭泣是宝宝表达负面情绪的一种方式，坐在地上不起来、躺在地上打滚也是宝宝表达负面情绪的一种方式，但宝宝选择用哪一种方式表达自己的负面情绪，在于家长的引导。就像上述案例中妈妈的做法，提前教宝宝用正确的方式表达负面情绪，即使没能满足宝宝的要求，宝宝也不会在公众场合要脾气。

读到这里，也许有妈妈会产生很大的疑问："这种方法对这些刚刚1岁多一点的宝宝管用吗？"

是的，由于理性思维还没有形成，这一阶段的宝宝也许听不懂或者根本不会去听家长的任何道理，所以，如果妈妈仅仅是靠语言给宝宝讲道理，那宝宝是绝对学不会运用正确的方式表达情绪。但如果妈妈在应对宝宝的坏脾气时，能够做到语言、表情以及动作等同时运用，宝宝很容易就会意识到自己的错误，并学习正确的情绪表达方式。例如：

当宝宝坐在地上哭闹不肯起来时，妈妈可以走到孩子身边蹲下来，两眼温和但不露一点笑容地注视着宝宝，不说话，但把手放在宝宝肩上轻摇宝宝，等待宝宝停止哭泣。

当宝宝的情绪稍微好转之后，妈妈可以这样对宝宝说："家里已经有很多小汽车了，你还想要小汽车，你的要求不合理，妈妈一定要拒绝你。"当然，在对宝宝说这些话的时候，妈妈的表情一定要严肃。

如果宝宝接受了妈妈的观点，妈妈可以拍拍宝宝的肩膀并对他说："坐在地上哭闹这种行为是不对的，妈妈相信你今后一定不会再有这样的表现。"在说这些话的同时，妈妈的表情要严肃而又不失亲切。

这样，即使宝宝还不能完全理解家长的语言，他也能从妈妈的表情和动作中得出正确的信息：自己的行为是不对的，虽然妈妈没有满足自己的要求，但妈妈仍然是爱着自己的。既让宝宝认识了自己的错误，又让宝宝感觉到家长的爱，这是家庭教育的最高境界。

在教宝宝学习正确地表达负面情绪之前，妈妈们首先应对的是宝宝错误的表达方式。一般情况下，只要做到"两严肃、一耐心、一亲切"，宝宝都会认识到要脾气是一种错误的表达方式。所谓"两严肃"是指，对待宝宝的哭闹行为要严肃、引导宝宝认识自己错误时要严肃；所谓"一耐心"是指，这一阶段的宝宝哭闹起来时间是很长的，妈妈要耐心地等待他们停止哭泣,并且情绪有所好转,因为一个被负面情绪包围的宝宝对妈妈的任何语言都不会感兴趣;"一亲切"是指当宝宝认识到自己的错误之后,妈妈还要亲切地鼓励他们,妈妈的鼓励是宝宝良好行为及习惯出现的催化剂。

● 家庭成员的意见统一,有利于宝宝改掉耍脾气的行为

宝宝在 1 岁之前就已经会察言观色了,而到了 1 岁之后,宝宝察言观色的能力更上一层楼了:在这一阶段,宝宝不仅可以明确地感觉到各个家庭成员对自己的态度,而且他还能利用家庭成员不同的态度为自己谋"私利"。相信妈妈们对宝宝的这些行为都不陌生:

如果妈妈对宝宝的态度比较严厉, 当遇到违反原则性的问题时,如吃饭之前想吃零食,那宝宝就会不停地哭闹着要找爸爸;

如果家庭中的某个成员(如姑姑)对宝宝疼爱有加,那宝宝就特别喜欢在这个人面前耍脾气;

在爷爷奶奶或姥姥姥爷在场时,宝宝耍脾气的几率也会大大增加;

……

为什么会有这些现象产生呢?

其实这些都是宝宝察言观色的结果, 宝宝懂得为自己寻找保护伞了。下面我具体从以下几个方面分析宝宝在某些人面前耍脾气的情况:

1.在祖辈人面前耍脾气。

在日常生活中,妈妈们都会发现,有爷爷奶奶或姥姥姥爷在场时,宝宝常常会提出一些非常过分的要求,如要求给自己买玩具、只吃零食拒绝吃饭等。为什么会出现这些现象呢?

这是因为宝宝在日常生活的察言观色中总结出了这样的经验:爸爸妈妈会用原则、规则来约束自己,但爷爷奶奶、姥姥姥爷是绝对不会对自己讲原则和规则的, 他们常常会无条件地满足自己的一切要求。

事实也正是如此，在现实生活中，大多数老人对孙辈都疼爱有加，但他们对宝宝的爱常常没有原则，并且还含有极强的溺爱成分。所以，在老人在场的情况下，宝宝所提的要求一般都是非常过分的。因为宝宝了解，在老人在场的情况下，爸爸妈妈也不会过分用原则来约束自己。

作为家长我们知道，老人对宝宝的纵容会使他的无理要求、过分要求越来越多，这不仅会使宝宝变得越来越任性，更重要的是，这将会使任何原则和规定都将对宝宝失去约束作用。

那么，面对这种情况，妈妈应该如何做呢？

俗话说："解铃还需系铃人。"所以，要想使宝宝始终如一地坚持原则，妈妈应该提前做好老人的工作。例如：

当老人第一次干预自己教育宝宝时，妈妈要认真地找老人谈一谈，让他们意识到原则对于宝宝的重要性，并取得他们的配合；

如果宝宝由老人来带，那妈妈更应该提前与老人沟通，用理性的爱和原则性的爱陪伴宝宝成长；

……

当家长与老人的教育观念统一时，宝宝就没有了靠山可以依靠，在这种情况下，宝宝提出过分要求的几率就会大大减少。当然，更重要的是，在家长与老人的统一教育下，宝宝的规则意识也会得到飞速的发展。

2.寻求一方家长的庇护。

别看宝宝年龄小，但他是非常聪明的，他会根据家长对待他的态度来寻求一方家长的庇护。例如，如果平时爸爸对宝宝比较严厉一些，那在提无理要求或过分要求时，宝宝肯定去找妈妈。如果心软的妈妈总能满足宝宝的无理要求，那宝宝理所应当地就会把妈妈当做自己过分要求的保护伞。

此外，宝宝的心理变化是非常微妙的，如果父母双方的教育意见存在极大的分歧，并且两人经常因此而争吵，那对于宝宝来说，不但保护伞会失去意义,宝宝还会因此而产生极大的不安全感。

生活中我们常会看到这样的状况:当宝宝因为父母没能满足他的无理要求而哭闹时,父亲主张对宝宝严厉一些,母亲却主张给宝宝自由,两人因此而吵得不可开交。

在这种情况下,无论是偏向宝宝的一方,还是主张严厉对待宝宝的一方,都会使宝宝厌烦。因为在宝宝眼中,争吵的父母都不好,他都不喜欢。当然,如果事后偏向宝宝的妈妈这样对宝宝说:"都怪你,我们才吵架,你要再不听话,以后爸爸再批评你我就不管了!"在这种情况下,宝宝是不会领妈妈的情的,因为此时的宝宝已经被极大的不安全感所包围了。

那么,家长应该如何做,才既能使宝宝改掉耍闹的坏习惯,又能有利于他的成长呢?

一位有经验的妈妈这样总结经验:

在教育宝宝的过程中,我与宝宝的爸爸形成了这样一个默契:当一方在教育宝宝时,为了避免宝宝产生寻找保护伞的心理,另一方装作没听到,然后偷偷地走出宝宝的视线。

当然,走出宝宝的视线并不代表对宝宝的教育不闻不问,而是在背后默默地关注对方对宝宝的教育。如果与双方的教育意见不统一,我们绝不会当着宝宝的面争吵,而是当我们独处时再认真地研究对宝宝最有利的教育方法。

这位妈妈的经验值得我们每一位家长学习,如果父母中的一方在教育宝宝时,另一方最好是保持沉默,或从宝宝的视线中偷偷溜走,这既可以避免宝宝产生寻找保护伞的心理,又能体现父母教育意见的统一。

父母教育意见的统一,是宝宝改掉爱耍闹的坏习惯的基础,也是宝宝心理健康成长的前提。

3.在客人面前耍脾气。

在有客人在场的情况下,大多数的宝宝都会表现出一定的"人来疯"行为。当然，最令妈妈头痛的还要数宝宝在客人面前提无理要求的行为：如果自己坚持原则，宝宝就会一直要闹个不停，这对客人来说是非常不礼貌的行为；但如果自己放弃原则，那宝宝的无理要求又会变本加厉地增加。

相信大多数家长都会被这一问题所困扰，而遇到这种情况，妈妈到底应该怎么办呢？

其实，在这种情况下，妈妈最明智的做法就是分散宝宝的注意力。例如，妈妈可以这样对客人说："我们家宝宝能够搭起很高的积木了，很了不起！"然后再对宝宝说："宝宝，快把你搭积木的本领给阿姨表演一下吧！"任何一个宝宝都喜欢家长对自己的赞赏，在这种情况下，他一般都会与妈妈合作。

当然，如果宝宝不为家长的这种方法所动，仍然坐到地上哭闹或躺在地上打滚，妈妈也一定要把握住这样的原则：客人以及人际关系重要，但自己对宝宝的教育更重要。因此，一定不要轻易向宝宝屈服。这时候，客人一般都会为宝宝说情，妈妈要礼貌而又坚决地对客人说："谢谢，其实这孩子很乖，我不能纵容他的坏习惯。"听到妈妈态度这样坚决，又听到妈妈对自己的赞赏和期望，即使宝宝不会马上停止哭闹，他的哭闹行为也会逐渐减轻。

遇到宝宝在客人面前耍闹的情况，为了使宝宝安静下来，很多妈妈常常吓唬宝宝。例如，她们会这样对宝宝说："你再闹，我就让阿姨把你带走！""你再哭，大老虎就会把你吃掉。"……

妈妈们的这种做法是非常不科学的。这一阶段的宝宝已经能够明确感受到害怕情绪了，这种害怕情绪不仅会使宝宝对家长的依赖性越来越强，更不利于宝宝哭闹行为的减少；而且还会把宝宝吓着，例如，很多宝宝听了家长的这些话很快就停止哭闹了，但他们却时常会被噩梦惊醒。

所以，妈妈一定要用最科学的方式来对待宝宝的耍闹行为。

第十二阶段：1岁3~4个月(15~16个月)
——宝宝开始主动与外界进行交流了

概述

宝宝进入1岁之后的第二个阶段，很多妈妈都会产生这样一种感觉：孩子就是自己的"冤家"，自己对他总有操不完的心。

怕他爬高、乱跑受伤，所以要时刻关注他的一举一动，并时刻准备着去保护他；

担心宝宝会养成坏习惯，所以好像每天都与他进行着你输我赢的较量；

担心宝宝的能力会落后，所以必须要绞尽脑汁去开发宝宝的潜能；

……

但如果妈妈能够换一种角度看待宝宝的行为，那结果就大不相同了：

宝宝喜欢爬高、乱跑，这说明宝宝的运动能力提升了一个层次；

宝宝的坏习惯出现了，这说明帮助宝宝改掉坏习惯、培养好习惯的最佳时期来临了；

即使宝宝的能力出现暂时落后的现象，这也不可怕，因为对于宝宝来说，快乐比掌握能力更重要；

……

当然，在这个思想转变的过程中，妈妈的养育工作也会变得轻松得多。

第十二阶段：宝宝的一般行为特点

在这一阶段，大多数宝宝都会呈现出这样的可爱相：两只胳膊张着，小手也张着，颤颤巍巍地往前走，就像一只可爱的小鸭子。当然，由于紧张，这只可爱的小鸭子还会不停地流口水呢。

这是这一阶段宝宝特有的姿势和形象，几个月后，当宝宝的行走能力越来越成熟时，宝宝就再也不会呈现出这种让人忍俊不禁的动作了。所以，如果妈妈把宝宝这些搞笑的瞬间通过相机、录像机等记录下来，这将是送给宝宝的一份最特殊、最有意义的礼物。

除了这种可爱的行走相之外，这一阶段宝宝的主动性也有了明显增强：过去宝宝常常因为接触不到自己感兴趣的物品而哭闹，但现在的宝宝会用手指指向自己感兴趣的物品，而且当家长抱着他时，他会用整个身体使劲，向他感兴趣的物品挣扎。这些行为都在说明，宝宝的主动性和自我意识在不断地增强。

除此之外，在这一阶段，宝宝还会表现出以下几点主要行为特点：

● 语言与非语言同时并用

这一阶段的宝宝开始喜欢与周围的亲人进行交流了，他常常会用极少的字表达丰富的意思，例如"宝宝吃""宝宝睡"等。

那么，宝宝这种浓缩的语言，会不会形成与成人之间的沟通障碍呢？事实上，对于这些聪明的小家伙来说，这些都是小问题，虽然自己掌握的语言有限，但宝宝常常会借助很多非语言的方式来表达自己的想法和要求。一位妈妈十分自豪地讲述了自己宝宝的表达方式：

一天，宝宝在地上发现了一只虫子，但他不会用语言告诉我他的发现。于是，他拽着我的手，指着地上的虫子大声对我说："妈妈打，妈妈打……"我明白了宝宝的意思，并找来一只苍蝇拍把虫子消灭掉。这时，宝宝仍然拉着我的手，并且用另一只手摸着自己的胸脯说："宝宝怕，妈妈棒……"当时我兴奋的感觉真的都没有办法用语言表达了，宝宝那时才 15 个月大，没想到他的表达能力这样强。

是的，这一阶段宝宝的表达能力确实令人惊奇！遇到不能用语言表达的情况，宝宝会借助于表情和动作。就像案例中的情况，宝宝一只手拉着妈妈，一只手指着地上的虫子，一个复杂的场景被宝宝用三个字就表达出来了,多聪明的宝宝呀!

其实,对于宝宝来说,语言是无处不在的,只要能与他人沟通的方式都能算做是语言。例如,用某个词或某一句话能与他人沟通,这是语言的一种形式;用某个表情或某个动作也能与他人沟通,这仍然是语言的一种形式。因此,妈妈尽量用语言的多种方式与宝宝沟通,这就是宝宝学习语言的奥秘。

一位妈妈讲述了宝宝这样一个可爱的瞬间,从这个瞬间之中,我们也可以读出引导宝宝语言能力发展的具体方法。

因为最近要参加一个朗读比赛,所以最近我经常在家里练习。一天,我随手拿了一本《解读〈论语〉》便抑扬顿挫地朗读起来。读完以后,令我感到惊奇的一幕发生了:宝宝把书拿过来,随便翻到一页,便用自己编的语言叽里咕噜地读起来,而且还模仿我的停顿和重音呢。更令人发笑的是,他甚至还模仿我的样子偶尔看看"观众",并露出自豪的笑容呢!

宝宝的模仿能力确实令人惊奇! 在很多时候,这一阶段的宝宝的模仿是机械式的,就拿上述案例中的情况来说,妈妈的朗读宝宝可能一句也听不懂,但宝宝会认真观察妈妈的表情和动作,然后把它们模仿的惟妙惟肖。实际上,宝宝的语言能力就是在对家长的这种模仿中发展起来的。

当然,由于成人所说的语言比较复杂,而且交谈速度很快,所以宝宝在很多时候根本听不懂家长的话。但这没有关系,宝宝所掌握的语言是多种形式的,他听不懂家长的话,但他能看懂家长的表情和动作,因此,宝宝会通过多种形式的语言来猜测家长们所谈的大概内容。而在这种倾听、猜测的过程中,宝宝的语言能力会大幅度提高。

另外,虽然宝宝的模仿能力很强,但他并不能完全复述家长的话,而是把他所听到的或所理解的语言进行整合,然后再用自己的语言表达出来。所以,在这种理解再整合的过程中,宝宝常常会说出家长从来没有说过的话。当然,在这一过程中,宝宝的语言能力也会上升到一个新的层次。

所以，不管是对宝宝，还是对其他家人，妈妈都要有意识地多说话。

◉ 宝宝会主动与外界交流了

在1岁之后的第3~4个月这一阶段里，不但宝宝的语言能力在飞速发展，更令妈妈们欣喜的是，宝宝还具有了强烈的与外界交流的欲望。这不仅表现为宝宝开始越来越多地与家人交流，还表现在，宝宝开始愿意主动与友好的陌生人进行交流了。

一位妈妈这样描述自己15个月大的女儿：

一天，宝宝住在别的城市的姑妈来看他，因为宝宝对姑妈很陌生，所以他表现出非常警觉的样子，并且不停地往我身后藏。但当姑妈非常亲切地与他讲话，并把给他买的零食、玩具等拿给他时，他很快就与姑妈亲近起来，并且很快就难舍难分了呢！当姑妈要回家时，宝宝还拽住姑妈的衣服不放，舍不得姑妈走呢！

是的，与以前相比，这一阶段的宝宝有了很大的进步，以前见陌生人时，宝宝会把整个头埋进妈妈的怀里，拒绝与陌生人交流；但这一阶段的宝宝对陌生人虽然仍然带有一定的惧怕情绪，但他敢直视陌生人的眼睛了。当然，如果陌生人对宝宝很友好，如亲切地与宝宝交流、与宝宝做游戏、送给宝宝有意思的物品等，那宝宝很快就会和陌生人成为老朋友。所以，为了促进宝宝交流能力的发展，妈妈一定要给宝宝机会，让他与陌生人接触。

宝宝越来越喜欢与他人进行交流了，但与此同时，新问题也出现了：很多上班族妈妈会发现，宝宝讲话时有明显的外地口音。例如，一位妈妈就曾苦恼地这样说："我每天下班回来都会与宝宝交流，为什么宝宝的口音还是与奶奶一样呢？"

其实，这一点也不奇怪，宝宝与谁接触得最多，口音就和谁一样。虽然爸爸妈妈下班都会与宝宝交流，但与宝宝交流最多的还是家里的老人或保姆，而且宝宝的那些有意义的话也是跟老人或保姆学习的，例如，在平时喂宝宝喝水时，是老人或保姆拿着奶瓶教宝宝说"水"这个词。所以，在宝宝心中，老人或保姆的话才是母语，才是最正宗的语言。

虽然宝宝说话时有明显的外地口音，但妈妈也应该注意，不能嘲笑宝宝，并应告诉周围的人不要嘲笑宝宝。因为宝宝会从他人的嘲笑中嗅到不友好的信息，这种不友好的信息不仅会影响宝宝语言能力的发展，还会对宝宝自尊心、自信心的发展产生一定的消极影响。

当然，除了不嘲笑宝宝之外，妈妈还要有意识地与宝宝多说话，教宝宝学习说普通话。每个宝宝都有极强的语言天赋，他很快就会发现家长的语言与老人或保姆语言之间的联系，进而同时掌握两种语言——普通话与方言。

● 妈妈该在宝宝面前树立权威了

妈妈的爱与关心是宝宝健康成长的关键，但对于宝宝来说，如果妈妈没有任何权威性而言，那宝宝也不会健康成长。

当宝宝过了 1 岁之后，随着自我意识的发展，他会越来越多地表现出任性行为。例如，外面明明下着雨，他偏偏要求妈妈带他到外面去玩；他常常没有任何理由地拒绝吃饭、穿衣、洗脸等。在这些情况下，妈妈的爱与关心已不足以促使宝宝合作，这时，妈妈就应该有意识地在宝宝面前树立自己的权威了。

当然，如果宝宝的任性行为可以通过转移注意力的方式得到缓解，那妈妈首先要利用这种科学的方式来赢得宝宝的合作。

例如，早晨起床后，当宝宝拒绝洗脸时，妈妈可以这样对宝宝说："看，这个玩具娃娃的小脸脏了，宝宝快去帮娃娃洗洗脸吧！"在引导宝宝给玩具娃娃洗脸的过程中，妈妈也可以顺便把宝宝的小脸洗干净了。

但在用过各种方法之后，宝宝仍然要脾气，不肯与家长合作，那妈妈就应该用规则来约束宝宝的行为了。

当然，我们提倡妈妈要树立权威性，并不是鼓动家长对宝宝施加武力，或通过语言中伤宝宝的方式赢得他的合作。而是让宝宝了解，在原则性问题上，妈妈是说话算数的，妈妈是信守承诺的。只有这样，宝宝的任性行为才会有所收敛。

那么，妈妈具体应该如何做，才能在宝宝面前树立权威呢？

实际上，对于这一年龄段的宝宝来说，妈妈只要做到以下几点，就可以在宝宝面前树立权威。

1.溺爱是家长树立权威的劲敌。

在生活中，相信每位妈妈对这样的场景都不会陌生：

晚睡的时间到了，妈妈对宝宝说："宝宝，快去把地上的玩具收拾好，小玩具们也该睡觉了。"然而，妈妈说了好几遍，宝宝仍然坐在那里一动不动。最后，妈妈没办法，只好自己动手去收拾玩具。一边收拾，妈妈一边充满爱意地埋怨宝宝说："真是一只小懒猪！"但宝宝却被妈妈逗得咯咯直笑。

在这个案例中，妈妈的做法向孩子传达了这样一个信息：我的话虽然是合理的，但你可以不听。另外，妈妈最后那句埋怨对于宝宝来说是充满爱意的，这会促使宝宝越来越多地重复这种不合作的行为。这样，在宝宝眼中，妈妈就不再有任何权威而言。

那么，妈妈应该如何做才能使自己在宝宝面前重新恢复权威呢？

其实，妈妈最正确的做法就是，扔掉溺爱，在任何时候都不做无原则的让步。就拿案例中的情况来说，妈妈就应该坚持让宝宝去收拾玩具。如果宝宝一直不肯合作，妈妈可以不惜打断宝宝正在做的事情。例如，如果宝宝当时正在看电视，妈妈可以直接把电视机关掉，然后严肃地对宝宝说："小玩具也要睡觉了，请把小玩具放到箱子里去。"

妈妈的这种做法会使宝宝明白三点道理：一是让宝宝意识到自己的行为是不正确的，不能只顾看电视而不理会妈妈的话；二是让宝宝意识到自己的行为是不合算的，本来用几分钟收拾好玩具就可以回来看电视了，这下妈妈把电视机关掉，整个晚上都不可以看了；最重要的是，在这一过程中，宝宝能够明确感受到妈妈对他的爱是有原则的，从而让宝宝感觉到妈妈是有权威的。

2.妈妈的情绪化管理,会使宝宝不相信家长的权威。

在家庭教育方面,何谓情绪化管理?

情绪化管理是指,家长对孩子的态度没有稳定的原则,全凭自己高兴与否以及情绪好坏:如果情绪不好,即使孩子没错,也会挑毛病批评孩子一番；如果情绪好，即使孩子犯了很大的错误也会一笑了之。例如:妈妈喂宝宝吃饭,宝宝不想吃便把饭碗打翻,如果赶上妈妈心情不好，她往往会非常严厉地批评宝宝:"打翻饭碗的行为是不对的,再这样淘气,妈妈就不管你了!"如果正好赶上妈妈心情好,妈妈不但不会计较宝宝打翻饭碗这件事情，而且还会笑着对宝宝说:"小坏蛋,你想吃什么零食,妈妈去给你买。"

任何权威都要求有稳定性,没有稳定性根本就谈不上有权威。妈妈在宝宝面前树立权威也是如此。

所以,放弃情绪化管理是妈妈树立权威、保证宝宝心理健康的前提。具体来讲,妈妈可以从以下两方面去努力:

一是给宝宝制订出明确的规定。明确的规定有利于宝宝产生安全感,因为有了明确的规定,就好像宝宝有了明确的行为指南,这非常有利于宝宝对自己的行为进行约束。

二是妈妈要严格地按照规定去办事。例如,如果给宝宝制定了这样一个规定:如果故意把饭碗打翻,就不允许宝宝再吃东西。如果宝宝出现了打翻碗的行为,不管自己的情绪是好还是坏,妈妈都应该立刻把饭碗拿走,即使宝宝再要求吃饭,也应该拒绝。当然,为了保证宝宝的身体健康成长,妈妈在喂宝宝吃下一顿饭时,可以有意识地多喂他吃一些。

除了以上两点之外,为了在宝宝面前树立真正的权威,妈妈还必须做到说话算话。如答应周末带宝宝去游乐场玩,即使这一周因为天气原因没有去成,下周也要及时为宝宝补上。对于宝宝来说,妈妈言而有信也是有权威的一种表现。

● 宝宝的自我意识越来越强烈了

在前一个阶段里，宝宝已经会使用自己的名字了，例如，想喝水时，他常常会这样对家长说："宝宝喝。"想让家长带他去外面玩时，他常常会向外挣扎着身体对家长说："宝宝走。"……但在这些时候，宝宝还没有形成"你""我""他"的概念，这只是他对家长语言的一种模仿。

但随着月龄的增加以及自我意识的发展，宝宝使用自己名字的频率越来越高，慢慢地，宝宝很快就能分辨出，自己的语言以及妈妈的语言中所叫的"宝宝"就是自己。所以，只要有人叫"宝宝"，他就知道在叫自己，进而他就会做出相应的反应，长此下去，小家伙就真正知道并会使用自己的名字了。

当然，这一阶段的宝宝仍然不会分辨人称代词，不能理解人称代词，例如，妈妈这样对宝宝说："请帮我把拖鞋拿过来好吗？"如果妈妈没有配合做出相应的动作，用手指着自己，那宝宝就会不知所措。如果妈妈指着水果对宝宝说："你想吃水果吗？"宝宝也不知道是在询问自己，因为宝宝仍然不会区分"你""我"，更不会对"你""我"等代词进行转换。

虽然这一阶段的宝宝还不能理解"你""我"等代词的概念，但他"我"的意识却越来越强烈了。随着日龄的增长，这一阶段的宝宝越来越会使用小聪明了：在此之前，当别人动宝宝的物品时，宝宝常常会急得直哭，但在这一阶段里，再遇到这种情况，宝宝不会哭了，但他会用"手段"来保护自己的物品。

一位妈妈讲述了这样一件事情：

一次看宝宝手里拿了一根香蕉，邻居故意逗他说："宝宝，阿姨也想吃香蕉，把香蕉给我吃好吗？"

听阿姨这样说，宝宝把手里的香蕉攥得更紧了，然后认真地说："不甜！"

邻居阿姨笑着对他说："没事，我喜欢吃不甜的香蕉。"

宝宝看着香蕉想了想又说:"凉,肚肚痛!"

"没事,阿姨不怕肚肚痛。"

"不给!"终于,宝宝把香蕉藏在背后,并说出了自己的心里话。

是的,在这一阶段里,任何一个宝宝都不会轻易让别人动,或给别人自己的物品。因此,有些妈妈说宝宝是小气,还有些妈妈说宝宝是自私。其实,宝宝既不是小气,也不是自私,这是宝宝自我意识发展的正常表现。

那么,妈妈应该如何做,才更有利于宝宝自我意识的发展呢?

儿童心理学认为:"只有得到相应的尊重,幼儿的自我意识才会得到健康发展。"

是的,只有宝宝的小气行为得到尊重,他才能真正感觉到自己的行为是神圣不可侵犯的;只有宝宝的自私行为得到尊重,他才能获得足够的安全感……所以,要想让宝宝的自我意识得到健康发展,妈妈首先要做到的就是要尊重宝宝的小气和自私行为。表现在具体生活中,妈妈应该这样做:

不要随意拿走或藏起宝宝的物品;

不要故意拿宝宝的物品开玩笑,例如,做出想要拿走宝宝手中物品的样子让宝宝着急;

……

除了学会尊重宝宝的行为之外,要想使宝宝的自我意识健康发展,妈妈还要学会正确处理宝宝与小朋友之间的纠纷。这一阶段的宝宝越来越喜欢与同龄的小朋友接触了,但他们在相处的过程中,总会出现一些类似的矛盾:别的小朋友非常喜欢宝宝手中的玩具,因此,在没有经过宝宝允许的情况下,就把宝宝的玩具抢走了。出现这种情况,妈妈应该如何处理呢?

读到这里,肯定有妈妈会这样说:"既然别的小朋友也喜欢宝宝的玩具,那就让他玩一会儿吧!"也许还有妈妈说:"为了宝宝的自我意识发展,鼓励宝宝把自己的玩具再抢回来!"

但其实，家长的这两种处理方式对于宝宝自我意识的发展都是非常不利的：

把宝宝的玩具拱手让给别的小朋友，这种做法向宝宝传达了这样一个信息：别人可以随意抢走我的物品。这会促使宝宝产生很大的不安全感，进而会促使宝宝的自我意识朝着不健康的方向发展，例如，随便动别人的物品、异常自私等。

同样，鼓励宝宝把玩具抢回来的做法也是错误的，这会促使宝宝产生这样的想法：既然所有的物品都可以通过抢来抢去而拥有，那是不是我的物品随时都可以被别人抢走呀？在这种想法的影响下，即使自己把玩具抢回来了，宝宝仍然还会被极大的不安全感所包围，这同样不利于宝宝自我意识的发展。

其实，遇到这种情况，妈妈最科学的做法就是分散宝宝的注意力，并引导宝宝与别的小朋友合作。

小雨是个1岁零4个月的小姑娘，一次，邻居家差不多大的小薇与妈妈来家里做客。两位妈妈正聊得高兴，忽然，这两个小姑娘都哭了起来。原来，小薇喜欢上了小雨的洋娃娃，于是便想拿过来玩一会儿，但小雨不给，这下，两个小姑娘你争我夺，最后都伤心地哭了起来。

看到这种情况，小薇妈妈不知所措地想抱小薇离开，但小雨妈妈却示意她留下来，然后她对着两个都哭得非常伤心的小姑娘说："看你们哭得这样伤心，洋娃娃都流眼泪了，你们看！"

听小雨妈妈这样说，两个小姑娘停止了哭泣，都认真地观察洋娃娃。这时，小雨妈妈又继续说："你看，洋娃娃哭了半天都不漂亮了，来，小雨，这有一把梳子，快来帮洋娃娃梳梳头！小薇，这里有水和毛巾，快来帮洋娃娃洗洗脸吧！"

这时，两个小姑娘可忙开了，一会儿给洋娃娃洗脸，一会儿给洋娃娃梳头，一会儿又给洋娃娃换衣服……她们很快就忘记了刚才争夺洋娃娃的事情。

是的,这一阶段宝宝的注意力是很容易被转移的,遇到争夺事件,妈妈最科学的做法就是把宝宝的注意力从争夺事件中转移出来。当然,转移宝宝的注意力并不等于让宝宝逃避现实,而是让宝宝用正确的态度面对自己的物品,或摆脱内心的不安全感。

就像上述案例中的情况,自己的玩具受到了小薇的抢夺,小雨的内心肯定会处于极不安全的状态,但妈妈却用"洋娃娃流泪"的说法使小雨的注意力从抢夺玩具中转移了出来。随后,在妈妈科学的安排中,两个孩子都暂时忘记了刚才争夺玩具的事情,开始开开心心地打扮起洋娃娃来。

最重要的是,这种方法这还向小雨传达了一个很重要的信息:原来与小伙伴一起玩洋娃娃可以这样开心!这个信息会为小雨将来学习分享打下坚实的基础。

第十二阶段:宝宝的能力发展 + 潜能开发方案

进入 1 岁之后的第二个阶段,宝宝的体能有了很大的进步:首先,这一年龄段的大多数宝宝可以蹲下好长一段时间了;一些体能发育较快的宝宝还能蹲下来把地上的物品拾起,然后再到处行走。

对于成人来讲,蹲下再站起来,这是非常简单的一个动作,但掌握这一运动能力对这一阶段的宝宝来说却是非常大的进步。因为要完成这个动作,不但需要小脑的平衡能力达到一定水平,还需要肌肉、神经和脊椎运动能力的协调,以及肢体的运动能力。

另外,在这一阶段,很多较早学会走路的宝宝开始试图学习跑了。但由于这一阶段的宝宝还不能很好地控制自己的身体,两条腿也还不能很好地配合,所以他常常会跌倒。遇到这种情况,妈妈千万不要以为这是宝宝能力倒退的表现,这实际上是宝宝将要掌握一种新能力的正常表现。

除此之外,在这一阶段,宝宝以下几种能力也得到了很大的发展。

● 生活技能发展→理解宝宝行为背后的深层涵义

进入这一阶段，妈妈们都会发现，宝宝对很多生活技能产生了很大的兴趣。例如，脱衣服时，宝宝喜欢自己拉开拉链或解开扣子。但与此同时，新的麻烦也产生了，例如，一位妈妈就曾这样苦恼地说：

最近我家宝宝学会了自己解扣子、系扣子，但每当穿衣服或脱衣服时，他都会要求自己系、自己解，这样一来，仅仅是穿个上衣或脱个上衣就会浪费半个小时的时间。但每次看到他非常投入地系扣子、解扣子的神情，我都不忍心打扰他，所以只能是耐心地等待他了。

虽然宝宝的行为令这位家长有些苦恼，但她的做法却是非常科学的。对于这一阶段的宝宝来说，解扣子、系扣子都是非常有意思而又陌生的事情，一旦掌握了这一能力，他就会不停地把扣子解开、系上来反复练习这个动作。在这种反复练习中，宝宝手部的精细动作不仅可以得到很好的锻炼，获得一定的生活技巧，而且在这一过程中，宝宝还能获得很大的快乐。所以，妈妈要对宝宝这种不断反复的行为给予一定的宽容，这是这一阶段宝宝学习生活技能的一种特殊的方式。

除了自己脱、穿衣服之外，宝宝还会掌握很多生活技巧，例如用袖口擦鼻涕、喜欢把物品放在原来的位置等。就像反复地系扣子、解扣子是宝宝学习生活技能的一种特殊方式一样，宝宝用袖口擦鼻涕、把物品放回原处等生活技巧的背后也隐藏着一定的深层涵义。下面，我将一一给妈妈们作出解释。

1.用袖口擦鼻涕→宝宝自尊心发展的表现。

每当宝宝用袖口擦鼻涕时，很多妈妈总会冷嘲热讽地批评宝宝一番："这个小脏猪，怎么可以用袖口擦鼻涕呢？真是太不讲卫生了！"

其实，这些妈妈误解了宝宝的行为。在之前，即使宝宝的鼻涕流到嘴里，他也不会动手去擦，是因为他不具备自己动手解决问题的能力。所以，现在宝宝用袖口擦鼻涕，这说明宝宝自己动手解决问题的能力明显提高了。

另外，如果我们从更深的层面来分析，便会发现这也是宝宝自尊心发展的一种表现。在以前，每当宝宝鼻涕流出来时，家长常常都会这样逗他："小鼻涕虫，你的鼻涕要流过江了！"在这些时候，宝宝会被家长逗得咯咯笑，但他仍然不会去擦鼻涕。而现在，每当鼻涕流出来的时候，宝宝就会用袖口去擦，这说明他懂得害羞了。因此，在这种情况下，家长批评宝宝不讲卫生、嘲笑宝宝是"小鼻涕虫"的做法是不科学的，这只会使宝宝的自尊心受到伤害。

伟大的教育学家蒙台梭利曾在自己的著作中讲述了这样一个故事：

一次，我在教一些1岁多、两岁，甚至是3岁的孩子们上了一堂特殊的课——教他们用手绢体面地擦鼻涕。在讲课的过程中，所有的孩子都全神贯注，并且没有一个孩子因为觉得害羞而表现出不好意思的神情，也没有一个孩子因为讲课内容无聊而捣乱。这堂课进行得很顺利，当内容讲述完毕时，所有的孩子都激动地鼓起掌来。

为什么这些孩子对这样一堂特殊甚至可以称做奇怪的课如此感兴趣呢？这是因为老师所讲的内容触动了他们内心的敏感点。几乎每个孩子都因为鼻涕流到嘴里，或用袖口擦鼻涕而受到过家长的批评或嘲笑，这使他们的自尊心受到了很大的刺激，但却从来没有人教他们如何正确地、体面地用手绢擦鼻涕。但蒙台梭利老师却了解孩子们的需求，给孩子们讲了"如何擦鼻涕"这样一堂特殊的课。这既使孩子们掌握了一定的生活技巧，又迎合了他们自尊心发展的需求，所以孩子们才会特别欢迎这样一堂特殊的课。

由此，妈妈们也可以得出正确的应对措施——送给宝宝一条手绢，并教会宝宝如何正确地、体面地把鼻涕擦掉。

2.固执地把物品放回原处→宝宝内心的秩序感不容破坏。

在婴儿期，如果家长用一块布把宝宝面前的玩具蒙起来，大多数宝宝都会表现得很着急，因为他们看不到玩具就认为玩具消失了。但进入幼儿期，尤其是进入幼儿期的第二个阶段，宝宝不但能够意识到蒙在布下面的玩具是存在的，而且还能记住很多物品都放在哪里。例如，当熟悉的邻居来家里做客时，宝宝会主动打开鞋柜给客人拿拖鞋。这表明宝宝的方位感、认知能力以及记忆力都有了很大的提升。

然而，伴随着这些能力的发展，宝宝身上还呈现出一种奇怪的现象——他常常会固执地要把物品放回原处。例如，一位妈妈就曾这样讲述过：

一天，我外出购物回家后，但我1岁零4个月的儿子却没有表现出往常的热情，而是紧张地看着我随手放在鞋柜上的遮阳帽。我笑着对儿子说："儿子，妈妈买了好多好吃的，快来迎接妈妈呀！"

小家伙并没有为我的诱惑所动，而是指着鞋柜上的帽子说"帽帽，帽帽……"

"原来你喜欢上了妈妈这顶遮阳帽呀，拿去玩吧！"我把帽子递给了宝宝，但宝宝并没有拿在手里把玩，而是拿着帽子径直走到客厅的衣架旁，然后非常着急地对我说："妈妈挂，妈妈挂！"

当我把帽子挂在衣架上后，宝宝好像松了一口气似的开心地笑了。我明白了，这顶帽子原来就在这个衣架上挂着，原来宝宝是在督促我把帽子放回原处呀。

其实，不仅仅是个别的宝宝，这一阶段的大多数宝宝都会表现出固执的秩序感，例如，他们不允许妈妈穿爸爸的衣服、不允许爸爸穿妈妈的拖鞋、全家人进门的先后秩序不能改变……为什么这些小家伙总会遵守这些奇怪的秩序呢？

事实上，从婴儿期开始，宝宝的内心就遵守着严格的秩序，细心的妈妈会发现，如果自己每天给宝宝喂奶、检查尿布、逗宝宝玩等，都是遵守一定的规律或按着先后顺序，那宝宝就不易哭闹，反之，宝宝则常常会莫名其妙地哭闹。

是的，当秩序感被打乱之后，宝宝的内心常常会被极大的不安全感所包围。小婴儿们只会用哭闹来表达自己的不安全感，但稍大一些的幼儿开始懂得了用语言来表达自己内心的不安。例如上述案例中的情况，遮阳帽本来是挂在衣架上的，但妈妈却随手把它放在了鞋柜上，宝宝内心的秩序被打乱了,所以他会用自己的语言和行动引导妈妈再把帽子挂在原来的位置上。

那么,妈妈具体应该如何做,才能做到尊重宝宝内心的秩序感呢?

儿童心理学家指出,如果妈妈总是把房间整理得很有秩序,并且常常告诉宝宝什么物品放在什么位置,这不仅能够使宝宝记住很多物品放置的位置,而且还非常有利于宝宝内心秩序感的建立。

因此,妈妈给宝宝创造一个整齐的生活环境、有序的生活步骤,是宝宝内心秩序感以及心理健康发展的前提。

特殊阶段:帮助宝宝自尊心和自信心发展的关键期

在进入该篇的讲述之前,先问妈妈们这样一个问题:你了解你的宝宝吗?

很多们妈妈也许会这样说:"宝宝是我生的,由我一手带大,我怎么不了解他? 1 岁之后的宝宝喜欢玩,喜欢捣乱……除此之外,他时常还会表现出一些小任性。"

其实,这对宝宝的了解太局限于表面了。在这一阶段,宝宝不仅会延续之前吃喝拉撒玩等生理性的需求, 他还表现出了明显的心理需求——他也渴望他人的尊重。任何人的自尊心和自信心都是紧密相联的,对于宝宝来说也是如此。所以,在这一时期,如果宝宝被尊重的这种心理需求能力得到满足,那自尊心和自信心都能得到健康的发展,反之,宝宝不仅会变得非常敏感,而且还会对自己失去信心。也正是在这种意义上,我们说,从 1 岁之后的第二个阶段开始,宝宝自尊心和自信心进入了发展的关键期。

● 尊重宝宝的劳动成果

程程是个 1 岁零 4 个月的小男孩。一天,程程忽然对摆玩具长龙的游戏产生了兴趣。于是,他便在餐桌上认真地摆起玩具来。最后,程程都累得出汗了,终于他的玩具长龙也摆好了:小汽车连着大卡车,大卡车连着小飞机……看着自己的杰作，程程高兴地拍起手来。

但就在这时，妈妈走过来急急忙忙把程程的玩具都装在箱子里，然后在餐桌上摆上饭菜，原来到了该吃饭的时间了。看到这种情形，程程可不干了，他不依不饶地要求妈妈把玩具再给他摆好，妈妈不同意，程程不但拒绝吃饭，而且还躺在餐厅的地板上直打滚呢。

读完这个案例，很多妈妈肯定都会这样给案例中的家长出主意："孩子太任性了，就是不能纵容孩子的无理要求！"

其实，这是一种对宝宝心理的误读。案例中的宝宝之所以会要脾气，是因为妈妈没有尊重他。随着宝宝运动能力及手部运动能力的发展，这一阶段的大多数宝宝都喜欢摆玩具长龙这个游戏。当宝宝费了很大的劲才把玩具长龙摆好时，却被家长很轻易地给破坏了，家长的这种做法不仅是对宝宝劳动成果的不尊重，更是对宝宝本人的尊重，在这种情况下，宝宝的自尊心会受到很大的伤害，所以宝宝才会不停地要脾气。

而实际上，即使妈妈为了保护宝宝的劳动成果而另寻吃饭的地方，这也不会助长宝宝产生坏习惯。妈妈可以这样想象一下：也许宝宝昨天还不能整齐地把玩具摆成长龙，但今天就具有了这种能力。也许这在成人眼中不算什么，但这对于宝宝来说却是非常大的进步，它会促使宝宝产生极大的成就感。所以，为了表示对宝宝劳动成果的尊重，为了表示对宝宝的尊重，家长另寻吃饭的地方是最明智的选择。

当然，在不伤害宝宝自尊的前提下，妈妈还可以通过商量的方式这样对宝宝说："宝宝真棒，你摆的这个长龙妈妈真喜欢，这说明宝宝的小手越来越巧了。现在到了吃饭的时间了，我们先吃饭，吃完饭后，妈妈再陪你摆再长一点的长龙好吗？"妈妈的赞美和欣赏也能使宝宝的自尊心得到一定的满足，在这种情况下，宝宝有时也会与家长合作。

● 有意无意地向宝宝表达自己的关注与欣赏

俗话说："孩子是自己的好。"在大多数妈妈的眼中，自己的孩子都是最棒的,但随着宝宝月龄的增长,妈妈向宝宝传达的信息却完全不是这样的。

生活中,我们常常看到这样的情景:

当别人夸奖宝宝乖时,妈妈马上就会说:"这孩子一点都不乖,好动得很!"

当别人夸奖宝宝动手能力强时,妈妈立刻就会说:"这孩子淘气着呢!"

……

作为成人我们知道,家长的这些话都是自谦的客套话,但孩子却不了解,他会以为这是家长对他的真实评价。妈妈不要以为孩子小,什么都不懂,其实他时刻都支着小耳朵在倾听你对他的评价呢。因此,在妈妈这种负面评价的影响下,宝宝的自信心是很难建立起来的。

每个宝宝都特别在乎家长对自己的评价,因此,妈妈寻找机会让宝宝了解自己对他的关注与欣赏,这是促使宝宝自信心发展的最好方法。

一次,皓皓的妈妈在楼下对邻居们这样讲述:"你知道我家那小家伙多聪明吗?小皮球滚到茶几底下去了,他趴在茶几一旁够小皮球,但无论他怎么努力都够不到小皮球。他趴在地上琢磨了一会儿,忽然骨碌一下从地上爬起来,然后从玩具箱里挑出一把塑料宝剑,然后用宝剑轻易地就把小皮球够出来了……我真为他而感到自豪。"

当时皓皓就在旁边跟小伙伴们一起玩,但听妈妈在讲他的"英雄事迹",皓皓马上就停止了玩耍,认真地听妈妈讲述。

从那之后,皓皓变得乖多了,而且越来越喜欢自己动脑筋解决问题了。

不仅仅只是针对这一阶段的宝宝,对于任何年龄段的孩子来说,家长的关注和欣赏都是促使他自信心发展的动力。每个孩子都会有缺点,但明智的妈妈从来不会在他人面前评论孩子的缺点,她只会有意无意地让孩子知道自己对他的关注和欣赏。

另外，在这里，妈妈们还应该特别注意，欣赏宝宝与无原则地宠爱宝宝是完全不同的。家长欣赏宝宝，主要是欣赏宝宝的努力，欣赏宝宝能力的发展，欣赏宝宝的懂事乖巧；但无原则地宠爱宝宝却是纵容宝宝的一切行为，包括故意耍闹行为。这两者之间是有本质性区别的。前者会促使宝宝越来越优秀，越来越有自信，但后者却会促使宝宝越来越任性，越来越没有自尊，最后它很可能就会促使宝宝沦落为一个自暴自弃的孩子。所以，妈妈一定要正确地认识欣赏宝宝与无原则地宠爱宝宝之间的区别。

第十三阶段：1岁5~6个月（17~18个月）
——宝宝开始注重人际关系了

概述

即将进入1岁半的宝宝能够稳稳当当地走路了、能够用有限的语言来表达自己了、能够独自玩上很长一段时间了。当然，在与妈妈做游戏的过程中，他们还获得了很多其他的能力。例如，他们能把手中的小球抛出去很远了、他们能够用积木搭成高楼大厦了、他们懂得照顾生病的洋娃娃了……总之，好像每一天，宝宝的能力都会有所提高。

从这一阶段开始，宝宝也开始表现出很多明显的特征，例如，宝宝对周围的小朋友表现出越来越多的好感；宝宝可以跟着妈妈一起吃一日三餐了；宝宝还出现了令妈妈难以置信的能力……因此，从这一阶段起，妈妈在对宝宝各种能力进行训练的同时，还应该试着对宝宝进行好习惯的培养了。例如，培养良好的饮食习惯、与他人交往时的好习惯以及正确的安全意识等。

第十三阶段：宝宝的一般行为特点

在这一阶段里，很多宝宝已经能够自己控制排便了，但大多数宝宝仍然还离不开纸尿裤。如果在此之前妈妈还没有有意识地对宝宝进行排便训练，那从这一阶段开始，就应该把排便训练列入自己的养育计划了。

当然，在对宝宝进行控制大小便的训练时，妈妈们一定要遵守这样的原则：如果宝宝愿意接受家长的训练，那就继续对宝宝进行排便训练；如果宝宝不但不愿意接受排便训练，还对这一训练特别反感，那家长千万不要与宝宝较劲，因为强制训练只会使宝宝对排便训练越来越反感，从而使宝宝控制大小便的能力无限延期。

事实上，一个健康的宝宝，即使家长不对他进行有意识的排便训练，他也会慢慢自己学会控制排便，所以，在这一时期，妈妈最重要的任务是对宝宝进行良好的排便习惯训练。例如，告诉宝宝尿便应该排在哪里、养成便后洗手的好习惯等。

除此之外，在这一阶段，宝宝还会表现出以下行为特点：

◉ 宝宝进入了人际关系的关键期

在这一阶段，大多数宝宝都对周围的小伙伴产生了好感，但他们一般都不会主动与小伙伴们接触。例如，一个宝宝看到别的小朋友在玩皮球，虽然他也特别想玩，但他不会主动向这个小朋友提出要求，而是向家长求助。当然，遇到这种情况，有的宝宝会用武力满足自己的需求，他会去抢别的小朋友的皮球，甚至还会打别的小朋友。

不管是否会主动与他人接触，这一阶段的宝宝都产生了强烈的与他人交往的欲望。然而，同样的情况，为什么有些宝宝在与他人交往时表现得很礼貌，而有些宝宝却表现得非常暴力呢？

其实，这与家长对待宝宝的方式有很大的关系：在日常生活中，如果家长尊重宝宝，那宝宝也会用礼貌的、尊重他人的方式来对待他人；如果家长动不动就对宝宝施加武力，那宝宝在与他人相处的时候也会表现得很暴力。所以，也正是在这种意义上，我们更应当注意这样两点：

一是家长对待宝宝的方式，决定了宝宝对待他人的方式；

二是从1岁之后的第三个阶段开始，宝宝进入了人际关系的关键期。

是的，随着月龄的增加，宝宝开始越来越频繁地模仿妈妈，当然，他也会更加注重妈妈对待他的方式。如果妈妈对待宝宝总是礼貌的、尊重的，那礼貌待人、尊重他人就会成为宝宝与他人交往时的一种好习惯；如果妈妈总是粗鲁、暴力地对待宝宝，那粗鲁、暴力很快就会转变成宝宝与他人交往时的一种恶习。所以，在宝宝建立人际关系的这一关键期,妈妈一定要注意自己的态度和行为对宝宝产生的影响。

那么,在这一关键期,妈妈应该如何帮助宝宝建立良好的人际关系基础呢?

因为这一阶段宝宝的接触面是非常有限的,他处理人际关系的大多数方法都是从家长那里学到的,所以,聪明的妈妈总是有意识地教宝宝一些处理人际关系的技巧。

如,这一阶段宝宝的好奇心都非常强烈,大多数妈妈都会遇到这种情况:当周围有其他小朋友时,他很容易就会被其他小朋友手中的玩具所吸引。在这种情况下,即使宝宝不使用暴力手段去抢别的小朋友手中的玩具,他也常常因为好奇心没能得到满足而冲着家长哭闹。

针对这一点,两位聪明的妈妈没有给宝宝讲大道理,而是通过自己的行动教会了宝宝应该如何去做。她们给宝宝创设了这样两个情境:

情境一:

爸爸正在高兴地玩一辆电动小汽车,妈妈走过来了。她看到电动小汽车非常喜欢,也非常想玩,于是她满脸笑容并且非常友好地对爸爸说:"我们一起来玩小汽车好吗?"爸爸爽快地回答说:"好的。"于是两个人高兴地玩起小汽车来。

情境二:

爸爸正在玩小汽车,妈妈走过来对他说:"我们一起玩小汽车好吗?"爸爸低着头不说话,表现出非常不情愿的样子。妈妈继续追着爸爸问:"好吗?我们一起玩吧!"最后,爸爸坚定地说:"不,我想自己玩!"被爸爸拒绝,妈妈很不开心,但很快她又高兴起来,并自言自语地说:"洋娃娃也很好玩!"

这两个情境向宝宝们传达了这样两个信息:一、自己喜欢上了别的小朋友的玩具,可以礼貌地请求与这个小朋友一起玩这个玩具;二、如果遭到了别的小朋友的拒绝也没有关系,这是很正常的,我还可以玩别的玩具。

遇到宝宝与别的小朋友争夺玩具的情况，很多妈妈常常会给宝宝讲道理。但家长们应该知道，这一阶段宝宝的理性思维还没有产生，他根本听不懂，或根本不会去听这样的大道理。所以，在这种情况下，通过创设情境的方式告诉宝宝如何去做，是最科学的办法。

● 培养宝宝良好饮食习惯的关键时刻到了

大多数接近 1 岁半的宝宝都能跟大人一样吃一日三餐了，不管是粮食、蔬菜，还是蛋、肉，宝宝都可以吃了。但在饮食方面，这一阶段的宝宝却存在很大的差距：有些宝宝跟成人一起吃饭了，但有些宝宝却仍然离不开母乳。所以，从这一阶段开始，培养宝宝良好饮食习惯的关键时刻到了。

提到宝宝的饮食习惯，令妈妈们最烦恼的就是宝宝的断奶问题。按说 1 岁半左右的宝宝都应该断母乳了，但如果到了这一阶段，宝宝还仍然吃母乳，那妈妈就应该想办法为宝宝断奶了。

其实，对于宝宝来说，断奶之所以困难，并不是因为宝宝不会吃饭菜，也不是因为宝宝不喜欢吃饭菜，而是因为宝宝不想离开妈妈。在日常生活中，妈妈们都会发现这样一种现象：即使宝宝不饿，他也愿意躺在妈妈的怀里，含着妈妈的乳头。为什么会这样呢？这是因为在妈妈的怀中，宝宝的内心能够得到巨大的满足和幸福，每个宝宝都喜欢这种感觉。在很多时候，他躺在妈妈的怀中并不是为了吃奶，而是为了感受伟大的母爱。所以，即使到了这一阶段，宝宝仍然不肯断奶，妈妈也不能采用强硬手段使宝宝屈服，这样只会使宝宝的心理受到伤害，从而对妈妈越来越依恋。

那么，有什么好的方法既能使宝宝断奶，又能使宝宝的心理不受到伤害吗？

一位有经验的妈妈这样分享经验：

在宝宝开始断奶时，我买了一瓶止咳糖浆，并且指着乳头对宝宝说："妈妈这里好痛呀，宝宝能帮助妈妈上点药吗？"听我这样说，宝宝真的认真给我上起了药。但没过一会儿，宝宝忍不住了，她掀开我的衣服吮吸了一口乳头，因为闻到了难闻的药味，所以宝宝没有继续吮吸下去。第二天，我又让宝宝帮我上了药，这次，宝宝忍住了没有吃奶。到了第三天，还没等我要求，宝宝就主动对我说："妈妈，上药药。"就这样，宝宝成功地断奶了。

断奶是宝宝形成良好饮食习惯的基础，但在断奶的过程中，妈妈一定不要给宝宝留下阴影。即使妈妈通过强制手段使宝宝断奶成功，他一般也不能在心理上很好地与妈妈分离，因此，妈妈一定要在尊重宝宝的前提下引导宝宝断奶。

相比较而言，也许上述案例中妈妈引导宝宝断奶的方法不是最快的，但对于宝宝的成长来说，它却是最科学的。虽然宝宝是因为妈妈乳头上的药而放弃吃奶，但这其中也包含了宝宝对妈妈的爱：因为心疼妈妈，而给妈妈上药。所以，这种方法既给宝宝断了奶，又增进了宝宝与妈妈之间的感情。

断奶之后，要想使宝宝养成良好的饮食习惯，妈妈还要面对很多"拦路虎"，例如宝宝偏食、吃一口玩一会儿、边吃饭边看电视等。这些坏行为不仅会影响宝宝的食欲，而且还有可能演变成宝宝的不良饮食习惯。所以，在宝宝良好饮食习惯形成的关键期，妈妈一定要帮助宝宝改掉那些不良的饮食行为。

有关针对宝宝偏食、边吃饭边玩的解决措施，我们在前面已经详细讲述过。在这里，我们详细讲述边吃饭边看电视对宝宝的危害及应对措施。

虽然很多家庭里的客厅与餐厅是分离的，但很多宝宝仍然喜欢让妈妈端着饭碗到客厅里来，边看电视边吃饭。其实，从一开始，妈妈就不能纵容宝宝的这种行为。边看电视边吃饭会给宝宝造成两个主要的危害：

一是分散宝宝吃饭的注意力，使宝宝的兴趣点转移到电视上，从而影响宝宝的食欲。

二是影响宝宝的消化功能。在进餐时,肠胃需要大量的血液供应,但当宝宝把注意力都集中在电视上时,大脑也需要增加血液流量。血液供应的规律是,先满足大脑,后满足肠胃,所以,在缺乏血液供应的情况下,宝宝的肠胃功能肯定会受到伤害。

所以,从现在开始,妈妈就要严厉制止宝宝边吃饭边看电视的坏行为。

另外,值得一提的是,要想使宝宝养成良好的饮食习惯,妈妈还要让宝宝按着成人的饮食规律吃一日三餐,当然,由于宝宝的食量有限,当宝宝感觉到饿时,妈妈中途还可以让宝宝吃些水果或小点心。

● 宝宝出现了令人难以置信的能力

随着宝宝各种能力的增长,很多宝宝很早就表现出了惊人的能力。例如,有时,他们是大力士,可以把与自己体重相当的物品搬起来;有时,他们又是细心的观察家,能够观察到很多被家长忽视的小东西……但在很多时候,宝宝的这些能力也常常会闯出很多祸端。

进进是个1岁半的小姑娘。一次,妈妈接电话接了很长时间,挂断电话之后,发现进进不在客厅便急忙到处寻找。听到厕所有流水的声音,妈妈马上朝厕所走去,但还没走到厕所,妈妈就发现地上到处都是水。走到厕所一看,那小妮子正把厕所的水管开到最大,开心地玩水呢。看到这种情况,妈妈严肃地向进进喊道:"进进,你在干什么呢!"看到妈妈生气的样子,进进才意识到自己闯了祸,并害怕地哭了起来。

是的,随着宝宝运动能力的增强,在好奇心的驱使下,他常常会表现出很多令人难以置信的能力。就拿上述案例中的进进来说,她是如何发现洗水间里那个隐蔽的水龙头的呢?她又是如何把水龙头打开的呢?这些都让家长们十分好奇。还有位妈妈曾这样说过:"我们家厨房用的是那种老式的液化罐,平时液化罐与煤气灶连接的那个接口连我们都很难拧开,但有一次我家1岁半的宝宝却给拧开了。当时我真的是又惊又怕呀!"

作为家长,遇到这种情况,宝宝的行为给我们带来的麻烦可以忽略不计,但我们不能不为宝宝的安全情况担心。是的,就像一位教育学家所说的:"对于粗心的家长来说,幼儿的能力增加了,这意味着他成长的危险性也增加了。"当然,妈妈不能为了宝宝不受伤害,就一直把他关在一个空房间里,这种做法对宝宝的好奇心和探索欲望是一种很大的摧残。

那么,妈妈应该如何做,才能既保证宝宝的安全,又不伤害宝宝的好奇心和探索欲望呢?

妈妈们可以从以下两点去努力:

1.防患于未然,把宝宝的受伤几率降到最低。

在很多时候,宝宝的那些惊天动地的行为是防不胜防的,例如,如果宝宝能打开一个抽屉,他会把抽屉里的所有物品拿在手里摆弄一遍,甚至还会放在嘴里一一品尝。当然,宝宝还会非常轻松地把一个药瓶拧开,然后把里面的药片当做糖来吃。

但如果妈妈将一些危险品,如药瓶、剪刀、绳子等,都放在宝宝不能触及的地方,而在宝宝能轻易够到的地方,如落地的橱柜、抽屉、酒柜等,仅放一些安全的物品或好玩的玩具,那宝宝受伤的几率就会大大降低。

除此之外,妈妈还可以参考以下几点,以做到防患于未然,把宝宝受伤的几率降到最低:

电源插座装上安全防护罩;

把家具尖锐的棱角包起来,或套上防护罩;

药瓶、日化用品、化妆品等不能让宝宝拿到的物品要放在安全的地方,还要考虑到宝宝利用小板凳够到它们的可能性;

玻璃物品不要放在宝宝能触摸到的高度,如果家里有落地玻璃窗,一定不要让宝宝把窗户打开,也不要让宝宝到只有窗纱的地方去玩耍;

花草、鱼缸等不要放在宝宝能够得到的地方;

……

这一阶段宝宝的好奇心是非常强烈的，一旦宝宝对某个物品产生了兴趣，他常常会想尽办法去探索。所以，妈妈只有防患于未然，给宝宝创造一个相对安全的环境，宝宝受伤的几率才会降到最低。

2.在家里人多的情况下，宝宝最易受伤。

宝宝在什么时候易做出惊天动地的大事？有经验的家长都知道，是在家里人多的时候。家里人越少，宝宝越黏人，例如，只有妈妈和宝宝两个人在家，那往往妈妈每走一步，宝宝就跟一步，而且还总是缠着妈妈陪他玩各种各样的游戏；但当家里人多时，宝宝反而不黏人，而是非常兴奋地去做自己感兴趣的事情。这是这一阶段宝宝的一个主要特点。

另外，当家里人多时，例如来了很多客人，大人们都忙着做饭、聊天，没有太多的精力去关注宝宝，所以宝宝会干脆把自己藏起来，去做任何自己想做的事情。

所以，当家里来了客人，妈妈更应该特别关注宝宝，或指派一个成人陪宝宝玩耍，这样宝宝才不会做出惊天动地的事情来，或在这些事情中受伤。

第十三阶段：宝宝的能力发展 + 潜能开发方案

在这一阶段里，宝宝的各种能力又呈现出飞速发展的状况：

他能牵着爸爸妈妈的手上楼梯了；

他还能推着自己的婴儿车快速行走了；

他能够分清前后方向了，如果妈妈说前面有好吃的，宝宝就会向前走或向前看；如果妈妈说后面有好玩的玩具，宝宝就会向后看，或转过身去，但这一阶段的宝宝还没有"左""右"和"东""西""南""北"的概念；

他能够把书上的图片与现实中的实物联系起来了；

他开始越来越多地模仿家长，例如，模仿家长咳嗽、模仿家长胃痛

时的动作,甚至还能模仿出家长胃痛时说话的声音、内容以及表情;

......

除此之外,在这一阶段,宝宝的以下几种能力也得到了飞速发展。

◉ 语言能力的发展→把宝宝自己或他熟悉的人放到故事里

在接近 1 岁半这一阶段里,大多数宝宝都已经能够说出简短的句子了。例如:"宝宝尿湿湿。"句子中的主语、谓语、宾语都全了,但这仍属于宝宝特有的语言。要想使宝宝的语言更加成熟,妈妈仍然需要有意识地对宝宝的语言能力进行训练。

作为家长,我们知道,童话故事中含有丰富的语言、各种各样的表达方式,给宝宝讲故事是提高宝宝语言表达能力的一个重要途径。然而,在生活中,很多妈妈却常常这样抱怨:"宝宝对我讲的故事根本就没有反应,这又怎么能提高他的语言表达能力呢?"

是的, 年龄稍大一些的幼儿一般会喜欢听《白雪公主》《睡美人》《七个小矮人》等童话故事。但年龄稍小的宝宝却不是如此,他对与自己无关的人以及事都不感兴趣, 所以他很难将一个完整的故事听完。在这种情况下,如果妈妈仍然给宝宝讲故事,那么长久如此,宝宝很可能对所讲的任何故事都提不起兴趣。

但如果妈妈了解这一阶段宝宝的特点,从一开始就把故事里的主人公变成宝宝自己,或宝宝熟悉的人,那宝宝就会听得津津有味。

一位有经验的妈妈是这样做的:

一次,我给女儿讲述了一个有爱心的小姑娘主动照顾一位生病老人的故事。我把这个小姑娘的名字换成了邻居家一个小朋友的名字,女儿听得非常起劲,一连好几天都要听这个故事。

又有一次,我把故事里的主人公换成了女儿自己,女儿听得更起劲了,不仅连续好几天都要听这个故事,有时甚至一天要求我讲两遍。一次我讲得实在是烦了, 便故意跳过很多情节以快点使故事结束,没想到女儿竟然非常不满意地对我说:"不对,不对,妈妈讲错了!应该是这样的……"看来,这小妮子是越大越难骗了。

很多妈妈常常会非常奇怪:"为什么宝宝总是要求家长讲同一个故事呢?难道他听不烦吗?"

是的,宝宝不会烦。不但如此,重复的遍数越多,宝宝听得越有兴趣,因为重复是宝宝学习的一种方式。我们知道,之前宝宝会通过不断地重复某个动作来熟悉并掌握这个动作,同样的道理,在这一阶段,宝宝通过听家长讲重复的故事来学习语言、来理解这个故事。所以,妈妈一定要拿出足够的耐心来给宝宝讲故事。

当然,不管家长讲哪个故事,只有引起宝宝听的兴趣,在听的过程中,宝宝的语言能力才会提高。而让宝宝以及宝宝所熟悉的人去做故事中的主人公,这是引起宝宝听故事兴趣的最好方法。

● 思维能力的发展→引导宝宝在实践中自己去摸索

我们都知道,婴儿的思维能力是非常有限的,除了要求吃、喝、玩之外,他几乎没有其他的思维活动。但进入幼儿期的第三个阶段,宝宝的思维能力却有了很大的发展,最明显的标志就是,在语言表达之前,宝宝出现了明显的思维活动。举个很简单的例子:

宝宝不小心把花瓶打碎了,当妈妈问他:"是宝宝把花瓶打碎的吗?"宝宝会低着头想一会儿,然后摇着头回答妈妈说:"不是。"当妈妈继续问他:"是谁把花瓶打碎了呀?"宝宝又会思考一会儿,然后说:"猫猫。"

遇到这种情况,很多家长会非常生气地责备宝宝说:"你撒谎,不是好孩子!"其实,家长不应该先责备宝宝,而应该先为宝宝感到高兴,宝宝的这种撒谎与嫁祸于人的行为表明宝宝在语言表达之前,已经能够进行简单的思维活动了。

思维是人类大脑对客观事物的概括和反应,是一个复杂的认知过程,更是人类智力以及很多能力发展的基础。所以,宝宝表现出明显的思维活动,这非常值得妈妈惊喜。

那么，具体来讲，妈妈应该如何做，才能使宝宝的思维能力得到更加迅速的发展呢？

实际上，宝宝的思维能力是在日常实践中一点点提高的。例如，柜子上放着一个玩具，宝宝非常想拿来玩，但他的个头根本够不到柜子上的玩具。但也许在反复的尝试之后，宝宝会搬来一个小板凳放在脚下，然后踩着小板凳就可以轻易够到那个玩具了。踩着小板凳就可以够到玩具，这是宝宝在不断摸索中总结出来的经验，这一过程也非常明显地体现出了宝宝思维能力的提高。因此，在日常生活中，妈妈一定要给宝宝足够的机会，让宝宝自己去探索经验。

楷楷是个聪明的小男孩，一次，他看到瓶子里装了一个色彩斑斓的小球，便一边用手指指着，一边对妈妈说："楷楷玩球球，楷楷玩球球……"妈妈没有立刻满足楷楷的要求，而是笑着对他说："楷楷很聪明，自己来拿小球。"

听妈妈这样说，楷楷便入神地自己探索起来。刚开始，因为他不理解瓶子与小球之间的关系，所以总是试图隔着玻璃去拿小球。经历了几次失败之后，他终于明白了，要想够到小球，必须到瓶子里去拿。

于是，楷楷试图把手伸到瓶子里去把小球拿出来。但无奈，由于瓶口太小，楷楷的小手无论如何也伸不进去，这下，楷楷都要急哭了。

但偶然的一次机会，瓶子倒了，小球从瓶子里滚了出来，这给了楷楷一个很大的启示，于是，当楷楷再次想玩瓶子里的小球时，他就会故意把瓶子推倒，然后让小球自己滚出来。再后来，楷楷又想出了一个更简单的办法，那就是把瓶子倒过来，这样小球很自然地就能从瓶口出来了。

从隔着瓶子够小球到把小球从瓶子里倒出来，在这一过程中，宝宝曾进行了无数次的尝试，并且每进行一次尝试，宝宝的思维能力就提升一次。因此，让宝宝自己动手去实践的过程，也是对宝宝的思维能力进行锻炼的一个过程。

然而，现实生活中的大多数宝宝却没有这种锻炼的机会，因为一旦他们提出某种要求，妈妈就会满足他们。还是拿案例中的情况来说，看到瓶子里的漂亮小球，也许还没等宝宝开口，大多数的妈妈就会把小球从瓶子里倒出来递到宝宝手中。当然，在多次观看家长从瓶子里取小球的过程中，宝宝也会懂得把瓶子倒过来就能轻易得到小球了，但在这一过程中，宝宝却丧失了很多思考的机会。

所以，在很多时候，妈妈不立刻去满足宝宝的要求，而是引导宝宝自己动手去寻找解决的办法，这不仅可以锻炼宝宝的动手能力，实际上也是在对宝宝的思维能力进行锻炼。

● 认知能力的发展→引导宝宝多思考；让宝宝自己动手去探索

早在婴儿期，在家长的询问下，宝宝就可以指出自己五官的位置了。例如，当妈妈问宝宝："嘴巴在哪里呀？"宝宝就会用手去指嘴巴。但在这一时期，宝宝对五官的认识仅仅局限于对五官名字的记忆，他并不了解五官的真正功能。

但从幼儿期的第三个阶段起，宝宝开始真正了解自己身体的某些功能了。例如，他已经懂得耳朵是用来听故事的、眼睛是用来看爸爸妈妈以及好玩的玩具的……

读到这里，也许有妈妈会提出反驳意见："我教了宝宝很多遍，为什么他仍然还是不了解五官的功能呢？"

实际上，在这一阶段，宝宝们之间的认知能力之所以会出现差距，这与妈妈各自的教育方式有很大的关系。例如，很多妈妈常常这样教宝宝认识五官："耳朵是用来听声音的，眼睛是用来看东西的，嘴巴是用看说话和吃东西的……"我们都知道，这一阶段宝宝的认知能力和思维能力都是非常有限的，家长把这些抽象的概念抛给宝宝，宝宝是不会理解的。而且这还会使宝宝产生更多的疑问：为什么耳朵能够听到声音？为什么眼睛能够看到东西？……

但如果妈妈非常具体地给宝宝讲述五官的功能，宝宝是很容易理解的。例如，耳朵是用来听故事的，嘴巴可以用来吃奶、叫爸爸妈妈……因为家长的这些讲述非常具体，又与宝宝的生活紧密相关，所以宝宝很容易就能理解五官的具体功能。在这种情况下，宝宝的认知能力才会迅速提升。

在这一阶段，除了了解五官的真正功能之外，宝宝还了解了很多物品的特性，并且能够对物品进行简单的分类了。

1.宝宝对物品本质的了解→引导宝宝多思考。

宝宝认知能力的发展一般都会经历这样几个阶段：

第一阶段，宝宝记住了物品具体的形象；

第二阶段，宝宝记住了物品的名称，并且能够把看到的物品的形象与抽象的名称联系起来；

第三个阶段，宝宝不仅知道所看到的物品叫什么，而且还了解物品的具体属性。

当宝宝对事物的认识到了第三个阶段时，这说明宝宝具备了真正的认知事物的能力，这是宝宝的视觉、听觉以及思维相互配合而产生的结果。

到了1岁半左右，大多数宝宝都已达到了第三阶段的认知水平，他们开始认识事物的本质。例如，他们能够清楚地知道，玻璃杯子摔到地上是会碎的，而木头做的小玩具是不容易摔坏的。

那么，妈妈应该如何做，才能使宝宝的认知能力更加迅速地发展呢？

其实，不管提升宝宝的哪种能力，妈妈都应该引导宝宝积极地去思考，这样宝宝的能力才会得到迅速提升，宝宝认知能力的提升也是如此。因此，妈妈就要学会引导宝宝动脑筋，教他去琢磨所看到的事物或现象。

例如，在与宝宝一起看电视时，妈妈可以这样引导宝宝思考："为什么我们能够看到电视中的人，能够听到他们说话，却摸不到他们呢？""为什么电视中的那些人不能把好吃的送给宝宝呢？"通过家长的引导，宝宝不但能够发现更多的问题，而且还会对电视以及电视的工作原理有更加深入的了解。

2.能够对物品进行分类了→在游戏中引导宝宝去探索。

在婴儿期时，在玩积木的游戏中，宝宝就已经能够区分不同大小以及不同颜色的积木了。随着宝宝月龄的增加，到了幼儿期，宝宝对物品的区分能力有了进一步的提高，他不仅能够对物品进行大概的分类，对相近的物品也能进行正确的区分了。

例如，他知道碗、筷子、勺子等都是厨房里的物品，它们都属于餐具。又如，如果有人进屋之后忘记了把鞋放在阳台上，宝宝会主动把这个人的鞋拿到阳台上，与所有人的鞋都放在一起。而且，这一阶段的宝宝已经能够分清袜子、鞋垫以及鞋之间的关系了。

要想使宝宝对物品的区分能力更上一层楼，妈妈就应该给宝宝足够的自由，让宝宝去接触越来越多的事物。当然，对于这一阶段非常爱玩的宝宝来说，最常用的办法是在游戏中教会他对物品进行分类。

一位有经验的妈妈是这样做的：

宝宝有很多玩具，各种各样的小汽车、积木、厨房玩具等。一天，这位妈妈在各种玩具中分别选了几种混在一起，然后对宝宝说："玩具也该有自己的家，它们也不喜欢住在一起。宝宝，我们来给它们分家好不好？"在这种有意思的说法的引导下，宝宝非常兴奋地给玩具分起了家。

但是，宝宝不小心把小铲子与积木放在一起了，妈妈引导宝宝说："这个小铲子为什么不高兴呢？宝宝，你是不是给它分错家了？厨房里少了铲子，只有锅和碗是不能做饭的。"听妈妈这样说，宝宝认真地想了想，便把小铲子放在了厨房玩具那一类里。

爱玩是宝宝的天性，宝宝的很多能力都是在玩的过程中获得的。有了这次给玩具分家的经历之后，相信宝宝再也不会把厨房用具与别的物品混淆在一起了。

另外，在日常生活中，妈妈们还常常会经历这样的情况：宝宝喜欢把餐具，如勺子、筷子、碗等拿在手里把玩。遇到这种情况，妈妈不要制止宝宝，也不要表现出紧张情绪，因为这些都会使宝宝的探索欲望受到影响。妈妈只需在暗中默默关注宝宝的行为，默默保护宝宝就可以了。因为在这种把玩的探索中,宝宝会对手中的物品有更加深刻的认识。

● 情绪和情感发展→真正站在宝宝的角度来理解他的情绪

在这一阶段里,宝宝可以集中精力看图画书或动作片了,他已经能够记住动画片中的部分情节了。值得一提的是,宝宝的情感能够被动画片中的人物所感染。例如,如果动画片中的人物因为某事而伤心地哭了,宝宝很可能也会跟着哭泣;如果动画片中的人物非常高兴,那宝宝也会用自己的方式表达兴奋之情,例如鼓掌、蹦跳、大笑等。

除此之外,在这一阶段,宝宝情感和情绪的发展还表现出这样一个明显的特点:他常常会莫名其妙地发脾气。例如,当他磕磕巴巴地向家人讲述一件事情时,家人没有听懂,他常常会生气地摔东西;他搭积木总也搭不好,当家长好心地来帮他时,他却生气地把积木摔得到处都是……因此,在这一阶段,很多家长常常用"莫名其妙"来评价宝宝的情绪。

其实,如果家长能够站在宝宝的角度来思考问题,便会发现,宝宝每一种情绪的产生都不是莫名其妙的。一般来讲,这一阶段的宝宝之所以爱发脾气,主要原因有两点:

1.有限的表达能力阻碍了宝宝与他人进行正常的交流。

在对这一点进行讲述之前,我们先要求妈妈们进行这样一个反思:如果你什么都看得明白,但却没有办法把自己的观点用语言表达出来,那你的心情将是怎样的?

很多妈妈听后肯定会陷入深深的思考。

其实,在这一阶段里,宝宝就处于这样的尴尬境地:

自己懂的词汇越来越多,所能听懂的语言也越来越多,但却没有办法用语言把自己的观点表达出来;

自我意识越来越强烈,并且对很多问题都已经有了自己的看法,但自己的行为却总要受到家长的束缚;

......

越来越多的经历，次数越来越多的碰壁，使宝宝产生了这样一种信息：所有的人都不懂我，所有的人都不理解我。在这种信息的影响下，宝宝的心情时常会处于沮丧状态，从而产生消极情绪。当这些消极情绪积累到一定状态，宝宝自然会通过发脾气这种途径来发泄。

所以，妈妈只有真正地站在宝宝的角度去看待问题，才能真正地了解宝宝，才能找到应对宝宝情绪的好方法。

2.不喜欢被他人打断。

有妈妈常常会这样说："看他一遍遍地搭积木总也搭不好，我们是出于好心帮助他，为什么他不但不领情，还乱发脾气呢？"

其实，这位些妈妈之所以会产生这样的疑问，是因为她根本不了解这一阶段宝宝的特点。这一阶段的宝宝是不会认输的，虽然他搭的积木总是不停地倒塌，但他绝不会就此罢手，还会一遍一遍地去搭。这一阶段的宝宝不懂什么是坚强的意志力，他之所以能够做到不停倒、不停搭，所凭借的并不是意志力或耐心，而是兴趣和不服输的精神。但如果没有经过宝宝的允许，妈妈就对宝宝的游戏指指点点，这将会在很大程度上破坏宝宝的兴趣，从而把宝宝那种不耐烦的情绪激发出来，使得宝宝大发脾气。所以，即使宝宝总是做不好一件事，在没有经过宝宝的允许下，妈妈也不要轻易去打断宝宝的行为。

关于此，也许有妈妈会这样说："即使我们不去打断他，有时宝宝也会因为搭不好积木而乱发脾气，遇到这种情况，我们应该怎么办呢？"

是的，在搭积木的时候，如果宝宝总也品尝不到成功的喜悦，宝宝也会生自己的气，对这个游戏失去兴趣，从而气愤地把积木扔得到处都是。在这种情况下，对于宝宝来说，家长的安慰以及对宝宝讲那些大道理都是徒劳的，因为宝宝一点都听不进去。

在这种情况下，妈妈最明智的做法就是，告诉宝宝正确的搭积木的方法，并演示给他看。也许在这种情况下，宝宝不会认真地听妈妈讲，也不会认真地看妈妈演示。但这没有关系，最重要的是，妈妈用自己的行动向宝宝传达了这样一个信息：挫折并不可怕，只要掌握正确的方法，挫折是很容易应对的。

每当宝宝在玩游戏或进行能力训练时遇到挫折而大发脾气时，妈妈都可以用这样的方法来对待宝宝：教宝宝正确的方法，并演示给宝宝看。长久如此，不但宝宝爱发脾气的情绪可以得到缓解，而且宝宝在应对困难和挫折时的心理承受能力也能得到提高。

特殊阶段：宝宝的执拗敏感期悄然来临了

所谓执拗敏感期是指，每个宝宝在 0～6 岁的某个阶段都会经历的一个特殊时期。在这一时期里，宝宝的主要表现有：没有任何理由地说"不"、拒绝家长的任何要求、家长说东他往西等。一般来讲，大多数宝宝的执拗敏感期会在 1 岁半左右萌芽，到 2~3 岁时达到高峰。

文文是个两岁的小女孩。一天，妈妈正在给她穿外套，忽然爸爸的手机响了，文文大喊道："爸爸，来电话了！"并且边喊边想把茶几上的电话递给爸爸。但由于外套刚穿了一半，妈妈想快点把外套给她穿好，便拉着她不放手，并且对她说："爸爸自己会过来接电话。"就在这时，爸爸走过来自己把电话接起来了。

这下，文文可不乐意了，她不但拒绝穿衣服，而且还边哭边向妈妈说着谁也听不懂的语言，总之，就像妈妈犯了天大的错误一样。最后，妈妈只得反反复复地向她道歉，她才慢慢地停止了哭闹。

读到这里，很多妈妈都会这样评价案例中这个小女孩："她的行为简直就是无理取闹、不可理喻！"

是的，在大多数家长眼中，宝宝的执拗行为都有无理取闹的嫌疑。但实际上，宝宝并不是无理取闹，他执拗行为的产生是有深层原因的。

● 宝宝执拗敏感期产生的原因

在 1 岁半左右这一阶段，宝宝之所以会越来越多地出现执拗行为，主要原因在于在宝宝自身或与家长之间存在以下三点矛盾：

1.宝宝自我意识的发展与家长的束缚之间的矛盾。

随着月龄的增加,宝宝有了越来越多的自我意识,在很多问题上他都想按照自己的想法去做,但很多家长却常常从自己的角度思考,把自己的想法强加于宝宝身上。久而久之,家长就把宝宝身上的叛逆意识都激发出来了,从而使得宝宝的行为既叛逆又执拗。

例如,早上起床后,宝宝忽然想尝试自己穿衣服,但妈妈却一边把衣服往宝宝身上套,一边非常焦急地说:"乖宝宝,让妈妈帮你穿,妈妈上班快迟到了!"在这种情况下,宝宝很容易就会执拗起来,不仅拒绝妈妈帮他穿衣服,而且自己也不穿,就坐在床上跟妈妈较劲。

2.家长的提醒与宝宝的反应方式之间的矛盾。

这一阶段,宝宝执拗行为最明显的标志就是,家长不让他去做的事情,他偏偏去做。例如:看到宝宝在茶几旁活动,家长本能地提醒宝宝:"不要动茶几上的茶壶!"结果,本来没有注意茶壶的宝宝走到茶壶旁边,伸出小手就把茶壶推倒在地板上。

进入这一阶段,妈妈们总是抱怨宝宝喜欢与自己对着干。其实,在这个时候,妈妈不应该抱怨,而是应该在宝宝的行为中总结经验。在亲眼目睹过宝宝几次执拗行为之后,善于总结经验的妈妈都会发现:自己制止宝宝不要去做某事,实际上就是提醒宝宝去做这件事。

是的,对于这一阶段的宝宝来说,家长的制止就等于提醒。

也许家长们会奇怪,宝宝为什么会故意把茶壶摔碎呢?

这是因为宝宝在用这种行为来证明自己的独立性和能力、在用这种行为来展示自己的力量和强大,当然,在很多时候,宝宝也会用这种行为来测试家长对他的忍耐力。

3.家长的教育方式与宝宝的认知之间的矛盾。

在什么情况下,宝宝表现出来的执拗行为最多?

有经验的妈妈肯定会这样回答:"在我催促他去做某事的时候,例如吃饭、穿衣、睡觉等。"

是的,在妈妈催促宝宝去做某件事情的时候,宝宝最容易与妈妈较劲,而且常常是妈妈越着急,宝宝越不合作。例如,妈妈越是催促宝宝早点睡觉,宝宝就越是不肯进卧室。

这到底是为什么呢?

其实,除了宝宝想显示自己的强大和独立性之外,这与家长的教育方式也有很大的关系。例如,很多妈妈常常会这样催促宝宝去做事情:"看,都到什么时候了,快去换睡衣洗漱!""宝宝别玩了,该吃饭了!""你快点,妈妈该去上班了!""明天再陪你玩,快睡觉吧!"

虽然这一阶段宝宝的认知能力有了很大的发展,但这些1岁半左右的宝宝还并不理解时间是怎么一回事,因此,当家长催促他时,他常常会无动于衷。当然,如果家长催促得频繁了,他就会用拒绝或故意与家长作对的方式来应对。

另外,家长的催促除了可以激起宝宝的执拗行为,还非常不利于宝宝时间观念的形成。就拿上述催促宝宝的那些语句来说,这些语句会使宝宝对时间产生这样的概念:我的生活总是被时间追着跑,我就是时间的奴隶。这种概念不但不会使宝宝珍惜、爱护时间,而且还会使宝宝对时间产生抱怨情绪:为什么时间总是这样紧,总是不够用呢!

但如果妈妈换一种方式,不但不会激起宝宝的执拗行为,而且还会促使宝宝形成正确的时间观念。例如:

"现在是晚上,爸爸妈妈和所有的小朋友都应该上床睡觉了!"

"这下宝宝可以美美地睡上一觉了!"

"宝宝睡着之后肯定会做一个非常开心的梦——宝宝要飞到天上与小星星去玩耍了!"

妈妈的这种说法不仅可以促使宝宝愉快地与自己合作,还会使宝宝对时间产生这样的概念:无论是白天、晚上、玩耍的时间、休息的时间等都是非常快乐的。在这种快乐时间概念的影响下,宝宝肯定会懂得去珍惜享受每一分、每一秒的时间。

● 用示弱的态度来应对处于执拗敏感期的宝宝

当宝宝执拗地对家长说"不"、与家长作对时，应该如何对待他呢？

也许有妈妈会这样说："给他讲道理，教育他一番！"也许还有妈妈会这样说："批评他，教训他一番！"

实际上，这两种应对方式都是不科学的，这些做法不仅不会促使宝宝与家长合作，而且还会使宝宝的执拗行为越来越强烈。就拿经常发生在宝宝身上的例子来说：早晨起床时，宝宝忽发奇想想要自己穿衣服，妈妈不肯，但宝宝执意要自己穿。在这个时候，如果家长给宝宝讲道理："妈妈上班要迟到了，宝宝上幼儿园也要迟到了，乖宝宝，快点让妈妈帮你把衣服穿好吧！"但令妈妈们失望的是，宝宝不但不会与家长合作，而且执拗行为还会越来越强烈。

所以，对待处于执拗敏感期的宝宝，聪明的妈妈都会向他示弱。

一位有经验的妈妈曾这样说：

一天，小宝光着脚丫在瓷砖地上跑来跑去，看到这种状态，奶奶心疼地说："小宝，快穿上拖鞋。"

"不穿！"没想到小宝一口回绝了。

"不穿鞋会拉肚子的！"姥姥开始给小宝讲道理。

"不穿，不穿！"小宝说得很坚决。

"小宝是个好孩子，最听话了，来，快把鞋穿上！"姥姥开始央求小宝。

"不是好孩子，就是不穿鞋！"无论姥姥怎么说，小宝就是不肯穿鞋。

我实在听不下去了，从厨房走出来对小宝说："小宝，你千万别穿鞋，我看你自己根本就不会穿鞋。"说完之后，我立刻走到厨房去忙了。没多大一会儿，小宝故意把脚上的拖鞋拖得很响走到厨房来了，他好像故意在告诉我："看，我把鞋子穿上了。"

是的，对于执拗敏感期的孩子来说，家长的讲道理、央求、批评等手段常常都是不起作用的。但如果家长学会示弱，学会顺着宝宝说，那宝宝的行为也许就会越来越顺从。就像上述案例中的情况，姥姥试了很多方式要求小宝把鞋子穿上，都被小宝一口回绝了。但妈妈仅仅顺着小宝说了一句话，小宝就主动把鞋子穿上了。

因此，对于处于执拗敏感期的宝宝来说，如果妈妈学会顺从他，那宝宝的执拗行为就会在一定程度上有所减少。例如：

宝宝不想让妈妈帮他穿衣服，如果妈妈顺从宝宝的意愿，也许没过一会儿，宝宝就会主动来寻找妈妈的帮助。

宝宝不想收拾地上的玩具，如果妈妈不是试图说服宝宝或强制宝宝，而是自己边收拾，边自言自语地说："真好玩，小玩具们都回家睡觉喽！"也许一会儿宝宝就会参与到收拾玩具的活动中来。

……

当然，也许有些妈妈会担心，这样顺从宝宝的意愿，那宝宝会不会变成一个一意孤行、为所欲为的孩子呀？"

答案是否定的。执拗敏感期是宝宝人生中一个极为特殊的阶段，它是宝宝自我意识发展的正常表现。在这一时期，如果妈妈学会顺从宝宝的意愿，那宝宝的自我意识就会更加快速地发展，在这种情况下，宝宝很容易就会感觉到自己的强大与独立。当宝宝内心那种要求自己强大与独立的需求得到满足之后，宝宝的执拗敏感期就已经顺利度过了。这时，宝宝一般都不会故意再与家长作对了，当然，妈妈也没有必要担心宝宝会变成一个一意孤行、为所欲为的孩子了。

反之，当宝宝处于执拗敏感期时，如果妈妈总是与宝宝较劲，那宝宝的这一敏感期不但会无限期地延长，而且很可能会促使宝宝形成叛逆的性格。

第十四阶段：1岁7~8个月(19~20个月)
——宝宝越来越喜欢运动了

概述

宝宝走过了1岁半，开始向两岁进发了。在这一阶段，宝宝的能力每天都在增加，妈妈的养育工作也越来越省力了。但与此同时，小家伙给家长带来的"麻烦"也在逐日增加。例如：

因为宝宝总是一刻也不停息地动来动去、爬上爬下，所以经常会因为意外事故而受伤；

因为没能满足他的欲望，宝宝要脾气的次数也在逐日增加；

因为某种破坏活动没能达成，宝宝会莫名其妙地发火；

……

这就是这一阶段宝宝的主要特点：一方面，他的成长以及能力的提升令妈妈感到惊喜；但另一方面，妈妈又经常为宝宝的捣乱破坏行为而担心。因此，在很多时候，妈妈常常会思考这样一个问题：如何才能使宝宝放弃这些捣乱的破坏行为呢？

其实，这些捣乱破坏行为是宝宝成长中的正常表现，不仅是宝宝动手能力发展的前提，还是宝宝想象力、创造力发展的基础。因此，妈妈与其制止宝宝的这些捣乱破坏行为，还不如在保证宝宝安全的前提下，让他自由去探索。

第十四阶段:宝宝的一般行为特点

在这一阶段里，宝宝在体能方面表现出了了不起的进步，大多数宝宝都能够做到单腿独立、抬腿踢球或踩着凳子够物品了。不仅如此，这一阶段的宝宝还特别喜欢"搬家",例如,把玩具从一个房间里全部转移到另一个房间里、把小椅子从客厅的一端搬到另一端等。

在这种情况下,妈妈也许常常会非常不理解地训斥宝宝:"瞎折腾什么,别折腾了!"其实,宝宝这可不是在瞎折腾,他正在做非常有意义的一件事情。对于这一阶段的宝宝来说,把物品搬来搬去是非常有意义的事情,它不仅是宝宝的一种独特的运动方式,而且还是帮助宝宝建立平衡感的一种好方法呢。因此,当宝宝正在进行这样一项重要的活动时,妈妈千万不可打扰宝宝。

除此之外,在这一阶段里,宝宝还会表现出以下几个行为特点:

● 宝宝非常喜欢运动中的小皮球

这一阶段的宝宝不但特别喜欢运动,而且他的运动能力还有非常大的进展。例如,大多数的宝宝能够抬高腿迈过眼前的障碍物了、他们还能单腿直立站一会儿了……这一阶段的大多数宝宝都酷爱皮球,如果妈妈跟他们玩抛球或踢球的游戏,宝宝会表现出很大的积极性。

但令妈妈们感到奇怪的是,如果把一个小皮球放在宝宝面前,在很多情况下,宝宝并不会表现出太大的热情,有时甚至还会对小皮球不理不睬。为什么会这样呢?

这是因为宝宝对静止的皮球并不感兴趣,这一阶段的宝宝喜欢运动中的物体。因此,小皮球只有在运动中才能引起他的兴趣,例如,看到正在地上滚的皮球、妈妈正在拍的皮球等,宝宝肯定会产生很大的兴趣。

不管是男孩还是女孩,球是这一阶段宝宝最喜欢的玩具,因此,妈妈可以利用与宝宝玩球的各种游戏,继续对宝宝的运动潜能进行开发。

一般来说,对于这一阶段的宝宝,投球和踢球这两种游戏,既深受宝宝的喜欢,又能使宝宝的各种运动潜能得到提高。

1.踢球。

引导宝宝踢小皮球可以锻炼宝宝的腿力和脚力,还能锻炼宝宝的平衡能力以及单腿运动能力。在这一阶段,往往不用妈妈刻意去训练,

他自己就可以把小皮球踢得很远了。在这个时候,妈妈就要有意识地增加宝宝踢小皮球的难度了。例如,可以这样做:

在地上给宝宝画一个范围,或是用一些不易碎的物品给宝宝堆出一个球门,然后引导宝宝把小皮球踢到球门里去。

这种不断变换花样的做法,不仅可以增加宝宝对踢球游戏的热爱,而且还能使宝宝的方向性以及脚力的准确性得到训练。

2.投球。

在上一个阶段,宝宝投球时还会因为把球举得过高、松手过早而把球投到脑后,或者因为力度不够、方法不正确,而只能把球投在脚下。但这一阶段的宝宝出现这种情况的次数越来越少了,大多数宝宝都能迅速地将手中的皮球投出去,而且他们投球的距离也越来越远了,方向也越来越准了。

对于这一阶段的宝宝来说,妈妈有意识地引导他投球,不仅可以增加他的臂力,而且还能锻炼他投掷物体的准确性、视觉与肢体的协调能力。当然,如果能够为投球游戏增添点小花样,那宝宝对小皮球的兴趣就会越来越高。例如:当宝宝投球时,如果爸爸妈妈在前面接着,那宝宝一定会玩得特别高兴。

是的,在玩游戏时,大多数宝宝都喜欢家长与自己互动,如果家长一边接宝宝投过来的球,一边对宝宝说:"宝宝好棒呀,能把小皮球扔这么远,妈妈都接不住了!"这会把宝宝投球的兴趣极大程度地激发出来。

● 宝宝要成为"小电视迷"了

很多妈妈常常会自豪地这样说:"我家宝宝非常喜欢看电视,即使他在耍脾气,只要电视一开,他就会安静下来,因此,电视就成了我们哄宝宝开心的法宝了!"

这些刚刚过了1岁半的宝宝真的如此迷电视吗?

事实并非如此。虽然这一阶段宝宝的很多能力都有了一定的发展,但他的注意力还是非常有限的。凭宝宝有限的注意力,他很难长时间盯着电视屏幕看，他甚至都不会对电视所演的节目内容产生兴趣。另外，就宝宝的语言、思维、理解能力而言，电视节目中所演的大多数内容宝宝是看不懂的，因此，宝宝不可能对他根本看不懂的内容保持长时间的兴趣。

那既然如此，宝宝又为何像个"小大人"似的喜欢看电视呢？

这就需要从宝宝自身以及家长的行为两方面来分析。

首先，从宝宝自身来讲，他喜欢看电视，但并不是看电视屏幕中所演的内容，而是对电视本身这个事物感兴趣。在看电视的过程中，他常常在思考这些问题："为什么只能听到人声而摸不到电视中的人呢？""为什么那些人不会从电视中出来呢？""为什么我们不能走到电视中去呢？"……这些奇怪的问题是宝宝关注电视的主要原因。

另外，这一阶段的宝宝对画面变化缓慢的电视节目是不感兴趣的，但那些画面变化较快、色彩鲜艳的电视广告却常常能吸引他的注意力。这也是宝宝喜欢看电视的一个原因。

其次，从家长方面来讲，宝宝喜欢看电视与家长有很大的关系。当家长说自己的宝宝爱看电视时，实际上，并不是宝宝爱看电视，而是家长爱看电视。生活中的很多情况常常是这样的：只要电视节目一开始，家长就无暇顾及宝宝了，这时候，宝宝唯一的选择只能是看电视了。但如果在这个时候，家长能够与宝宝玩一些有意思的小游戏，宝宝就不会对电视产生兴趣了。

妈妈们千万不要小看宝宝喜欢看电视这种行为，如果宝宝在这样小的年龄就成为"小电视迷"，这会在很大程度上影响宝宝的阅读和学习能力。当然，如果任凭宝宝这种不良的爱好继续发展，甚至还会影响宝宝的语言能力以及与他人交流沟通的能力。所以，为了宝宝的健康成长，妈妈一定要控制自己看电视的频率。

也许有妈妈会问："如果现在宝宝已经成了一个十足的'小电视迷'了，我们应该如何帮助他戒掉电视呢？"

一位妈妈同样也遇到了这种情况，她是这样做的：

宝宝迷上了看电视，我一狠心，把电视机送人了。这样，全家人都不看电视，就有更多的时间陪宝宝玩了。当然，除了玩之外，利用平时晚上看电视的时间，我们开始有意识地教宝宝学习，例如，给宝宝讲故事、读报纸或图书给他听。

一个有书报陪伴长大的宝宝，一定比一个有电视陪伴长大的宝宝喜欢学习。所以，我一直提倡在孩子小的时候，家里不要买电视机。当然，如果一个1岁半多的宝宝已经迷上了看电视，妈妈也可以用比电视更有意思的游戏来转移宝宝的注意力。把宝宝的注意力逐渐在电视中转移出来，然后再引导宝宝用更多的时间去看图画书、听故事等，这样，宝宝对电视的兴趣就会逐渐减弱。

● 宝宝越来越喜欢家长的夸奖了

在这一阶段，宝宝自我意识发展最明显的标志就是，他越来越喜欢他人的夸奖。比如在生活中，细心的妈妈会发现，这一阶段的宝宝越来越喜欢穿新衣服了，特别是小女孩，如果家长给她穿上漂亮的衣服，她会非常兴奋，因为她懂得，这些新衣服会令自己更加漂亮，同时还可以赢得他人的夸奖。除此之外，宝宝还会为了赢得他人的夸奖而做出努力。宝宝的这些行为都在说明，他的自我意识在飞速发展。

一位妈妈曾讲述过这样一件事情：

一次，我刚买回一兜鸡蛋放在厨房的地板上，便去忙别的事情了。等我再回到厨房时，看到宝宝正坐在一个小板凳上像模像样地洗鸡蛋。只见她轻轻地把鸡蛋从塑料袋里拿出来，认真地放在水盆里洗，然后再轻轻地把洗好的鸡蛋都放在地上。我数了数，这一会儿工夫，宝宝竟然洗好了7个鸡蛋。

看到宝宝那股认真劲儿，我轻轻地跟她打招呼："宝宝，洗鸡蛋呢？""嗯！"宝宝头也不抬地回答我。这时，我蹲在她身边对她说："宝宝真乖，看，你把鸡蛋洗得多干净呀！"宝宝用手指着洗鸡蛋的水，兴奋地对我说："脏，真脏！"我一看，可不是，洗鸡蛋的水都变黑了。于是，我抚摸着宝宝的小脑袋,然后在她的小脸蛋上亲了一下对她说:"宝宝会洗菜了,真棒!"

令我没想到的是,从那以后,宝宝时不时地就会跑到厨房帮我洗菜。

在很多时候,宝宝身体中常常蕴含着非常大的潜能,我们常常认为这些年龄尚小的宝宝毛手毛脚,做不了细活,但案例中的这种情况却推翻了我们的观点。是的,只要宝宝对某件事情感兴趣,他往往就会全身心地投入、认认真真地去做,在这些时候,宝宝的潜能就能最大限度地表现出来。

当然,在很多时候,妈妈的夸奖也是激发宝宝潜能的非常好的方法。还是拿上述案例中的情况来说,看到宝宝洗鸡蛋,大多数家长头脑中的第一反应肯定是:"这小家伙又在给我捣乱!"然后大喊大叫着勒令宝宝住手,或直接把宝宝抱出捣乱现场。但案例中的这位妈妈却没有这样做,她不但没有批评宝宝,还夸奖宝宝懂得帮助妈妈洗菜了,这样,宝宝帮助妈妈做家务的积极性就被最大程度地激发出来了。

是的,这一阶段的宝宝特别喜欢别人的夸奖,尤其是爸爸妈妈的夸奖。从某种意义上来讲,家长的夸奖可以成为宝宝积极行为产生的动力。例如:

家长的夸奖可以使宝宝在做游戏时越来越认真;

在家长的夸奖下,宝宝会更加乐意配合家长对自己进行各种能力训练,如吃一日三餐、控制大小便等;

在家长的夸奖下,宝宝更容易表现出积极情绪;

……

同时,夸奖也可以使宝宝感受成就感,从而更有利于宝宝自我意识的发展。所以,在这一阶段,家长一定不要吝啬自己的夸奖,要让自己的夸奖伴随宝宝成长。

● **宝宝喜欢咬人→满足宝宝咬的欲望;用"移情"的方法唤起宝宝的同情心**

在这一阶段里,大多数宝宝已经萌发出 10 颗左右的乳牙了,他们已经能够很轻易地把食物嚼碎，咀嚼能力有了很大的进步。但如果到现在有些宝宝还没有断奶的话，那妈妈通常就要痛苦一段时间了，因为这一阶段的宝宝不仅喜欢用牙齿来咬食物，还喜欢咬人、咬别的物品，例如，他经常咬妈妈的乳头、咬别的小朋友、咬玩具、咬婴儿床的栏杆等。

为什么这一阶段的宝宝如此喜欢咬物品呢？

这都是宝宝长牙惹的祸。在长牙的过程中，宝宝的牙龈会经常不舒服，所以他常常通过咬妈妈的乳头、咬别的物品等来磨牙。

除此之外，这一阶段的宝宝喜欢用牙齿咬东西，还有非常重要的一条原因，那就是，咬东西是宝宝认识世界的一种方式。

我们都知道，在刚开始时，那些月龄较小的幼儿是通过口腔来认识世界的，例如，用口腔来认识妈妈的乳头、奶嘴以及自己的手；当手被唤醒之后，宝宝又通过手和口的合作来认识世界；随着宝宝牙齿的萌出，宝宝认识世界的方式就变得更加多样化了，他开始通过手、口以及牙齿的配合来认识世界，因此，在这一阶段里，宝宝经常啃咬物品以及咬人的行为，都是他认识世界的一种方式。所以，聪明的家长不应该阻止宝宝的这种行为，而是应该帮助宝宝用这种方式去认识世界。

关于这一点，教育学家给妈妈们提出了这样的建议：

给宝宝提供一些干净的、耐咬的、不同质地的物品，让宝宝咬，如橡胶玩具、各种软硬不同的食物等。当宝宝咬的欲望得到满足之后，他就不会随便再去咬别的物品了。

咬是这一阶段宝宝的一种明显欲望，但如果在这一阶段宝宝的这种欲望没能得到满足，那他的这种欲望就会向后延期。例如，如果在两岁之前，宝宝不被允许乱咬东西，那可能到了 3 岁左右宝宝仍然喜欢咬东西或咬人。因此，妈妈只有让宝宝咬的欲望得到满足之后，宝宝才能彻底地摆脱喜欢咬人、咬物品这一特殊时期。

一般来讲，这一阶段的宝宝特别喜欢吃梨和胡萝卜，因为这两种物品既耐咬，又会产生脆脆的感觉，因此它们能够在极大程度上满足宝宝咬的欲望。另外，这一阶段的宝宝是不喜欢那种酥软的高级饼干的,相反,他对那种既便宜又硬的饼干却情有独钟,因此,妈妈如果能给这一阶段的宝宝提供这样的饼干,也一定能使宝宝咬的欲望得到极大程度的满足。

读到这里,也许有妈妈会说:"宝宝喜欢咬物品我们可以接受,但如果他总是咬人,特别是咬别的小朋友,我们就会觉得特别恼火。"

是的,如果宝宝总是把别的小朋友咬哭,这不仅会影响宝宝与小伙伴的交往,还会使家长感到特别尴尬。因此,大多数家长都会为宝宝的咬人行为感到头痛。那么,具体来讲,妈妈们应该如何应对宝宝的咬人行为呢?

实际上,当宝宝把别的小朋友咬哭时,批评宝宝,或者责令宝宝向小朋友道歉对这一阶段的宝宝根本是不起作用的。相反,如果妈妈用"移情"的办法来唤起宝宝的同情心,这反而对宝宝认识到自己的错误有很大的帮助。例如,遇到这种情况,妈妈可以这样做:

首先,妈妈应该先安抚被咬的孩子,可以蹲下来,抚摩并用极其关切的语言慰问被咬的宝宝。

然后,妈妈再把自己的宝宝拉过来,然后指着受伤的小朋友对宝宝说:"宝宝的手也受过伤,当时很痛吧!现在这个小朋友受伤了,他一定很痛,来,宝宝拉拉他的手来安慰他一下吧!"

这一阶段的宝宝已经能够回忆起自己以前的经历了,并且此时的宝宝已经萌发出一定的同情心了,所以妈妈用这种"移情"的办法能够最大程度地把宝宝的同情心唤起,从而使宝宝意识到自己的错误,从此不再咬人。当然,这也是妈妈培养宝宝同情心的最好时机。

第十四阶段:宝宝的能力发展 + 潜能开发方案

在这一阶段里,宝宝可以做家长的小帮手了,如果妈妈对宝宝说:"请把拖鞋给妈妈拿过来好吗?"宝宝就会兴奋地去给妈妈拿拖鞋。

当然,这一阶段的大多数宝宝对"数"还没有概念,宝宝可能会把一双拖鞋拿给妈妈,但这并不表示他知道两只鞋子是一双。宝宝是拿一只拖鞋还是拿一双拖鞋，取决于他看到几只拖鞋，如果他只看到了妈妈的一只拖鞋放在鞋柜旁，那他就只会把这一只拖鞋给妈妈拿过来。

但小家伙能够帮助家长做事了，这无疑会令家长们感到惊喜，但更值得家长惊喜的是，小家伙竟然能够同时执行家长两个以上的命令了。例如，爸爸这样对宝宝说："把杯子里的水倒在马桶里，再把杯子给爸爸拿过来。"对于成人来说，这个指令没有什么难的，但对于这些刚过1岁半的宝宝来说，这个指令却是比较复杂的。要完成这个任务，宝宝不仅要认识杯子、马桶，还要知道杯子、马桶都在哪里，这不但需要宝宝动脑筋分析爸爸的指令，做出连贯的动作，同时还要记住爸爸这串长长的指令。

所以，如果这一阶段的宝宝能成功地完成家长这些类似的指令了，这说明宝宝理解能力、认知能力以及记忆力等都有了一定的发展。

除此之外，在这一阶段，宝宝以下几种能力也都得到了一定程度的发展。

● 语言能力的发展→在宝宝情绪好时，引导宝宝多说话；鼓励宝宝编故事

在这一阶段，宝宝能够更好地用语言与家长沟通了。不仅如此，这一阶段的宝宝还总是尝试着与家长辩论呢！例如，天亮了，宝宝仍然不肯起床，妈妈这样对宝宝说："天都亮了，宝宝还不起床，真是个小懒虫，妈妈最不喜欢小懒虫了！"听妈妈这样说，宝宝指着同样还在睡觉的爸爸说："宝宝不是，爸爸是小懒虫！"

这一阶段的宝宝非常喜欢否定家长的意见，而且还特别喜欢与家长辩论，这主要是因为这一阶段的宝宝正处于执拗的敏感期。妈妈千万不要因此而责备或批评宝宝，宝宝这些可爱的辩论是能够在很大程度上提高宝宝的语言能力的。

除此之外，在这一阶段，宝宝在运用语言时还常常会表现出以下

几个特点：

1.心情不同,宝宝运用语言的频率也会不同。

在宝宝心情好或精力旺盛时,他常常会对家长的话做出积极的反应,在这个时候,不管家长说什么,他都会用愉快的语言来回应家长;但当宝宝正在全神贯注地探索某件事物,或是心情不好时,他却常常会对家长的话充耳不闻。

一位妈妈曾这样讲述:

在宝宝心情好时,不管我说什么,宝宝总会积极地应答。

但当心情不好时,宝宝就会变成"小哑巴",不管我说什么,他要么低着头什么都不说,要么就傻傻地看着我。一次,我叫了宝宝好几声他都没有反应,于是我气愤地走到他身边,大声冲他喊道:"妈妈叫宝宝呢,宝宝为什么不说话?"宝宝仍然不出声音,愣愣地站在那里看着我,我仍然生气地瞪着他,终于,宝宝哇的一声大哭起来。

高兴时说起话来没完、不高兴时一句话也不说,这就是这一阶段宝宝语言方面的主要特点。把握住宝宝的这一特点,妈妈就可以在合适的时机对宝宝进行语言开发了。例如,妈妈可以在宝宝心情好时,用一问一答的形式与宝宝聊天。在这些时候,宝宝的疑问总是很多,在面对妈妈的提问时,宝宝也能用最有创意、最丰富的语言来回答。

当然,在宝宝心情不佳或者正全神贯注地探索某件事情时,妈妈也不能强迫宝宝对自己的话做出积极的反应。如果妈妈总是强迫宝宝说话,这只会促使宝宝越来越不喜欢用语言表达自己。

2.宝宝会拿着故事书讲故事了。

一个 1 岁 8 个月的宝宝到幼儿园后的第一天,就拿起幼儿园的一本故事书认真地"读"起故事来:只见他把故事书放在自己腿上,然后用小手一个字一个字指着书上的字读。老师大吃一惊:这个孩子所读的故事几乎与故事书上所讲的所差无几,难道这个小宝宝已经认识很多字了?

放学之后,这位老师把自己的疑问讲给了这个宝宝的妈妈,没想到那位妈妈竟然笑着这样说:"我家宝宝还没有开始学习识字呢!"看着老师更加惊讶的表情,她继续说:"我家宝宝特别喜欢听我读故事,这本故事书我家也有,这里的故事他几乎都已经听得滚瓜烂熟了!"

原来如此,听故事也可以听出这种境界!因此,与给宝宝讲故事相比,我更提倡妈妈给宝宝读故事。

是的,如果每次宝宝想听故事时,妈妈都用手指着,一个字一个字地读给宝宝听,那宝宝也会像模像样地模仿家长,这不仅可以锻炼宝宝的语言能力,而且还会激发起宝宝认字的欲望。

除了喜欢"读"故事之外,这一阶段的宝宝还特别喜欢按着自己的想法"编"故事。例如,拿着一本带图画的书,虽然看不懂,但他总会胡编、乱编一通,有时还会把周围小朋友的名字编进去呢。在这种情况下,妈妈千万不要嘲笑宝宝,否则这将错过一个非常好的锻炼宝宝语言能力以及思维表达能力的时机。

当然,妈妈也没有必要纠正宝宝发音以及句子结构上的错误,这不但对宝宝的语言学习没有什么帮助,而且还会打击宝宝学习语言的积极性。

● 主动性的发展→鼓励宝宝尝试新方法;让宝宝去体验成功

随着月龄的增加,这一阶段的大多数宝宝表现出了很大的主动性:

即使家长不陪在宝宝身边,他也能独自玩上很长一段时间了;

他知道自己的玩具放在哪里,常常主动去寻找自己喜欢的玩具;

看到不理解的现象时,宝宝会主动要求家长给自己解释;

……

呈现出越来越多的主动性,这说明宝宝越来越适应他生活的这个世界了。其实,如果妈妈用心观察就会发现,这一阶段的宝宝常常会呈现出两个突出的特点:一方面是喜欢重复旧的,例如,喜欢旧玩具、用积木搭同一个图形等;另一方面又不断尝试新的,例如,寻找玩具的新玩法、去探索新的事物等。

从表面看来,宝宝的这两个特点似乎自相矛盾,但实际上并不矛盾。这一阶段的大多数宝宝都会一遍又一遍地重复同一个游戏,但他们并不是喜欢这些老一套,而是想在这种重复中总结经验,以使自己在游戏中取得成功。就拿搭积木的游戏来说,也许宝宝所搭的积木总是来来回回地倒塌,但在反复搭积木的过程中,宝宝总会总结出不让积木倒搭的经验。因此我们也可以这样说,在宝宝不断重复某个游戏的过程中,也隐藏着很大的创新因素。

那么,妈妈应该如何做,才能使宝宝的主动性最大程度地发挥出来呢?

要想更好地激发宝宝的主动性,妈妈应该努力做到两点:一是鼓励宝宝尝试新方法,二是让宝宝体验成功的喜悦。

1.鼓励宝宝尝试新方法。

在宝宝重复同一个游戏或同一件事情时,妈妈可以帮助宝宝开拓思路,尝试新的方法。例如:

宝宝想把他装玩具的小箱子移到另一个房间里去,但由于箱子太重,所以宝宝移动起来非常吃力。在这种情况下,妈妈就可以教宝宝使用工具,例如,把小箱子放在婴儿车上,借助车轮滚动的力量,宝宝就可以很轻易地把小箱子移到任何一个房间里去了。

当然,这一阶段的宝宝还不明白利用工具的真正意义,但他能够真实地感受到这一方法的方便。随着宝宝接触到的这种情况越来越多,宝宝会逐渐理解其中的道理。当真正了解这些道理之后,宝宝就会把这些道理推而广知,进而运用到别的事情上。在这一过程中,不仅宝宝的主动性提升了,他的思维能力以及创造能力也会提升到一个新的高度。

2.让宝宝体验成功的喜悦。

在这一阶段,宝宝主动性的增强还有一个非常明显的标志,那就是他的模仿能力越来越强了。这一阶段的宝宝已经不再简单地模仿家长的动作和表情,他还开始模仿家长的细微动作。这时,宝宝不仅通过看、听等方式来模仿家长,而且还开始开动脑筋思考家长到底是怎样做的了。例如：

爸爸在玩一个上紧发条就会跑的小汽车，看爸爸玩得这样高兴，宝宝也想通过自己的力量让小汽车向前跑，于是他也模仿爸爸的样子给小汽车上发条。但无奈，宝宝的手劲有限，他无论如何也拧不动发条，于是便急得哭了起来。

在这种情况下，家长应该如何做呢？

也许大多数家长会这样做：把宝宝手中的汽车拿过来，上紧发条，然后再递给宝宝。

其实，这种做法是不科学的，这种做法会向宝宝传达这样一种信息：不管遇到什么困难，家长都能帮助我把所有的事情做好。家长的这种信息不但不利于宝宝抗挫能力的形成，而且还不利于对宝宝主动性的培养。

但如果家长换种做法，那结果就大不相同了。例如，当宝宝因为拧不动发条而哭泣时，家长把住宝宝的小手给小汽车上紧发条。这样，家长既帮助了宝宝，又使宝宝尝试了自己动手的乐趣。当然，更重要的还是，在家长把住宝宝的小手上发条的过程中，因为宝宝自己也参与了动手，这会使宝宝产生极大的成就感，所以这也会在很大程度上提高宝宝的主动性。

第十五阶段：1岁9~10个月(21~22个月)
——宝宝会数数、识字了

概述

在这一阶段,宝宝的各种能力以及主动性都越来越强了,他可以自如地去任何自己想去的地方，自如地探索任何自己想探索的事物。例如,桌子上的某个玩具他够不到,但他会跳起来够;又如,即使房间的旋转门关上了,宝宝也会自己用手把门打开进到房间里去……

除此之外，这一阶段的宝宝还经常会做一些家长意想不到的事情。例如:

模仿家长做家务,如扫地、洗菜等;

模仿小区里小商贩的吆喝,如"换大米喽""磨剪子、磨菜刀";

把爸爸名贵的手表藏到茶壶里去;

……

因此,在这一阶段里,妈妈最主要的任务就是给宝宝自由,让宝宝尽情去做自己想做的事情，这样宝宝的各种能力才会得到最迅速的提高。当然,在给予宝宝自由的过程中,妈妈还要注意,不要把贵重物品放在宝宝所能接触到的范围之内。否则,一旦家长的名贵手表、名贵花瓶等沦为宝宝的探索对象,那谁也不能保证这些物品还会完好无缺。

第十五阶段:宝宝的一般行为特点

在这一阶段,宝宝的各种活动能力都越来越随心所欲:

他已经学会奔跑，并且能够自如地跑跑停停；

他能够自如地蹲下、坐下，并且还能从这些姿势中自如地站起来；

他还具备了跳高和跳远的能力；

他能够自如地弯腰捡东西了；

……

总之，不再用家长帮忙，宝宝就已经能够自己做很多事情了。所以，从这一阶段开始，妈妈应该开始着重培养宝宝的主动性以及自己动手解决问题的能力了。

除此之外，在这一阶段，宝宝还常常会表现出以下几点行为特征：

● 宝宝会数数、识字、背儿歌了

随着月龄的增加，也许妈妈们会突然发现，自己原来那个什么都不懂的小婴儿已经变成大孩子了，因为他能够像大孩子一样识字、背儿歌，甚至还会画画了呢。

一般来讲，这一阶段的大多数宝宝已经认识大约200个汉字了；他们能够背诵或唱出一首儿歌了；他们可以很熟悉地从1数到10了，有些甚至还能数到几十；他们不再简单地在纸上乱涂或乱画，而是能画出物品的大概形状了；

……

当然，也许有妈妈会说："我家宝宝仅仅认识有限的几个字，而且还不能从1数到3，这是不是说明他的智商有问题呀？"

实际上，妈妈们的这些担心是没有必要的。在这一阶段，即使宝宝一个字也不认识、一个数也不会数，这也不能说明他的智商有问题。在这一阶段，妈妈最主要的任务并不是教宝宝认识多少字、数多少数，而是培养宝宝对学习的兴趣，以及引导宝宝养成良好的学习习惯。

1.培养宝宝的学习兴趣。

妈妈教宝宝学习的方式，在很大程度上决定着宝宝对学习是否感兴趣。

举个很简单的例子来说，如果家长仅仅是拿着识字卡片教宝宝识字或数数，那宝宝也许对识字或学习数数根本就提不起兴趣。但如果妈妈换种方式，如：在讲故事的同时教宝宝识字、在与宝宝玩游戏的过程中教宝宝数数等，那宝宝学习的积极性就能被最大程度地激发出来。

一位有经验的妈妈是这样做的：

我家女儿非常喜欢听《白雪公主与七个小矮人》的故事。每当故事讲完后，女儿都会评论一番，例如，她常常会这样对我说："妈妈，我喜欢白雪公主，我也要做白雪公主。"于是，这时我就会指着图画书中的"白雪公主"这几个字对她说："宝宝，这就是'白雪公主'几个字，你要记住它们是怎么写得呀！"女儿一本正经地点了点头。从这之后的很长一段时间，只要一拿起图画书，女儿就会指着书中"白雪公主"这几个字兴奋地对我说："看，妈妈，我认识'白雪公主'！"

当然，在利用图画书给女儿讲这个故事的过程中，我还教会了女儿数数。例如，我这样对她说："宝宝，这个故事讲的是白雪公主和 7 个小矮人的故事，我们来数一数图上画的到底是不是 7 个小矮人！1、2、3……"

这位妈妈教宝宝识字的做法是非常科学的，只有宝宝对某件事物具有了浓厚的兴趣，他才会产生识字的欲望。一般来讲，这一阶段的宝宝都喜欢听故事，因此，在给宝宝讲故事的同时，教宝宝认识图画书上的字，是非常不错的主意。

另外，案例中妈妈教宝宝学习数数的做法也是非常值得家长们学习的。这一阶段的宝宝对抽象的数字是没有概念的，因此，要想教他数数必须要借助于实物。还是拿案例中的情况来说，在没有图画书或图画书上没有 7 个小矮人图像的情况下，宝宝是没有办法理解"7"这个概念的，但如果图画书中有 7 个小矮人清晰的图像，通过家长引导他去数数，他很容易就会理解"7"这个概念。

所以，除了用图画书中具体的形象教宝宝识数之外，妈妈还可以利用具体的实物来教宝宝数数。例如,可以引导宝宝去数路边停放汽车的辆数,还可以引导宝宝去数玩具的数量等。

2.让宝宝从一开始就养成良好的学习习惯。

在现实生活中, 很多妈妈都在为孩子身上不良的学习习惯而担忧,例如,他们总是躺在床上看书、趴在桌子上写作业等。也许在这些孩子眼中,这些都是一些微不足道的小细节,但正是这些小细节在潜移默化地影响着孩子的学习质量以及身体的健康。

但如果家长从一开始就注重宝宝良好学习习惯的培养, 那宝宝这些不良的学习习惯是可以杜绝的。例如,一位教育学家如是说:

如果家长习惯在床上教宝宝识字、读书,那宝宝长大后也将喜欢躺在床上读书;但如果家长从一开始就让宝宝坐在书桌前,一页一页地给宝宝讲故事,那宝宝每当想听故事时,就会一本正经地坐在书桌前。

是的,对于这一阶段的幼儿来说,他的学习习惯大多是家长所传授的。如果家长总是在床上教宝宝读书识字,这种做法就等于向宝宝传达了这样的观念:床是学习的地方。这很有可能就会成为宝宝坏习惯形成的一个开端。但如果家长从一开始就坐在书桌前一本正经地读书、识字,这不仅可以增加宝宝对学习的神圣感,而且也是宝宝良好学习习惯形成的一个开端。

当然,由于这一阶段宝宝的注意力还是非常有限的,为了使宝宝不至于对学习产生反感情绪, 妈妈也不能强迫宝宝长时间坐在书桌前。

● 宝宝能够回忆起见过的物品了

这一阶段的宝宝对事物有很强的记忆力, 他能够很清晰地记起自己曾经玩过的玩具,并且能够记住具体放物品的位置。例如,这一阶段的宝宝已经懂得,拖鞋放在大门旁的鞋柜里、脱下来的鞋子应该放在阳台……如果妈妈出门之前对宝宝说:"把妈妈的鞋子拿过来!"宝宝就会乐颠颠地跑到阳台上去帮妈妈拿鞋子。

这一能力的出现不仅表明宝宝对事物有了记忆力,还表明宝宝的认知能力大大提高了。因为在帮妈妈拿鞋的过程中,宝宝不仅要能区分开爸爸的鞋与妈妈的鞋,还要记住当时妈妈穿的是哪双鞋。但家长绝不能因为宝宝这些能力的发展而对宝宝的智力进行过度的开发。具体来讲,在这一阶段,家长在对宝宝的记忆和认知潜能进行开发的同时,还要特别注意以下两点:

1.不要拿宝宝的记忆力开玩笑。

在生活中,我们常常会见到这样的场景:为了逗宝宝开心或哄宝宝不哭,家长经常给宝宝玩一些危险物品。例如,看到宝宝哭泣,很多爸爸常常会拿打火机哄宝宝,看到燃烧着的火苗,宝宝感到新鲜,也许很快就不哭了。但家长的这种行为也为宝宝的安全埋下了隐患:日后再见到打火机或想起打火机,宝宝就会要求自己拿在手里玩,当然,在没有大人监督的情况下,宝宝很有可能就会把打火机打着,或放在嘴里啃咬,这无疑会对宝宝的安全造成危害。

2.不要过度开发宝宝的认知潜能。

在这一阶段,宝宝的认知能力有了很大的发展,他不仅能够认识到不同物品形状的不同,而且还能对同类物品的大小进行区分。例如,如果妈妈让宝宝把大皮球拿过来,宝宝一定不会去拿小皮球。

除此之外,宝宝不仅可以对物体的外观进行区分,而且似乎还能区别物体的本质了。例如,妈妈要求他把布娃娃拿过来,他绝不会把塑料娃娃拿给家长。对于这一阶段的宝宝来说,这可是非常大的进步,但他真的能够对物品的本质进行区别了吗?

答案是否定的。这一阶段的宝宝还认识不到布娃娃与塑料娃娃的本质区别,但他记住了"布娃娃"和"塑料娃娃"这两个具体的称谓,并且还能够把这两个称谓与具体的玩具联系起来,所以从表面看来,就好像宝宝能够区分这两个玩具的本质一样。

在这一阶段,很多家长开始急于教宝宝认识物品的本质,例如,为了试图让宝宝区分足球与篮球,他们常常这样对宝宝讲道理:"足球是用来踢的,篮球是用来拍的,它们的制作材料有很大的区别……"

其实，这种做法实际上是在拔苗助长，虽然这一阶段宝宝的认知能力有了很大的提高，但他对物品本质区分的能力还需要很长一段时间才能形成。但如果在这种情况下，家长急于教宝宝分辨物品的本质，这不但会使宝宝产生理解困难的感觉，还会在很大程度上削弱宝宝的求知欲望以及对未知事物的探索精神。

所以，家长对宝宝潜能的过度开发，不仅不会使宝宝更聪明，而且还会使宝宝产生挫败感，从而影响宝宝能力的正常发挥。

第十五阶段：宝宝能力的发展＋潜能开发方案

在这一阶段里，宝宝会表现出一种非常有意思的行为：他不愿意长大。在 1 岁的时候，大多数宝宝都会伸出一个手指告诉别人自己 1 岁了，但现在宝宝已经快满 21 个月了，当妈妈告诉别人宝宝快要两岁时，宝宝会不高兴地反驳妈妈："不，我才 1 岁！"

虽然现在宝宝已经是快要接近两岁的幼儿了，但他仍然愿意模仿婴儿，模仿婴儿的行为举止、说话的语调，甚至还会希望妈妈像对待婴儿那样对待自己，把自己搂在怀里唱摇篮曲。

也许妈妈们会觉得宝宝的行为奇怪，其实，宝宝之所以会表现出这些奇怪的行为，是因为进入幼儿期之后，宝宝觉得家长对自己的爱减少了，他仍然希望家长像以前那样爱自己。

只有心理得到满足之后，宝宝的潜能才能得到最大程度的开发。所以，妈妈给予宝宝足够的爱，是宝宝潜能开发的前提。

一般来讲，在这一阶段，宝宝的以下几种能力将会得到飞速的发展：

● 手部运动能力的发展→给宝宝足够的机会来锻炼手

与前面几个阶段相比，这一阶段宝宝的运动能力有了非常大的发展：宝宝可以自如地走、跳、跑了，有的宝宝甚至都已经会骑儿童三轮车了。

当然，在这一阶段，最值得一提的还是宝宝手部运动的发展。在这一阶段里,门已经不能阻挡宝宝进入房间了,宝宝可以很轻易地把带有旋转锁的门,或把带插闩的门都打开。不仅如此,只要宝宝感兴趣,他会把任何能打开的门、能拆开的盒子都统统打开、拆开。这些都表明宝宝手的运用能力得到了很大发展。

读到这里,也许有妈妈会有些尴尬地说:"为什么宝宝这双手做起破坏性的事情来非常灵巧,但做起正事来,如写字、画画等却显得那么笨拙呢?"

是的,在日常生活中,宝宝手部运用能力的发展好像仅仅表现在他的破坏性上。但妈妈不必为此而烦恼,宝宝的破坏能力正是他创造力的体现,如果制止宝宝的破坏活动,就相当于限制了宝宝的创造能力。所以,妈妈不但不应该限制宝宝的创造能力,还应该尽可能地给他们创造可以进行破坏活动的场所和机会,这样,宝宝的智能才能最大程度地开发出来。

具体来讲,妈妈可以从以下几个方面下工夫:

1.允许宝宝玩水、玩沙。

随着宝宝运动能力的增加,妈妈的烦恼越来越多了。就拿为宝宝洗衣服这件事来说吧,只要稍微不注意,宝宝就会跑到水管旁或沙土堆去玩,不一会儿,他就会变成一个"小泥猴",因此妈妈好像天天有洗不完的衣服。

为什么这一阶段的宝宝对水和沙如此情有独钟呢?

实际上,这是宝宝手部能力发展的一种特殊表现,水和沙这种流动性和半流动性的物体能够很好地把宝宝手的功能唤醒。当宝宝把整双手都浸泡在水中,或当沙子从宝宝手指缝流过时,这不仅能够把宝宝手的功能激发出来,而且还能使宝宝的心理得到很大的满足。所以,妈妈允许宝宝自由玩水或玩沙,这不仅能够使他的手部能力得到锻炼,还能在某种程度上促进宝宝的心理健康。

因此,聪明的妈妈关注的是宝宝能力和心理的健康发展,而不是每天给宝宝洗多少衣服、洗几次澡。

2.引导宝宝多做建设性的事情。

其实，宝宝手部运用能力的发展并不仅仅表现在破坏性上，他常常还会做出一些建设性的行为。

例如，宝宝会自己拿起杯子喝水了。也许对于我们成人来说，拿起杯子喝水是最简单不过的事情了，但对于这一阶段的宝宝来说，拿起杯子喝水却是相当复杂的一个过程。在这一过程中，宝宝手的握力、上肢肌肉和关节的运动能力、视觉能力、咀嚼和吞咽的协调能力等都要参与其中。因此，只有宝宝真正对这一事情感兴趣，他才能把它做好。

其他建设性的行为也是如此，只要宝宝对此感兴趣，他不仅能够把这些事情做好，而且那些破坏性的行为也会大大减少。

举个很简单的例子，在前几个阶段里，宝宝喜欢把纸撕成小碎片，但在这一阶段里，如果家长教宝宝折纸，那宝宝就不会再撕纸，而是把注意力都放在折纸上。一般来讲，如果妈妈认真地教宝宝学习，这一阶段的宝宝已经能够用纸折出简单的小飞机和小船了。

除此之外，妈妈还可以利用这样一个游戏来减少宝宝的"破坏性"，并锻炼宝宝对手的运用能力，这个游戏就是引导宝宝把不同形状的积木插入不同的孔里。由于空间感的发展，这一阶段的宝宝对带孔的玩具充满着极大的兴趣，因此，他一定会拿出很大耐心来玩这个游戏。

当然，除了锻炼宝宝对手的运用能力之外，在这个游戏中，妈妈还可以有意识地教宝宝认识几何图形。宝宝手里拿什么形状的积木，妈妈可以顺便告诉宝宝这是什么形状的，然后再引导宝宝把它插入相应形状的积木里。

当宝宝把大部分精力都放在这些建设性的活动上，那他也就没有太多的精力再去做那些破坏性的活动了。

3.引导宝宝做一些大型的工程。

虽然这一阶段宝宝的注意力还是非常有限的，但他喜欢通过自己的努力完成一些大型的工程。例如，把散落的珠子串起来，做成项链戴在布娃娃的脖子上。对于这一阶段的宝宝来说，如果能完成这样的大型工程，这将会使宝宝体会到极大的成就感，从而能够在极大程度上增强宝宝对手的运用能力。

当然，要完成这样的大型工程，对这一阶段的宝宝来说并不是易事，也许他费了很大的精力还是不能把珠子都穿起来，也许他还会因为自己一次次的失败而生气……在这些情况下，妈妈的耐心和鼓励恰恰能够帮助宝宝很好地继续完成任务。例如，当宝宝因为总也串不好珠子而大发脾气时，妈妈可以这样做：

不用说安慰的话语，而是用鼓励的眼神看着宝宝，用手抚摸着宝宝的头。当宝宝的情绪稍微稳定之后，妈妈再把着宝宝的手，和宝宝一起把珠子串好。

这样，宝宝既能从妈妈的鼓励中感受到力量，又会因为自己参与完成了这项大型工程而感到自豪。当然，在这一过程中，宝宝自己动手完成任务的积极性也得到了很好的锻炼。

● 画画能力的发展→用欣赏的态度激发宝宝的想象力、创造力

在这一阶段，宝宝的学习能力有了很大的发展，除了能够识字、数数、背儿歌之外，最值得一提的是宝宝画画能力的发展。这时的宝宝已经不再像以前那样用整个手抓笔了，而是开始用拇指和其他四指握笔；当然，宝宝也不再只是画简单的线条了，而是能够凭借自己的想象力画一些自己喜欢的图案。

宝宝喜欢画他看到的一些有意思的事物，例如，一只非常可爱的小动物、他非常喜欢吃的一种水果等。但由于宝宝的能力还是非常有限的，所以在这一阶段，他画的画都是"象形画"，如果他不告诉你画的是什么，你几乎都猜不出宝宝杰作的内容。

在很多时候，有些妈妈常常会这样说："宝宝哪里是在画画呀，他简直就是在乱画，他的那些画根本就没有实际意义！"

是的，也许宝宝画的图案家长不能理解，但家长切不可否认宝宝这些图案的实际意义。因为在宝宝自己眼中，他的画不但有意义，而且是非常有意义的。

看到宝宝正在欣赏自己刚画的画，妈妈也认真地看了看，然后对他说："宝宝画的月牙可真漂亮！"宝宝噘着小嘴，有些不满地说："不是月牙，不对，不对！"

这下，妈妈不敢再轻易乱猜了，而是假装出乞求宝宝的神情对宝宝说："好宝宝，你就告诉妈妈你画的是什么吧。"这时，宝宝非常得意地对妈妈说："猜不出来吧，告诉你，我画的是香蕉。"

这时，妈妈开玩笑地对宝宝说："其实妈妈早猜出是香蕉来了，看，香蕉蒂还在这里呢，月牙哪有长蒂的，你的观察力真得太棒了！"

当宝宝画完一幅图案时，如果妈妈不能理解宝宝画的是什么，可以尝试着先去猜一猜，一旦宝宝流露出不满的情绪后，家长就应该停止猜测了，而是应该认真地询问宝宝他画的到底是什么。

上述案例中妈妈的做法就非常值得家长们学习。当别人屡次猜不中自己画的是什么物品时，宝宝会被极大的失败感和不满感所包围的，但这位妈妈却用开玩笑的神情和语言，帮宝宝摆脱了这些不好的感觉，甚至还使宝宝满怀成就感地说出自己所画的物品。

另外，为了提高宝宝的创作欲望，妈妈还可以借助一些细节来鼓励宝宝。例如上述案例中妈妈的做法，虽然宝宝的香蕉画得像月牙，但她仍然借助画出的香蕉蒂来夸奖宝宝观察仔细。其实，妈妈的这种用心体会和细致的观察，就是对宝宝最大的鼓励。这不仅能够激发宝宝的创作欲望，而且对宝宝想象力以及动手能力的发展提供了很大的空间。

◉ 认知能力的发展→在认知事物的过程中培养宝宝的爱心

在这一阶段里，大多数宝宝已经能够认识天气了，他开始认识晴天、阴天、刮风、下雨和下雪，还有些宝宝对季节也有了一定的概念，他们开始懂得夏天经常下雨、冬天经常下雪。除此之外，大多数宝宝已经能够区分白天和黑夜了,每当夜幕降临时,宝宝会产生隐约的恐惧感,因此这时他们几乎一步也不肯离开爸爸妈妈。

另外,宝宝几乎能够认识所有看过的动物并能叫出它们的名字了,并且还能模仿很多动物的叫声呢。与动物相比,宝宝对植物的认知兴趣要弱得多,因为植物不会活动,生命力没有动物那样直观,因此,妈妈要多给宝宝讲有关植物的故事,培养宝宝对植物生命的认识。

虽然已经能够认识很多动物、植物了,但宝宝对动物的认知与成人却是有很大区别的,而且他们常常把植物也看做是与自己和爸爸妈妈相同的生命个体。

爸爸下班后给家里打电话,是宝宝接的,爸爸这样对宝宝说:"宝宝,快让妈妈给你穿上新衣服,一会儿爸爸接你和妈妈去姥姥家吃饭。"宝宝想了一会儿,对爸爸说:"爸爸,还要接上贝贝(家里的小狗)和咪咪(家里的小猫)呢!"

是的,这一阶段的宝宝懂得动物也是有生命的,在他的眼中,动物的生命与人类的生命是平等的。如果看到有人虐待小动物或践踏草坪,这些单纯的宝宝可能去指责这些人的行为。所以,在生活中,妈妈给宝宝做出爱护植物的榜样,实际上也是培养宝宝爱心的一种方式。

除此之外,在不停总结经验的过程中,宝宝还对很多事物产生了自己的看法。

一天晚上,4岁的姐姐突然肚子痛,还呕吐了一次。妈妈按照医生的吩咐给女儿服了药,然后又摸摸女儿的额头,非常心疼地对她说:"还是有些发烧,今天晚上妈妈陪你睡吧!"

这一切都被即将两岁的妹妹看在眼里。到了第二天晚上,她突然对妈妈说:"肚肚痛。"而且还学着姐姐的样子呕吐了两下。但医生却没有发现她身体有什么异样。睡觉时间到了,妈妈并没有说陪她睡,但她却拉着妈妈的手走进卧室。原来她所做的这一切仅仅是想与妈妈一起睡。

是的,除了认识生活中越来越多的事物之外,宝宝也开始在生活中总结经验了。就拿案例中那个还不满两岁的小女孩来说，看到姐姐病了，妈妈就会陪姐姐一起睡觉，于是第二天她也用装病来赢得与妈妈一起睡的机会。

看完这个案例，也许有妈妈会担心地说："如果宝宝的计谋每次都能达成，这岂不是在助长宝宝'耍坏心眼'的行为？"

其实，遇到这种情况，妈妈首先应该为宝宝的成长而感到欣喜，宝宝长"心眼"了，对于这一阶段的宝宝来说，这是一种很大的进步。当然，妈妈也不能纵容宝宝类似于装病的行为。因此，案例中的妈妈可以这样做：

先摸摸宝宝的额头，并故意自言自语地说："宝宝不烧呀，原来宝宝没有生病呀！"然后妈妈再把宝宝抱在怀中，并亲切地对她说："宝宝知道吗？妈妈非常爱你，但姐姐生病了，妈妈要照顾姐姐，你来摸摸姐姐的额头，非常烫，她需要妈妈的照顾，今天宝宝跟爸爸一起睡好吗？"

这一阶段的宝宝已经有了一定的同情心，看到姐姐痛苦的样子，她一般都不会再固执地要求和妈妈一起睡。所以，妈妈的这种方法既没有使宝宝"耍心眼"的行为得逞，又没有伤害到宝宝的自尊心，是值得家长们学习的好方法。当然，更重要的还是，在这一过程中，宝宝的同情心以及爱心也将会有所增加。

特殊阶段：向宝宝强化规则的关键期

当孩子稍大一些时，很多妈妈常常会这样苦恼地说："我真拿这个孩子没有办法了，我制订的规则对于他来说就像一纸空文，他根本就不听。"

为什么孩子会不理会家长制订的规则呢？

在这种情况下，妈妈不要只是在孩子身上找原因，还要学会在自己身上找原因。如果等孩子上了小学之后，家长才想起通过制订规则的方式来约束孩子的坏行为，那孩子不但不会接受规则，而且还有可能会排斥规则。因为家长错过了向他灌输规则的关键期。

一般来讲,在宝宝6~7个月大时,他就会用哭闹来控制家长的行为,其实从这个时候起,妈妈就应该向宝宝传达简单的规则意识了。随着月龄的增加,宝宝的这种乱发脾气的行为在两岁左右会达到一个高峰,例如,在这一阶段,宝宝发脾气最明显的标志就是故意把玩具或手中的其他物品等摔坏。所以,从这一阶段起,如果妈妈不想办法对宝宝这种乱发脾气的行为进行约束,乱发脾气这种行为很有可能就会转化为宝宝性格的一部分。

所以,正是在这种意义上我们说,两岁左右这一阶段,是向宝宝强化规则的关键期。

具体来讲,妈妈可以从以下几个方面去努力:

● 宝宝故意摔东西→妈妈用以静制动的方式来应对

在这一阶段,如果宝宝的要求没能得到满足,或者有人招惹宝宝,他常常会通过大发脾气的方式来反抗。例如,如果宝宝对暖水瓶产生了很大的兴趣,但妈妈不让宝宝动暖水瓶,那宝宝就会哭闹,甚至还会把手中所拿的玩具使劲摔到地上。

遇到这种情况,大多数家长通常会作出两种反应:一是严厉地批评指责宝宝,甚至还会对宝宝施加武力;二是非常生气地向宝宝讲道理。

其实,这两种做法都是不科学的。当宝宝做错事时,家长首先应该向宝宝传达明确的态度,但如果家长带着很大的负面情绪去指责、批评宝宝,或者是给宝宝讲大道理,宝宝是听不进去的。在这种情况下,家长的这种行为只向宝宝传达了这样一个信息:家长生气了。但家长因为什么生气,宝宝并不清楚;自己应该怎样去做,宝宝并不明白。所以,家长带着很大的负面情绪去教育宝宝的行为并不会取得理想的效果。

但如果家长换一种做法,用冷静的态度去面对宝宝摔东西的行为,那宝宝就会得到截然不同的信息。例如,妈妈这样做:

看到宝宝摔东西,妈妈既不打骂宝宝,又不对宝宝动怒,而是以静制动,停下手中的工作,不动声色地看着宝宝。

等到宝宝的情绪稍微稳定下来之后,妈妈可以严肃而又不失亲切地告诉宝宝："不高兴时你可以告诉妈妈，但摔东西是不对的。"

当宝宝故意摔东西之后，妈妈以静制动的做法会向宝宝传达这样一种信息：自己摔东西的行为给家长造成了很大的震惊，家长很不喜欢自己的这种行为。这样，宝宝很快就会意识到自己的错误，再遇到类似的情况，宝宝就不会轻易做出摔东西的行为了。

此外，妈妈的这种应对方式还向宝宝传达了这样一个规则：生气时，表达负面情绪是可以的，但绝不可故意摔东西。

● "我的"的意识逐渐减弱→引导宝宝与他人分享

与前几个阶段相比，宝宝"我的"的意识明显减弱了，他不再把所有的物品都看做是自己的。如果家长告诉他，这个物品是别的小朋友的，他甚至还会把物品递给那个小朋友。在这种情况下，妈妈就应该向他传达这样的社会规则了：别人的东西不能随便动。这样，宝宝将来就不会随便抢或拿别的小朋友的物品了。

虽然宝宝"我的"的意识在减弱，但在很多情况下，他还是不愿意与他人分享。例如，当宝宝在楼下玩时，如果有别的小朋友垂涎他的零食或玩具，他很有可能会紧张地把零食或玩具抱得更紧。因此，在这一阶段，妈妈的主要任务就是培养宝宝与他人分享的能力。

一位妈妈这样讲述：

我家宝宝对比他大或者跟他差不多的孩子总是很吝啬，但在那些明显比他小的孩子面前，他却表现得很大方。

一次，他正坐在楼下的小公园里享受蛋黄派的美味，忽然，邻居家刚刚1岁多一点的小孩从旁边蹒跚着走过来，夺过他手中的蛋黄派就走。宝宝没有追那个小弟弟，而是回头看着我。我知道，他是不忍心去小弟弟手里抢东西。我冲宝宝微笑着竖起了大拇指，并夸奖他道："宝宝，你真是好样的！"

在很多情况下都是这样的，宝宝是否愿意分享是要看分享对象的。面对那些比自己大或与自己差不多的小伙伴，宝宝在很多时候都不愿意分享；但面对那些比自己小的小宝宝，在同情心和怜悯心的影响下,宝宝还是愿意将自己的物品分享给他们的。

因此,妈妈可以把握住宝宝的这一特点,培养宝宝的爱心和与他人分享的能力。就拿上述案例中的情况来说,妈妈的夸奖,不仅能把宝宝的爱心很大程度地激发出来,而且还能使他深刻地体会到与他人分享的乐趣。在深刻体验到与他人分享的快乐之后,这种美好的品质很容易就会转化为他的一种习惯。

但在这个过程中,妈妈们还要特别注意这样一点:如果宝宝不愿意把自己的物品分享给他人,千万不要强迫他。当然,宝宝不愿分享并不说明他没有爱心,这仅仅说明他的私有观念还非常强烈。在宝宝私有观念非常强烈的情况下,家长越是强迫他分享,他越是会反抗,这种情况非常不利于宝宝分享能力的培养。

但如果家长能够尊重宝宝的私有观念,那接下来的情况就会大相径庭:这不但有利于宝宝的私有观念更加成熟,还能为宝宝分享能力的培养打下坚实的基础。因为只有私有观念得到尊重,宝宝才会产生安全感,只有在有安全感的情况下,宝宝才会更加乐意与他人分享。

第十六阶段:1岁11～12个月(23～24个月)
——宝宝越来越喜欢帮妈妈做家务了

概述

在接近两岁的前两个月里,宝宝身上的大孩子特征开始越来越多地表现出来了,其中最明显的标志就是,宝宝已经具有一定的自理能力了。例如:

宝宝可以自己洗手、洗脸了;

宝宝已经学会自己吃饭了;

宝宝困了知道上床睡觉,有了尿便知道告诉家长了;

……

在对宝宝的能力感到欣喜的同时,妈妈还应该了解这一阶段宝宝的这样一个特点:宝宝会把日常生活中的一些事情当成游戏来玩。例如,在很多情况下,宝宝之所以会主动去洗手、洗脸,并不是因为他讲卫生,而是因为他喜欢玩水。小家伙把洗手、洗脸当成了玩水的游戏。所以,当宝宝不厌其烦地一遍又一遍地洗手时,妈妈可千万不要去干涉他的行为。因为在这一阶段,妈妈的主要任务就是,在引导宝宝玩这些游戏的过程中,帮助宝宝提高各种能力。

第十六阶段:宝宝行为的一般特点

如果问妈妈们这样一个问题:"即将接近两岁的宝宝最大的行为特征是什么?"也许很多妈妈都会不假思索地这样回答:"模仿!"

是的,在日常生活中,这一阶段宝宝最喜欢做的事情就是模仿。例如:

他模仿家长的很多细节,如说话时的神态、走路时的姿势等;

他学着家长的样子去做家务；

在"过家家"的游戏中，他模仿所有在生活中见到的角色，例如模仿妈妈给宝宝喂奶、模仿医生给病人看病等；

……

妈妈们可千万不要小看宝宝的这种模仿能力，它可是宝宝的很多能力发展的基础，宝宝的很多能力都是通过模仿而获得的，例如宝宝的各种运动能力以及处理事情的能力等。

除此之外，在这一阶段，宝宝还会表现出以下几点特征：

◉ 宝宝的语言发展进入了一个新阶段

在即将接近两岁这一阶段，宝宝的语言发展又上了一个新的台阶：在这一时期，他的词汇量不仅会呈爆炸式增长，他用语言表达自己的欲望也越来越强烈了。因此，这一阶段的宝宝非常喜欢与家长对话。

在这一阶段，大多数宝宝已经能够说出 3～5 个字组成的句子了，还有很多宝宝会用 3 个字组成的句子来表达自己的所见所闻或感受，例如，"他哭了"等。

当然，最令妈妈惊讶的是，这一阶段的宝宝开始用一些词汇来吸引家长的注意力了。例如，很多宝宝不但知道了爸爸妈妈叫什么，还知道了爷爷奶奶叫什么，因此，不管是在家里还是在外面，他们常常直呼大人的大名。在这种情况下，很多家长接受不了宝宝直呼自己大名，他们认为宝宝的这种做法实在是太没有教养了，因此，每当宝宝直呼他们的大名时，他们就会训斥宝宝。

家长的这种做法是否科学呢？

有经验的家长都知道，这种做法不但不科学，而且是无效的：家长越是训斥宝宝，宝宝越是直呼家长的大名；即使宝宝迫于家长的压力不在家长面前直呼其大名，但在家长不在场的情况下，他仍然会这样做。所以，在这种情况下，家长训斥宝宝的做法对宝宝是非常不利的。

其实，从科学的角度来讲，这一阶段宝宝直呼家长大名的做法与有没有教养根本就没有必要的联系。换种说法就是，直呼家长大名是宝宝语言发展中必然要经历的一个特殊阶段，通过直呼家长大名，宝宝的内心能感受到成功的喜悦感。在这种情况下，他根本就不会考虑到礼貌和教养的问题。

但如果宝宝的这种探索遭到家长的训斥，那宝宝将来很有可能就会朝着两种方向发展：一是彻底变成一个不礼貌的孩子；一是变成一个胆小、懦弱、不爱说话的孩子。

相信这两种结果任何一位家长都不愿意看到，所以，家长们都以一颗宽容、大度的心来对待宝宝语言发展中这种特殊现象吧！

除了这种情况之外，在这一阶段宝宝的语言发展过程中，妈妈们还要面对这样一种特殊情况——口吃。

面对宝宝的这种特殊情况，很多妈妈常常会持有这样的观点：

"宝宝刚学会说话不久就出现口吃情况，这是不是说明宝宝的语言发展异常呀，或者是宝宝的智力发展有问题？"

"宝宝这样小就口吃，就算是强制，我也要把他这种坏行为扳过来！"

……

其实，妈妈们的这些观点都是不科学的。在这一时期，宝宝出现口吃现象是很正常的。由于宝宝的词汇量剧增，他几乎能听懂家长所有的话，甚至还能完全听懂电视机里的语言。随着宝宝语言理解能力的提高，他对语言的运用能力也在提高，他总是想更好地用语言来表达自己的观点，但他的语言总是跟不上自己的思维，所以出现口吃就在所难免了。但当宝宝的语言和思维能够同步进行之后，口吃现象就会自动消失了。

另外，这一阶段宝宝的口吃行为还有故意的嫌疑，看到周围别的小朋友口吃，他觉得好玩，就会跟着模仿，并以此来引起家长的注意。

在这种情况下，家长最科学的办法就是对他的这种行为不理不睬，游戏没能达到他想要的目的，他很快就会自动放弃这种无聊的游戏。

所以，面对这一阶段宝宝的口吃现象，妈妈最科学的做法就是，不做任何评价，耐心等待。

● 宝宝特别喜欢帮助家长做家务

在这一阶段，宝宝热爱劳动的主动性表现得更明显了：看到家长擦桌子，他会抢过妈妈手中的抹布，使劲在桌子上乱抹；看到妈妈擦地，宝宝也会抢过妈妈手中的拖布，使劲在地上挥舞两下……并且他还会一边干活，一边热情地对妈妈说："妈妈，我帮你！"

但在这种情况下，妈妈却常常这样对宝宝说：

"去去去，你别给我添乱了！"

"我的小祖宗，你这哪是帮忙呀……你还是到一边去玩吧！"

"你还小，这些活你干不了！"

有经验的妈妈都知道，宝宝美其名曰说是要给妈妈帮忙，其实他的真正目的绝大部分是为了玩，他把做家务当成游戏了。所以他的行为所产生的最终结果往往是越帮越忙，又给家长增添了很多需要整理和收拾的任务。但即便如此，妈妈也不能打击宝宝劳动的积极性，因为此时家长对待他的态度，在很大程度上决定了他将来是否热爱劳动。

例如，现在有很多青少年甚至连最基本的自理能力都没有，更不用说帮助家长做家务了，而且他们甚至连一点劳动的意识都没有。在这种情况下，很多家长常常批评孩子懒，或者批评孩子不懂得体谅家长等，其实家长并不能把责任都推在孩子身上，这与孩子小时候家长禁止他们劳动有很大的关系。

针对这一点，一位聪明的妈妈是这样做的：

当即将两岁的儿子抢过我手中的拖布拖地时，我急忙夸奖他："宝宝真是长大了，懂得帮助妈妈做家务了。"说完在儿子的小脸蛋上亲了一下。

因为拖布对于儿子来说实在太大了，于是我故意拿出一把小扫把在扫地,并且边扫边说:"这把小扫把太神奇了,能把所有的脏东西都聚集在一起,真是太好玩了!"儿子听后马上扔下拖布来抢我手中的扫把,就这样,儿子扫地,我拖地,我们很快就把家里的卫生打扫完了。

当然,打扫完卫生,我仍然不忘感谢儿子。我蹲下来,拉着他的手,非常真诚地对他说:"好儿子,今天幸亏你帮忙,你看我们把房间打扫得多干净呀!"听了我这样真诚的感激,儿子着实兴奋了半天。

任何宝宝的劳动意识、劳动积极性,都是在家长的欣赏和鼓励中建立起来的。妈妈们可以这样想一想:如果你总是埋怨、抱怨宝宝给你添乱,宝宝以后还会有活动的热情吗?所以,在这一阶段,当宝宝表现出劳动的欲望时,妈妈千万不要怕宝宝添乱,而是要给他机会,让他去实践,并在实践的过程中培养他的劳动观念以及体谅家长的意识。

● 同龄宝宝之间的差距呈多样化表现出来

在两岁左右,宝宝之间开始呈现出多样化的差异。例如:

有些孩子在1岁多就会说话了,而有些孩子到了两岁左右才仅仅会说几个单字;

有些孩子在1岁半时就会跑了,而有些孩子到了两岁才学会蹒跚迈步;

有些孩子一日三餐可以像小大人似的吃饭了,而有些孩子还主要依赖奶粉;

……

遇到这种情况,很多妈妈常常会表现得非常担心,她们常常这样抱怨:"我家宝宝的身体和智力是不是有问题呀?"

其实,家长的这种抱怨对宝宝的成长是非常不利的,首先,宝宝的身体发育以及能力发展都是非常不均衡的。有的宝宝身体发育得快,但智力发展比较慢;而有的宝宝身体发育较慢,但智力发展较快,这些都是很正常的。另外,如果家长总是当着孩子的面抱怨宝宝这发展慢、那发展慢,这就等于使宝宝接收到了这样的信号:我是无能的,爸爸妈妈不喜欢我!这无论是对宝宝的能力发展,还是对宝宝的心理发展,都是非常不利的。

那么,妈妈应该如何看待宝宝与同龄孩子之间的能力差异呢?

儿童心理学家表示,宝宝的健康成长最需要的就是家长平和的心态。因此,妈妈可以用以下这两种方法来面对宝宝与同龄孩子之间的能力差异:

1.给宝宝鼓励,而不是给宝宝泄气。

一位妈妈这样讲述自己的教育心得:

我从来不向宝宝传达他不行的信号。虽然我家宝宝两岁了还不能说出一个完整的句子,但我并不会为宝宝说话晚而着急,因为周围人所说的话他都能理解,所以我坚信,只要给予宝宝耐心的引导,他总有一天会说出流利的句子来。

当然,我们从来不拿宝宝的不足去与别的孩子的优点比,当别的家长夸奖自己宝宝的表达能力强时,我也会非常自豪地说:"我家宝宝的运动能力非常强,他 1 岁多就已经学会走路了!"

实际上,宝宝的成长就是这样的,也许宝宝的能力发展有很大的潜能,但如果家长总是向宝宝传达不行的信号,那宝宝的这些潜能很容易就会被埋没;但如果总是耐心地引导宝宝,鼓励宝宝,那宝宝的潜能很容易就会被激发出来。

上述这位妈妈的做法非常科学,学会欣赏宝宝的优点、发现宝宝的不同凡响之处,这是家长对宝宝成长的最大鼓励。因此,明智的妈妈从来都是鼓励宝宝,而不是给宝宝泄气。

2.摆正自己对宝宝的期望值。

在养育宝宝的过程中,家长的期望值与宝宝的实际能力之间常常是有很大差距的,通常情况都是家长的期望值高于宝宝的实际能力。当然,这里的能力不仅仅是指宝宝的运动、语言、学习等各方面的能力,还包括宝宝在实际生活中所表现出来的吃、喝、拉、撒等方面的能力。举个最简单的例子：

宝宝一顿饭只能吃半小碗稀饭，但家长却希望宝宝把一小碗稀饭都吃完，因为隔壁同龄的小胖吃得就比宝宝多得多。

其实，家长对宝宝的这种期望值和要求都是不合理的，是违背宝宝的生长发育规律的。任何两个宝宝的食量以及对饮食的偏好都不可能是完全相同的，家长不能把别人的饮食规律强加给自己的宝宝。否则，这不仅会影响宝宝的身体健康，对宝宝的心理发展也是非常不利的。

因此，妈妈要摆正自己对宝宝的期望值，就要从现实生活中的点点滴滴做起，尊重宝宝，尊重宝宝的成长规律，尊重宝宝的特殊偏好，这样，宝宝的身心才能得到健康发展。

第十六阶段：宝宝的能力发展＋潜能开发方案

即将接近两岁的宝宝自我意识越来越强烈了，他时常会指着地上的拖鞋对家长说："这是我的，这是妈妈的，这是爸爸的……"如果要想从这一阶段的宝宝手中拿走属于他的东西，那可要费一番周折。当然，如果宝宝不想把手中的物品给你，他不再像小时候那样把物品高高举起，或是把物品藏在身后，而是义正词严地拒绝你："不给，这是我的！"宝宝这些行为的变化都在明确地表明，他的自我意识在飞速发展。

除此之外，在这一阶段，宝宝的以下各种能力也在快速发展的过程中：

● 认知能力的发展→给宝宝做出正面的榜样

带宝宝外出时，细心的妈妈会发现，宝宝俨然变成一个小交警，看到有人闯红灯，他会立刻指出来："妈妈，他不对！"

是的，这一阶段的宝宝开始懂得红绿灯的含义，他已经了解一定的交通规则了。当然，宝宝可没有先知先觉的本事，他的这种能力需要家长有意识地教导才能获得。首先，妈妈要帮助宝宝先识别红、绿、黄三种颜色,才能引导宝宝认识红绿灯;其次,当宝宝能够熟悉地分辨出红绿灯时,妈妈才能给他讲述这些灯所代表的意义。这样宝宝就能轻易地掌握与红绿灯相关的交通规则了。

在这里,需要妈妈注意的是,孩子是非常纯真的,他会不折不扣地遵守交通秩序、社会规则,但在很多时候,家长的行为会对宝宝产生很大的影响作用。在生活中,我们常常会见到这样的教育场景:

前面是红灯了,妈妈还急冲冲地拉着宝宝的手往前走,这时,宝宝毫不犹豫地指出妈妈的错误:"妈妈,这不对!"但妈妈却不理睬宝宝的抗议,一边拉着宝宝的手往前走,一边对宝宝说:"宝宝,今天管不了这么多了,妈妈上班快迟到了,以后你自己可不能闯红灯呀!"

妈妈的这种教育对宝宝会起作用吗?

答案是否定的。与家长的语言教育相比,这一阶段的宝宝更看重家长的行为,所以,家长的这种行为会向宝宝传达这样一个信息:交通规则是可以随便打破的,所有的规则都是可以随便打破的。因此,家长的这种做法对宝宝正确认知能力的形成会产生极大的消极影响。

除此之外,在这一阶段,宝宝认知能力的发展还表现在以下几个方面:

1.对性别有了一定的认识→对宝宝的性别教育要顺其自然。

在这一阶段,宝宝能意识到周围人性别的差异了。他们知道,与妈妈相同的阿姨们会留长头发、穿漂亮裙子;与爸爸相同的叔叔们大多数都留着短头发、穿衬衣打领带……但宝宝对性别的认识还是非常表面和朦胧的。

是的,虽然这一阶段的宝宝已经朦胧地知道自己是男孩还是女孩了,但在好奇心的引导下,他常常会问家长一些非常敏感的问题,例如,为什么爸爸不长乳房、为什么妈妈不长胡须等。因此,在这一时期,很多家长常常会思考这样一个问题:要不要在此时对宝宝进行性别教育呢?

对于这个问题,有些教育专家觉得有必要,有些则觉得没必要。但我们认为，对宝宝的性别教育要顺其自然，不强调，但也不回避。

随着宝宝的成长以及观察能力的提高，他终有一天会对性别感兴趣，当他追着家长问自己是男孩还是女孩、男孩与女孩之间的区别时，这个时候是家长对宝宝进行性别教育的最佳时期。

一位聪明的妈妈这样分享经验：

在宝宝两岁之前，我是通过教她认识公共洗手间门口的标志，来引导她认识性别的。每次在公众场合上卫生间，我都会带她去女卫生间，这时，宝宝就会产生疑问了："我不要和妈妈上这个卫生间，我要和爸爸上那个卫生间！"

每当这时，我都耐心地给宝宝讲解："你跟妈妈都是女性，所以我们要上女卫生间；爸爸是男性，所以他要上男卫生间。你看，这门口都是有标志的！"

当然，有时宝宝也会问我一些非常尴尬的问题，例如，宝宝会指着我的乳房问我："妈妈，为什么爸爸没有这个？"

面对这个问题，虽然我内心很紧张，但我会尽量表现出很轻松的样子对她说："因为爸爸是男士呀，男士是不长乳房的，这跟男士不穿裙子的道理一样。"

事实上，耐心地解答宝宝所提出的有关性别的问题，其实就是在对宝宝进行性别教育。随着宝宝观察能力的提高，他不仅会对性别产生兴趣，还会对他人或自己的身体产生兴趣。就像上述案例中的情况，他会研究为什么妈妈有乳房而爸爸没有，面对宝宝的这些问题，家长一定不要感到尴尬，更不能在宝宝面前表现出异样，这只会增加宝宝对性别的神秘感，而不利于宝宝正确性别观念的形成。

关于这一点，案例中这位妈妈的做法是值得学习的。她告诉宝宝，男士不长乳房，就像男士不穿裙子一样简单，这就向宝宝传达了这样一个观念：人的性别没有什么值得好奇的，它就像鼻子长在哪里、嘴巴长在哪里等问题一样简单。在这种科学的性别观念的影响下，宝宝才不会对性别产生过分的好奇心。

2.对自我的认识→与宝宝玩"照镜子"的游戏。

在这一阶段,大多数的宝宝都能理解"你""我""他"的概念了,但仍然还有很多宝宝不能正确地认识自己。但这没有关系,妈妈可以在与宝宝玩照镜子的游戏中帮助宝宝去认识自己。

大多数宝宝对自己的认识都是从镜子中而获得的。当宝宝还在婴儿期时,很多家长喜欢抱着宝宝照镜子,并且通过镜子教宝宝认识自己的五官,其实,宝宝对自己的认识就是从这一刻开始的。

当家长用手指着宝宝的鼻子,并告诉宝宝这是鼻子时,宝宝能够在镜子中看到家长正用手指着自己的鼻子,并能感觉到家长正在指自己的鼻子,在这种情况下,宝宝很容易就能把自己的鼻子和镜子中的鼻子联系起来。这时,宝宝很可能就会产生这样的想法:原来我的鼻子可以在镜子里看到呀!先是鼻子,然后是眼睛、嘴巴、眉毛、额头等,很快,宝宝就会把镜子里的形象与自己联系起来。

如果到了两岁左右,妈妈仍然不能肯定宝宝是否能够真正认识"我",通过这样一个照镜子的小游戏很快就能搞清楚:

妈妈与宝宝在镜子面前玩时,趁宝宝不注意,妈妈可以在宝宝的脸上抹一点口红,然后让宝宝去照镜子。看到镜子中的形象,如果宝宝露出惊讶的表情,并且用手去摸自己脸上的口红印,这说明宝宝能够意识到镜子中的那个形象就是自己了;但如果宝宝仅仅去摸镜子中宝宝的脸,而且并不关注自己的脸是否有变化,这就说明宝宝还是不能真正认识自己。

如果这一阶段的宝宝仍然不能真正地认识自己,家长也不要太过着急,多与宝宝玩几次这种照镜子的游戏,宝宝对自己的认知能力很快就会有所提高。

● **自控能力的发展→让宝宝心存他人;教宝宝学会等待和轮流**

在前几个阶段,宝宝总是喜欢与家长作对,家长越是不让他动的东西,他偏偏去动。例如,看到茶几上放着几个玻璃杯,家长对宝宝说:

"千万不要动茶几上的杯子！"但通常接下来的情况就是，宝宝迅速地走到茶几前，玩起杯子，并且很有可能就会把杯子打碎。其实，在这种情况下，宝宝并没有真正理解家长语言的真正含义，对于他来说，家长的话就是提醒。

但在两岁之前的这一阶段，大多数宝宝已经能够完全领会家长的话，并且能够真正了解"不"的含义了。

读到这里，也许很多妈妈会这样问："既然这一阶段的宝宝已经了解'不'的含义了，为什么我的宝宝还是不肯与我合作呢？"

其实，这是两岁左右宝宝的一个主要特点，在这一阶段，由于各方面的能力都有了很大的提高，即使平时不喜欢运动的宝宝都会变得非常活跃，因此，家长要想让这一阶段的宝宝听从自己的指挥，就必须在给予宝宝自由的基础上，提高宝宝的自控能力。

作为成人我们知道，人的自控力有很多表现，如控制自己的欲望、控制自己的行为等。但对于两岁左右的宝宝来说，能够遵守家长所制订的一些规则，这就说明他已经有很强的自控能力了。具体来讲，妈妈可以从以下几个方面去培养宝宝的自控能力：

1.让宝宝心存他人。

这一阶段的宝宝对好吃的、好玩的是没有太大免疫力的，相信大多数家长都经历过这样的场景：

全家人都在等一位重要的客人，但面对餐桌上那些诱人的食物，宝宝禁不住诱惑了，伸手就去抓。这时，如果家长制止宝宝的行为，宝宝就会大哭大闹，甚至还会躺在地上打滚；但如果家长不制止宝宝的行为，这又是对客人非常大的不尊重。

宝宝的自控能力如此的差，遇到这种情况，所有的家长都会尴尬万分、无所适从。其实，如果家长在平时生活的细节中，就注重对宝宝的自控能力进行培养，这种情况完全是可以避免的。

一位幼儿教育专家这样建议：

家里有好吃的一定要人人有都份，最好是等家庭成员都到齐了再吃。当然,如果宝宝实在等不及,妈妈可以把好吃的分成每人一份,再给宝宝吃。但妈妈一定要记得给暂时不在家的家庭成员留出一份,放在冰箱里,等他回来享用,并且这整个过程都要让宝宝看到,当着宝宝的面进行。

这位教育学家的方法有很强的可行性。对于大多数两岁左右的宝宝来说,他们经常会以自我为中心:他们总会认为自己看到的东西就是"我的",想到的东西也一定是"我的",属于自己的东西更是"我的",再加上家长对他们的宠爱,不管是在家中还是在与别的小朋友相处时,他们总是要求特殊。

但如果家里有了上述教育专家所讲的那种规矩,宝宝不仅会在任何时候都能想着他人,而且也不会再要求特殊了。当然,更重要的是,这个规矩还会协助宝宝提高自己的自控能力。

所以,如果你的宝宝还总是要求特殊对待,妈妈不妨也在家中立这样一个规矩。当宝宝懂得心存他人时,他的自控能力就能一点点提高了。

2.教宝宝学会等待和轮流。

即将接近两岁的宝宝与他人交往的欲望越来越强烈了,但他更习惯也更擅长与家长交流、沟通,与其他小朋友的交往仅限于模仿。例如,看到一个小朋友跑着玩得很高兴,其他的小朋友也会跟着跑;看到一个小朋友在玩球,其他的小朋友都想参与到玩球的游戏中来。因此,在与小伙伴一起玩耍的过程中,宝宝是很容易由于自控能力差,而与别的小朋友发生冲突的。例如:

看到晨晨在玩皮球,两岁的子豪也想玩,于是他便不断地往晨晨身边靠,并且不停地跟他搭讪:"这个皮球很好玩吗?"晨晨知道子豪也想玩皮球,但他不想让子豪玩,便抱着球要走。看到晨晨抱着球要走,子豪想夺走他手中的球。于是,两个孩子抱着一个球在那里大哭起来。

虽然这一阶段的大多数宝宝都已经知道别人的物品是不能随便抢的,但由于自控能力较差,他们仍然还是管不住自己。在这种情况下，妈妈就要教宝宝学会等待。例如，等子豪情绪稍微稳定之后，妈妈可以这样对他说："抢别的东西是不对的，你可以站在晨晨旁边等一会儿呀，等他不想玩了，你再借来玩一下！"

特别是一些多人参与的游戏，如果家长能够向宝宝灌输等待和轮流的观念，这能极大地提高宝宝的自控能力。例如，在玩滑梯之前，妈妈就应该让宝宝了解这样的规则：

上滑梯之前不要乱挤，要排队；到了平台坐下后，要等前面的人从滑梯滑到终点站起来后，自己才可以滑下去，不然就会互相碰撞而受伤。

对于正在成长中的宝宝来说，让他了解这些规则不仅仅是为了约束他们的行为，以免受伤，更是在遵守规则的同时，教他养成等待和轮流的好习惯。这样，在不知不觉中，宝宝的自控能力就能大大提高。

特殊阶段：两岁，宝宝人生发展的关键期

我们都知道，两岁左右，宝宝大脑中的很多细胞都已经被激活，但它们的潜能还没有被完全开发出来，还有非常大的发展空间，所以，我们可以把这一时期称为开发宝宝大脑潜能的关键期。

另外，两岁左右这一阶段，还是阻止宝宝的撒娇变成撒野的关键期、宝宝自主性培养的关键期。

● 两岁，防止宝宝的撒娇变成撒野的关键期

婴儿期和幼儿期的宝宝有一个非常大的共同点，那就是喜欢撒娇。但宝宝到了两岁左右，细心的妈妈会发现，宝宝的撒娇变得越来越过分了：本来可以自己吃饭，但他偏让妈妈喂；不高兴时，他就会把玩具使劲摔到地上；越是人多时，他越是"人来疯"……是的，宝宝的行为越来越接近撒野了。因此，在两岁左右这一阶段，妈妈们还有一个非常重要的任务，那就是防止宝宝的撒娇变成撒野。

那么，妈妈应该如何做，才能阻止宝宝的撒娇向撒野转变的趋势呢？

在解决这个问题之前，家长们首先要了解撒娇和撒野的本质。撒

娇是宝宝的心理营养,它反应出宝宝的情感表达到了一个新的阶段。例如,在看电视时,宝宝会故意挨着妈妈坐,并像一只乖乖的小猫一样趴在妈妈的怀里。他这样做,既表达了自己对妈妈的依恋,又能使妈妈非常满足地接受。实际上,宝宝和妈妈都需要这种撒娇。

撒野与撒娇虽然只有一字之差,但它们所导致的后果却能谬以千里。撒野是不良性格形成的温床,在撒野时,宝宝是从来不会考虑到他人的需要和感受的,因此,撒野很容易使宝宝变得放肆、为所欲为、不讲道理。

而在两岁左右这一阶段,宝宝的撒娇是很容易转变为撒野的。因为随着宝宝自我意识的发展,为了显示自己的力量或控制家长的行为,他常常会做出一些过分的行为。如果妈妈常常觉得宝宝还小、不懂事,没有必要与他计较太多。这就会在极大程度上助长宝宝的撒野行为。

但如果妈妈提前了解以下几种应对措施,就可以很好地预防宝宝的撒娇向撒野转化了。

1.接受宝宝适当的撒娇行为。

在很多时候,妈妈接受宝宝的撒娇行为,是有利于宝宝的健康成长的。例如,宝宝生病、情绪低落、感觉委屈、比较开心……在这些时候,宝宝向妈妈撒娇是很正常的,也是可以接受的。在这些情况下,妈妈接受宝宝的撒娇,不仅有利于宝宝情感的发展,还能促进妈妈与宝宝之间的感情升温呢。

但在很多时候,宝宝的撒娇需要聪明的妈妈进行方式的转换之后再接受。例如下面这种情况:

妈妈出差回来了,两岁的宝宝见到妈妈后格外兴奋。到了吃饭时间了,以前都是宝宝拿着小勺自己吃饭,但这次,宝宝说什么也不肯吃,而是要求妈妈喂她。

看到这种情况,妈妈并没有责怪宝宝,也没有批评宝宝任性,而是笑着对宝宝说:"我知道宝宝早就自己会吃饭了,妈妈看着宝宝,看宝宝现在是不是吃得更好、更香了!""宝宝是不是想跟妈妈坐得近一点呀?那好吧,妈妈离宝宝近一点,看宝宝吃饭是不是又进步了呀!"……为了在妈妈面前更好地表现自己,宝宝主动地吃起饭来。

撒娇也是宝宝的一种心理需求,如果妈妈觉得宝宝的这种需求有些过分,先别急着拒绝宝宝,可以换一种健康的方式去满足他的需求。就像上述案例中的这种情况,宝宝本来已经学会自己吃饭了,但现在却又要妈妈喂饭,如果妈妈拒绝宝宝的要求,这很容易就会使宝宝感到妈妈不爱自己;但如果妈妈向宝宝妥协,那宝宝好不容易才养成的好习惯也许就会毁于此。所以,在这种情况下,妈妈换种方式来满足宝宝的心理需求是最科学的。

在上述案例中,由于妈妈出差刚刚回家,宝宝向妈妈撒娇也属于正常情况。但这位妈妈巧妙地换了一种方式,这既满足了宝宝的心理,又使宝宝延续了好习惯,可谓是一举两得的好方法。

是的,任何一个宝宝向妈妈撒娇的目的都是为了使妈妈更喜欢自己,所以,把握住宝宝的这种心理,再对宝宝的行为进行引导,宝宝一般都会非常积极地与妈妈合作。

2.妈妈也要学会向宝宝撒娇。

对于两岁左右的宝宝来说,他们既有当小婴儿享受别人照顾的心理需求,也有当大孩子照顾别人的心理需求。把握住宝宝的这种心理,妈妈恰当地向宝宝撒娇,既能有效地预防撒野行为的产生,又能促使宝宝的行为向积极的方面发展。

一位妈妈曾这样讲述:

在带两岁的儿子从幼儿园回家的路上,儿子总是走两步就歇一歇,我能看得出,他是不想自己走路了。为了把他这个不合理的念头打消在萌芽之中,我故意对他说:"儿子呀,妈妈今天工作好累呀,现在有点走不动了,怎么办呀?"听我这样说,宝宝好像突然来了精神一样,他认真地想了想,然后一本正经地对我说:"那我帮你拿包包吧!"

"儿子真乖,像个大男子汉了,妈妈的包包太重,你还是背好自己的小书包吧!"就这样,我拿着自己的包,儿子背着他自己的小书包,我牵着他的小手走回了家。

是的,预防宝宝的撒野行为产生、防止宝宝提出无理要求的最好办法就是,提前向他示弱。也就是说,在宝宝的无理要求提出之前,妈妈适时地向宝宝撒娇,可以把宝宝当大孩子照顾他人的心理需求极大地激发出来。在这种情况下,宝宝真的就会像一个小大人一样来照顾妈妈,他自然也就不会向妈妈撒娇或撒野了。

● 两岁,宝宝自主性发展的关键期→既不过分顺从,也不"硬碰硬"

很多妈妈常常不满地这样说:"我家宝宝一直很乖,但到了两岁左右,突然非常喜欢与我作对,总是把'我不'挂在嘴边,而且还总是不听从我的管教。"

其实,当宝宝表现出这些反抗的行为时,家长不应该对此感到不满,而应该替宝宝高兴。敢于反抗权威,这是宝宝自主性的表现,这标志着宝宝长大了。

一般来讲,在两岁左右,宝宝就会进入一个反抗期。在这个反抗期,他能够很清楚地听懂家长的语言,也能很清楚地理解家长语言的含义,但他就是不按家长所说的去做。例如:

到了该睡觉的时间了,家长亲切地对宝宝说:"宝宝,快来脱衣服,我们该上床睡觉了!"这时候,宝宝常常想都不想就会拒绝家长:"我不!"家长越是央求宝宝,宝宝的反抗力度往往就会越大:"我就是不睡!"

当然,如果家长强行把宝宝抱到床上,那宝宝的反抗就会越来越强烈,这时,他不是打挺就是打滚。

面对软硬不吃的宝宝,家长不能太过顺从他的意愿,太过顺从只能使宝宝的行为越来越嚣张;但家长也不能与宝宝"硬碰硬",因为这样只能把宝宝越来越激烈的反抗意识激发出来。就像上述案例中的情况,家长强行把宝宝抱上床睡觉,这只能使得宝宝的反抗意识越来越强烈,当然,这对宝宝自主性的发展也是非常不利的。所以,妈妈对付这一阶段的宝宝，一定要靠妙招。

细心的妈妈都会发现，从这一阶段起，宝宝开始接受家长所讲的道理了，所以，促使宝宝合作，又促使宝宝自主性健康发展的妙招就是，在尊重宝宝自我意识的前提下，给他讲他能听懂的道理。

一般来说，两岁左右的宝宝已经开始通过思考的方式去解决问题了，这是宝宝成长过程中的又一里程碑。当然，这一年龄段的宝宝仍然常常是站在自己的角度看问题，因此，妈妈所讲的道理必须是在尊重宝宝自我意识的前提下，才会对宝宝起到积极的作用。宝宝的所有行动都是出于自愿，这才能促使宝宝的自主性健康发展。

两岁的贝贝跟1岁多的小表妹争夺起一个洋娃娃来，最后，两人的争夺以小表妹的失败而告终。

看到这种情况，妈妈对贝贝说："宝贝，把洋娃娃给妹妹玩一下吧，你看她都哭了？"

"不，这是我的。"贝贝坚决地说。

"妹妹是咱们家的小客人，如果她今天玩得不高兴，那以后她可能再也不来找你玩了，你一个人玩多没意思呀！这样吧，不如你和妹妹一起来玩这个洋娃娃，你给娃娃梳头，她给妹妹洗脸，这样玩多有意思呀！"妈妈凑到贝贝耳边，小声对她说。

贝贝很快就同意了妈妈的提议，高兴地与表妹起一起打扮起洋娃娃来。

是的，在很多时候，宝宝还常常会站在自己的角度思考问题。就拿案例中的贝贝来说，洋娃娃是她的，她就不允许妹妹玩，如果家长强迫贝贝把洋娃娃给妹妹玩，这不仅会引起贝贝越来越多的反抗，而且对贝贝自我意识的发展也是非常不利的。

但贝贝妈妈的做法就非常科学，她没有强迫贝贝去做任何事情，而是耐心地给她讲道理。当然，她所讲的道理也是在尊重贝贝的前提下，从贝贝的角度出发去思考的：如果表妹今天没玩高兴，那她以后就不会来找贝贝玩了，贝贝一个人玩会很没意思。两岁左右的宝宝渴望与小朋友接触,与小朋友一起玩,所以,家长的这种说法能够在很大程度上让贝贝动心。最后,妈妈的提议又引导贝贝做出了一个最明智的选择——与表妹一起玩洋娃娃。这样,贝贝既能维护自己对洋娃娃的所有权,又能享受到与表妹一起玩的乐趣。当然,更重要的是,在这一过程中,妈妈没有强迫贝贝做任何事情,所有事情都是在她自愿的情况下进行的,这能在很大程度上促进宝宝自主性的发展。

第 三 篇

2~3 岁——4 个阶段,培养高智商宝宝

第十七阶段:2岁1~3个月(25~27个月)
——爱提问题的宝宝

概述

2~3岁,是宝宝的幼儿晚期阶段。在这一年里,宝宝的进步更是突飞猛进、精彩多多。但值得妈妈们注意的是,对于宝宝来说,两岁是他人生的关键时期,在这一时期,家长对宝宝的教育变得越来越重要起来。因此,从两岁开始,妈妈们就应该把养育的重点向教育倾斜了。

第十七阶段:宝宝的一般行为特点

与两岁之前相比,这一阶段的宝宝在独立性方面表现出了很大的进步:在得知家长在身边的情况下,他独自玩耍的时间明显增多了;有时,他可以自己把小鞋子穿好了……但奇怪的是,在宝宝独立性增强的同时,他的依赖性并没有随之减弱,而是也跟着同步增强了。

为什么会出现这种现象呢?

其实,这是这一阶段宝宝的一个主要特点——独立性和依赖性同步增强。在这一阶段,宝宝有着强烈的独立愿望,他希望能按照自己的意愿去做事。当然,随着宝宝对外部世界兴趣的加强,他有了更多感兴趣的事情要做,因此,他常常忙碌于那些自己感兴趣的探索之中。

但要想让这一阶段的宝宝专心去探索,还必须有一个非常重要的前提,那就是让他感受到妈妈足够的爱。在这一阶段,随着宝宝探索欲望和运动能力的增强,他时常会被一种与妈妈分离的感觉所包

围,这使得他对妈妈越来越依恋。表现在生活中就是,他几乎一步也不肯离开妈妈,尤其在晚上,没有妈妈的陪伴,宝宝是绝对不肯上床睡觉的。

因此,在这一阶段,妈妈一定要了解宝宝独立性和依赖性同步增强的特点,给予宝宝足够的爱与关注,这样,宝宝的身心才会健康成长,能力才能快速提升。

除此之外,在两岁1～3个月这一阶段,宝宝还会呈现出以下几个行为特点:

● 宝宝变成了"小问号"

这一阶段的大多数宝宝都能用完整的句子与他人交流了。宝宝这种能力的获得,在给妈妈带来喜悦和乐趣的同时,也给妈妈带来了很多烦恼,因为这一阶段的宝宝特别爱提问题,例如,"小猫为什么爱吃鱼呀?""小白兔为什么是白颜色的呀?"……很多妈妈常常这样说:"面对宝宝那些奇怪的问题,在很多时候我根本不知道如何回答,所以我只能给他一个无奈的表情。"

爱问问题是这一阶段宝宝的一个显著特点。其实,不管宝宝的提问多么荒谬,家长用无奈的表情回应宝宝的做法都是不正确的。因为宝宝之所以这样喜欢提问,是有深层原因的。一般来讲,这一阶段的宝宝喜欢提问的主要原因有以下两点:

1.满足自己与妈妈交流的欲望。

在很多时候,宝宝所问的问题都是无所指向的,例如,宝宝这样向妈妈提问:"小白兔为什么是白颜色的呀?"其实,宝宝并非是想要妈妈的解答,而是想通过这些问题与妈妈交流。

当然,当宝宝与妈妈交流的欲望很强烈时,他常常会没完没了地提问。例如下面这个宝宝与妈妈的对话:

宝宝:妈妈,你为什么不吃零食呢?

妈妈:妈妈不饿。

宝宝:为什么不饿呢?

妈妈：妈妈吃饱了。

宝宝：为什么吃饱了就不饿了呢？

妈妈：……

面对宝宝的这些问题，相信大多数家长早已经抓狂了，在我们成人眼中，吃饱了就不饿了，这是很正常也很简单的情况，根本就不存在那么多的"为什么"。但家长绝不能因为自己无法回答宝宝的问题而表现出不耐烦，因为在两岁多一点的宝宝眼中，"为什么吃饱了就不饿了"这的确还是个问题。如果家长因此对宝宝表现出不耐烦，这不仅不能满足宝宝与家长交流的欲望，而且还会使宝宝的情感受伤，使宝宝觉得妈妈不爱他了，这对宝宝心理的健康成长是非常不利的。

但如果妈妈能够认真地面对宝宝所提的问题，宝宝想与妈妈交流的欲望是很容易就能得到满足的。例如妈妈这样面对宝宝的提问：

妈妈（很认真）：妈妈也不知道为什么人吃饱了就不饿了，宝宝自己动脑筋想一想，想出来告诉妈妈哟。

宝宝（想一会儿）：妈妈，我吃道了，吃饱了，肚子就大了，就不饿了。

当宝宝非常想与妈妈交流时，如果妈妈让宝宝自己动脑筋想问题，宝宝是很愿意与妈妈合作的。例如上述案例中的情况，如果家长一直不停地回答宝宝的"为什么"，也许宝宝后面的"为什么"还会不断，但他却不一定会认真思考。但案例中的妈妈却把问题巧妙地一转，再反过来问宝宝，这不仅满足了宝宝与自己交流的欲望，而且还能引导宝宝进行思考呢。所以，当妈妈对宝宝的"为什么"感觉无能为力时，可以用反问宝宝的方法来引导他去思考。

2.满足自己的好奇心。

在婴儿期，宝宝的大部分精力都放在如何使自己感觉更舒适方面，他对自身之外的事物都不太感兴趣。但到了幼儿末期，也就是从两岁开始，宝宝开始把大部分精力放在对外部世界的探索上面，所以在这一阶段，宝宝的好奇心常常以提问的方式表现出来。

但很多妈妈却常常这样说："每当我忙的时候，宝宝总是问我一些莫名其妙的问题，那些问题根本就没有办法回答，所以我基本上都会用'嗯''啊'等简单的声音来回答他。"

其实，妈妈们这种敷衍宝宝的做法是不科学的，它不仅不能满足宝宝的求知欲望，还会减弱宝宝对外部世界的探索欲望。作为家长我们知道，好奇心是宝宝的思考能力以及创造力发展的源泉，如果宝宝在如此小的年龄就对外部世界失去了好奇心，那宝宝将来只会变成一个只会接受知识而不会思考和创造的学习机器。

每位妈妈都不想宝宝成为只会学习的机器，所以，无论自己有多忙，都不能敷衍宝宝的问题。如果实在没有时间，妈妈可以明确地告诉宝宝："现在妈妈正忙，等一会儿妈妈不忙了，一定要好好回答宝宝的问题。"

妈妈们千万不要认为陪宝宝就是在耽误自己的时间，其实，妈妈完全可以一边做自己的事情，一边满足宝宝的好奇心的。

一位作家妈妈每天要在网上查阅大量的资料，每当她打开一个新的网页时，她两岁的宝宝就坐在她旁边读上面的字。有时，遇到不认识的字或不理解的词，宝宝还会问她："妈妈，这个字怎么读呀？""妈妈，这个词是什么意思呀？"

虽然宝宝在身旁时，她查阅资料的速度要慢很多，但她仍然喜欢宝宝在她身旁问这问那，因为在不知不觉中，她不仅教宝宝认识了很多字，还让宝宝明白了很多道理。

案例中这位妈妈非常明智，虽然宝宝在她身边问这问那，大大影响了她查阅资料的速度，但她知道，这是增长宝宝知识的大好时机。

是的，大多数宝宝的知识都是通过这个途径而获得的：在好奇心的驱使下向家长提问→得到家长正确而有意思的回答→知识增长→产生更为强烈的好奇心。事实就是这样的，只有自己提问的问题得到了满意的答案，宝宝的好奇心才会更为强烈地表现出来。

所以，妈妈一定要用耐心的态度来对待"小问号"。

◉ 宝宝对事物的认识越来越深入了

在这一阶段,宝宝对物体的认识有了很大的进步:

他开始识别物体的重量了。例如,以前,妈妈让他把对面的凳子搬过来,他想都不会想就去搬。但现在,宝宝再接收到妈妈的这个命令就会想一会儿,然后会皱着眉头表现出很不乐意的样子。他那种表情好像在说:"这个凳子对于我来说太重了,我搬不动它!"

他开始掌握"快"与"慢"的概念了。例如,如果妈妈对正在跑的宝宝说"慢点跑,别摔着",宝宝就会慢慢地减速;如果妈妈跟宝宝玩你追我赶的游戏,妈妈对宝宝说"宝宝快跑,来追妈妈呀",宝宝往往就会以最快的速度向妈妈跑去。

另外,在这一阶段,宝宝对事物的认识越来越深入了。例如,如果妈妈对他说:"请把妈妈那双红色的皮鞋拿过来。"那宝宝就会去鞋柜里找妈妈指定的那双鞋,并把它送到妈妈面前。

其实,这种认知能力的发展必须有一个非常重要的前提,那就是宝宝必须能够回忆起认识的物体。如果宝宝根本不记得妈妈的红皮鞋是什么样子的,他是没有办法完成妈妈所指派的任务的。

事实上,在两岁之前,宝宝根本不具备回忆认识的物体的能力。举个很简单的例子,宝宝认识了苹果,当苹果在眼前时,妈妈问他:"苹果是什么形状、什么颜色的呀?"他都能一一回答。但当苹果不在他眼前时,他很可能就回答不出妈妈的这些问题。这说明处于幼儿早期的宝宝对物体的记忆力是非常短暂的,所以在这种情况下,他根本不可能把不在眼前的物品找到。

但随着年龄的增加,宝宝对物体的记忆力开始逐渐延长了,他甚至能够长时间对物品保持记忆。所以,在这种情况下,即使苹果不在面前,当他人提到苹果时,他的脑海中也会浮现出苹果的形象,从而顺利地把不在面前的物品找出来。而在几个月之前,宝宝是很难做到这些的。

虽然在这一阶段宝宝对事物的认知越来越深入了,但他的认知能力还存在很大的不足:他能够分清物体的大小、颜色、形状,但他还不能准确地把握物体的材质。当然,生活中很常见的物品的材质他能够分辨出,例如,他认识玻璃杯子、塑料杯子,但如果变成玻璃盆子、塑料盆子,宝宝很有可能就会分辨不清了。

那么,妈妈们应该如何做,才能使宝宝对物品的认识更加深入、更加全面呢?

对此,我给妈妈们的建议是:多引导宝宝对物品做比较,在比较之后,宝宝就会对各种物品的材质有更深刻的认识。

瑶瑶平时都是用塑料碗吃饭的,但今天妈妈给她买了一只漂亮的玻璃碗。妈妈把这两只碗放在一起,然后对瑶瑶说:"宝贝,过来看看,这两只碗有什么不同?"她拿着瑶瑶的手把两只碗都摸了摸,并拿起来掂一掂,然后又用手指分别弹了弹这两只碗的声音让瑶瑶听,最后,瑶瑶自己总结出来的经验是:玻璃碗既漂亮,声音又好听,但她还是喜欢用塑料碗,因为玻璃碗太重了,她不喜欢。

是的,在比较之中,宝宝很容易就会发现不同材质物品之间的区别。当然,在比较的过程中,妈妈要给予宝宝更多的机会让他去参与。就像上述案例中的情况,让宝宝动手摸一摸、拿在手里掂一掂,用手敲一敲,听听声音,宝宝很快就发现了玻璃碗与塑料碗之间的区别。

其实,宝宝的这种认知能力就是在这种比较中才逐渐深入的。通过比较,宝宝不仅能够发现物品材质之间的区别,还能发现物品的大小、颜色、形状等方面的区别。比较的次数多了,宝宝对物品细节的把握越来越详细了,他对物品的认知也就越来越深入了。

第十七阶段:宝宝的能力发展 + 潜能开发方案

随着宝宝能力的增加,很多家长常常这样抱怨:"这一阶段的宝宝是越来越具有破坏性了,他不是把玩具拆了,就是用小剪刀把床单剪破,我真是越来越拿他没有办法了!"

其实,家长不应该把宝宝拆卸玩具、使用小剪刀的行为称为破坏性行为,这些都是宝宝能力发展的表现:用剪刀把床单剪了个洞,这说明宝宝会使用工具了;会拆卸玩具了,这说明宝宝的手部精细动作越来越熟练了……细心的妈妈还会发现,这一阶段宝宝的行为不只是破坏性的,还有建设性的。例如,他会用橡皮泥捏出各种各样的形状;会把布包在洋娃娃身上,给它们做衣服……这一切都在说明,宝宝手的潜能越来越多地表现出来了。

除此之外,在两岁1～3个月这一阶段,宝宝的很多能力都得到了很大的发展。例如:

语言能力:大多数宝宝都能够通过2～6个字词构成的句子来表达自己的意愿、需求和感受了;

生活能力:很多宝宝可以自己穿外衣、穿鞋子了;

听觉能力:听到电话中传来的声音,宝宝不再那样迷茫了,而且他开始能够识别出熟悉的人在电话中的声音了;

……

宝宝的探索行为每一天都会有变化,能力每一天都在提高,但在这一阶段,最值得一提的还是宝宝的学习能力。在这里,我们将对这一阶段宝宝学习能力的发展作详细介绍。

● 学习能力的发展→尊重宝宝的学习方式

提到宝宝的学习能力,妈妈们很自然就会想到教宝宝识字、数数、画画等。但在这里,我们所说的学习能力不仅仅包括宝宝学习知识等狭义的学习能力,还包括学习某种技能或掌握某种本领的广义的学习能力。

举个最简单的例子来说就是,宝宝认识了几个字,这是宝宝学习能力的表现。同样的道理,宝宝掌握了某个动作、学会了用小剪刀、学会了使用几个新词等,这也是宝宝学习能力的表现。

然而,现在大多数的妈妈都仅仅注重对宝宝狭义学习能力的培养,例如,她们常常会一厢情愿地教宝宝识字、写字、背儿歌等,并且还认为这种学习是对宝宝的智力进行开发的一种方式。

但实际上，妈妈们的这些理解是片面的，这种强迫宝宝学习的方法不仅不利于宝宝学习能力的提高，甚至还会阻碍宝宝智力的发展。只有自由地去做自己感兴趣的事情，宝宝的潜能才能得到开发，智力才能得以提升。也就是说，哪种事物能够唤起宝宝的好奇心，宝宝就会主动去接触哪种事物。所以，聪明的妈妈从来不会根据自己的主观想法强迫宝宝去学习某种具体的知识或技能。

那么，妈妈应该如何做，才能既提高宝宝的学习能力，又能使宝宝的学习达到效果呢？

其实在这一阶段，所有的宝宝都有自己独特的学习方式，例如，有时他们喜欢通过一遍遍地重复来学习、有时他们通过模仿成人来学习……只要他们这些独特的学习方式不被打扰，他们不但会学有所得，而且还能在这种学习的过程中找到一套最适合自己的学习方式。因此，在这些情况下，妈妈最需要做的就是，尊重、理解并支持宝宝的学习方式。

一般来讲，在这一阶段，宝宝最主要的学习方式就是，通过一遍遍地重复来学习。

在生活中，妈妈们会发现，宝宝经常会一遍遍地重复做一件事情，例如，一遍遍地搭积木、一遍遍地上楼梯下楼梯……宝宝为什么会对这些事情如此乐此不疲呢？

其实，这就是宝宝独特学习方式中的一种——重复。在对外部世界进行探索的过程中，宝宝的很多能力还是非常有限的，因此很多事情他常常做不好。但一旦他对某件事情产生了兴趣，越是做不好，他越是一遍遍不厌其烦地去尝试。也正是在这种不断重复的过程中，宝宝的技能以及学习能力才在不断地提高。

一位妈妈曾在教子日记中记录了宝宝学习搭积木的全过程：

宝宝把一块小积木放在下面，把一块大积木放在上面，当第3块积木刚刚放上去的时候，所有的积木都倒塌了，但宝宝搭积木的兴趣并没有因此而受到影响。他继续搭，这次仍然是把小块积木放在下面，大块积木放在上面，就这样，宝宝反反复复地搭了很多遍。

但一次偶然的机会,宝宝把大块积木放在了下面,把小块积木放在了上面,这样,当第3块积木放上去的时候,这个"建筑物"竟然没有倒,这给宝宝带来了很大的信心。但当他把第4块更大一些的积木放上去的时候,整个"建筑物"又倒搭了。就这样,在这种重复搭积木的过程中,宝宝终于摸到搭积木的窍门了:把大一些的积木放在下面,小一些的积木放在上面,这样搭起来的积木才不会倒塌。

在绝大数家长眼中,宝宝那些一遍遍的重复是没有任何意义的,但对于宝宝来说,那却是他们增长知识与智慧的一种途径。也许在家长的指示下,宝宝也会懂得搭积木不易倒塌的道理,但对于这些正处于学习阶段的宝宝来说,通过这种途径掌握的知识,与通过自己动手实践而总结出来的知识是完全不同的。前者使宝宝获得的仅仅是知识,而后者不仅仅使宝宝获得了知识,还使他们获得了对动手实践的热爱、对自己的信心,这些都构成了宝宝强大的学习能力。

所以,再看到宝宝重复地做一件事情时,妈妈最应该做的就是,在一旁默默地欣赏,而不是对宝宝的行为指手画脚。如果妈妈们能够做到这一点,这就等于在帮助宝宝提高学习能力。

除此之外,这一阶段的宝宝还经常会通过探索和模仿的方式来学习,因为类似的内容我在前面已经详细论述过,在此就不再作重点介绍了。

特殊阶段:宝宝的反抗期

提到两岁多的宝宝,也许妈妈们的脑海中立刻就会闪现出一个词——反抗期。是的,随着年龄的增加,两岁多的宝宝早已告别了那段"妈妈说什么,我就做什么"的时期,不仅如此,宝宝的反抗意识越来越强烈了,往往是"妈妈说什么,我不做什么"。

宝宝变得越来越不听话了,大多数妈妈都为此而伤透了脑筋,但往往妈妈越是试图说服宝宝、越是强迫宝宝,宝宝的反抗意识就越强烈。对此,儿童心理学家表示,宝宝的反抗意识绝大部分是被家长激发

出来的。在这一阶段,随着自我意识的发展以及揣摩他人意图能力的发展,宝宝不希望自己被他人控制,因此,家长越是想控制宝宝的行为,宝宝越是与家长作对。所以,妈妈要想赢得这一阶段宝宝的合作,就要在教育方法方面讲究一定的技巧。

那么,妈妈应该如何应对处于反抗期的宝宝呢?

其实,只要妈妈摸透了这一阶段宝宝的心理和行为特点,并用巧妙的技巧去引导他,宝宝往往是很乐意与妈妈合作的。如果还是觉得无从下手,妈妈们可以用以下两种方法来引导宝宝合作。

● 尊重并帮助宝宝建立秩序感

在两岁左右这一阶段,宝宝要经历一个秩序的敏感期。在这一敏感期,如果宝宝内心的秩序被打乱,那他就会表现出越来越多的反抗行为。例如,一位妈妈曾这样讲述:

平时,我们家吃饭时的座位顺序是这样的:宝宝坐在我和奶奶中间,然后我旁边是爸爸。但有一次,我的一位同事来家里吃饭,为了便于照顾同事,我让同事坐在我与宝宝中间,宝宝却不干了,他先是拒绝吃饭,然后又嚷着说:"我要挨着妈妈坐!"我小声地给他讲道理:"妈妈要照顾阿姨,让奶奶喂你吃饭好吗?"但不管我如何解释,宝宝就是不听,最终大哭起来,搞得全家人都没有吃好饭,这孩子真是太任性了!

其实,并不是宝宝任性,而是他内心的秩序感被打乱了,这使得他产生了强烈的不安全感。在这种不安全感的影响下,宝宝才会表现出这些反抗行为。在他看来,他只是想恢复以前吃饭时的座位秩序,这是很合理的,然而,家长连他这种小小的要求都不满足,所以他的反抗行为才会越来越强烈。

对于这一阶段的宝宝来说,因为秩序感的改变而带来的不安全感是非常强烈的,如果长久处于不安全感的包围中,这不但会增强宝宝的反抗意识,而且势必会影响宝宝的心理健康。所以,在这一阶段,妈妈最需要做的就是尊重宝宝的秩序感。就拿上述案例中的情况来说,如果刚开始妈妈就遵从了宝宝的要求,让宝宝挨着自己,后面的那场闹剧也许根本就不会发生。

处于秩序敏感期的宝宝是非常注重秩序的，如果家长有意识地促使宝宝养成某种秩序，这常常也能在很大程度上减少宝宝的反抗行为。

每当晚上该睡觉时，相信大多数妈妈都在为哄宝宝睡觉而着急。但无论自己多么着急，宝宝还是在不动声色地玩着玩具，不肯上床。在这种情况下，往往妈妈越是试图说服宝宝或是强迫宝宝，宝宝越是不肯上床睡觉。但如果妈妈从一开始就帮助宝宝建立秩序感，那结果就会大不相同。

从菲菲刚刚 1 岁左右时，妈妈每天晚上就用固定的顺序引导宝宝活动：脱衣服→洗澡→穿睡衣→上床→讲故事→抚摸后背→睡觉。因为一直都在遵守这个秩序，所以菲菲从来没有在上床睡觉这件事情上与妈妈发生过冲突。

是的，一旦秩序建立，宝宝就会严格地去遵守它，即使再困再累，宝宝也不会轻易放弃任何一个环节，所以，在执行秩序中细节的过程中，宝宝是不会与妈妈发生冲突的。当然，当宝宝的秩序感形成之后，妈妈也要严格地按照这些秩序做事，如果有一天妈妈因为某种原因而落掉了讲故事或抚摸后背等细节，这势必也会引起宝宝的反抗。

● **给宝宝留足面子**

在两岁多这一阶段，宝宝喜欢反抗妈妈还有一个非常重要的原因，那就是妈妈伤害了他的自尊。

读到这里，也许会有妈妈问："这样小的宝宝也有自尊吗？"

答案是肯定的。虽然两岁多的宝宝对妈妈还是非常依恋，但他早已意识到自己也是单独的个体，当说错话或受到他人批评时，他也会难堪，这说明他的自尊心已经有了很大的发展。因此，如果家长在教育宝宝时伤害了他的自尊心，这也会助长宝宝的反抗行为。

举个很简单的例子：出门之前，宝宝不肯穿外套，妈妈好说歹说，宝宝就是不肯穿，这时，妈妈生气地冲他嚷道："你到底想干什么？是不是找打？"由于宝宝的自尊受到了伤害，在这种情况下，宝宝很有可能会表现出两种行为：一是继续哭闹着不穿外套；二是迫于妈妈的"权威"把外套穿上，但仍然在哭。不管宝宝表现出哪种行为，他的反抗意识仍然存在，因此家长对宝宝的这种教育是失败的。

但如果妈妈考虑到宝宝的自尊心，换一种方式来引导宝宝的行为，那宝宝很有可能就会放弃反抗。例如下面这位妈妈的做法：

宝宝拒绝妈妈给他穿外套，妈妈暂时放弃了给宝宝穿外套的想法，而是与宝宝闲聊："宝宝，你还记得上次咱们去外婆家吃的什么吗？你好像是用的外婆家最漂亮的那只碗吧？"

宝宝歪着小脑袋想了想，然后兴奋地说："是的，那只小碗上还有一只小金鱼呢……"宝宝边说边想，趁这个机会，妈妈帮宝宝把外套穿上了。

妈妈想要赢得这一年龄段宝宝的合作，最好的办法就是转移他的注意力。例如上述案例中的情况，妈妈一边与宝宝闲聊，一边就帮宝宝把外套穿上了。在这个过程中，妈妈既没有给宝宝讲大道理，也没有强迫宝宝，当然，更重要的是，在这一过程中，因为妈妈给宝宝留足了面子，所以，宝宝的注意力开始越来越多地从之前的争执中转移出来。

其实，转移两岁多宝宝的注意力是很简单的，只要跟他闲聊就可以。妈妈可以引导他回忆之前经历过的一些事情，也可以与他谈论一会儿将要去做的事情……总之，只要不谈论正在与宝宝争执的这件事情，宝宝的注意力很容易就会转移。这样，宝宝在不知不觉中就会表现出合作行为。妈妈利用转移注意力的方式引导宝宝合作，实际上就是给予了宝宝一个下台阶的机会，就等于给宝宝留足了面子。因此，宝宝自己也非常喜欢这种摆脱争执的方式。

第十八阶段：两岁4~6个月（28~30个月）
——喜欢复杂玩具的宝宝

概述

随着宝宝能力的发展，妈妈们会发现，这一阶段的宝宝越来越"猖狂"了：

他喜欢在有台阶的地方走来走去；

他动不动就会自己爬到窗台上去；

他非常喜欢骑三轮车，但却常常因为技术不好挨摔；

……

面对调皮的宝宝，妈妈们最常见的做法就是用大分贝的声音告诉宝宝："不要那样做！"其实，妈妈的这种命令对于这一年龄段的宝宝来说几乎就是无效的。这一阶段的宝宝正处于对外部世界的急切探索期，他是绝不会因为妈妈的命令而放弃对自己感兴趣的事物进行探索的。所以，在这种情况下，妈妈最明智的做法就是，在保证宝宝安全的前提下，让宝宝自由去尝试各种各样的活动。

第十八阶段：宝宝的一般行为特点

与前一阶段相比，在这一阶段，宝宝最明显的变化就是，他开始冷落之前那些简单的玩具，逐渐喜欢上玩复杂的玩具，或是开始探索玩具复杂的玩法。例如：

他不再喜欢那些简单的只能发出声音的玩具，而是对那些需要自己动手拼插或能够拆卸的玩具更感兴趣；

他不再喜欢仅仅让小汽车在平地上跑，而是会把小汽车放在草丛

里、土堆里，甚至是让它从楼梯上往下跑；

……

当然，最能吸引他注意力的还要数家长的物品，这一阶段的宝宝特别喜欢家长的物品，例如，他会把爸爸的领带戴在自己脖子上，还会在镜子前不断欣赏自己的变化；他喜欢穿着妈妈的拖鞋在房间里走来走去；他甚至还会用妈妈的化妆品给自己化妆……对于他来说，家长的这些物品是他最好的玩具。

为什么这一阶段的宝宝会如此喜欢家长的物品呢？

这还要从宝宝各种能力的提升以及自我意识的发展说起。随着宝宝认知能力的增强，他越来越深刻地感受到家长能力的强大，他希望自己也能变得像家长那样强大。但宝宝的这一愿望要想在短时间内达成是不可能的，于是他开始借助外物来帮助自己：当把爸爸的领带戴在自己脖子上时，他就会感觉自己变成了大人；当把妈妈的鞋子穿在自己脚下，他也感觉自己变成了大人……家长的这些物品既能满足宝宝的心理需求，又能给宝宝带来乐趣。所以，当宝宝随便动家长的这些物品时，家长千万不要轻易批评宝宝。

除此之外，在这一阶段宝宝最明显的变化就是，男孩与女孩的差异越来越明显地表现出来。

● 男孩与女孩的差异开始越来越多地表现出来

在生活中，细心的妈妈会发现，在这一阶段，男孩和女孩开始表现出明显的区别了。例如：

男孩和女孩喜欢玩的玩具开始出现分化了：男孩开始痴迷于手枪、大炮、汽车、飞机等玩具；而女孩却常常乐此不疲地与自己的洋娃娃"过家家"，或给它们做衣服。

男孩和女孩对自己的衣着要求也开始表现出很大的不同：女孩开始喜欢带漂亮图案的上衣、带花边的裙子等；但男孩对衣着的要求却不高，只是他们不喜欢穿得花里胡哨。

……

当然,最令妈妈们担心的还是男孩和女孩在能力方面表现出来的差异。例如,男孩的妈妈们常常会这样抱怨:"邻居家同龄的小姑娘都能说会道的,为什么我家儿子总是闷闷地不肯说话呢?"

其实,在这一点上,妈妈们不能埋怨男孩,一般来讲,男孩对语言的掌握要比女孩迟得多,而这种差异在宝宝两岁多时表现得最为明显:当周围同龄的女孩都会用句子来表达自己的需要时,男孩往往才只会说出一些简单的字、简单的词。

另外,不管在哪个年龄段,大多数女孩都要比男孩更善于表达。例如,在两岁半左右,不管是在家人面前还是在外人面前,小女孩都特别喜欢"卖弄"自己的才能,例如,在他人面前数数、背儿歌、读书等;但即使男孩所掌握的才能要比女孩多得多,他们宁可自己一个人玩,也不喜欢在他人面前"卖弄"。

因此,在这一阶段,大多数女孩给成人留下的印象是:活泼、喜欢与家长或他人交流。而大多数男孩给成人留下的印象则是:不爱说话,喜欢自己玩自己的。

也许大多数家长都会替男孩担心:"总是不爱说话,这会不会影响他各种能力的发展呀?"

其实,家长们的这种担心是多余。一时的落后并不代表永远的落后,在通常情况下,男孩的语言能力在不久的将来很快就会赶上女孩,至于男孩的表达能力,这主要取决于妈妈的引导。

不管是针对男孩还是女孩,只要家长善于巧妙地引导,他们的表达能力都会有所提高的。一般来讲,大多数爸爸是不善于与宝宝沟通的,所以,锻炼男孩表达能力的重任就落在了妈妈肩上。

一位有经验的妈妈这样分享:

儿子不善于表达,但我善于问。每当他放下手中的小汽车休息时,我就会走过去问他:"儿子,怎么样,你发现小汽车新的玩法了吗?"这时,也许儿子会有些失望地回答我:"没有。"也许儿子还会兴致勃勃地说个不停:"妈妈,小汽车也会在草丛里行走,特别有趣,它还能翻倒呢……"

当然，在更多的时候，我会利用讲故事的机会引导他说话。每当讲完一个故事后，我都会引导他说出自己的感想。例如，听完《狼与小羊》的故事后，我会问他："你喜欢大灰狼，还是喜欢小羊？"每当这时，儿子经常会滔滔不绝地说个没完。

引导男孩开口说话，妈妈首先要找到男孩感兴趣的话题。对于接近两岁半的男孩来说，与他谈论玩永远也不会让他感觉无趣，而在对某一话题充满兴趣的情况下，男孩的表达欲望很容易就会被激发出来。

读到这里，也许有妈妈会这样说："我也经常与孩子谈论他正在玩的玩具或游戏，但为什么他总是表现不出与我交流的欲望呢？"

其实，在与男孩沟通之前，妈妈不仅要找到他感兴趣的话题，还要了解他的心理。如果家长仅仅是很平淡地问他："这个玩具好玩吗？"那男孩往往只会用"好玩"或"不好玩"这几个字来回应妈妈，这根本就激发不起他讲话的欲望。这一阶段的男孩有一个普遍的心理，那就是喜欢挑战：他越来越喜欢玩复杂的玩具和游戏，越来越喜欢探索玩具的新玩法……在这种情况下，如果家长总是充满热情地问他："找到这个玩具新的玩法了吗？""这个游戏怎样玩才更有意思呢？"……这能在很大程度上引导宝宝把话匣子打开。

除了探讨玩具的新玩法，妈妈还可以利用讲故事的机会引导孩子开口说话，例如，引导他说出听完故事后的感受、引导他续编故事等。这在锻炼孩子语言表达能力的同时，还能使他的想象力、创造力都得到提高呢。

第十八阶段：宝宝的能力发展 + 潜能开发方案

很多妈妈常常这样说："这个阶段的宝宝简直就像个泥鳅，抓都抓不住。"

是的，随着年龄的增长，这一阶段宝宝的能力在明显增长：

他不但能够走得很稳，而且还能自己奔跑了，遇到障碍物他还能

及时停止脚步,或减慢速度绕过障碍物继续向前跑,因此,上了年纪的人已经追不上这一阶段的宝宝了;

趁妈妈不注意,宝宝还会迅速地爬到茶几、桌子、沙发背上,不仅如此,宝宝还经常从这些物品上面往下跳呢;

宝宝的小手也越来越灵活了,不仅积木搭得越来越好了,他还经常尝试着用纸折叠东西,如果妈妈能够耐心地教宝宝,宝宝真的能学会折叠一些简单的图形;

……

除此之外,在这一阶段,妈妈还应该着重对宝宝的以下几种能力进行开发:

● 智力的发展→"三不一勤"巧妙提升宝宝的智力

在这一阶段里,宝宝智力的差异开始呈现出来了,例如,大多数宝宝都已经会识字、数数、背儿歌了,这些都是宝宝智力发展的标志,但仍然有一部分宝宝不具备这些能力。就拿数数来说,大多数宝宝都能从1连续数到十了,但有些宝宝却还完全不会数数。

为什么宝宝们的能力会出现如此大的差异呢?

其实,宝宝是否会数数与家长的教授有关,如果家长从来没有教过宝宝数数,也没有向宝宝讲述过数的概念,那宝宝可能到了3岁左右仍然还不会数数;但如果家长在日常生活中经常有意识地向宝宝灌输数的概念,那宝宝也许很早就会对数有很好的把握了。

每个宝宝天生都有识数的潜能,但如果家长不主动对宝宝的这种潜能进行开发,那宝宝的这种潜能很有可能就会被埋没。美国的科学家们发现了一个被囚禁多年的孩子,科学家经过研究发现,这个可怜的孩子从出生后21个月就被囚禁起来了,10多年过去了,现在这个孩子的智力仅仅相当于20个月大的婴儿。由此,科学家们得出了这样一个结论:宝宝的智力不能仅仅靠与生俱来的天性去发展,还要靠家长适时地去开发。

是的，每个新生儿生下来都会吮吸，但如果妈妈一直不让他吮吸乳头，那几个月后，宝宝很有可能就会丧失吮吸乳头的能力。

所以，作为妈妈，要提高宝宝的智力，我们不能整日逼着宝宝学这学那，也不能置宝宝的学习能力于不顾，只有适时地对宝宝的能力进行开发，宝宝的智力潜能才能被健康地开发出来。

一位专门研究婴幼儿行为的专家给妈妈们提出了这样的建议：

开发宝宝的智力潜能，妈妈们无须刻意，只要在日常生活的细节中对宝宝的潜能进行开发就可以了。例如，吃水果时，妈妈故意指着水果盆里的苹果数："一个苹果、两个苹果……"吃饭时，妈妈一边给大家盛饭，一边数："一碗饭、两碗饭……"这样，在不知不觉中，宝宝很快就会对数形成概念。

另外，教宝宝识字，家长也不用刻意，平时看到什么字，家长就大声地读出来，这样，宝宝不仅会在不知不觉中认识很多字，而且还会对识字产生很大的兴趣。

是的，妈妈不刻意地教宝宝学这学那，宝宝就能在轻松和没有压力的状态下学到很多知识。在这种情况下，宝宝的智力潜能很容易就会被激发出来。

其实，对于正在成长中的宝宝来说，他的智力不仅仅表现为认识多少字、会背多少首儿歌、会数多少数等，还表现为他是否有丰富的想象力、创造力，以及解决问题的能力等，这些才是决定他智力水平的主要因素。因此，在这一阶段，妈妈们开发宝宝智力潜能的主要任务就是对宝宝的这些能力进行开发。

具体来讲，妈妈们可以参考以下几种方法：

1.想象力、创造力开发→鼓励宝宝漫无边际地去联想。

当宝宝进入两岁之后，细心的妈妈就会发现，宝宝的想象力已经很丰富了：看到一块椭圆形的石头，他会说："这是'鸡蛋'。"看到地上有一根形状怪异的树枝，他会告诉妈妈："这是数字'7'。"……

是的，这就是宝宝出色的想象力。在这种情况下，宝宝需要的是家长的认同和鼓励。如果妈妈对宝宝这种充满创意的想象无动于衷，那宝宝的想象热情将会受到很大的打击。但如果妈妈热情地鼓励宝宝："宝宝，你的想象能力太棒了，这根树枝就像一个数字'7'！"那宝宝的想象力之窗也许就会因为妈妈的这句鼓励而永远开启着。

想象力是创造力的源泉，有了丰富的想象力，宝宝将来才能创造出前无古人的新鲜事物。所以，不管宝宝的想象有多么不现实、多么荒谬，妈妈们不但不能嘲笑，还应该鼓励、引导宝宝漫无边际地持续去联想。妈妈的鼓励以及宝宝不停的联想，不仅能使宝宝的想象力、创造潜能最大程度地发挥出来，而且还能使宝宝越来越聪明。

2.解决问题的能力开发→鼓励宝宝的破坏行为。

其实，宝宝很早就具有了解决问题的能力，虽然凭宝宝的个头还够不到桌子上的玩具，但在这种情况下，他常常会采用两种方法：一是找个小板凳来，踩在小板凳上，就可以轻易拿到桌子上的玩具了；二是借助桌布的力量，当宝宝把桌布往下拉时，玩具也跟着掉下来了。能够想到这两种办法，这说明宝宝越来越聪明了。

然而，大多数的妈妈并不关注宝宝解决问题的能力，而是常常把宝宝的这种行为定义为破坏行为。例如，当宝宝借助把桌布往下拉的力量拿到玩具时，妈妈常常会冲宝宝大吼："我刚把桌子收拾好，你又在搞破坏！"其实，妈妈的这种教育会对宝宝产生很大的消极影响，它不仅会使宝宝解决问题的能力萎缩，而且还会使宝宝变成一个胆小怕事、动手能力极差的孩子。

所以，妈妈要想提高宝宝解决问题的能力，就要在保证宝宝安全的前提下，鼓励他的探索行为。例如，当宝宝爬到沙发背上去够挂在墙上的钟表时，妈妈先不要批评宝宝把沙发踩脏了，或是把钟表拿下来了，而是应该先这样鼓励宝宝："你能自己想办法把钟表够下来了，真了不起！"然后再告诉宝宝，在做这件事情的时候要注意安全。这样，在妈妈的鼓励下，宝宝自己动手解决问题的潜能才能被极大程度地激发出来。

由以上几点我们可以做一个这样的总结：只要妈妈们做到"三不一勤"，这一阶段宝宝的智力潜能就能被极大程度地开发出来。所谓"三不"是指：不刻意、不强迫宝宝学习某种知识；不打击宝宝的想象力、创造力，以及自己解决问题的能力。

"一勤"是指：勤鼓励，鼓励宝宝漫无天际的联想，鼓励宝宝自己解决问题的能力。

● 取悦他人能力的发展→让宝宝明白为什么要表现好

一位妈妈曾讲述了这样一件事情：

我家宝宝现在两岁半，上幼儿园已经两个月了。一次晚饭时，我有一搭无一搭地问她："宝宝，今天在幼儿园表现好吗？"

宝宝想都不想就回答我："当然好，表现好是为了让妈妈高兴！"

当时我一愣，宝宝这种表现好的动机是否有利于她的成长呢？

随着宝宝各种能力的提升，这些即将接近两岁半的宝宝开始出现高级的心理需求——与他人交往的心理需求。但这一阶段的宝宝仍然不会主动找别的小朋友玩，所以他的交往范围仍然还是仅限于妈妈或者家人。

由上面案例中妈妈的讲述我们可以看出，宝宝开始懂得通过好好表现来取悦妈妈了。实际上，如果妈妈足够细心的话便会发现，这一年龄段的宝宝几乎都具备了取悦家长的能力。例如，当妈妈心情不好时，他不说话也不哭，而是安静地自己玩玩具；当妈妈感觉不舒服时，他甚至还会主动帮家长做家务呢。

对于这些年龄尚小的宝宝来说，主动取悦他人可不一定是好事，因为在取悦他人，包括在取悦家长的过程中，宝宝的内心有可能是忐忑的，有可能是痛苦的，甚至还有可能是恐惧的……这种不安的心情会极大程度地阻碍宝宝的心理健康成长。

读到这里，也许有妈妈会非常迷惑地说："我们从来没有对宝宝说过'你表现好，大人就高兴'之类的话呀，他的这种取悦他人的能力是从何而来的呢？"

是的，也许妈妈们从来没有告诉过宝宝"你表现好，大人就高兴"之类的话，但相信家长们对下面这些话并不陌生：

"如果你听话，我就给你买一串糖葫芦！"

"如果你不听话，我就不带你去动物园玩了！"

……

即将接近两岁半的宝宝，已经具有了很强的认知能力以及判断力，正是根据家长的这些语言，孩子会通过自己的判断得出这样的结论：我表现好，大人就高兴，我就可以得到好吃的、好玩的；我表现不好，大人就不高兴，所有的好吃的、好玩的都会消失。所以，在这种结论的影响下，宝宝才会表现出主动取悦家长的行为。

在这种情况下，大人的情况以及对宝宝的奖惩，成了宝宝行动的方向标，这对于宝宝来说实在是太不公平了。通过取悦他人来得到好处，如果宝宝养成了这样的思维习惯或行为习惯，这不仅会影响他的心理健康成长，而且对他将来与他人交往能力的发展也是非常不利的。所以，妈妈在教育宝宝时，以及引导宝宝与自己合作时，一定要注意自己的言行，不要让宝宝把家长的情绪当做自己行动的风向标。

具体来讲，妈妈们可以从以下两点下工夫：

1.不要总是用奖惩来约束宝宝的行为。

对于即将两岁半的宝宝来说，即使不用奖惩的方式，他也会与妈妈合作的，因为他已经能够明白一些简单的道理了。所以，妈妈尽量不要用奖惩的方式引导宝宝合作。

当然，如果妈妈一定要用这种方式，也要考虑一下语言的技巧。例如，在吃饭之前，宝宝就是不肯去洗手，在这种情况下，妈妈们经常会这样说："如果你不去洗手，就不允许你吃这些香甜可口的甜面包。"妈妈类似的这种语言，奖惩、交换意味很浓，它会引导宝宝产生这样一系列的思维活动：自己好好表现→妈妈高兴→自己就会有甜面包吃。在这种思维的影响下，宝宝很容易就会产生取悦家长的想法。

但如果妈妈这样对宝宝说："洗完手之后，每个人都能吃到香甜可口的甜面包喽！"虽然妈妈的这句话与前面那句话所表达的意思相同，但这句话并没有明显的交换意味，宝宝也更乐意接受。所以，妈妈们只需掌握这一点简单的技巧，就既不会激起宝宝取悦他人的想法，又能使宝宝更加愉快地与自己合作。

2.注重宝宝行为的动机，而并非结果。

很多妈妈喜欢通过事情的结果来评价宝宝的行为，例如，看到宝宝把茶壶打翻了，妈妈们最先想到的就是批评宝宝，但却忽视了宝宝之所以去拿那个茶壶，实际上是想给妈妈倒杯茶。本来宝宝是好意，但最终却遭到了妈妈的批评，在这种情况下，宝宝做好事的积极性就会大打折扣。

那么，妈妈应该如何做，才能使宝宝延续类似的好行为呢？

其实答案很简单，只要宝宝有一个良好的动机，不管结果如何，妈妈都应该鼓励宝宝。例如，看到宝宝把茶壶打碎，妈妈可以亲切地对宝宝说："宝宝给妈妈倒茶，懂得心疼妈妈了，妈妈很高兴。但宝宝下次再倒茶的时候一定要小心呀，不要被茶水烫到了！"妈妈这样的话，既鼓舞了宝宝继续做好事的信心，又告诉了宝宝在做事过程中的一些注意事项，这是宝宝最乐意接受的。当然，更重要的是，它绝不会激发起宝宝取悦家长的想法。

特殊阶段：用正确的方式向宝宝表达爱

每位妈妈都深爱着自己的宝宝，这是不容否认的事实。但在很多时候，妈妈们却不知道如何给孩子正确的爱，她们的行为是从爱宝宝的角度出发，但却常常给宝宝造成了很多痛苦。例如：

宝宝不想吃菠菜，但妈妈却强迫宝宝吃，并且还会义正词严地对宝宝说："这都是为了你的身体发育！"

不让宝宝动这儿，不让宝宝碰那，说是怕宝宝发生危险。

看到宝宝把大便拉到裤子里了，妈妈带着极强的厌烦情绪处理，事后还颇有些得意地对别人说："不给他点颜色看看,他永远也不会长记性！"

……

我们可以理解,妈妈们所做的这一切出发点都是为了孩子,但实际的后果却常常令所有人都失望,在这种教育方式下,宝宝不是越来越叛逆,就是越来越无能。例如,宝宝变得越来越挑食、越来越喜欢把大便拉到裤子里……其实,这完全不能怪宝宝,是妈妈们教育方式的问题,这些妈妈们是走入了爱的误区。

在这里,我们想问妈妈们这样一个问题："在你用这些方式教育宝宝时,你知道宝宝心里是怎么想的吗？"

也许大多数的妈妈根本就没有思考过这个问题。其实,虽然妈妈们所做的一切都是从爱宝宝的角度出发,但在很多时候,宝宝不但感觉不到妈妈丝毫的爱,还常常会产生这样的感觉:妈妈不喜欢我、讨厌我。例如,当妈妈用十分厌恶的表情帮助宝宝处理拉在裤子里的大便时,妈妈的这种表情不仅会给宝宝留下深刻的印象,而且还会使宝宝的自尊心受到很大的伤害。

所以,要想使宝宝感觉到爱,妈妈就要用科学的、宝宝能接受的方式去爱他。

那么,妈妈用什么样的方式才能使宝宝感觉到爱呢？

具体来讲,妈妈们可以从以下几点去努力:

● 利用宝宝能够接受的态度和行为让他感觉到爱

这一年龄段,宝宝感受他人情感的方式还是非常有限的,在这一点上,他最大的特点就是感受直来直去、不会拐弯。例如,每当妈妈搂抱他、亲吻他时,他就会感受到妈妈对他的爱;但如果妈妈训斥他、不让他去做那些妈妈认为对他没有好处的事情,他就会觉得妈妈不爱他。是的,这个年龄段的宝宝还不能体会到妈妈的内心是多么疼爱他,他通常只能从妈妈的态度中感受到妈妈的疼爱。因此,要想让宝宝在自己的爱中健康成长,妈妈们必须懂得,自己的哪种态度和行为才能让宝宝感受到爱。

一般来讲，当妈妈表现出以下几种行为时，宝宝就能轻易地感受到妈妈的爱：

和颜悦色、轻声细语地与宝宝讲话；

把宝宝舒舒服服地抱在怀里；

很投入地陪宝宝一起玩耍；

既能让宝宝一眼看到，又不打扰宝宝自由玩耍；

对着宝宝开心地笑；

对于这一年龄段的宝宝来说，家长（尤其是妈妈）就是他的全部世界，没有什么比感受不到妈妈的爱更糟糕的事情了。因此，妈妈们一定要多用上述的几种态度和行为来对待宝宝，让宝宝感受到你足够的爱。

◉ **爱宝宝，就不要试图做宝宝的替身**

在很多时候，家长的思想和行为常常是矛盾的：一方面，妈妈们都希望自己的宝宝能够能力超凡、绝顶聪明，因此她们总想尽自己的最大努力来开发宝宝的潜能；但另一方面，妈妈的行为却又在不自觉地禁锢宝宝各种能力的正常发展。例如，她们不允许宝宝碰这，也不允许宝宝动那，禁止宝宝自由去探索；本来是应该宝宝自己去做的事情，但现在却统统由她们来代劳……

在这种状态下，宝宝的各种能力能够得到健全的发展吗？

答案是否定的。我们用这样一个例子来说明：宝宝生病了，很多妈妈常常会这样说："看他那痛苦的样子，我真希望自己能替他受罪。"幸亏妈妈们的这种想法是不能实现的，如果妈妈真的把宝宝的疾病转移到自己身上，虽然妈妈暂时帮助宝宝减轻了疾病的痛苦，但这却不但不利于宝宝的身体健康，而且还会使宝宝的身体快速垮掉。因为任何人的健康都是从与疾病做斗争的过程中发展而来的，如果疾病被人转移走了，这就等于健康也被人拿走了，在这种情况下，宝宝的身体能不垮吗？

其他方面也是如此。妈妈每天帮助宝宝穿衣服、洗脸、洗手、喂饭……不管是不是应该宝宝自己做的事情，妈妈都帮助宝宝做好了，因为缺少了尝试和锻炼的机会，宝宝始终有一天会变成废人。所以，妈妈要是真正爱宝宝，就不要试图做宝宝的替身。

一位聪明的妈妈曾这样讲述：

不管是带宝宝下楼去玩，还是带他去旅游，我都会提醒他背着自己的小书包。很多邻居的妈妈问我："宝宝的书包里都装了些什么呀？"这时候，往往轮不到我说话，宝宝就会自豪地说："有小水壶、玩具，还有小零食。"

是的，出门时要玩什么玩具、吃什么零食，这些都由宝宝自己决定，并自己装好，我顶多是给他提提建议。出门时他就把自己的小包包背在身上。我就是用这种方式来锻炼他的独立性和自理意识的。

上述案例中妈妈的做法是非常值得借鉴的。在大多数的家庭里，宝宝外出时要带的水和小零食，妈妈一般都会替他带好，长久如此，宝宝不但会认为这件事与自己无关，而且还会认定这件事本来就是由妈妈来做的。但如果妈妈从一开始就培养宝宝自己来考虑这些事情，外出时要带什么玩具、带什么水……并引导宝宝自己动手来完成这些事情，长久如此，出门带上自己的包包就会转化为宝宝的一种非常好的习惯。

外出时带上自己的包包，这只是生活中一个微不足道的细节，但这种细节却向宝宝传达了很强的独立意识。所以，妈妈们不妨也利用类似的生活细节来减轻宝宝对自己的依赖性吧！

是的，妈妈不仅不能做宝宝的替身，还要想办法锻炼宝宝的独立性。当然，在这个过程中，妈妈一定要坚持这样一个原则：宝宝自己能做的事情，尽量让他自己做。例如，宝宝早已经学会自己吃饭了，妈妈就尽量别再给宝宝喂饭；宝宝已经学会自己洗手、洗脸了，妈妈就帮宝宝把袖子挽好，让宝宝自己去做这些事情……

 第十九阶段:两岁7～9个月(31～33个月)
——无所不能的宝宝

概述

由于已经具备了一定的思维和解决问题的能力,这一阶段的宝宝几乎变得无所不能了:

他可以借助沙发爬到家具上面去;

他能够把家里所有的抽屉、盒子都打开;

如果冰箱够大,他甚至还想把自己藏到冰箱里;

……

随着宝宝能力的提升,大多数妈妈都已经懂得,与养育相比,对这一阶段宝宝的教育变得越来越重要起来。所以大多数妈妈几乎都可以坦然地面对宝宝的破坏行为和捣乱行为了。

除此之外,在这一阶段,妈妈们还应该明白这样一个道理:你的一贯做法,可以在很大程度上帮助宝宝建立"规则"。例如,当宝宝因为想要商场里那个漂亮的玩具而哭闹时,你是会坚持己见,还是会向宝宝妥协,这决定了宝宝下次再遇到类似情况时的反应方式。如果妈妈坚持己见,告诉宝宝,他已经有很多玩具了,所以不能再买了,那宝宝将来就能在一定程度上控制自己的欲望;但如果妈妈总是向宝宝妥协,那宝宝将来的无理要求只能越来越多。所以,为了帮助宝宝树立正确的规则意识,妈妈一定要学会巧妙地坚持原则。

第十九阶段:宝宝的一般行为特点

在这一阶段里,宝宝的本事越来越大了,他不仅能够自己洗脸、洗手、穿外衣,还能自己端着杯子喝水、自己拿着勺子吃饭呢。

当然,看到同龄宝宝的这些变化,很多妈妈一定会苦恼地说:"我家宝宝现在什么都不会,为什么他总是这样无能呢?"

其实,如果这一阶段的宝宝还什么都不会做,那不是宝宝无能,而是妈妈没有放开手让宝宝去做,或者放手的时间比较晚。是的,宝宝动手做事情的能力,取决于妈妈对他放手的时间及程度。

另外,妈妈们在放手让宝宝自己去做事情的过程中,还要注意这样一个问题:宝宝刚刚自己动手做事情,他出现错误的几率会很高,妈妈不能以成人的眼光来评价宝宝的行为。面对宝宝笨手笨脚的行为,妈妈要给予他足够的宽容和鼓励,这样,宝宝的本事才能越来越大,能力才能越来越强。

除此之外,在这一阶段,宝宝行为最明显的变化就是,他越来越关注他人对自己的评价了。

● 宝宝越来越关注他人对自己的评价了

相信妈妈们都应该还记得这样的场景:当宝宝还在幼儿期时,每当自己绷着脸对宝宝说"你真是太烦人了",宝宝的小嘴就会一撇,然后委屈地哭起来。是的,从那时起,宝宝就开始注重妈妈对自己的评价了。

随着宝宝以及周围同龄宝宝年龄的增长,细心的妈妈会发现,不管做什么事情,有些宝宝很自信,而有些宝宝却总是畏首畏尾,怀疑自己的能力。为什么同龄宝宝们之间在自信心方面会存在如此大的差异呢?

其实,这还要从妈妈对宝宝的评价说起。不管宝宝的表现如何,很多妈妈都习惯于向别人抱怨自己的宝宝:

"我家儿子太气人了,总是跟我对着干!"

"我家女儿胆子太小了,她都不敢自己在小床上睡!"

"我家宝宝有很多缺点,又懒又不听话!"

……

也许妈妈们仅仅是在与别人闲聊或向别人请教教育经验，但如果这些话被宝宝听到，就会转变成这样的信息：我无能，妈妈讨厌我。

是的，随着宝宝年龄的增长，他越来越关注他人，尤其是妈妈对他的评价。在这些情况下，妈妈对宝宝的评价不仅会直接影响宝宝的行为，还会影响宝宝对自己的评价：

如果妈妈总是批评宝宝，尤其是总是在他人面前讲宝宝的缺点，那宝宝对自己的评价往往就是消极的；

如果妈妈总是用赞许的话语来鼓励宝宝，那宝宝就能积极地评价自己。

妈妈们可不要小看宝宝的自我评价，它对宝宝的未来人生有十分重大的意义：只有积极地评价自己，宝宝才能积极地面对自己；只有积极地评价自己，宝宝才能更加自信地去提高自己的能力；只有积极地评价自己，宝宝才能积极主动地面对生活……

一位婴幼儿心理学家曾讲述过这样一件事情：

每当妈妈们打电话向我咨询有关宝宝的问题时，我都会先问妈妈们这样一个问题："宝宝在你身边听你讲电话吗？"如果妈妈说"没有"，那我会帮妈妈详细地分析宝宝的情况；但如果妈妈说"宝宝就在身边"，那我就会这样对妈妈们说："等宝宝不在旁边，或宝宝睡着时再给我打电话吧！"

是的，我不想让宝宝听到妈妈对自己的不满或担忧，这常常会使宝宝产生这样的想法：我是不正常的，我是有问题的。一旦宝宝产生这样的想法，这不但会促使宝宝身上的"问题"越来越严重，而且还会极大地影响他的自我评价。

由这位心理学家的讲述我们可以看出，妈妈可以帮助宝宝改正缺点，但绝不可把宝宝的缺点当成一种资讯，拿到桌面上来谈，或到处去传播。否则，这不仅会伤害宝宝的自尊心，还会影响宝宝的自我评价，使宝宝对自己失去信心。

第十九阶段：宝宝能力的发展 + 潜能开发方案

说到这一阶段宝宝能力的发展，也许妈妈们兴奋地说上半天也说不完。是的，在这一阶段，宝宝的各项能力发展都非常迅速，他们越来越像个大孩子了。例如：

宝宝能够识别周围人的性别、年龄了，看到与妈妈年龄差不多的人会叫"阿姨"；看到与爸爸差不多的人会叫"叔叔"……这说明宝宝的认知能力和判断能力在大幅提高。

在行走时遇到障碍物，宝宝不再绕过去，而是开始勇敢地迈过去或跳过去，这说明宝宝的冒险意识开始呈现出来了。

宝宝开始真正理解上下、前后、里外等抽象的方位概念了。

宝宝开始为自己完成了某个比较困难的任务而感到自豪了，当妈妈因为宝宝完成了任务而夸奖他时，宝宝也会自己为自己鼓掌。

……

当然，在这一阶段，最值得一提的还是宝宝语言能力的发展。

● 语言能力的发展

一位妈妈讲述了这样一件事情：

一天，我正在厨房做饭，突然听到宝宝大声叫我，我急忙赶过去问他："怎么了，宝贝？"他什么话也不说，只是笑眯眯地看着我。看到他没事，我赶紧回厨房去做饭。但我刚走到厨房，宝宝又大声叫我，当我急匆匆地赶到他面前时，他仍然只是笑眯眯地看着我……如此反复了三四次之后，我终于明白了，宝宝是在逗我玩呢！

是的，这一阶段的很多宝宝都喜欢与妈妈玩这种语言游戏：他们没有任何目的，只是单纯地喊妈妈一声，当妈妈答应后，他们再喊……他们喊，妈妈应；妈妈应，他们再喊，这就是他们的游戏规则。遇到这种情况，很多妈妈都会皱着眉头这样说："这孩子的行为太怪异了！"

其实，如果妈妈能够站在宝宝的角度来看待这一问题，不但不会觉得宝宝的行为怪异，还能深刻地理解宝宝的行为。在此之前，宝宝对语言并没有深刻的理解，他仅仅是无意识地模仿着他人。但突然有一天，他发现，一个词语与一个物品都能配上对，这会令他惊喜不已。于是，之后他就开始有意识地多次重复这种配对行为。就像上述案例中宝宝的做法，宝宝之所以多次重复地喊妈妈，并不是在耍妈妈玩，而是正在从自己与妈妈的一喊一应中，体验着语言所带来的乐趣。实际上，宝宝之所以会频繁地玩这些语言游戏，是因为他正处于学习或运用语言的兴趣期。

一般来讲，0~3岁这一期间，宝宝要经历四个阶段的对语言的兴趣期：

第一个阶段，在7～8个月大时，宝宝正处于牙牙学语期，在这一时期，他最喜欢咿咿呀呀地自言自语，或是咿呀着与家长交流。

第二个阶段，在1岁左右，宝宝正处于语言起步期，在这一阶段，虽然宝宝的很多语言他人都听不懂，但只有宝宝自己知道，他正在努力地模仿他人说话。

第三个阶段，在两岁左右，宝宝正处于语言暴发期，在这一阶段，宝宝掌握的语言越来越多，他也越来越喜欢用语言这种方式与家长交流。

第四个阶段，在2岁之后，宝宝进入了语言兴趣期，也就是说，在这一时期，宝宝会越来越多地发现使用语言的乐趣，他开始兴趣盎然地操练语言了。

在上述案例中，宝宝没有任何目的地重复喊妈妈，这就是他操练语言的一种方式。

除此之外，在这一阶段，宝宝操练语言最明显也是最有意思的一种形式就是使用新词，即，不管是否恰当，宝宝都喜欢把新学的词用出来。

优优在听妈妈讲小红帽与大灰狼的故事时，学会了一个新词——抢劫。这个词刚刚学会了不大一会儿，优优就已经运用了很多次了：

妈妈想把优优的鞋子拿到阳台上去，没想到优优却马上制止妈妈："妈妈，别抢劫我的鞋！"

奶奶想把优优的外套脱下来，优优却跑到爸爸面前告状："爸爸，奶奶抢劫我的外套！"

爸爸想把优优吃不下的米饭吃完,优优却冲爸爸大喊道:"别抢劫我的饭！"

是的,每当宝宝掌握一个新词,不管运用的时机是否恰当,宝宝都会让新词尽快发挥功效,及时地把它们运用出来。这就是这一阶段宝宝运用语言的一个最大特点。

遇到这种情况,也许很多家长都会去纠正宝宝使用语言的错误。例如,在上述的案例中,听到宝宝这样使用"抢劫"这个词,妈妈肯定马上就会纠正宝宝:"错了,'抢劫'这个词不能这样用,它的意思是说……"

其实,对于这一年龄段的宝宝来说,不管是新词还是旧词,把词用错是很正常的事情,家长没有必要马上就纠正宝宝的用词错误。如果家长总是急于纠正宝宝的错误,这不仅不利于宝宝错误的改正,还会挫伤宝宝学习及运用语言的积极性。所以,面对宝宝在运用语言方面的错误,妈妈只需一笑了之,然后再找到合适的机会,在宝宝面前多运用几次正确的表达方式就可以了。

特殊阶段:宝宝成长所需要的心理营养

宝宝的身体成长需要足够的营养,同样,宝宝的心理健康成长也需要营养。那么,对于即将3岁的宝宝来说,他需要的心理营养有哪些呢?

婴幼儿心理学研究表示,婴儿和幼儿所需要的心理"营养"是不同的,只要能得到足够的安全感和被尊重的感觉,婴儿的心理就能非常健康地发展。但幼儿需要的就不仅仅是这些,除了安全感和被尊重的感觉之外,他还有了更高层次的心理需求,那就是他人的认同。换种说法就是,宝宝需要体验成就感。当然,对于交际面还非常狭窄的幼儿来说,他最需要的是家长的认同,尤其是妈妈的认同。在妈妈的认同中,宝宝能产生极大的成就感。

那么,妈妈应该如何做,才能给予宝宝足够的心理营养呢?

因为有关尊重宝宝的内容,我们在前面已经详细论述过,所以

接下来，我们将详细从给予宝宝安全感和成就感方面，详细为妈妈们讲述。

● **宝宝安全感的获得→有规律的生活使宝宝产生安全感**

安全感是婴幼儿心理健康成长最重要的营养，但婴儿与幼儿所需要的安全感也是有所不同的。一般来讲，只要妈妈给予婴儿足够的爱与关注，他就会产生极大的安全感。但幼儿需要的不仅仅是妈妈的爱与关注，他还需要妈妈给他营造充满安全感的成长环境。

那么，什么样的环境才算是充满安全感的呢？

心理学家表示，如果让宝宝感觉到生活是有规律可循的，所有的事情都在按规律发展、都在他的掌握之中，那宝宝就会对周围的环境不再陌生，从而产生安全感。

因此，在想使宝宝对周围的环境产生安全感，妈妈最需要做的就是，帮助宝宝养成规律的生活习惯。

虽然烨烨才两岁零 8 个月大，但他却与妈妈有非常好的默契：每天晚上，当妈妈把睡衣拿出来时，烨烨就知道该去洗澡了，上床睡觉的时间快到了；每当妈妈拿着一本故事书朝自己走来时，烨烨就知道，自己又可以在妈妈好听的故事中入眠了；午饭后，当妈妈把窗帘拉上后，烨烨就乖乖地爬到自己的小床上去，因为午睡时间到了……

生活在这样的环境中，宝宝既不会因为不知道接下来将要做什么而烦躁，也不会因为妈妈强迫自己睡觉而耍脾气。对于这一阶段的宝宝来说，生活在这种有章可循、可以预测的生活环境中是最安全的。

妈妈们可不要小看这种规律的生活环境对宝宝的成长所起的作用，如果宝宝能够感觉生活是有章可循的、有规律的，那他身心就会处于最佳状态，这不仅有利于宝宝安全感的产生，而且对宝宝日后发展独立性和创造性也有着非常重要的作用。

读到这里，也许有家长会问："宝宝的大脑发育不是需要不断变化的环境吗？如果总是让宝宝生活在这种有章可循、不断重复的环境中，这会不会不利于宝宝的大脑发育呢？"

这个问题的答案是否定的。是的,宝宝的大脑发育需要不断变化的环境提供新的刺激,这样他的大脑潜能才能最大程度地发挥出来。但不断变化的环境与有规律的生活并不是矛盾的。给宝宝提供不断变化的环境和新的刺激,并不意味着就是让宝宝去经历突发事件或不稳定的情绪波动,不断变化的环境也是需要有章法的。例如,如果妈妈周末要带宝宝去动物园玩,就应该提前告诉宝宝,好让宝宝提前把这件事情纳入规律的生活之中;但如果妈妈没有提前与宝宝商量,就贸然带宝宝去动物园,由于没有做好充分的心理准备,宝宝的内心就很容易失去安全感,这反而不利于宝宝大脑潜能的开发。

所以,有规律的生活并不会阻碍宝宝大脑潜能的开发,相反,只有让宝宝感觉到安全,他的大脑潜能才能最大限度地被开发出来。

● 宝宝成就感的获得→让宝宝因为兴趣去做事,而不是因为物质奖励

如何让这一年龄段的宝宝产生成就感呢?

也许很多妈妈都会这样说:"我努力认同他,给他发很多很多的奖品……"

但真的是对宝宝奖励越多,就越能使宝宝产生成就感吗?

并不是这样的。在很多情况下,往往是妈妈的物质奖励越多,越会减弱宝宝主动做事的积极性,当然,在这一过程中,宝宝也不会有成就感可言了。

有这样两个例子:

案例一:

一位妈妈对宝宝说:"如果你能用纸折出一只小船,我就奖励你一块小蛋糕。"宝宝为了获得更多的蛋糕,就努力去完成折小船的任务。

案例二:

另一位妈妈没有给宝宝什么奖励,她只是一边用纸折叠小船,一边对宝宝说:"太神奇了,一会儿这只小船就能在水上航行了,宝宝,你愿不愿意也折一只小船,让它们俩在水上比赛呀?"听了妈妈的话,这

个孩子也用心地折起小船来。

现在,两个孩子对折叠小船都有很高的积极性,但折叠小船的任务结束之后,哪个孩子会产生成就感呢?

相信妈妈们都能猜到,案例二中的宝宝才能得到成就感。是的,在这两位妈妈的教育方式下,这两个宝宝一定都能很好地完成折叠小船的任务。但案例一中的宝宝折叠小船的目的是为了得到蛋糕,当任务完成后,宝宝会非常高兴,但他不会产生成就感。不仅如此,如果以后妈妈不再以物质奖励鼓励宝宝去做事,那宝宝主动做事的积极性就会大大减弱。

但案例二中的宝宝就大不相同了,他折叠小船的目的是与妈妈比赛,因此任务完成后他会产生极大的成就感。另外,在这一过程中,宝宝是凭借自己的兴趣去做事情的,这会促使宝宝养成非常好的一个习惯——在兴趣的引导下去主动做事。因此,这不仅能够大大提高宝宝主动做事的积极性,还可以使宝宝体会到成就感的机会大大增加。

所以,在这里,我要提醒妈妈们的是,对于这些年龄尚小的宝宝来说,必要的物质奖励是可以的,但不能为了奖励而奖励,即不要为了让宝宝完成一件事情而奖励。

那妈妈们到底应该如何去做呢?

其实,在鼓励宝宝做事方面,妈妈们最应该做的就是,引导宝宝凭借兴趣去做事。因为喜欢,所以去做,这是最自然的一种情况了,这种情况不仅能把宝宝的主动性和创造性最大程度地激发出来,而且还能使宝宝品尝到成功的喜悦。例如:

妈妈不是用各种零食做诱饵去鼓励宝宝用积木搭建小房子,而是用语言去激发宝宝的兴趣:"如果有个小房子了,这个小皮球就有地方住了!"

妈妈不是用好玩的玩具去诱使宝宝洗手,而是这样对宝宝说:"吃饭时间到了,小皮球去洗手了,宝宝愿不愿意跟它做伴呢?"

……

第二十阶段：两岁10～12个月(34～36个月) ——一刻都不想闲着的宝宝

概述

转眼间，宝宝已经变成一个3岁大的大孩子了。妈妈们在对宝宝进行教育的同时，都在思考这样一个问题："是不是该让宝宝接受正规教育，重点学习知识了？"

其实，对于即将3岁的宝宝来说，玩仍然是他最大的兴趣，只有在玩的过程中，宝宝的各种潜能才能自由地发挥出来。但如果妈妈太过关心宝宝的智力发展，坚持让宝宝接受正规教育，开始学习知识，那妈妈将要面对的教育难题不但会越来越多，还会影响宝宝对学习的认知。

妈妈想着要让宝宝努力学习知识，宝宝却想着如何玩耍，亲子之间的想法不一致，必然会产生越来越多的矛盾，所以，妈妈将要面对的教育难题会越来越多。

另外，如果妈妈过早地让宝宝承担学习的重任，宝宝不但不会好好学，而且很容易就会对学习失去兴趣。等到宝宝到了上学的年龄，他很可能会感到筋疲力尽，甚至产生厌学现象。因为家长过早的正规教育，已经让宝宝把学习看做是负担和压力了。

所以，在这一阶段，妈妈的主要任务仍然是引导宝宝玩耍。当然，在玩的过程中，妈妈还可以适当地插入一些学习的环节。

第二十阶段：宝宝的一般行为特点

走过这一阶段，宝宝就进入学龄前期了。

在这一阶段，宝宝几乎是无所不能的：走、跑、跳、站、蹲、坐、摸、爬、滚、爬高、翻越障碍物……正是因为能够自由运用这些能力了，宝宝几乎一刻都不想闲着：

一会儿，他拿起剪刀来剪两下纸，一会儿他又拿起扫把来扫两下地；

虽然不会修理物品，但经常把家里的遥控器、小闹钟等大卸八块；

他已经能够掌握各种玩具的玩法了，拆小飞机、搭积木、捏橡皮泥、玩电动玩具，这些都不在话下了；

……

很多妈妈都会怀疑这一阶段的宝宝是得了多动症，其实，宝宝一刻也不想闲着并不是因为他得了多动症，这说明他已经很好地融入了世界这个大环境，他正在争分夺秒地对环境进行探索呢。

除此之外，这一阶段的宝宝还有一个标志性的行为特点，那就是喜欢自言自语。

● 宝宝经常会自言自语

在这一阶段里，很多妈妈常常会担心地这样说："我们家宝宝常常嘟囔着自言自语，有时，他嘟囔的事情与眼前正在做的事情根本一点都不相关，有时，我根本就听不明白他在嘟囔什么……宝宝总是喜欢这样自言自语，不会是有什么心理问题吧？"

其实，妈妈的这种担心是多余的，在这一阶段，宝宝已经具有了很强的运用语言的能力，他不仅能够熟练地说出简单的句子，而且还开始尝试着说复合句呢。但与成人相比，宝宝的语言表达能力还是非常有限的，如果妈妈比较细心就会发现，在3岁之前，宝宝的语言表达基本上都是采用对话的方式：家长问，宝宝答；宝宝问，家长答。宝宝自己创造性的语言少之又少，所以，宝宝会经常用这种自言自语的方式来练习语言表达能力。

除此之外，在这一阶段，宝宝之所以经常会自言自语，原因还有以下两点：

1.宝宝在享受运用语言的快乐。

是的,由于能够熟练运用语言了,宝宝不仅能够与爸爸妈妈或其他人进行沟通,他还可以跟小动物、小植物、小玩具等进行沟通。在与这些小动物、小植物以及小玩具等沟通的过程中,由宝宝掌握着主动权,这能使宝宝感觉到极大的优越感。例如,在与洋娃娃做游戏的过程中,如果洋娃娃不乖,宝宝就会拒绝给它好吃的;如果洋娃娃表现良好,宝宝就会对洋娃娃又抱又亲……因为这能使宝宝体验到很大的优越感,所以,不管是男孩还是女孩,他们之中的大多数都喜欢与这些不具备语言能力的事物玩这种语言游戏。

当然,在家长看来,宝宝的这些语言游戏就是自言自语,但正是在这种语言游戏中,宝宝才能真切地体验到语言所带给他的乐趣。

2.自言自语是宝宝思考的一种表现。

作为成人我们知道,在思考某件事情的时候,我们经常在心里自言自语,无声的内语言帮助我们作出某种决定。但在这一点上,幼儿与成人是不同的,幼儿的思维能力还非常有限,当他在作某个决定时,不善于用"内语言",但他善于用外语言。所以,宝宝的自言自语就这样产生了。

所以说,在 3 岁之前,宝宝表现出来的自言自语并不是心理疾病的表现,相反,这种自言自语不仅能够锻炼宝宝的语言表达能力,还能使宝宝的思维能力更加成熟呢。所以,妈妈们没有必要太过在意宝宝的这些自言自语行为。

当然,如果妈妈能够引导宝宝表现出更多的自言自语行为,这将更有利于宝宝整体能力的提高。例如:

当宝宝正对着玩具自言自语时, 妈妈不妨做一回弱小的玩具,以玩具的身份与宝宝沟通;

当宝宝正在自言自语地思考时,妈妈不要急于打断宝宝,当宝宝思考完毕后,妈妈再把正确的思维通过语言向宝宝呈现;

……

第二十阶段：宝宝的能力发展 + 潜能开发方案

在即将 3 岁这一阶段，宝宝的大脑基本完成了硬件格式化的过程，妈妈们应该集中精力开发宝宝大脑的软件了。

在这一时期，妈妈不要再帮宝宝把一切事情都做好，而是应该着重锻炼宝宝的自理能力及自己解决问题的能力了；

妈妈不要总是无私地向宝宝奉献自己全部的爱了，在你给予宝宝爱的同时，也要学会向宝宝索取爱，这样，宝宝才会具备爱他人的能力；

妈妈不要总是关注宝宝是否长胖了、是否长高了，而应该着重对宝宝的习惯和性格进行培养了；

……

除此之外，在这一阶段，妈妈们可以针对以下两点，对宝宝的软件进行重点开发。

◉ 对自己性别认知能力的发展

在前一阶段，宝宝开始能够识别周围人的性别和年龄了：看到与妈妈年龄差不多的女性，宝宝会喊她"阿姨"；看到与爸爸年龄差不多的男性，会喊他"叔叔"……在这一阶段，宝宝不仅能够识别出周围人的年龄、性别，而且还能够识别自己是男孩还是女孩了。

在以前，宝宝对性别的认知仅仅局限于一些表面的认识：女人穿裙子、男人穿裤子；女人留长头发、男人留短头发……但从这一阶段起，宝宝开始对性别进行更深入的探索了：自己与异性的身体是有差异的，男性与女性在社会中所扮演的角色也是有差异的。

例如，一位细心的妈妈曾这样讲述：

一次，我家 3 岁的女儿看到邻居家的小男孩站着小便，她非要过去看个清楚。看完之后，她还非常迷茫地问我："妈妈，他怎么和我不一样呢？"

不仅如此，她还常常问我这样的问题："妈妈，在医院里给小朋友打针的为什么都是阿姨呢？""妈妈，为什么开公交车的都是叔叔，没有阿姨呢？"……在这些时候，我想给她讲"社会角色"这个问题，但又怕她理解不了。

其实，从这一阶段起，妈妈们可以用科学的态度向宝宝讲解有关性别差异的问题了。是的，家长坦然、科学的态度是对宝宝进行正确性别教育的基础。

例如上述案例中的情况，当宝宝发现自己的生殖器与小男孩的生殖器不同时，妈妈就可以很坦然地告诉她："就是不一样的，这就是男孩与女孩的差别。"这样宝宝就不会感到奇怪，他会认识到，男孩和女孩的生殖器不同，就如同男孩穿裤子、女孩穿裙子一样简单。但如果面对宝宝的这一问题，妈妈总是表现得吞吞吐吐，或总是有意回避宝宝的这个问题，虽然宝宝的注意力暂时能被妈妈转移，但宝宝对男女生殖器差异的探索远远还未停止，在这种情况下，宝宝还会越来越多地提出有关生殖器差异方面的问题。

当然，面对宝宝有关社会角色的问题，妈妈一定要用他可以理解的语言给他解释。例如，妈妈可以这样回答宝宝在上述案例中的问题：

"阿姨们都非常温柔和细心，她们给小朋友打针时不痛，所以，医院就让这些可爱的阿姨们主要负责给别人打针。""叔叔们力气大、开车技术好，所以公交车都由他们来开。"……

在这些情况下，宝宝可能还会问妈妈这样的问题："妈妈，你说是做男孩好还是做女孩好？"

其实，宝宝问妈妈这个问题，主要不是为了与妈妈探讨性别的差异，而是想知道妈妈对自己性别的评价。在这种情况下，妈妈的回答就应该讲究技巧了。一般来讲，女孩的心理需求与男孩的心理需求是不同的：

如果你家是女儿，你可以这样回答她："在妈妈怀孕之前，爸爸妈妈都非常想要一个女儿，没想到妈妈后来真生了你这个宝贝女儿，我和爸爸都非常爱你，因为有你，我们真的特别幸福。"

如果你家是儿子，你可以这样回答他："爸爸妈妈非常喜欢小男孩,因为你的到来,爸爸妈妈都非常高兴,无论你想做什么,我们都非常支持你,我们因你而感到骄傲。"

得到家长这样的认同之后, 宝宝就不会对自己的性别过分在意了,当然,这也能大大增加他成长的自信心。

然而,在生活中,很多妈妈却常常以性别为理由这样教育宝宝:

"整天和那些男孩子跑跑闹闹的像什么样子, 你简直就像个假小子! "

"遇到这点小事就哭鼻子,这可不是男子汉的作风呀,别哭了,擦干眼泪,做个男子汉! "

其实,妈妈们的这种教育方式是极不科学的,这不仅会影响宝宝对自己性别的认识,而且还会使宝宝对自己的性别产生反感情绪。虽然是女孩,但她们却喜欢像男孩那样跑跑闹闹,这是她们的性格使然,如果妈妈因此而嘲笑她们像个假小子,这会在很大程度上激起宝宝对自己性别的反感。男孩也是如此,爱哭并不意味着懦弱,爱哭也不代表不是男子汉,所以,家长不能以此为理由来打击宝宝的自尊心,影响宝宝对自己性别的认同。

● 性格、人品的发展

如果妈妈们足够细心的话,就会发现这一阶段的宝宝已经表现出明显的性格了。例如:

有的宝宝很爱发脾气,而有的宝宝却喜欢用与家长沟通的方式来解决问题;

有的宝宝总是牢骚满腹,总有抱怨不完的事情,而有的宝宝却总是快乐,而且还能给周围人带来快乐;

有的宝宝总是霸道、不讲道理、凡事没有商量的余地,而有的宝宝总能礼貌地对待一切事情;

……

难道每个宝宝的性格、人品都是与生俱来的吗?

答案是否定的。遗传的基因仅仅注定了宝宝性格的大概发展方向，也就是说，宝宝的性格主要是好动还是好静，这是由遗传基因决定的。但宝宝性格的很多细节，却是由家长的教育方式所决定的。

举个很简单的例子来说，不管是好动还是好静的宝宝，他都会产生不良情绪，但不良情绪产生之后，他是会通过大发脾气、暴力的方式表现出，还是通过与家长沟通的方式表现出来，这主要取决于家长在日常生活中对待他的态度。

昊昊是个 3 岁的宝宝，一天，妈妈带他去医院检查身体。走进医生的办公室，为了缓和昊昊的害怕情绪，妈妈指着医生微笑着对他说："宝贝，跟这位医生阿姨打个招呼吧。"但昊昊却举起小拳头想打医生。

看到这种情形，妈妈一边数落昊昊："什么孩子！"一边朝着他的小屁股就是一巴掌。昊昊仍然举着小拳头做出要打人的姿势，妈妈又在他的小屁股上打了一巴掌。这下，昊昊举起的小拳头终于放下，但他却用非常憎恨的眼神看着医生，要是妈妈不在身旁，昊昊也许真的会要与医生对抗到底呢！

在很多时候，家长们对宝宝的教育方式常常是自相矛盾的，他们教育宝宝待人要有礼貌，但他们自己却常常用不礼貌的方式来对待宝宝。例如上述案例中的情况，难道昊昊天生就喜欢用暴力的方式来对待他人吗？并不是这样的，他的暴力完全是来自于对妈妈的模仿。

是的，家长对待宝宝的方式，家长的人品如何、性格如何……这一切都会在宝宝人格发展的道路上留下深深的印记，甚至会影响宝宝一生的发展轨迹。如果上述案例中的妈妈继续用暴力的方式来对待宝宝的不正确行为，那宝宝将来很容易就会成长为一个崇尚"暴力"的孩子。

那么，家长应该如何做，才能使宝宝的性格健康发展呢？

一位儿童心理学家曾说过这样一句话："你想让宝宝成为一个什么样的人，你自己首先要成为那样的人。"

事实的确如此，3 岁之前的宝宝根本不具备分辨是非的能力，

他完全靠模仿家长的行为来对待周围的事物。在这种情况下，如果家长总用发脾气的、暴力的方式来对待宝宝或周围的人，那宝宝很快就会学会发脾气和使用暴力；但如果家长总用耐心、有礼貌的方式来对待宝宝或周围的人，那宝宝很快就会学会用礼貌的方式来对待他人。

所以，要想使宝宝具备好的性格和品质，家长首先应该给他做出榜样。

还是拿上述案例中的情况来讲，如果妈妈用这样的方式来对待宝宝，那宝宝的反应就会大不相同了：

看到宝宝举起拳头想要打人，妈妈一边轻轻地把宝宝的拳头放下，一边温柔地对他说："宝宝，这位医生是专门给小朋友检查身体的，如果一个小朋友的肚子里长了一只虫子，这位医生很快就能检查出来，经过及时的治疗，那位小朋友就不会再肚子痛了。来，让这位医生阿姨来帮宝宝检查检查身体，宝宝的身体就越来越棒了……"

从妈妈的这种态度和话语中，宝宝至少会得到三条对自己有利的信息：一、自己这次来医院是检查身体的，不是来打针；二、让医生检查完身体后，自己就不会生病了；三、让医生检查身体是为了自己好。

当然，也许宝宝的思想没有这样复杂，但通过妈妈温柔的态度和清晰的介绍，他至少可以感觉到，这位医生是友好的，是不会对自己造成伤害的。在这种情况下，即使宝宝的内心仍然有些不安，他也不会再用敌对的态度来对待医生了。

任何一个宝宝的好性格、好品质都是在这种潜移默化的过程中形成的。所以，要想使宝宝具备好品质、好性格，家长先拿这些要求来约束自己的行为吧，这样才能给宝宝做出好的榜样。

特殊阶段：2~3岁，宝宝要经历的敏感期

很多时候，妈妈经常会读不懂宝宝的行为，例如，宝宝总会不知眩晕地转圈，还会非常认真地趴在草丛里很长时间只为观察一只

小虫子，有时还不知疲倦地模仿家长的行为和语言……每当宝宝表现出这些行为,妈妈们总会摇着头说:"为什么宝宝的行为会如此怪异呢？"

其实,宝宝的行为并不怪异,这是他处在特定敏感期的特殊表现。是的,在每个宝宝成长的过程中,他都会经历多个敏感期,例如:宝宝之所以会不知眩晕地转圈,是因为他正处于空间的敏感期,他正通过旋转来感受空间所带来的乐趣；宝宝之所以总会模仿家长的言行,是因为他正处于模仿的敏感期,宝宝正通过这种特殊的方式来快速地增长自己的能力……因此,从这种意义上来讲,敏感期是促使宝宝快速成长的良好契机。

一般来讲,在2～3岁这一阶段,宝宝会经历以下几个敏感期:

◉ 空间敏感期→给宝宝提供充满安全感的环境；与宝宝玩捉迷藏的游戏

实际上,宝宝对空间的兴趣在几个月大时就已经表现出来了。相信每位妈妈都还记得,在宝宝4~5个月大时,他总会乐此不疲地把手中的玩具扔到地上,妈妈们不要认为宝宝是在搞破坏,其实,这是他探索空间的一种表现。在此之前,宝宝并没有空间的概念,但突然有一天,他发现物与物之间是分离的,所以他便用扔东西来反复试验自己的这一重大发现,以体验空间所带给他的乐趣。

随着宝宝年龄的增长以及各种能力的提升,他又会发现,物与物之间不仅是分离的,而且有时还能相互包容,例如,玻璃球可以放到奶瓶里、好吃的可以放到抽屉里等。所以,在2～3岁这一阶段,宝宝对空间的探索常常会表现为以下几种形式:

1.不停地旋转、爬高。

当宝宝发现物与物之间是相互分离的之后,便开始尝试着用更加多样化的方式来体验空间的存在。例如,他会爬到高处去,有时还会从高处往下跳；他会不停地旋转,以让自己的身体多角度地感受空间的存在。

一位妈妈非常迷惑地这样讲述：

前段时间，我3岁的女儿总围着我转来转去，后来，也许她觉得不过瘾，便站在原地不停地转起圈来，并且一边转一边嘟囔："有点晕，有点晕……"即使这样，稍加休息之后，她又兴奋地转起来。我就不明白，她为什么对转圈有这么大的瘾。

我们成人早已对空间有了深刻的认识，自然不会体验到宝宝的乐趣。对于这些对空间还处于探索阶段的宝宝来说，对空间的认识每提升一点，他就会感到巨大的喜悦。妈妈们不要因为怕宝宝总是旋转会眩晕、从高处往下跳会摔到，就拒绝宝宝做这些尝试。这只能阻止宝宝享受空间所带来的乐趣，甚至还会延误宝宝对空间的认识。在这种情况下，妈妈们最需要做的就是，给宝宝提供一个充满安全感的环境，让宝宝尽情去探索。例如：

把带棱角的家具搬走或套上保护套；

在宝宝经常活动的地方铺上泡沫地板或地毯；

……

这样，宝宝探索的空间和自由度就会大大增强。当然，不管环境如何安全，当宝宝对周围的环境进行探索时，妈妈都要在一旁默默关注宝宝的行为，这样才能最大程度地降低宝宝发生危险的几率。

2.特别喜欢捉迷藏的游戏。

当宝宝发现了空间的包容性之后，他便深深迷恋上了捉迷藏的游戏。在这一阶段，他会故意把自己藏到大衣柜里或床底下，当然，宝宝这样做并不是为了让家长担心，这种行为仍然是宝宝体验空间乐趣的一种表现。

一个空间里能够容纳别的物体，尤其是能把自己的身体放到里面，对于只有3岁大的宝宝来说，这是多么神奇的事情呀，所以他才会反复地用自己的身体去体验这种神秘感。当然，在这一时期，如果妈妈能够主动引导宝宝玩捉迷藏的游戏，那宝宝所能体验到的乐趣就会越来越多，同时，这也更有利于宝宝顺利地度过空间敏感期。

● **模仿敏感期→读懂宝宝的模仿行为，并鼓励宝宝模仿**

在宝宝即将走入 3 岁这一阶段，妈妈们都会发现，不知从哪一天起，自己的宝宝开始像个小鹦鹉了，不管谁说话，他总会学上一通。例如，下面是凝凝与妈妈的对话：

妈妈：凝凝，今天想吃什么呀？ 妈妈给你做。

凝凝：凝凝，今天想吃什么呀？ 妈妈给你做。

妈妈：你这孩子，怎么这么顽皮呢！

凝凝：你这孩子，怎么这么顽皮呢！

不仅仅喜欢模仿他人的语言，这些"小鹦鹉们"还特别喜欢模仿他人的表情和行为，有时，他们的模仿甚至还能用"惟妙惟肖"来形容呢。妈妈们千万不要认为宝宝是顽皮，宝宝之所以会对模仿如此痴迷，是因为他们正处在模仿的敏感期。

妈妈们可不要小看或误解宝宝的模仿行为，这可是宝宝学习知识以及提高自己能力的一种主要方式。一位妈妈曾讲述了这样一件事情：

一天，我正在电脑前查资料，忽然即将 3 岁的宝宝钻到我的怀里，没有办法，我只得给这位小大人让位置。只见这位小大人拿起我的鼠标瞅了又瞅，然后又在电脑桌上拿起一支笔，用鼠标照了照递给我。接着，电脑桌上的笔筒、便笺贴、书本等都被照了照，递给了我。正当我抱着这些物品一头雾水的时候，一直站在我们旁边观察我们的宝宝爸爸凑到我的耳边说："女儿正模仿超市收银员卖东西呢，快准备零钱呀！"这时，我才恍然大悟。当宝宝把所有的物品都扫完之后，我笑着问她："一共多少钱？"宝宝既愉快又满足地回答我："两块钱！"

是的，超市收银员手中所拿的扫码器与鼠标确实很相似，案例中宝宝的观察能力真了不起！ 看到了类似扫码器的鼠标，宝宝很自然地模仿起超市收银员来。案例中宝宝的爸爸很聪明，他读懂了宝宝的模仿行为，并暗示妈妈与宝宝配合完成这个游戏，所以到最后，宝宝既非常满足地做了一次超市收银员，又懂得了超市收银的一些必经程序，

增长了很多知识。

但如果家长没有读懂或误解了宝宝的模仿行为,宝宝又会产生什么样的反应呢?

那他很可能就会失去学习的动力。我们还是拿上述案例中的情况来说明,当宝宝拿起鼠标照电脑桌上的物品时,如果妈妈这样对宝宝说:"好了,别瞎闹了,去那边玩吧,妈妈要查资料了。"那不仅使得宝宝的模仿积极性受到很大打击,而且还会使宝宝觉得非常委屈。在宝宝看来,自己正在很认真地模仿收银员扫码,但妈妈不但不配合,而且还称自己的行为是"胡闹",所以,这很容易就会使宝宝失去观察、倾听以及模仿的积极性,从而失去学习的动力。

所以,在日常生活中,每一位妈妈都要认真品读宝宝的行为,发现并鼓励宝宝的模仿行为,以使宝宝更快速地学习知识,更快速地融入这个丰富多彩的社会环境。

综 合 篇

妈妈如何教授宝宝知识
——0~3岁,培养全能宝宝

概述

在 3 岁之前,要不要教宝宝学习知识,例如数数、识字等?

对此,给妈妈们的建议是,不要刻意去教宝宝学习知识,但一定不能忽视对宝宝学习意识的培养。

何谓学习意识?

对于年龄尚小的宝宝来说,学习意识主要是指,培养他的好奇心、引发他对学习的兴趣。

举个很简单的例子来说,两个宝宝在玩耍的过程中都看到了一个不认识的字,其中一个宝宝没有理会这个字,而是继续玩玩具;但另一个宝宝却停止了玩耍,非常好奇地指着那个字问:"妈妈,这是个什么字呀?"

从这两个宝宝对待识字的态度中, 妈妈们都能明显地感觉到,前一个宝宝对识字没有兴趣,而后一个宝宝对识字的兴趣却很强烈。所以,妈妈们要想培养宝宝的学习意识,首先要激发起宝宝对学习的兴趣。在 3 岁之前,宝宝可以不会数数,也可以不识字,但只要宝宝对数数、识字等学习活动充满兴趣、充满热情,那妈妈们教育的目的就已经达到了。

一般来讲，当宝宝6~7个月具备独坐能力时，妈妈就可以在潜移默化中培养宝宝的学习意识了。例如，如果妈妈总是在宝宝面前看书、翻书、读书，那宝宝的"读书"欲望也将被激发出来，他常常会夺过妈妈手中的书，学着妈妈的样子翻书。虽然这一阶段的宝宝仅仅是把书当成玩具，但妈妈们不要着急，这是宝宝认识书的一个必经过程。随着宝宝认知能力的提高，宝宝不再满足于把书当成玩具来玩，他还会要求家长教他识图、识字等。这说明宝宝对学习已经产生浓厚的兴趣了。

如果妈妈想让宝宝具备数数、识字、唱歌等具体的能力，还要等到宝宝两岁左右，因为只有到了两岁左右，宝宝才能听懂他人的语言，才会具备数数、识字等认知能力。

当然，在教宝宝学习这些知识的过程中，妈妈们一定要坚持这样一个原则：不刻意、不强求，否则很容易便会引起宝宝对学习的反感，从而使宝宝对学习提不起任何兴趣。

具体来讲，妈妈们可以用下面的方式引导宝宝去学习：

识字——将识字活动融入游戏之中

对于年龄尚小、还不识字的宝宝来说，文字是非常神奇的一种事物，因为它们不仅能够讲述一件事情，表达一种心情，更神奇的是，它们还能讲述一个个有意思的故事。因此，妈妈们要想让宝宝顺利地识字，或增加他的识字量，就要想办法保持宝宝对文字的神奇感。

在前面的讲述中我们也已经提到过，教宝宝识字离不开阅读，妈妈可以通过给宝宝读故事的方式，教他识字。即，妈妈并不是给宝宝讲故事，而是指着故事书中的汉字，一个字一个字地给宝宝读，这样，在很多时候，宝宝也会模仿妈妈的样子，一个字一个字地读故事。故事是所有宝宝的最爱，在听故事和读故事的过程中，宝宝很快就会认识很多文字。

对于这些年龄尚小的宝宝来说，不管教他学习哪种知识和技能，要想使他认真地学、用心地学,妈妈们首先要学会让这些知识和技能变得不枯燥。也就是说,如果妈妈们能够巧妙地把识字融入游戏之中,那宝宝识字的积极性就会大为增强。

具体来讲,妈妈们可以通过以下几个游戏来引导宝宝识字:

◉ 利用实物教宝宝识字

在两岁左右时,随着宝宝认知能力的提高,他几乎认识了房间里所有的事物。这时,妈妈就可以引导宝宝把所认识的汉字与具体的实物联系起来了。例如,妈妈可以把"门"字写在白纸上,贴到门上;把"电视"两个字写到白纸上,贴到电视上……这样,在潜移转化中,宝宝就会认识很多字。

当然,妈妈还可以把这个认字的过程变得非常有意思。例如,一位妈妈这样分享经验:

一次,我故意把一张写有"花花"的识字卡片,用绳子系到我家小猫的脖子上。看着小猫不停地用爪子挠胸前卡片的可爱状,我装作非常惊讶的样子对宝宝说:"宝宝,你看,咱家花花识字了,它竟然把自己的名字挂在脖子上了。你看,它还高兴地摇尾巴呢!"

听我这样说,宝宝很不服气,他非要让我把他的名字写下来,也挂在自己的脖子上。在宝宝的强烈请求下,我只得勉强答应了他。当宝宝把自己的名字挂到胸前后,十足的自豪感已经呈现在他的脸上了。其实,此时的宝宝是有自豪的资本的,因为他认识了花花的名字还有自己的名字。

这位妈妈非常懂得激发宝宝的识字热情,并懂得寓教于乐的道理。对于喜欢新鲜事物的宝宝来说,如果妈妈仅仅是非常直接地告诉他:"今天妈妈教你认识自己的名字。"也许这根本就不会引起宝宝的兴趣。但妈妈却巧妙地帮宝宝找到了一个"竞争对手"——小猫花花。连小猫都认识自己的名字了,宝宝自然也不会示弱,在妈妈这种巧妙的刺激下,宝宝认识自己名字的积极性自然会异常高涨。

当宝宝满怀热情、满怀积极性地去识字时,妈妈们都会为宝宝强大的识字能力而感到惊讶。所以，妈妈们要想让宝宝在玩中认识更多的字，就想办法来激发宝宝识字的热情吧！

● 在游戏中教宝宝识字

一位妈妈详细地讲述了教宝宝识字的全过程：

在宝宝认识新的文字之前，我都会神秘地对她说："今天，妈妈教你认识一个新朋友，你可要看好了呀，一会儿妈妈让你在所有的朋友之中，找到这位新朋友。"一天，我教宝宝认识"飞"字，我一边给她讲述："这是'飞机'的'飞'字，你看，小鸟就是这样飞的！"一边挥着胳膊学小鸟的样子飞。

之后，我把写有"飞"字的写字卡混到宝宝之前认识的那些写字卡里，然后对她说："宝宝，快把你的新朋友找出来吧！"当宝宝顺利地把写字卡找出来之后，我兴奋地握着宝宝的手说："恭喜你，宝宝，你又多了一个好朋友！"

当然，如果看宝宝玩游戏的热情仍然很高涨，我又会故意对她说："你看你都有这么多好朋友了，你的新朋友多寂寞，快把你的老朋友介绍给你的新朋友认识吧！"这时，宝宝又会一本正经地介绍起她之前认识的那些字来："这是'妈'，'妈妈'的'妈'；这是'爸'，'爸爸'的'爸'……"

对于2~3岁的宝宝来说，任何知识只要融入游戏之中，都会变得有趣无比，识字也是如此。那些文字可以变成他的好朋友，甚至还能跟他玩各种各样的游戏呢。

案例中这位妈妈的做法很科学，在刚刚教宝宝识字时，她向宝宝灌输了这样的观念：那些文字是你的好朋友。这样，在教宝宝识字的过程中，宝宝既不会感觉枯燥，又不会感觉累，更重要的是，在与"好朋友"玩游戏的过程中，宝宝认识的文字会越来越多。

事实就是如此，家长对这些年龄尚小的宝宝所灌输的观念，在很大程度上决定着宝宝对事物的认知。如果妈妈仅仅将文字当成枯燥的文字，也许宝宝早就对识字失去兴趣了；但如果妈妈告诉宝宝"这些文字都是你的好朋友"，那宝宝不仅会对文字产生亲密感，而且还会非常兴奋地与"好朋友"玩各种各样的游戏。所以,不管是教宝宝学习哪种知识,妈妈们学会给这些知识加一个有意思的"行头"是非常重要的。

另外,由于这一年龄段宝宝的注意力是有限的,不管妈妈用哪种游戏教宝宝识字,每次识字的时间都不宜过长。一般来讲,宝宝识字 5～8 分钟之后,妈妈就应该引导他休息或转玩其他游戏了。

数数——教宝宝形成"数"的概念最重要

生活中,经常听妈妈们这样炫耀:"我家宝宝能够从 1 数到 10 了。""我家宝宝能够从 1 数到 100 了。"……其实,对于 3 岁之前的宝宝来说,会数多少数并不重要,关键是他是否有了"数"的概念。

如果家长总是在宝宝面前"1、2、3、4、5、6……"地数数,因为这一时期的宝宝有很强的模仿性,用不了多久宝宝也能熟悉地数数。但在这种情况下,宝宝所学会的数数是盲目的、没有任何意义的,因为他还根本不了解"数"的概念。

那妈妈们应该如何帮助宝宝建立"数"的概念呢?

婴幼儿心理学研究表明,幼儿"数"的概念的形成,首先是建立在分清"一个"和"一双"的基础之上的。因此,妈妈们可以利用生活中的很多细节,来引导宝宝建立"数"的概念。例如:

妈妈故意把自己的鞋子藏起来,然后指着另一只鞋子对宝宝说:"请把妈妈的鞋子拿过来好吗?"当宝宝帮妈妈把鞋子拿过来之后,妈妈可以故意指着没有穿鞋的那只脚说:"鞋子应该是一双,那一只鞋子去哪里了?"然后再引导宝宝帮忙去找。

如果妈妈经常与宝宝玩这种找鞋、找袜子、找手套的游戏,宝宝在不知不觉中就会理解"一个"与"一双"的概念。理解了这些之后,宝宝头脑中有关"数"的概念也在悄然形成。一般来讲,当宝宝表现出对比的行为之后,这说明宝宝头脑中"数"的概念开始形成了。例如,餐盘里有两个苹果,当宝宝通过对比之后才选择出自己想要的那个时,妈妈就可以向宝宝灌输更多有关"数"的概念了，因为此时宝宝已经对"数"有了一定的理解。

当然，在生活中，还常常有妈妈这样抱怨："我家宝宝都能从1数到100了，为什么他还是不会做最简单的加减法呢？"

实际上，如果宝宝没有形成正确的"数"的概念，即使宝宝能够数到1000、10000，甚至更多，他也不会做加减法，因为他对"数"根本还不了解，根本就谈不上来运用"数"、对"数"进行运算等。

其实，不管是宝宝"数"的概念的形成，还是宝宝对"数"的运用，都必须建立在实物的基础之上。作为成人我们知道，这一阶段宝宝的抽象思维能力还非常有限，他根本不可能理解这些对于他来说非常复杂的数字，因此，宝宝对数的解释和运用，都必须是建立在实物的基础之上的。

以下这位幼儿园老师的做法非常值得妈妈们学习：

我们班有个叫雅雅的小女孩非常喜欢吃瓜子。由于自己还不会剥瓜子皮，每当自由活动的时候，她都会拿着一小把瓜子来找我："老师，我要吃豆豆。"这可是教她学习数数的好机会。

于是，我故意问她："雅雅，你想吃一个豆豆，还是想吃两个豆豆呀？"

"两个。"这小妮子非常贪婪地说。

"那好，老师先给你剥好一个豆豆放在你手里，你别先吃，等攒够了两个豆豆一起吃，那样才过瘾呢，你说好不好？"

"好。"雅雅拍着小手说道。

一个瓜子剥好了，放在雅雅的手里，另一个瓜子也剥好了，在给她之前，我这样问她："雅雅，现在你手里有几个豆豆呀？"

"一个。"

"那老师再把这个豆豆放在你手里，你一共有几个豆豆呀？"

"两个。"

"那一个豆豆再加上一个豆豆是几个豆豆呀？"

"两个。"

......

看,引导宝宝更加深刻地认识数字其实并不难,妈妈只需利用实物来做示范,宝宝就会发现数与数之间的联系。对于抽象思维还非常有限的宝宝来说,如果家长仅仅是向宝宝灌输"1+1＝2",教他学习数字的加减法,他是不能够理解的。但如果在教宝宝加减法的时候,能够建立在实物的基础之上,那结果就大不相同了。实际上,当宝宝对某一物品非常感兴趣时,利用这一物品,妈妈是很容易向宝宝灌输"数"的概念,以及数与数之间的联系的。就像上述案例中的情况,宝宝喜欢吃瓜子,老师利用给宝宝剥瓜子皮的机会,很容易就让宝宝学会了简单的加法。

生活中,妈妈们不用刻意寻找宝宝感兴趣的事物,日常生活中有很多机会可以让宝宝认识数。例如,在吃饭的过程中,妈妈可以指着餐桌上的菜对宝宝说:"今天妈妈做了3道菜,一道是土豆丝、一道是鱼香肉丝,还有一道红烧肉,宝宝爱吃哪道菜呀?"这样,利用这些菜,妈妈在无意之间就把数的概念传达给宝宝了。

当然,妈妈们还可以利用全家人吃水果的机会,教宝宝简单的加减法,例如,妈妈可以这样问宝宝:"现在宝宝手里有1个苹果,妈妈再给1个,你一共有多少个苹果?"因为这些都是建立在实物的基础之上,所以宝宝是很容易回答出妈妈的问题的。在这一过程中,宝宝不仅会对数有更加深刻的认识,而且还会惊奇地发现数与数之间的联系。

所以,妈妈们要想让宝宝正确地理解"数"的概念、学会对"数"进行运用,就要学会在日常生活中的实物上下工夫,对宝宝进行正确的引导。

拼音——引导宝宝认识拼音与汉字之间的联系

在3岁之前,很多宝宝都能熟悉地背诵很多拼音字母了,例如,"a、o、e、i、u……",但他们仅仅是把这些拼音字母当成儿歌来背,宝宝并不认识某个具体的拼音字母。

教3岁之前的宝宝背儿歌很简单，妈妈只需不断地在宝宝耳边重复这些儿歌，很快宝宝就会跟着妈妈模仿，进而掌握这些儿歌。但对于宝宝来说，会背诵字母表是没有意义的，因为让宝宝学习拼音的最大目的就是教他学会拼、读，从而与汉字联系起来。

所以，如果在3岁之前，你的宝宝对那些形状各异的拼音符号感到好奇，那妈妈就可以试着教他去认识这些符号，并引导他把这些符号与汉字联系起来。

但对于喜欢探索却不喜欢探索抽象事物的宝宝来说，他一般是不会对那些抽象的字母感兴趣的。所以，妈妈要想教宝宝认识拼音字母，就必须与具体的实物联系起来。

例如，一位聪明的妈妈是这样做的：

我给宝宝买了一张拼音挂图贴在客厅的墙上，但宝宝一般不会主动去看那挂图。一天，我故作惊讶地大喊道："宝宝，快来看，这是个什么符号，怎么像一把椅子呢？"其实，我指的是字母"h"，宝宝乐呵呵地走过来，也指着字母"h"说："椅子、椅子……"这时，我恍然大悟一般对宝宝说："是妈妈看错了，它不是椅子，是字母'h'，来跟妈妈一起读，'h'……"

然后，我又引导宝宝说："看这里面还有你认识的字母吗？"宝宝马上指着"m"和"l"说："这是麦当劳，这是一根小棍。"我耐心地给他解释道："这个像麦当劳标志的字母读做'm'，这个像小棍的字母读作'l'……"就这样，我零零散散地教宝宝认识了很多字母。

是的，在宝宝3岁之前，如果妈妈能够帮宝宝把抽象的知识与具体的事物联系起来，宝宝是很乐意接受那些抽象的知识的。教宝宝认识抽象的拼音符号更是如此。当宝宝把这些抽象的字母符号当成新鲜事物来探索时，他很容易就能记住并认识这些抽象的符号。

当然，在教宝宝认识拼音字母时，我们并不提倡按字母的顺序来教宝宝，这样很容易就会把宝宝的注意力转移到对"字母儿歌"的背诵上,从而使他不能记住字母。但如果妈妈并不是按顺序来教宝宝学习拼音字母,那每教一个,宝宝就会把它记到脑子里。

其实,教宝宝学习拼音的最大意义就在于,引导他把拼音字母与汉字之间的关系搞清楚。因此,当宝宝即将进入 3 岁时,妈妈就可以引导他去探索拼音与汉字之间的奥秘。例如,当宝宝认识的拼音字母越来越多时,妈妈就可以这样做:

把"m"和"a"两个字母卡片挑出来,让宝宝连起来读这两个字母,并且速度加快,这样,宝宝很自然地就会发出"妈"字的音。妈妈可以用同样的方法引导宝宝发出"爸"、"姑"等音节比较简单的音。

对于喜欢探索新鲜事物的宝宝来说,一旦他发现拼音与汉字之间的联系,便会乐此不疲地探索起来。在这种情况下,妈妈还可以向他灌输音调的概念,对于他来说,两个字母能发出 4 种不同的音调,这将是非常有趣的一个游戏。

画画——了解宝宝绘画行为发展的规律

每位妈妈都曾这样想象过宝宝的未来:德才兼备,并且具有一定的艺术气质。但妈妈应该如何做,才能把宝宝培养成这样的人呢?

一位教育学家曾这样说过:"如果家长不去打击孩子的积极性,那每个孩子都能成为艺术家。"

是的,就拿画画来说,在很多时候,往往不用他人教,那些 2~3 岁的宝宝就喜欢到处涂鸦。但这时,很多妈妈也许会不耐烦地这样说:"宝宝哪里是在画画呀,他简直就是破坏,你看,家里的墙都被他涂得不成样子了!"

对于一个 2~3 岁的宝宝来说,这种评价就有些不客观了。2~3 岁的宝宝认知能力还是非常有限的,他不知道能在哪些地方画画、不能在哪些地方画画,在这些时候,为了保持宝宝对画画的积极性,妈妈们给予他的应该是善意的提醒,而不是埋怨和批评。

其实，针对这一问题，妈妈们可以进行这样的思考：是宝宝的成长重要，还是家里的白墙重要？面对这个问题，相信所有的妈妈都会义无反顾地选择前者。既然如此，面对被宝宝涂脏了的墙壁，妈妈更不应该批评宝宝了。

实际上，保护宝宝画画的积极性，与保护家里的白墙，这二者之间并不是互相对立的，而是可以找到很好的平衡点。一位明智的妈妈曾这样讲述：

即使我给宝宝准备了画板、白纸，他仍然喜欢在墙上画画，为了不打击他的积极性，我这样对他说："那些绘画大师们都喜欢在墙上作画，好儿子，有大师的风范。"但为了保护家里的白墙，我专门给他划分了一个属于他的绘画区，然后在墙上贴上了一张足够大也足够厚的白纸。这样，不但家里的白墙得到了保护，宝宝绘画的积极性也被很大程度地调动起来了。

看到宝宝在墙上画画的情况，妈妈首先应该告诉他："墙不是用来画画的，白纸才是用来画画的。"如果多次提醒之后，宝宝仍然不听，那妈妈们就可以学习上述案例中妈妈的做法：给宝宝划分出一个绘画专区，并在墙上贴上厚厚的白纸。这样既不会打击宝宝绘画的积极性，又能保护家里的墙。

随着宝宝自我意识以及私有观念的产生，如果给宝宝一个属于他自己的绘画专区，那宝宝的绘画积极性就会被极大地调动起来。所以，妈妈们不妨从现在起，就给他一个属于自己的绘画专区。

也许会有妈妈这样说："我家宝宝根本就没有绘画天赋，他画的画从来都是四不像！"

其实，对于2～3岁的宝宝来说，画得像不像并不重要，重要的是，他是不是有绘画的欲望，以及对画画是不是感兴趣。如果妈妈总是把宝宝的注意力转移到像不像这个问题上，这只会使宝宝绘画的积极性受到打击。

实际上，如果从宝宝的视觉、手部运动能力以及其他各方面的能

力发展来看,宝宝的绘画行为是有一定规律的:

在1~2岁之间,宝宝处于涂鸦期,此时他所画的内容多是横线、竖线或曲线等,没有什么实际意义,几乎都是手臂反复运动的成果。

在2~3岁之间,宝宝处于绘画象征期,虽然在很多时候,他所画的画别人看不懂,但这些画有实际意义了,如果妈妈虚心向宝宝"请教",宝宝会非常兴奋地给妈妈讲解自己所画的内容。

到了3岁之后,宝宝开始能用简单的点、线、图形等来表现具体的事物了,大约要等到4岁之后,随着宝宝观察能力以及手眼协调能力的发展,宝宝才开始细致地表现事物的细节。也就是从这个时候开始,宝宝才进入真正意义上的绘画创作期。

所以,妈妈们千万不要操之过急地用"像"与"不像"来评价宝宝的作品,这只会使宝宝过早地对绘画失去兴趣。其实,在宝宝3岁之前,妈妈们最应该做的就是,在激发宝宝绘画兴趣的同时,培养宝宝的观察能力、手眼协调能力等,以使宝宝快速地进入真正的绘画创作期。

音乐→用音乐扩展宝宝的思维能力和想象力

当宝宝仅仅半岁左右大时,妈妈们就会发现,当舒缓、愉快的音乐响起来时,宝宝很快就会停止哭泣,而且还会跟着音乐的节拍手舞足蹈呢。难道仅仅只有半岁的宝宝就能够听懂音乐?

是的,如果平时妈妈经常放音乐给宝宝听,宝宝对音乐还能表现出特殊的偏好呢。例如,有些只要听到舒缓、高雅的音乐就能表现得特别平静,而有些宝宝只要听到活泼、节奏较快的音乐就会兴奋起来……其实,当宝宝对音乐表现出明显的偏好和兴趣时,正是妈妈对宝宝进行音乐启蒙的最佳时期。

一位妈妈曾这样分享自己的教子经验:

在宝宝半岁左右时,我就经常在固定的时间给他听音乐,在固定的时间读儿歌给他听。有时,由于我的事情比较多,忙来忙去就会忘记宝宝的音乐时间,这时,宝宝经常会用哭闹行为来提醒我,所以,我对宝宝的音乐启蒙几乎每天都在进行。现在,我家宝宝已经上幼儿园大班了,每次幼儿园组织歌唱大赛他都会参加,并且每次都能得奖呢!

妈妈们不要以为1岁之前的宝宝不会表达,他就没有思想。其实,他对那些有节奏感的、美好的音乐是特别喜欢的。当然,宝宝对音乐的品位取决于家长让他接触的音乐:如果家长经常给他听高雅的音乐,那宝宝很快就会喜欢上这些音乐,并对这些音乐产生很大的兴趣;但如果家长经常给宝宝听一些摇滚派的音乐,宝宝也会对这些音乐产生兴趣。

但由于1岁之前的宝宝是非常容易烦躁的,妈妈最好是选择那些旋律轻快而又柔美的音乐给他听。

另外,由于这些小宝宝们对秩序非常敏感,所以,家长最好是在固定的时间段给宝宝听音乐或读儿歌。即使不是严格地确定听音乐的时间,妈妈们也要特别注意事情之间的顺序。例如,如果妈妈习惯让宝宝吃饱饭后听一段音乐,那就要坚持遵守这种习惯。如果有一天妈妈让宝宝听完音乐后再吃饭,那这很可能就会引起宝宝的哭闹,因为宝宝习惯的秩序被打乱了,这会使宝宝产生极大的不安全感。

随着宝宝年龄的增长,当宝宝掌握了一定的语言能力之后,妈妈就可以教宝宝用唱儿歌的方式与音乐进行最亲密的接触了。也许妈妈们想象不到,在唱儿歌的过程中,宝宝的思维能力以及想象力等,都能得到极大的提高。

一位妈妈曾惊奇地这样讲述:

3岁的桐桐最喜欢听的一首歌就是《小燕子》,不管什么季节,只要跟妈妈出去玩,她都会哼那首《小燕子》。那是一个深秋的下午,妈妈带桐桐去公园里散步,哼着哼着歌,桐桐突然对妈妈说:"妈妈,小燕子不喜欢秋天和冬天,我也不喜欢,你看,树叶都落没了,一点也不美丽。"

虽然知道女儿的这番感慨从何而来,但妈妈仍然故意问她:"那你喜欢什么季节呢?"

"我喜欢春天,小燕子也喜欢春天,春天有绿色的树,还有好多花,多漂亮呀!"最后,桐桐想了想,又补充了一句:"儿歌里就是这样唱的!"

随着宝宝认知能力的发展,妈妈们可以有意选择那些有具体内容的音乐让宝宝听了。当然,最适合宝宝学习的就是那些专门为幼儿们创作的儿歌。

是的,与平淡无奇的语言相比,宝宝对儿歌的兴趣要大得多。因为儿歌不仅有音乐的节奏感,而且还包含很多有意思、有意义的事物。例如,《小燕子》这首儿歌就是在赞美春天的美丽,如果妈妈能够一边教宝宝唱这首儿歌,一边引导宝宝去观察春天的细节,如嫩绿色的树、鲜艳的花等,宝宝很快就会理解儿歌中所唱的内容,从而与儿歌产生共鸣。

其实,在学习儿歌的过程中,宝宝的思维能力和想象力也能得到极大的扩展。例如在上述案例中,在秋天里唱《小燕子》这首儿歌,宝宝会想象出春天的景象,并且能用自己想象的景象与眼前的景象作对比,对于3岁左右的宝宝来说,这表明他的想象力和思维能力已经非常发达了。

所以,当宝宝到了2~3岁这一阶段时,妈妈就应该用适合宝宝年龄阶段的儿歌去激发宝宝的音乐潜能了。

附　录

0~3岁,婴幼儿不同阶段的能力发展水平(妈妈的观察要点)

观察对象:新生儿(0~1个月)

发育与健康	感知与运动	认知与语言	情感与社会性
●身高约增加2.5厘米 ●体重约增加0.8~1千克 ●头围33~38厘米 ●胸围比头围小1~2厘米 ●皮肤饱满、红润 ●视力很模糊,眼有光感或眼前手动感,但20~30厘米范围内的东西看得还比较清晰 ●大便2~3次/天,每块尿布上均有,色淡黄 ●一昼夜睡18~20小时	●有很强的吮吸、拱头和握拳的本能反应 ●常常会很用力地踢脚和四肢活动	●无意识地对一两种味道有不同的反应 ●眼睛能注视红球,但持续的时间很短 ●喜欢注视人脸 ●有不同的哭声 ●对说话声很敏感,尤其对高音很敏感	●当看见人的面部时活动减少 ●哭闹时听到母亲的声音能安静 ●对孩子讲话或抱着时表现安静,当抱着时,孩子表现出独特的姿势,如紧紧蜷曲像一个小猫

观察对象:2~3 个月

发育与健康	感知与运动	认知与语言	情感与社会性
● 平均身高男孩为 63.51 厘米,女孩为 61.88 厘米 ● 平均体重男孩为 7.23 千克,女孩为 6.55 千克 ● 平均头围男孩为 41.32 厘米,女孩为 40.30 厘米 ● 平均胸围男孩为 42.07 厘米,女孩为 40.74 厘米 ● 大便次数较之前明显减少 ● 眼睛能追随活动的物体 180 度,视力标准为 0.02 ● 奶量的差异开始明显,平均 700 毫升/天左右 ● 一昼夜睡 16~18 小时	● 新生儿时的生理反射开始消失 ● 听力较以前灵敏 ● 直立位头可转动自如 ● 头可随看到的物品或听到的声音转动 180 度 ● 俯卧时抬头 45 度角 ● 仰卧位能变为侧卧位 ● 手指已放开,用手摸东西,能拉扯衣服 ● 能将两手放在一起	● 眼睛能立刻注意到大玩具,并追随着人的走动 ● 开始将声音和形象联系其来,试图找出声音的来源 ● 对成人逗引有反应,会发出"咕咕"声,而且会发 a、o、e 音 ● 注视自己的手 ● 能辨别不同人说话的声音及同一人带有不同情感的语调	● 逗引时出现动嘴巴、伸舌头、微笑和摆动身体等情绪反应 ● 能忍受喂奶的短时间停顿 ● 看见最主要看护者的脸会笑 ● 自发微笑迎人,见人手足舞动表示欢乐,笑出声 ● 哭的时间减少,哭声分化

观察对象：4 - 6 个月

发育与健康	感知与运动	认知与语言	情感与社会性
● 平均身高男孩为 69.66 厘米，女孩为 68.17 厘米 ● 平均体重男孩为 8.77 千克，女孩为 8.27 千克 ● 平均头围男孩为 44.44 厘米，女孩为 43.31 厘米 ● 平均胸围男孩为 44.35 厘米，女孩为 43.57 厘米 ● 能固定看物，看约 75 厘米远的物体，视力标准为 0.04 ● 慢慢习惯用小勺喂吃逐渐添加的辅食 ● 流相当多的唾液 ● 大多数婴儿开始后半夜不喂奶，能整个晚上睡觉 ● 开始长出乳前牙	● 靠坐稳，独坐时身体稍前倾 ● 俯卧抬头 90 度角，能抬胸，双臂支撑会翻身至仰卧，不久又会做反向动作 ● 扶腋下能站直，扶助站起时能在短时间内自己支撑 ● 双手能拿起面前的玩具，能把玩具放入口中 ● 玩具从一手换到另一手时仍稍显笨拙 ● 会将拳头放在嘴里，喜欢把东西往嘴里塞 ● 会撕纸 ● 玩手，扒脚	● 会用很长的时间来审视物体和图形 ● 开始辨认生熟人 ● 会寻找东西，如手中玩具掉了，他（她）会用目光寻找 ● 咿呀作语，开始发辅音，如 d、n、m、b ● 看见熟人、玩具能发出愉悦的声音 ● 叫他（她）名字会转头看	● 会对着镜子中的像微笑、发音，会伸手试拍自己的镜像 ● 看到看护者时伸出两手期望抱抱 ● 能辨别陌生人，看到陌生人盯看，会躲避、哭等 ● 开始怕羞，会害羞地转开脸和身体 ● 高兴时大笑 ● 当其独处或别人拿走其玩具时会表示反对 ● 会用哭声、面部表情和姿势动作与人沟通

观察对象:7~9个月

发育与健康	感知与运动	认知与语言	情感与社会性
• 平均身高男孩为72.85厘米,女孩为71.20厘米 • 平均体重男孩为9.52千克,女孩为8.90千克 • 平均头围男孩为45.43厘米,女孩为44.38厘米 • 平均胸围男孩为45.52厘米,女孩为44.56厘米 • 视力标准为0.1 • 需大小便时会有表情或反应 • 能自己拿着饼干咀嚼吞咽 • 会吃稀粥 • 上颌、下颌长出乳旁切牙 • 一昼夜睡15小时左右	• 独坐自如,自己坐起来躺下去 • 扶双腕能站,站立时腰、髋、膝关节能伸直 • 自己会四肢撑起爬 • 用拇指、食指对指取物 • 能拨弄桌上的小东西(爆米花、葡萄干等) • 将物换手 • 有意识地摇东西(如波浪鼓、小铃铛等),双手拿物对敲	• 会用眼睛审视某个物体,并不厌其烦地观察其特点和变化 • 注意观察大人行动,模仿大人动作,如拍手 • 会寻找隐藏起来的东西,如拿掉玩具上的盖布 • 能分辨地点 • 正在尝试操作探索,试图找出事物间的某种联系 • 能重复发出某些元音和辅音,如"Ma-Ma、Ba-Ba"的音,但无所指 • 试着模仿声音,发音越来越像真正的语言 • 懂得几个词,如拍手、再见等	• 懂得成人面部表情,对成人说"不"有反应,受责骂不高兴时会哭 • 表现出喜爱家庭人员,对熟悉喜欢的成人伸出手臂要求抱 • 对陌生人表现出各种行为如怕羞、转过身、垂头、大哭、尖叫,拒绝玩或接受玩具,情绪不稳定,表现忧虑 • 喜欢玩躲猫猫一类的交际游戏,而且会笑得非常激动、投入 • 会注视、伸手去触摸另一个宝宝 • 喜欢照镜子 • 会挥手再见、招手欢迎,玩拍手游戏 • 当从他(她)处拿东西时,会遭到强烈的反抗 • 听到表扬会高兴,重复刚才的动作

观察对象:10～12个月

发育与健康	感知与运动	认知与语言	情感与社会性
● 平均身高男孩为 76.36 厘米,女孩为 71.20 厘米 ● 平均体重男孩为 10.42 千克,女孩为 9.64 千克 ● 平均头围男孩为 46.93 厘米,女孩为 45.64 厘米 ● 平均胸围男孩为 46.80 厘米,女孩为 45.43 厘米 ● 视力标准为 0.2～0.25 ● 有规律地在固定时间大便,1～2 次/天 ● 上下颌开始长出第一乳磨牙 ● 流口水的现象减少 ● 一昼夜睡 14 小时左右	● 会用四肢爬行,且腹部不贴地面 ● 自己扶栏杆站起来 ● 自己会坐下 ● 自己扶物能蹲下取物,不会复位 ● 独站稳,自己扶物可走 ● 独走几步便扑向大人怀里 ● 手指协调能力更好,如打开包糖的纸	● 会用手指向他(她)感兴趣的东西 ● 故意把东西扔掉又捡起,把球滚向他人 ● 将大圆圈套在木棍上 ● 从杯子中取物放物,如积木、勺子,试把小丸投入到瓶中…… ● 喜欢看图画 ● 能懂得一些词语的意义,如问"灯在哪儿呢?"会看灯,向他索要的东西知道给 ● 能按要求指向自己的耳朵、眼睛和鼻子 ● 能说出最基本的语言,如"爸爸"、"妈妈" ● 出现难懂的话,自创一些词语来指称事物 ● 用动作表示同意或不同意,如点头和摇头	● 会模仿手势,面部有表情地发出声音 ● 喜欢重复的游戏,例如"再见"、玩拍手游戏、躲猫猫 ● 显示出更强的独立性,不喜欢大人搀扶和被抱着 ● 更喜欢情感交流活动,还懂得采取不同的方式 ● 能玩简单的游戏,惊讶时发笑 ● 准确地表示愤怒、害怕、妒忌、同情、倔强等情绪 ● 以哭引人注意 ● 听人劝阻

观察对象:13~18个月

发育与健康	感知与运动	认知与语言	情感与社会性
• 18个月时,平均身高男孩为83.52厘米,女孩为82.51厘米 • 平均体重男孩为11.55千克,女孩为11.01千克 • 平均头围男孩为48.00厘米,女孩为46.76厘米 • 平均胸围男孩为48.38厘米,女孩为47.22厘米 • 上下第1颗乳磨牙大多长出,乳尖牙开始萌出 • 会咀嚼像苹果、梨等这样的食品,并能很协调地在搅拌后咽下 • 前囟门闭合(正常为12-18个月) • 能控制大便 • 白天能控制小便	• 走得稳 • 自己能蹲,不扶物就能复位 • 扶着一手,能上下楼梯2~3级 • 会跑,但不稳 • 味觉、嗅觉更灵敏,对物体有了手感 • 会扔出球去,但无方向 • 会用2~3块积木垒高 • 能抓住一支蜡笔来涂画 • 能双手端碗 • 会试着自己用小勺进食 • 模仿母亲(主要教养者)做家务,如扫地	• 开始自发地玩功能性游戏,如用玩具电话做出打电话的样子 • 开始知道书的概念,如喜欢模仿翻书页 • 喜欢玩有空间关系的游戏,如把水从一个容器倒入另一个容器中等 • 理解简单的因果关系 • 挑出不同的物品 • 开始重复别人说过的话 • 开始对熟悉的物品和人说出名称和姓名,但还不能分得很细 • 会使用动词,如"抱""吃""喝" • 模仿常见的动物叫声	• 能在镜中辨认出自己,并能叫出自己镜像中的名字 • 对陌生人表示新奇 • 在很短的时间内表现出丰富的情绪变化,如兴高采烈、生气、悲伤等 • 看到别的小孩哭时,表现出痛苦的表情或跟着哭,表现出同情心 • 受挫折时常常发脾气 • 对选择玩具有偏爱 • 醒着躺在床上,四处张望 • 个别孩子吮拇指习惯达到高峰,特别在睡觉时 • 喜欢单独玩耍或观看别人游戏活动 • 会依附安全的东西,如毯子 • 开始能理解并遵从成人简单的行为准则和规范 • 对常规的改变和所有的突然变迁表示反对,表现出情绪不稳定

观察对象:19～24 个月

发育与健康	感知与运动	认知与语言	情感与社会性
● 24 个月时,平均身高男孩为 89.91 厘米,女孩为 88.81 厘米 ● 平均体重男孩为 12.89 千克,女孩为 12.33 千克 ● 平均头围男孩为 48.57 厘米,女孩为 47.42 厘米 ● 平均胸围男孩为 49.89 厘米,女孩为 48.84 厘米 ● 视力标准为 0.5 ● 会主动表示大小便,白天基本不会尿湿裤子 ● 开始长第二乳磨牙,牙齿大概 16 只 ● 一昼夜睡 12～13 小时	● 连续跑 3～4 米,但不太稳 ● 自己上下床 ● 会用脚尖走路(4～5 步),但不稳 ● 一手扶栏杆自己上下楼梯(5～8 级) ● 开始做原地跳跃动作,如双脚跳起(同时离开地面) ● 能踢大球 ● 能蹲着玩 ● 能够双手举过头顶掷一个球 ● 能够根据音乐的节奏做动作 ● 用玻璃丝穿进扣子洞眼 ● 会把 5～6 块积木搭成塔 ● 能自己用汤勺吃东西	● 开口表示个人需要 ● 能记住生活中熟悉物放置的固定地方 ● 喜欢看电视 ● 口数 1～5,口手一致能数到 3 ● 开始理解事件发生的前后顺序 ● 按指示办事(3 件,连续的) ● 开始知道自己是女孩还是男孩 ● 对声音的反应越来越强烈,并且喜欢这些声音重复,如一遍又一遍地听一首歌、读一本书等 ● 说 3～5 个字的句子 ● 开始用名字称呼自己,开始会用"我" ● 说出常见东西的名称(50 个左右)和用途 ● 听完故事能说出讲的是什么人、什么事 ● 随大人念几句儿歌 ● 会回答生活上的问题	● 能区别成人的表情 ● 当父母或看护人离开房间时会感到沮丧 ● 在有提示的情况下会说:"请"和"谢谢" ● 与父母分离有恐惧 ● 对自己的独立性和完成一些技能感到骄傲 ● 不愿把东西给别人,只知道是"我的" ● 情绪变化开始变慢,如能较长地延续某种情绪状态 ● 交际性增强,较少表现出不友好和敌意 ● 会帮忙做事,如学着把玩具收拾好 ● 游戏时模仿父母的动作,如假装给娃娃喂饭、穿衣

观察对象:25～30个月

发育与健康	感知与运动	认知与语言	情感与社会性
● 30个月时,平均身高男孩为94.44厘米,女孩为92.93厘米 ● 平均体重男孩为13.87千克,女孩为13.41千克 ● 平均头围男孩为49.31厘米,女孩为48.25厘米 ● 平均胸围男孩为50.80厘米,女孩为49.67厘米 ● 20颗乳牙已全部出齐	● 能后退、侧着走和奔跑 ● 能轻松地立定蹲下 ● 会迈过低矮的障碍物 ● 能交替双脚走楼梯 ● 能从楼梯末层跳下 ● 能独脚站2～5秒 ● 能随意滚球 ● 能控制活动方向 ● 举起手臂投掷,有方向 ● 会骑三轮车和其他大轮的玩具车 ● 会自己洗手、擦脸 ● 会转动把手开门、旋开瓶盖取物 ● 能用大号蜡笔涂涂画画,自己画垂直线和水平线 ● 一页一页五指抓翻书 ● 会穿鞋袜、会解衣扣、拉拉链	● 知道"大、小""多、少""上、下",会比较多少、长短、大小 ● 知道圆、方和三角形 ● 知道红色 ● 用积木搭桥、火车 ● 用纸折长方形 ● 能数到10 ● 游戏时能用物体或自己的身体部位代表其他物品,如手指当牙刷 ● 会用几个"形容词" ● 会问"这是什么?" ● 会用"你""他""你们""他们",会用连续词"和""跟" ● 知道日用品名字(50个左右) ● 会说简单的复合句,叙述经过的事 ● 会背儿歌9～10首	● 有简单的是非观念,知道打人不好 ● 仍会发脾气 ● 喜欢玩弄外生殖器 ● 知道自己的全名 ● 和小朋友在一起玩简单的角色游戏,会互相模仿,有模糊的角色装扮意识 ● 开始意识到他人的情感 ● 开始能讨论自己的情感

0～3岁，妈妈如何缔造孩子一生——婴幼儿能力发展与潜能开发

观察对象:31～36个月

发育与健康	感知与运动	认知与语言	情感与社会性
● 36 个月时，平均身高男孩为 97.26 厘米，女孩为 96.28 厘米 ● 平均体重男孩为 14.73 千克，女孩为 14.22 千克 ● 平均头围男孩为 49.63 厘米，女孩为 48.65 厘米 ● 平均胸围男孩为 50.99 厘米，女孩为 49.91 厘米 ● 视力标准为 0.6 ● 晚上能控制大小便，不尿床	● 单脚站 5～10 秒 ● 能双脚离地腾空连续跳跃 2～3 次 ● 能双脚交替灵活走楼梯 ● 能走直线 ● 能跨越一条短的平衡木 ● 能将球扔出 3 米多 ● 能按口令做操（4～8 节），动作较准确 ● 用积木搭或插成较形象的物体 ● 能模仿画圆、十字形 ● 会扣衣扣、会穿简单外衣 ● 试用筷子	● 让他画方形时，可能会画一个长方形 ● 口数 6～10，口手结合能数 1～5 ● 认识黄色、绿色 ● 懂得"里""外" ● 能用纸折小飞镖 ● 会问一些关于"什么""何时"和"为什么"等问题 ● 理解故事主要情节 ● 认识并说出 100 张左右图片名称 ● 能运用大约 500 个单词 ● 能说出有 5～6 个字的复杂句子 ● 开始运用"如果""和""但是"等词 ● 知道一些礼貌用语，如"谢谢"和"请"并知道何时使用这些礼貌用语 ● 知道家里人的名字和简单的情况	● 知道自己的性别以及性的差异，能正确使用性别短语，倾向于玩属于自己性别的玩具和参与属于自己性别群体的活动 ● 和别人一起玩简单的游戏，如玩"过家家"游戏 ● 能和同龄小朋友分享一件事情，如把玩具分给别人 ● 知道等待轮流，但常常不耐心 ● 害怕黑暗和动物 ● 兄弟姐妹之间会比赛和产生嫉妒 ● 会整理玩具 ● 自己上床睡觉 ● 大吵大闹和发脾气已不常见，持续时间短 ● 有时试图努力隐瞒自己的感情 ● 对成功表现出积极的情感，对失败表现出消极的情感

参考书目

1.《0-3岁婴幼儿早期关心与发展的研究》,张民生主编.上海科技教育出版社,2007.9

2.《从出生到三岁:婴幼儿能力发展与早期教育权威指南》,[美]怀特著;宋苗译.京华出版社,2007.1

3.《郑玉巧育儿经·幼儿卷》,郑玉巧著.二十一世纪出版社,2008.10

4.《儿童心理学》,朱智贤著.人民教育出版社,2003.7

5.《0-3岁儿童最佳的人生开端》,鲍秀兰著.中国发展出版社,2005.4

6.《婴幼儿行为观察卡》,上海0-3岁婴幼儿活动研究小组编.少年儿童出版社,2004.9

7.《童年的秘密》,[意]蒙台梭利著;金晶,孔伟译.中国发展出版社,2003.7

8.《当代儿童发展心理学》,桑标主编.上海教育出版社,2003.6

9.《0-2岁婴幼儿早期教养指导手册》,莫群星主编.上海科技教育出版社,2006.10

10.《0-6岁早期教育及智力开发》,曲莉莉主编.北方妇女儿童出版社,2007.2

11.《大脑潜能:脑开发的原理与操作》,尹文刚著.世界图书出版公司,2005.1

12.《人生头三年——科学育儿与潜能开发丛书》,刘桂珍著.中国环境科学出版社,1997.1

后　记

对于婴幼儿来说，妈妈的作用何在？

很多人常常有这样的疑惑：对于年龄尚小的婴幼儿来说，妈妈的作用何在？

我以为，答案是这样的：

妈妈的爱，让宝宝学会了用爱的眼光看世界！

身边有两位朋友，出生后不久妈妈就不幸去世了，我发现他们有一个共同的个性特征：坚强，从来不流眼泪！在他人看来，也许这样的个性并没有什么不好。但其实，了解他们的我却知道，他们的内心常常是不安和混乱的。不安，是因为他们对自己"从何处来"的概念模糊并自小缺乏安全感；混乱，则是因为缺少妈妈的细心呵护和指导，他们是缺少原则的。并且，表现在个性上，虽然坚强但却很容易好强、偏执；虽然没有眼泪，但痛苦起来更是难以自拔，钻进牛角尖就出不来……他们看世界的角度永远是那么理智、倔强，缺乏爱的温度。

相比我的这两位朋友，我自己也十分的不幸，妈妈在我刚刚上大学的时候就不幸去世了。和自小没有母亲的人相比，那种中途和母亲阴阳相隔的痛苦，自是难以言说……但依然值得庆幸的是，我是有回忆的，关于母爱的回忆。特别是当我自己有了孩子，这种对母爱的回忆更是深深地唤醒了我,让我有一种被爱沁润的感觉。当然,这也是所有在婴幼儿时期享有过母爱之人的共同特征:在妈妈爱的呵护之下,我们学会了用爱的眼光来看这个世界!

妈妈,很简单的两个字,但却是意蕴最为深刻的一种爱,这种爱,塑造着宝宝的个性,影响着宝宝的习惯,左右着宝宝的认知观,促进着宝宝的能力发展,让宝宝学会了用爱的眼光看世界,进而缔造宝宝的一生!

可以说,很早就想写这样一本书了,特别是在自己养育了宝宝之后。我想告诉天下妈妈的是:你的宝宝需要你,特别需要你!

张云晓